ESSENTIALS OF MANAGEMENT
경영학개론

머 리 말

2000년대 이후 경영학은 지속적인 발전을 거듭하며 다양한 분야로 세분화되었다.

현대의 경영학은 학자들 간에 서로 다른 관점으로 해석되며, 추구하는 경영사상에 따라 다양한 분류로 발전하고 있다.

또한, 기업의 경영도 체계적이고 과학적인 관리방법을 통해 수많은 경영기법이 새롭게 등장하고 있으며, 기업은 산업동향, 경쟁관계, 경영이념에 부합하는 경영기법을 선택하여 새로운 가치 창출을 추구하고 있다. 이를 통해 시장의 기대에 부응하는 새로운 가치를 창출하는 기업은 고객의 만족을 높이고 동시에 기업의 이윤을 극대화하고 있다.

반면, 가치창출을 위한 노력이 부족하거나 지속가능한 경영방식을 추구하지 않는다면 기업의 경영성과는 장기적으로 위축될 수밖에 없을 것이다. 즉, 더 이상 거대기업이 소규모기업을 지배하는 구조가 아닌 변화에 빠르게 대응하는 기업이 느린기업을 이길 수 있는 환경이 된 것이다.

경영성과를 창출하는 대표적인 경영기법으로는 벤치마킹, 구조조정, 전략적 제휴, 국제라이선싱, 국제프랜차이징, 전사적 자원관리(ERP), 공급체인망관리(SCM), 고객관계관리(CRM), 고객만족경영(CSM) 등 수많은 기법이 존재한다. 더욱이 최근 4차 산업혁명으로 인해 기술의 발전이 가속화되며, 전통적인 경영기법과 데이터 사이언스 기법의 융합이라는 새로운 다양성이 등장하고 있다. 4차산업혁명의 기술은 기업이 디지털 전환을 외면할 수 없도록 만들었으며, 전통적인 기업의 경영방식과 전략에서 큰 변화를 요구하고 있다.

이에 본서는 전통적인 경영학 이론부터 4차산업혁명의 핵심 기술인 메타버스, 인공지능, Chat GPT를 활용한 경영기법의 변화와 지속가능경영을 위한 ESG, RE100/CF100 분야까지 폭넓게 다루고자 하였다. 이 책은 많은 독자들이 글로벌 기업을 연구하는 데 도움이 되기 위해 경영학의 이해와 발전내용을 체계적으로 전달하고자 작성되었다.

많은 부족한 부분은 지속적인 연구와 강의를 통해서 보완하고자 한다. 참고문헌의 기라성 같은 저자 모두에게 깊은 감사를 드리며, 좀 더 자세히 각주를 달지 못함에 대해서는 너그러운 양해를 구한다. 부족한 저자의 학부·석사·박사과정의 모든 은사님들께 늘 변하지 않은 감사의 마음을 전한다.

2024년 1월

변 승 혁

CONTENTS

PART 02 경영관리
Business Administration

CONTENTS

PART 03 경영기능
Function of Business

CONTENTS

Chapter 09 재 무 / 180

CONTENTS

Chapter 11　생 산 / 268

CONTENTS

CONTENTS

PART 05 지속가능 경영
Substantial Management

PART 01

경영의 기초
Essence of Business

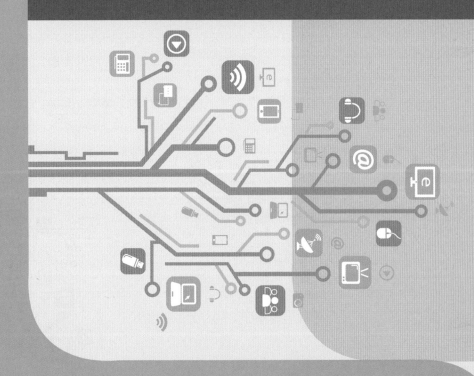

ESSENTIALS OF MANAGEMENT
경영학개론

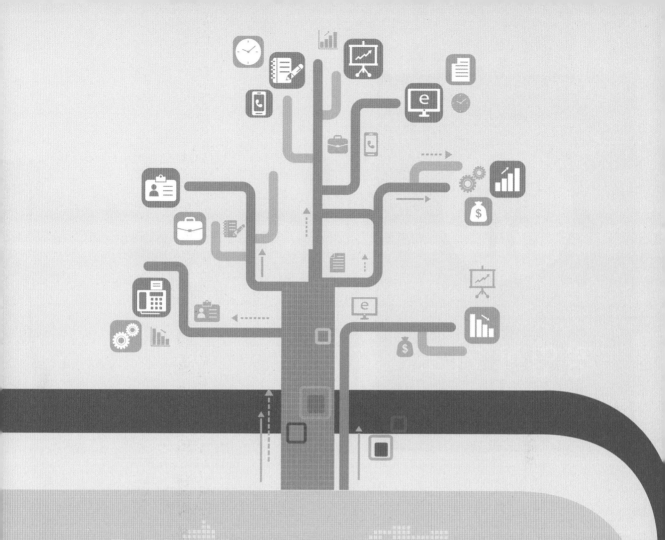

Chapter

01

경영의 기초

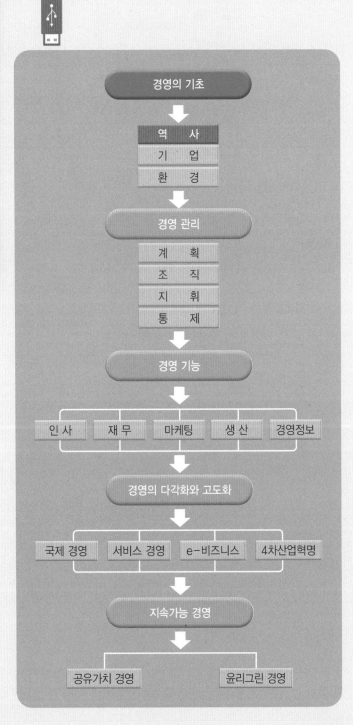

경영의 기초

역 사
기 업
환 경

경영 관리

계 획
조 직
지 휘
통 제

경영 기능

인 사 | 재 무 | 마케팅 | 생 산 | 경영정보

경영의 다각화와 고도화

국제 경영 | 서비스 경영 | e-비즈니스 | 4차산업혁명

지속가능 경영

공유가치 경영 | 윤리그린 경영

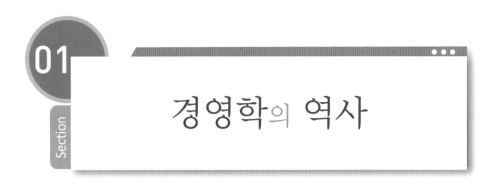

경영학의 역사

 독 일

독일의 경영학은 경영학에 대한 독자적인 이론체계를 정립하는데 기여하였으며, 대체로 경영경제학의 특징을 가지며, 상업학을 모체로 이론적이고 체계적인 연구과정에서 사경제학에 초점을 두고 있다.

독일에서 경영학은 지식적, 과학적으로 체계를 확립하기 시작한 것은 19세기 말부터이다.

하지만 그 기원은 300여년 전에 생성된 것으로 추정된다. 대부분 많은 학자들은 프랑스인 학자인 사봐리^{J. Savary}가 처음으로 상업학에 관한 체계적인 문헌으로 알려진 '완전한 상인'^{Le parfait negociant}을 출판한 연대인 1675년을 그 기점으로 보고 있다. 이 책은 곧 독일 최초의 상학자이자 독일상업학의 선구자로 손꼽히는 인물이기도 한 마르페르거^{P. J. Marperger}에 의해 번역되어 독일에 소개되면서 상업학이 꽃을 피우게 된 것이다. 이러한 상업학은 1889년 상업교육기관이 처음 설립되면서 체계적으로 발전하게 되었다.

이어서 1898년 상과대학이 설립되어 상업학연구에 새로운 전기를 마련하였다. 특히 제1차 세계대전 이후 독일에서는 경영경제학이란 명칭이 사용되었다.

독일의 경영경제학은 1912년 제1차 방법논쟁, 1930년경의 제2차 방법논쟁과 1950년경의 제3차 논쟁을 거치는 동안 체계화되고 발전되었다.

위의 방법논쟁의 시대적 구분에서 볼 때, 그 기준이 양 세계대전이라는 사실에 주목해야 한다. 따라서 독일의 경영학은 주로 전쟁으로 인한 인플레이션 하에서 기업의 자산을 어떻게 평가하고 관리하느냐에 초점을 두고 있음을 알 수 있다.

우선 대차대조표 정태론을 주장한 쾰른학파의 슈마렌바하^{Schmalenbach}는 기업이 추구하는 손익성과의 중요성뿐만 아니라 실천적인 경영경제이론을 수립하여 경영학을 실무적인 지식의 체계로 성립시키는데 기여하였다.

그리고 니크리쉬^{Nichlisch}는 대차대조표 정태론을 주장함으로써, 기업의 재무구조를 안정화시키는데 지대한 관심을 보였으며, 경영학을 규범론적으로 연구함으로써 이상적인 경영경제이론을 정립하는데 기여하였다.

마지막으로, 슈미트^{Schmidt}는 대차대조표 이원론 또는 유기론을 주장함으로써 슈마렌바하^{schmalenbach}와 니크리쉬의 입장을 둘 다 중시하였다. 그 후 구텐베르크^{Gutenberg}는 1951년 그의 저서,『경영경제학론』에서 제 3차 방법논쟁을 전개시켰다.

2 프랑스

프랑스 경영학의 발전에 지대한 영향을 준 밑거름의 역할을 한 사람은 사봐리^{J. Savary}로서, 그는 1675년에 발행된 저서『완전한 상인』에서 상인이 사업을 운용하는데 필요한 포괄적 지식을 광범위하게 다루고 있다.

1817년에는 페이엔^{Payen}이『공업장부의 취급법』을 간행함으로써 원가회계와 복식부기를 결합하는데 결정적인 기여를 하였다. 그러나 프랑스 경영학을 대표하는 사람은 페이욜^{Fayol}로서, 관리과정론의 아버지, 최고경영자의 스승이라고 할 수 있는 그는 오늘날 경영학이론 발전에 크게 공헌하였다.

1916년 간행된『일반산업관리』에서 경영의 14개 원칙을 제시하였으며 또한 경영자가 수행하지 않으면 안 되는 관리의 활동으로서 여섯 가지, 즉 기술적 활동, 영업적 활동, 재무적 활동, 보전적 활동, 회계적 활동, 관리적 활동을 열거하였다. 이들 중에서도 그가 가장 중요시한 것은 관리적 활동인데, 이는 오늘날 관리의 과정 또는 관리의 순환이론의 효시가 된다.

 **3 미국**

오늘날에 있어서 독일 경영학과 더불어 세계 경영학의 양대 조류로 인식되고 있는 미국 경영학은 대략 80년 안팎의 짧은 역사를 지니고 있다. 그러나 학문의 역사가 단순히 짧다고만 해서 그것이 곧 학문적인 내용이나 깊이를 재는 기준이 될 수는 없다. 왜냐하면 미국 경영학은 300년 이상의 전통을 자랑하는 독일 경영학과는 전혀 다른 역사적인 배경과 환경 밑에서 생성·발전되어 왔기 때문이다.

따라서 미국 경영학은 그 학풍에 있어 독일 경영학과는 다른 나름대로의 독특한 특징을 지니게 되었다. 이를테면, 학자나 대학교수에 의해 그 역사가 이어진 독일 경영학이 이론적인 면이 강한 학풍을 지니게 된 것에 비하여, 기술자나 기사와 같은 현장 실무가들에 의해 시작된 미국 경영학은 아무래도 실용주의적·실천적인 면이 강한 학풍을 형성하면서 오늘에 이르게 되었다고 할 수 있다. 이렇게 실용주의의 사조가 그 학문의 기초가 되어 흔히 '경영관리학' manage-ment이라고 일컬어지기도 한다.

미국 경영학의 생성은 컴퓨터의 아버지라고 하는 바베지C. Babbage, 과학적 관리의 아버지인 테일러F. W. Taylor, 프랑스의 페이욜H. Fayol에 의한 관리론, 독일의 베버M. Beber에 의한 관료제의 연구가 큰 영향을 주게 되어 학문적 생성기반을 마련하게 되었다. 19세기 후반에 현장관리의 합리화를 위하여 미국기계사협회 ASME가 발족되어, 능률증진운동을 전개함으로써 실천적 과제의 해결을 위주로 한 학문적인 발전을 하게 되었다.

또한 경영학의 이론적인 발전에 기여하는 매체로서의 대학이 존재하게 된 것도 테일러의 활동시기와 비슷하다. 1881년 펜실베니아 대학, 1889년에는 시카

미국경영학의 발전과정

연대	1900	1910	1920	1930	1940	1950	1960	1970
배경	•ASME성립 (1880) •능률증진운동 •펜실베니아대학에 상과대학설치 (1881)	•테일러공장관리론(1903) •포드사모델 T형 자동차 발표 (1908)	•테일러[과학적 관리의 제원리] (1911) •테일러 시스템의 보급 •제1차 세계대전 (1914~1918)	•듀퐁사 분권적 제품별 사업부제 채용(1921) •호손실험 (1924~1932) •세계대공황 (1929)	•메이요[산업문명에 있어서의 인간문제](1933) •벌리·민즈[근대주식회사의 사유재산](1932) •바나드[경영자의 역할](1938) •제2차 세계대전 (1939)	•사이먼 [경영행동](1945) •관리과정론의 확립	•미국 OR협회 설립(1950) •딘의 관리경제학 (1961)	•사이어트 마치 [기업의 행동이론](1963)

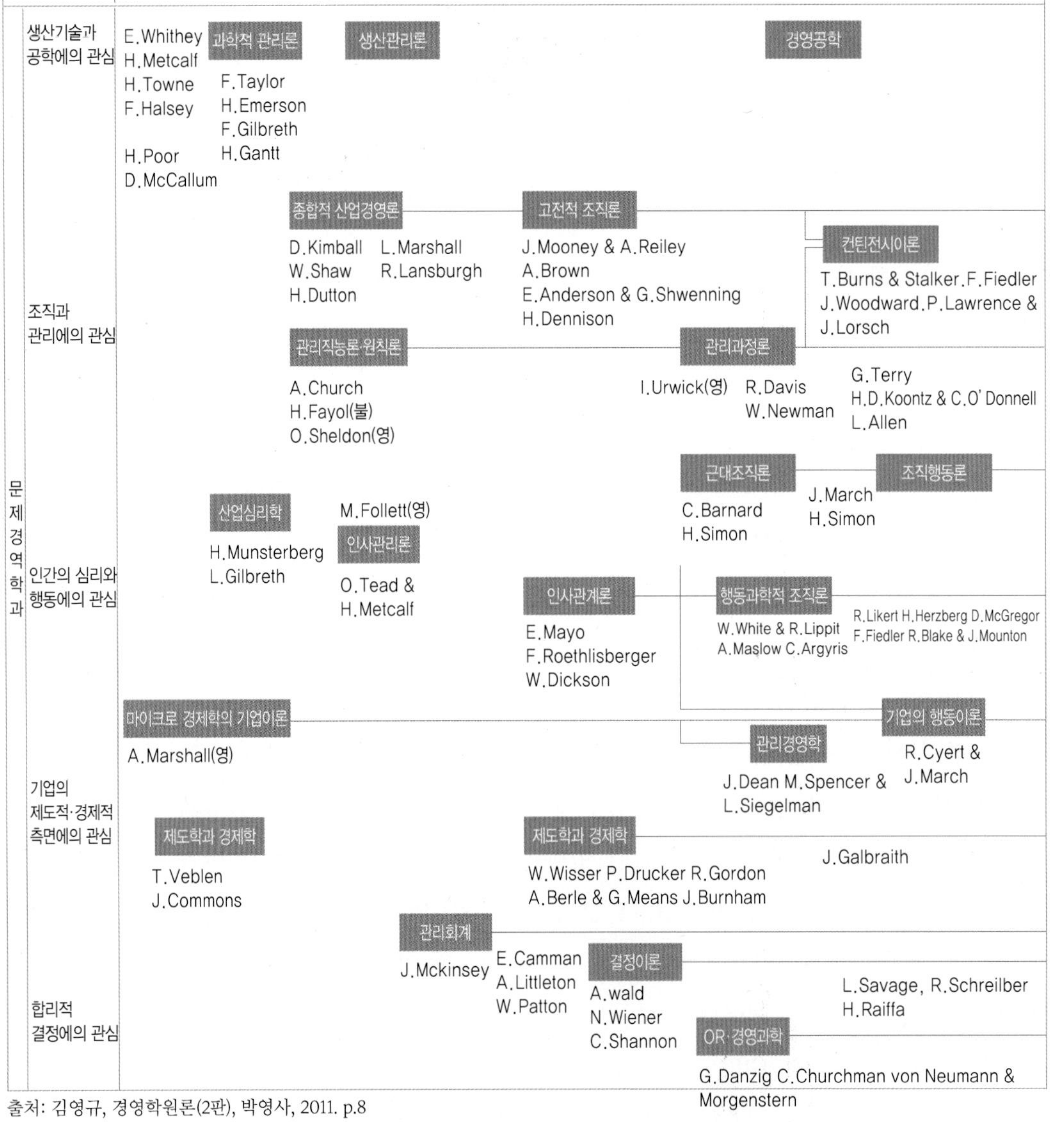

생산기술과 공학에의 관심

E.Whithey
H.Metcalf
H.Towne
F.Halsey
H.Poor
D.McCallum

과학적 관리론
F.Taylor
H.Emerson
F.Gilbreth
H.Gantt

생산관리론

경영공학

조직과 관리에의 관심

종합적 산업경영론
D.Kimball L.Marshall
W.Shaw R.Lansburgh
H.Dutton

고전적 조직론
J.Mooney & A.Reiley
A.Brown
E.Anderson & G.Shwenning
H.Dennison

컨틴전시이론
T.Burns & Stalker, F.Fiedler
J.Woodward, P.Lawrence & J.Lorsch

관리직능론·원칙론
A.Church
H.Fayol(불)
O.Sheldon(영)

관리과정론
I.Urwick(영) R.Davis
W.Newman

G.Terry
H.D.Koontz & C.O' Donnell
L.Allen

인간의 심리와 행동에의 관심

산업심리학
H.Munsterberg
L.Gilbreth

M.Follett(영)

인사관리론
O.Tead &
H.Metcalf

인사관계론
E.Mayo
F.Roethlisberger
W.Dickson

행동과학적 조직론
W.White & R.Lippit
A.Maslow C.Argyris

R.Likert H.Herzberg D.McGregor
F.Fiedler R.Blake & J.Mounton

근대조직론
C.Barnard
H.Simon

조직행동론
J.March
H.Simon

기업의 제도적·경제적 측면에의 관심

마이크로 경제학의 기업이론
A.Marshall(영)

기업의 행동이론
R.Cyert &
J.March

관리경영학
J.Dean M.Spencer &
L.Siegelman

제도학과 경제학
T.Veblen
J.Commons

제도학과 경제학
W.Wisser P.Drucker R.Gordon
A.Berle & G.Means J.Burnham

J.Galbraith

합리적 결정에의 관심

관리회계
J.Mckinsey

E.Camman
A.Littleton
W.Patton

결정이론
A.wald
N.Wiener
C.Shannon

L.Savage, R.Schreilber
H.Raiffa

OR·경영과학
G.Danzig C.Churchman von Neumann & Morgenstern

(좌측 세로 구분: 문제 경영학과 영역)

출처: 김영규, 경영학원론(2판), 박영사, 2011. p.8

고 대학 및 캘리포니아 대학에 상과대학이 설립되고, 1900년에는 위스콘신 대학과 뉴욕대학에 경영대학이 설립되었으며, 1908년에는 하버드 대학에 경영대학원이 설립됨으로써, 미국 경영학의 발전에 획기적인 공헌을 하였다.

미국 경영학의 발전에 효시를 이룬 것은 테일러의 과학적 관리[1911]이었다. 그 후 포드Ford에 의해서 주장된 포드 시스템Ford System, 1925이나 메이요E. Mayo와 뢰스리스버거F. Roethlisberger에 의해서 이룩된 호손 리서치Hawthorn Reasearch, 1927~1932 등도 역시 미국 경영학의 주요 맥락을 이룬다. 이외에도 베브렌T. B. Veblen과 컴몬스J. R. Commons 그리고 벌리A. A. Berle 및 민즈G. C. Means로 이어져 버어남J. Burnham 으로 연결되는 제도론적 경영학도 미국 경영학 발전의 핵심을 형성한다.

또 무니J. Mooney와 레일리A. Relley에 의한 조직이론의 전개와 뉴만W. H. Newman에 의한 경영활동의 이론, 그리고 쿤츠H. D. Koontz와 오돈넬C. O'donnell에 의한 경영관리의 원리 등은 미국 경영학의 발전에 크게 공헌하였다. 특히 버나드C. I. Barnard 에 의한 경영자의 기능The Fuctions of Executive; 1938이나 사이몬H. A. Simons의 관리적 행동이론1945 등은 행동 과학적인 경영관리조직의 도입에 있어서 촉매적 역할을 함으로써, 슈라이버Schleiber나 레빈D. Levin 등에 의해서 주도된 계량적 이론과 함께 현재 미국경영학의 양대 산맥을 이루게 되었다.

 **4 한 국**

우리나라의 경영학은 1945년 해방을 맞기 전까지는 전적으로 독일 경영학을 연구해오던 일본 경영학의 영향을 받았다. 따라서 그 당시의 한국 경영학이란 일본을 거쳐 간접 수입된 독일의 경영경제학을 그대로 뒤따라가기만 하였을 뿐이며, 학문 체계상 그 어떤 일관된 독자성을 지녀보지 못하였다고 할 수 있다. 이는 일제 시에 경성고등상업학교(현 서울대학교 경영대학의 전신), 보성전문학교(현 고려대학교의 전신)와 연희전문학교(현 연세대학교의 전신)의 상과에서 1935년경에 경영경제학을 교과과정의 한 과목으로 개설하면서 경영학이라는 학문이 처음으로 우리나라

에 소개되었던 것을 감안하면 당연한 일이기도 한 것이다.

그러나 막상 우리나라가 해방되었다고 해서 한국의 경영학이 과거에서 탈피하여 그 어떤 특색을 지닌 성격의 것으로 탈바꿈한 것은 아니다. 적어도 1950년 대까지만 해도 독일식 경영학을 여전히 계승할 수밖에는 없었다. 그것은 일본이 물러감에 따라 생긴 공백기를 메워야 할 경영학교육제도의 미비와 경영학전공 자의 부족에서 비롯되었다고 할 수 있다. 그런데 1960년대에 접어들면서 한국의 경영학계에는 종래의 일제에 의해 전래된 독일 경영학과는 다른 경영학 연구를 위한 계기가 차츰 마련되기 시작하였다. 우선 각 대학에 종래의 상학과 이외에 독자적인 경영학과가 설립되기 시작하였으며, 미국에서 유학하던 경영학 자들이 속속 각 대학에서 경영학강좌를 맡기 시작하면서 한국 경영학은 이른바 미국 경영학의 색채를 짙게 띠기 시작한 것이다. 그리고 1970년대를 거쳐 1980년대에 들어와서 이러한 미국 경영학의 영향력은 거의 절정에 이르게 된다.

1990년대에 들어와서도 한국의 경영학은 여전히 그 학문적 체계가 거의 미국 경영학의 일변도에서 벗어나지 못하고 있기는 하지만, 많은 경영학자들은 점차 어떤 한국적 독자성을 지닌 학문체계를 확립하려는 방향으로 연구풍토를 바꾸어 나가기 시작하였는데, 이러한 노력은 최근에 종종 보이는 비교경영학적인 연구와 저서, 그리고 우리 사회의 전통적인 사상을 경영학에 접목시키려는 시도 등을 통해 엿볼 수 있다.

한국의 경영학은 역사적으로 일본 경영학과 미국 경영학의 영향을 받으면서 오늘에 이르렀다고 할 수 있다. 2000년대 이후에는 창업경영, 서비스경영, e-비즈니스경영, 호텔관광경영, 국제비교경영 등으로 다각화, 고도화된 연구가 활발하다.

경영학의 학문적 성격

경영학의 학문적 위치는 과학 중에서도 형이하학으로서의 경험과학이고 경험과학 중에서 사회과학에 속한다. 즉, 경영학은 사회현상의 하나인 조직의 경영현상을 연구의 대상으로 하는 사회과학의 한 분야이다. 그런데 경영현상은 다른 사회과학 분야의 연구대상과는 달리 매우 복합적인 성격을 나타내고 있다.

우선, 경영학은 하나의 학문인 이상 이론으로서의 과학적 특성을 지니지 않으면 안된다. 동시에 경영학은 기업현장에서의 현실적 적용을 전제로 한 실천적 학문이라는 점에서 특수하고 구체적인 기술로서의 성격을 지닌다. 이에 따라서 경영학의 학문적 특성을 제시하면, 경영학은 이론적인 동시에 실천적인 학문의 특성을 지니며, 동시에 과학으로서의 특성과 함께 기술로서의 특성을 지닌다는 것이다.

 1 이론성과 실천성

경영학의 학문적 성격을 이야기 할 때 이론적 측면의 성격과 실천적 측면의 성격을 들 수 있다. 경영학은 다른 사회과학의 분야와는 다르게 매우 역동적이며 인간에 의해 형성, 운영되는 목적 지향적인 학문적 성격으로 인하여 이론적 특성과 실천적 특성을 동시에 가지고 있다.

즉, 경영학은 이론을 위한 지식체계 뿐만이 아니라 행동을 위한 지식체계라는 이론과 실제의 양면적인 특성을 지니고 있다. 이것의 예를 들자면, 역사적으로 볼 때 독일의 경영학은 관념론의 영향을 받아 이론적 측면의 성격이 강했으나 몇 차례의 방법론 논쟁을 거쳐 전후 실천적 측면이 점차 보완되어 왔다. 또한 미국의 경영학은 실용주의의 영향을 받아 관리자 양성, 경영문제의 해결, 경영 합리화의 촉진 등의 실천적 측면으로부터 출발하였으나 점차 이론적인 체계화의 필요성이 증가됨에 따라 이론적인 측면이 강조되어 오늘날 이론적 성격과 실천적 성격을 동시에 포함하는 학문으로 발전하여 왔다.

먼저 경영학은 이론과학theoretical science 내지 순수과학pure science으로서의 특성을 갖는다. 따라서 경영학은 현재 나타나고 있는 경영 현상에 대한 이론적 연구방법을 통하여 경영 현상에 드러난 공통적 속성을 하나의 원칙으로 정립하고자 하는 기술과학descriptive science적 방법을 사용한다. 여기서 기술과학은 경영현상의 사실적 분석을 통하여 경영의 제 원리를 체계적으로 규명하고자 하는 학문인데 이것은 연구방법이 논리 실증적인 분석체계를 따르는 경우의 이론과학을 칭하고 검증 가능한 가설을 설정하여 이 가설을 관찰이나 실험을 통해 검증함으로써 새로운 이론과 모델을 구축하는 연구 방법이다.

그리고 또한 경영학은 실천과학practical science 또는 응용과학applied science으로서의 특성도 가진다. 즉, 경영학은 기업의 목적 달성과 관련해서 어떠한 수단이나 방법을 선택하는 것이 가장 이상적이겠는가 하는 실천적 내지 응용적 성격을 띄는 것을 말한다. 따라서 여기서는 경영 현상에 대한 단순한 설명이 아니라 경영 현상이 어떻게 되어야 한다는 당위적 내지 가치규범적 측면에서 경영의 실천원리를 추구하게 된다. 이에 따라 실천을 전제로 한 당위로서의 경영원리를 끌어내려는 실천과학으로서의 경영학인 규범과학normative science적 성격을 띄게 되는데 규범과학으로서의 경영학은 현재로서의 경영이론에 비판을 가하고 일정한 가치가 부여된 당위로서의 이론을 제시함으로써 존재를 당위의 수준으로 끌어올릴 수 있는 경영상의 제반 수단이나 방법도 모색되어야 한다.

경영학의 이론적 특성은 경영 현상에서의 실천을 위한 실무의 이론적 기초와 비전을 제시한다. 경영학은 부단히 변화하는 경영환경과 이에 대응하는 기업의 활동을 대상으로 한다. 그러므로 경영이론이 실제의 기업경영에서 일어나는 다양하고 복잡한 문제를 해결하는데 도움을 주지 못한다면 그것의 존재의의는 사라질 것이다. 그렇기 때문에 경영학의 학문적 지식체계가 단순히 이론만을 위한 지식체계에 머물러서는 안 되고 행동을 위한 지식체계이어야 한다.

또한 경영학의 실천적 특성은 경영학을 단순히 이론만을 위한 이론으로서의 학문이 아닌 실제로 경영의 성과 달성에 기여할 수 있는 실천적인 처방의 의미를 지닌다. 단적으로 말하자면 경영학은 이론과학의 입장에서 나온 온갖 이론이나 모델을 실천과학의 입장에서 실제에 적용시키고자 하는 이론실천과학이라고 할 수 있는 것이다.

이는 결국, 이론이 결여된 실천이나 실천이 전제되지 않은 이론은 모두 의미가 없다는 점에서 이들의 관계는 상호보완적 차원에서 검토하는 것이 바람직하다고 하겠다. 왜냐하면 이론과 실체가 상호 보완의 관계를 통해 보다 더 큰 성과를 거둘 수 있기 때문이다.

 ## 과학성과 기술성

오랫동안 경영은 과학science이라기보다는 기술art로 알려지고, 그와 같은 성향이 강했던 것이 사실이긴 하지만 경영학이 기술art인가, 아니면 과학science인가에 대한 논쟁은 경영학이 성립되고 발전한 이후 오늘날에 이르기까지 경영학이 이론과학이냐 또는 실천과학이냐의 학문적 성격에 대한 논쟁 못지 않게 오래동안 끈임 없이 거듭되어 왔다. 물론 경영학의 과학성과 기술성 여부는 학자들의 관점에 따라 다르지만 이 논쟁은 일종의 "계란이 먼저인가? 아니면 닭이 먼저인가?"의 논쟁과 비유되는 바, 결국 경영학은 과학으로서의 특성과 기술로서의 특성을 모두 지닌다고 할 수 있다.

즉, 경영학이 과학으로서 다루어질 때 그것은 경영의 실천원리에 필요한 하나의 비전과 원리를 제공하는 의미를 지니며 또한 그것이 기술로서 다루어 질 때 그것은 실제 경영 현실에서 경영체가 추구하는 성과의 달성을 가능하게 하는 실천적인 방법으로서의 의미를 지닌다. 이로써, 경영학은 앞에서 지적한 이론성과 실천성의 특성을 함께 추구할 수 있는 양면적인 학문으로서의 특성을 나타내며, 또한 과학성과 기술성을 아울러서 갖게 된다.

그런데 만일 경영학이 순수한 이론으로서의 순수 과학론으로서만 다루어지게 된다면 그것은 현실과 거리가 먼 공론이 되기 쉽고 또 행동과 실천을 위한 지식이 아닌 지식 그 자체만을 위한 지식knowledge for knowledge을 추구하는 비현실적인 학문으로 끝나기 쉽다. 그렇게 될 경우에는 우리는 우리에게 필요한 경영에 관한 처방전을 획득할 수가 없게 되며 또한 실천적 학문으로서의 경영학의 존재의의도 찾아볼 수 없게 된다.

반대로 경영학이 경영자 개인의 직관이나 경험에만 의존하는 하나의 기술론에 지나지 않는다면 경영자는 이론이나 체계화된 지식 없이 단순히 경험이나 직관에 의존해 기업을 경영함으로써 시행착오trial and error의 혼란만이 거듭되게 될 뿐 아니라, 경험지상주의에서 오는 논리일관성의 부재에 의한 혼란을 초래하게 된다. 이렇게 되면 경영학을 실천에 대한 지침을 주는 지식 체계로서 사회적으로 유용한 학문으로서의 의의와 가치를 잃게 될 것이다.

경영학은 나름대로의 고유한 원칙, 이론, 개념들로 구성된 지식체계라는 점에서 과학성이 있는 반면에 실무적인 측면에서는 기술성을 많이 내포하고 있다. 그러나 실제로 원칙이나 이론에 대한 지식만을 가지고는 경영상의 여러 문제를 위한 완벽한 해답을 제시해 줄 수는 없다. 그 이유는 경영에는 어떤 원칙이나 이론으로 설명될 수 없는 부분도 있기 때문이다. 그러므로 성공적인 경영을 위해서는 경영자의 오랜 경험이나 직관도 필요한 것이다. 그렇지만 이론이나 체계화된 지식이 없이 단순하게 운이나 과거의 경험 및 직관에 많은 부분을 의존하는 경영자는 좀 더 합리적인 대안을 찾아낼 수가 없다. 따라서 경영에 있어서의 과학성과 기술성은 서로 상호 보완관계에 있다는 것을 명심해야 한다. 과학의 변화와 발전은 기술의 변화와 발전에 촉매제 역할을 하며 반대로 기술이나 기법의 발전은 경영의 과학성에 기여하기 때문이다. '지식이 없는 기법은 맹목적인 것이며, 기능이 없는 지식은 무의미 한 것'이라는 주장은 이를 잘 뒷받침해 주고 있다. 요컨대 경영학은 하나의 과학이지만 부정확한 과학inexact science이며 그러한 부정확성은 경영의 실무과정에서 높은 기술성을 요구하고 기술과 과학의 결합 필요성을 제기한다.

  이러한 의미에서 볼 때 경영학은 이론과학과 실천과학으로서의 이론적 실천과학이라는 양면적인 성격을 지님과 동시에 또한 과학론과 기술론의 이중적인 성격도 지닌다고 보게 되는 것이다. 따라서 경영학이 이론과 실제의 균형을 이루는 학문이 되려면 당연히 과학론과 기술론으로서의 이중적 성격을 지닌 학문으로서 파악되어야 한다. 결국 경영학은 경영활동을 연구 대상으로 하여 이론, 실천, 과학, 기술 4가지 측면을 모두 지니는 종합 학문이라고 할 수 있다.

경영학의 연구대상

 경영학의 연구대상

경영^{Management}이라고 하면 흔히 기업경영을 말하는 것으로 알려져 있다. 그러나 오늘날 우리가 살고 있는 사회는 보다 많은 조직체로 구성되어 있으며, 우리 자신들도 대부분이 하나 또는 그이상의 여러 조직의 구성원으로 활동하고 있고 어떤 형태로든 조직과 관련되어있다. 이와 같이 경영은 기업경영, 학교경영, 병원경영, 정부경영 등 수없이 많은 경영의 형태가 존재할 수 있다. 경영은 단지 기업체에서만 필요한 개념이 아니라 어떤 형태의 조직이든 일정한 목표를 달성하기 위하여 설립된 조직에서는 그 조직의 목표를 효과적으로 달성하기 위하여 반드시 필요하다.

따라서 경영학은 어떤 목표^{goal}를 효과적으로 달성하려고 하는 경영활동이 필요한 조직을 대상으로 연구하는 학문이다. 여러 가지 조직들 중에서 기업조직, 대학, 군대, 종교단체와 같은 공식적인 목표가 있으며, 구성원들에게 부여된 명확한 직위^{position}가 있고, 각 부서단위로 또는 구성원별로 해야 할 일들이 뚜렷하게 나눠져 있는 조직이나, 인터넷 통신동호회와 같은 훨씬 덜 구조화되어 있는 조직이든 이 세상의 모든 조직은 어떤 공통의 목표를 향하여 함께 활동함으로써 이익을 얻을 수 있다는 것을 아는 둘 이상의 사람들이 모인 집단이다. 우리는 이러한 모든 조직들을 대상으로 경영학을 연구할 수 있는 것이다. 우리가 기업을 주 대상으로 연구하는 이유는 다음과 같다.

❶ 기업조직은 어느 조직보다 그 경영활동이 매우 복잡한데, 기업조직의 복잡한 경영현상을 연구함으로써 얻게 되는 연구 성과를 상대적으로 기업조직보다 단순한 경영활동을 행하는 다른 사회조직에 원용할 수 있기 때문이다.

❷ 오늘날 기업은 대학 및 연구기관과 가장 활발하게 산학협동이 이루어지고 있는 조직체이다. 따라서 산학협동에 의한 연구 결과들은 우리가 경영학을 공부하는 데 풍부한 지식과 아이디어를 제공해 줄 수 있기 때문이다.

❸ 오늘날 기업조직은 사회의 가장 보편적인 조직으로서 그곳에 속해 있거나 관련되어 있는 사람들의 수가 가장 많은 조직이다. 따라서 가능하면 많은 사람들이 안고 있는 문제를 해결하는 것이 유리하기 때문이다.

 ## 경영학의 유용성

경영학은 조직체를 성공적으로 이끌어 나갈 수 있는 전문지식과 아이디어를 배우는 학문이라고 할 수 있다. 경영^{management}이란 무엇인가에 대한 정의를 초기 경영학자이자 저술가인 플렛^{M.P.Follet}은 "경영이란 사람을 통하여 행해진 것을 얻는 기술^{art}"이라고 하였다.

이러한 정의에 기초하여 쿤츠^{H.Koontz} 등은 경영자는 "개인에 의해서는 성취될 수 없을지도 모르는 목표를 성취할 수 있도록 하기 위하여 다른 사람들의 작업을 조정하는 것이며, 그것을 통해 경영은 의미 있는 조직목표들을 성취하기위하여 가능한 가장 효율적인 방법으로 각각의 기능을 계획하고, 조정하고, 지시하고, 통제하는 활동"이라고 정의한바있다. 이처럼 경영학은 위에서 예로든 경영에 대한 정의를 토대로, 향후 요청되는 새로운 경영방식을 위한 아이디어를 제시하고자 하는 것이다.

❶ **미래 전문경영인으로서의 능력 함양**: 맥과이어[1974]는 "경영하지 않는 사람은 너무 어리거나 너무 나이가 많든지 그도 아니면 무능력자로 수용소에 수용되어 있는 사람중의 한 사람일 것이다"라고 말한 바 있다. 이 말이 의미하는 바는 현대인이라면 누구나 경영에 관한 지식과 마인드를 갖추어야할 필요가 있다는 것이다.

특히 기업경영을 책임지고 있는 경영자들은 우리가 속해있는 조직과 그 구성원들에게 시간, 금전, 에너지와 같은 희소한 자원을 추구하는 목표를 달성하도록 하기위해 전문적으로 맡은바 일을 수행하여야 한다.

우리는 이렇게 경영학을 배움으로써 미래의 전문경영자로서의 능력과 자질을 함양해 나갈 수 있는 것이다. 조직체가 성장하고 발전한다는 것은 경영자의 능력발휘나 야망을 넘어서, 그곳에 속한 구성원들의 발전, 즉 그들의 인간적인 삶의 질을 한 단계 향상시킬 수 있는 기회를 제공하는 것이다.

❷ **조직체 발전을 통한 사회발전의 도모**: 자본주의사회에서 경영학을 배우는 것은 쉽게 영리목적을 달성하기위해서 조직의 구성원들을 기계처럼 다루는 즉 통제하는 방법을 연구하는 것이라든지, 오로지 소수조직체의 우두머리를 위하여 봉사하는 방법을 연구하는 것으로 비판받기도 하였으나 이것은 매우 잘못된 생각이다. 우리가 경영학을 배우게 되면 성공적인 기업경영을 통해 사회에서 필요로 하는 충분한 물적기반을 확보함으로써, 일반국민들이 더 윤택하고 풍요로운 인간적인 삶을 영위할 수 있도록 그 "생활의 질"Quality of Life을 향상시킬 수 있는 아이디어를 얻게 된다.

최근에 들어와서 기업이 시민단체와 연합하여 적극적인 환경친화적 경영을 통해 자연생태계의 균형을 유지하면서, 동시에 조직체의 성장을 도모하는 지속적인 발전sustainable development을 추구하는 것이 현대적인 조직체 경영의 중요한 과제로 부각되고 있다.

❸ **경영활동**: 기업조직이 일정한 목표를 달성하기 위해 환경과 상호작용하면서 관리 기능(과정)을 통해 조직의 자원을 조직의 활동에 효과적이고 능률적으로 투입·통합·조정하는 과정을 연구하는 학문이라고 할 수 있다.

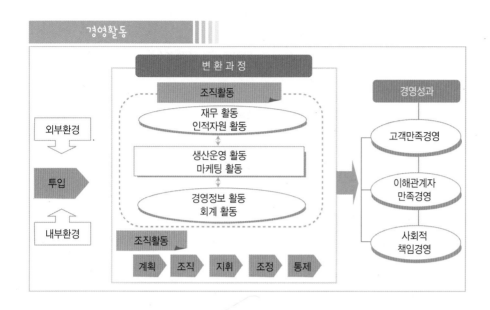

3 경영학의 지도원리

경영활동이란 조직의 목표인 장기적인 수익성을 효과적이고 효율적으로 달성하기 위해 조직내의 여러 가지 의사결정을 수행하는 작업이라고 할 수 있다.

❶ **효율성**efficiency이란 최소한의 투입으로 최대한의 산출을 얻는 것을 의미한다. 즉 효율적이라는 것은 자원의 낭비 없이 일을 올바르게 처리하는 것doing things right.을 의미하는 개념으로서 최소한의 자원으로 최대의 효과를 얻으면 가장 효율적으로 일을 처리하였다고 할 수 있다. 효율성은 생산성[1]과 유사한 개념으로 투입량에 대한 산출량의 비율을 의미한다. 생산성을 측정하는 지표로는 노동생산성, 자본생산성, 부가가치 생산성 등을 들 수 있다.

1. 생산성 = $\dfrac{\text{산출}(Output)}{\text{투입}(Input)}$

❷ **효과성**effectiveness이라는 것은 바른 일을 하는 것doing the right thing을 의미한다. 경영자가 처리한 일이 효과적이었다는 것은 경영자의 활동 결과가 기업의 목표를 달성하였다는 것을 의미한다.

2. 경제성 $= \dfrac{\text{목표}}{\text{수단}}$

$= \dfrac{\text{성과(효과 또는 가치)}}{\text{희생(비용 또는 가치)}}$

3. 수익성 $= \dfrac{\text{이익}}{\text{투입자본}}$

$= \dfrac{\text{매출액}}{\text{자본}} \times \dfrac{\text{이익}}{\text{매출액}}$

* 투입자본은 자기자본이 될 수도 있고 총자본이 될 수도 있다.

따라서 경영자는 효과적으로 일을 처리하여야 할 뿐만아니라 효과적인 결과를 얻는데 효율적으로 자원을 사용하여 경제성[2]을 높여야 할 것이다.

❸ **수익성**profitability란 투입자본에 대한 이익관계를 나타낸다. 투입자본에 비하여 이익이 많으면 수익성이 높다고 한다. 일반적으로 수익성[3]은 이윤극대화 목표와 관련시켜서 생각되므로 영리기업에서 사용되는 지표이다.

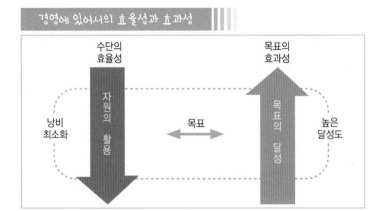

경영에 있어서의 효율성과 효과성

수단의 효율성 — 자원의 활용 — 낭비 최소화

목표

목표의 효과성 — 목표의 달성 — 높은 달성도

MEMO

Chapter

02

기업의 이해

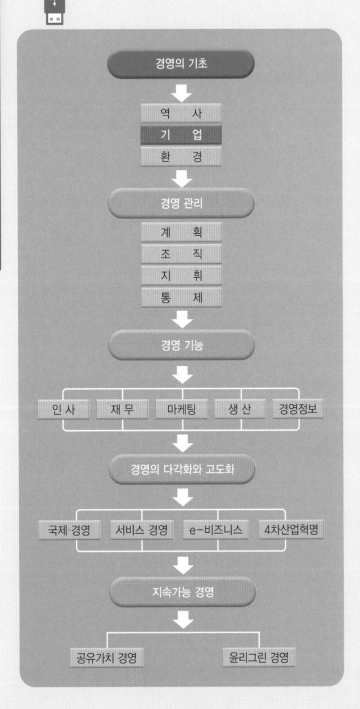

경영의 기초

역   사
기   업
환   경

경영 관리

계   획
조   직
지   휘
통   제

경영 기능

인 사   재 무   마케팅   생 산   경영정보

경영의 다각화와 고도화

국제·경영   서비스 경영   e-비즈니스   4차산업혁명

지속가능 경영

공유가치 경영   윤리그린 경영

기업의 개념

Section 04

1 기업의 기능

   기업은 생산활동을 수행하는 경제적 기능뿐 아니라 사회적, 문화적 기능도 수행하는 현대사회의 중요한 경제적 단위이다. 즉, 기업enterprise란 문자 그대로 '업을 기획한다'의 준말로서 경제사업체를 의미한다. 일반적으로 기업이란 자본주의사회의 시장경제체제하에서 국민경제를 구성하는 기본적 단위이며, 생산수단의 소유와 노동의 분리를 기초로 하고 영리 목적을 추구하는 독립적인 경제단위이다. 이와 같은 관점에서 정의한다면 기업이란 영리추구를 목적으로 생산수단을 소유하고 노동을 고용하여 제품과 서비스를 창출하는 생산경제단위이며, 기업은 다음과 같은 기능을 하고 있다.

❶ 기업은 국민경제에 있어서 인류가 필요로 하는 제품과 서비스를 공급하는 생산기능을 수행한다. 기업은 재화와 서비스를 공급하지만, 이익을 창출할 수 있도록 가능한 한 경제적, 합리적으로 활동을 수행한다.

❷ 기업은 이익극대화를 추구하여 경제적 가치창출기능을 수행한다. 가치 있는 이익을 창출하지 못하는 기업은 사회적으로 손실과 낭비를 가져오며, 결국은 도산하여 퇴출 된다.

❸ 기업은 경영자와 근로자 등 수많은 인력의 취업기회와 생활기반을 제공하며, 고용기능을 수행한다.

❹ 성공적인 기업들은 신제품의 생산, 신기술의 개발, 서비스의 개선 등을 통하여 경제성장과 국가발전에 기여한다. 따라서 기업은 자체 성장을 통해 국가발전기능을 수행한다.

❺ 기업은 이해관계집단의 이해를 조정하고, 사회의 요구에 부응하여 사회문제에 능동적으로 참여하며, 사회적 책임을 이행함으로써 사회적 욕구충족기능을 수행한다.

 ## 2 기업의 형태

1) 개인기업

개인기업은 출자자와 경영자가 동일인이고, 경영자인 동시에 출자자가 기업의 위험에 대하여 절대무한의 책임을 지는 형태를 말한다. 이러한 개인기업은 대체로 (a) 한 사람이 감독할 수 있는 이상으로 기업규모가 커지면 규모에 따른 수익체감현상이 나타나고, (b) 종업원이 증가할 때의 관리비용이 크게 늘어나며, (c) 일정한 정도까지 감독을 강화하면 감시비용에 비하여 그 수익증가가 더 큰 경우, (d) 감독을 강화함으로써 기업의 이윤이 증가할 가능성이 확률적으로 높은 경우에 설립된다.

개인기업의 경우 기업주는 자신의 열성과 종업원에 대한 철저한 감독으로 이익이 늘어나면 그것이 자신의 몫이 되기 때문에 기업 경영에 대한 인센티브가 매우 강한 반면에, 종업원은 철저한 감독 때문에 높은 노동강도하에서 일하게 된다. 따라서 개인기업에서 가족이나 친척 또는 동향인으로 종업원을 구성하거나, 유능한 종업원에 대해서는 높은 노동강도를 보상할 인센티브를 제공하는 것은 이러한 면을 고려한 것이다. 그러나 개인기업의 경우 기업의 규모가 커지면 기업주의 감독효율이 떨어지고, 종업원의 조직몰입도가 떨어져 효율이 낮아지기 때문에 기업규모를 확대하기는 어려운 문제점을 가진다.

한편 현실적으로 개인기업이 소규모 기업인 까닭은 매출액과 이익이 늘어났을 때 개인기업의 이익은 기업주 개인의 소득으로 파악되므로 기업주에게 부과되는 세금이 높아진다는 점과 각종 금융상의 제약, 자금조달의 한계 및 우수한 인력화보의 곤란 등의 이유로 기업규모가 일정한 크기 이상이 되면 기인기업보다 회사기업으로 전환하는 것이 일반적이다.

2) 조합기업

조합이란 두 사람 이상의 당사자가 조합계약을 체결하고 각각 출자하여 공동으로 사업을 경영하며 그 손익을 분배하는 조직체를 말한다. 조합기업은 두 사람 이상이 경영주체가 되는 공동기업일지라도 외부에 대해서 활동할 때는 단일의 회사나 조합으로서 행동하는 것이 아니고 별개의 조합원으로서 행동하는 것이다. 그러나 조합은 조합원이 제3자에 대하여 연대무한의 책임을 지므로 합명회사와 비슷한 점이 있으나, 조합은 법률상의 사업주체가 조합원 각자이므로 법인이 아니다. 그리고 재산도 조합 자체의 재산이 아니라 조합원의 공동재산에 속한다는 특징을 가지고 있다.

(1) 민법상의 조합

민법 의하면 조합은 2인 이상이 공동으로 출자하여 공동으로 사업을 경영할 것을 약정함으로써 그 효력이 발생한다고 규정하고 있다. 이 때 조합원은 모두 출자를 하여야 하지만, 그 출자는 금전뿐만 아니라 기타의 재산 또는 노동력 제공으로도 할 수 있다. 조합원은 연대무한책임을 부담하며, 법률상 사업주체는 조합원 개개인이고, 조합자체가 사업주체는 아니다.

(2) 익명조합

중세 이탈리아 코멘다에서 유래된 것으로서, 익명조합은 업무를 담당하면서 무한책임을 지는 조합원(현명조합원)과 유한책임을 지는 조합원(익명조합원)으로 구성되는 조합이다. 즉, 익명조합에는 출자와 동시에 업무를 담당하는 영업자가 있는 반면에, 단순히 출자만 하고 그 이익분배만 참여하는 익명조합원이 있다.

(3) 협동조합

협동조합은 조합원의 경제적 이익을 도모함을 목적으로 상부상조의 정신에 따라 이루어진 것이다. 협동조합은 경제적 약소자인 소비자, 생산자 또는 민간인들이 경제적 약점을 보완하기 위해 상호 협조와 협동정신으로 공동 출자하여 조직하는 공동기업형태로서, 영리기업과 마찬가지로 구매, 생산, 판매 등의 각종 사업을 영위할지라도 기업형태는 아니며, 출자자가 자신들이 이용하기 위해서 설립된 사업체이다.

3) 회사기업

(1) 합명회사

합명회사는 출자자와 경영자가 동일인으로서 개인기업처럼 기업경영에 따른 손실에 대해서 출자자, 경영자가 무한책임을 지지만, 출자자와 경영자가 두 사람 이상이라는 점이 개인기업과 다른 점이다. 합명회사는 개인의 출자액과 감독범위 이내의 작은 기업으로 운영되는 개인기업의 한계를 극복하기 위한 방안으로 도입되었다. 즉, 여러 사람이 공동으로 출자, 경영함으로써 출자액과 효율적인 감독범위를 넓힐 수 있어 개인기업보다 큰 규모의 경제를 얻을 수 있다.

합명회사의 출자자는 다른 출자자가 연대하여 무한책임을 진다. 따라서 공동 출자자 상호간의 능력과 인격에 대해서 충분한 신뢰관계가 있어야만 기업이 결성되고 성공적으로 운영될 수 있다. 특히 출자자가 다수일 경우에는 한 개인이 열성적으로 노력하여 기업의 이윤이 증가하더라도 자기에게 돌아오는 몫은 공동 분배되기 때문에 출자간에 도덕적 해이가 나타날 수 있다. 그러므로 초기의 합명회사는 절친한 부자, 형제, 친척 또는 친구 등이 설립자로 출발한 회사가 많다.

(2) 합자회사

합자회사는 최소한 1인의 무한책임사원과 최소한 1인의 유한책임사원으로 구성된 회사이다. 무한책임사원은 경영에도 참가하는 출자자이며, 유한책임사원은 재산만을 출자한 출자자이다. 유한책임사원은 출자한 자본금 범위 이내에서만 책임을 지기 때문에 경영에 참가할 수 없는 자본가로부터 많은 자금을 동원하는 장점이 있다. 그러나 합자회사의 지분양도에는 무한책임사원 전원의 동의를 필요로 하기 때문에 주식회사에 비하여 자본의 교환성이 떨어진다.

주식회사의 일반주주와는 달리, 합자회사의 유한책임사원은 회사를 경영하는 무한책임사원과 밀접한 인간관계를 가지며, 그의 경영능력을 신뢰하는 속에서 자본을 출자한다고 할 수 있다. 따라서 불특정다수로부터 자본금을 조달할 수 있는 주식회사에 비하여 회사규모를 키우는데는 한계가 따르지만, 출자자(유한책임사원)에 대한 감시비용은 훨씬 적게 드는 특징을 지니고 있다.

(3) 유한회사

유한회사는 출자액을 한도로 하여 채무를 변제한다는 유한책임을 부담하는 사원만으로 구성된 회사이다. 모든 사원은 유한책임을 지며, 사원총회가 최고의 사결정권을 갖는 등 주식회사의 성격을 많이 띠고 있지만, 자본 규모 확대에 한계가 있고, 지분 양도시 사원총회의 승인을 받아야 하는 등의 제약이 존재한다.

유한회사는 합명, 합자회사와 달리 인적 결합보다 물적 결합의 성격이 보다 크게 나타나지만, 비교적 소수의 사원과 소규모의 자본으로 운영되므로 중소기업의 경영에 적합한 기업형태라고 할 수 있다. 현행 상법에서는 유한회사의 경우 사원의 총수는 2명 이상 50명 이내와 자본금은 1천만원 이상으로 제한되고 있다.

(4) 주식회사

주식회사는 합명회사나 합자회사가 가지고 있는 한계를 극복하기 위한 조직형태이다. 주식회사에서는 출자자와 경영자가 분리되고 있어 출자자는 자신의 출자범위 이내에서만 책임을 진다. 따라서 기업경영에 직접 참가할 수 없는 일반자본가로부터 자금을 대규모로 동원할 수 있어 사업을 확장하는데 적합하다.

주식회사의 출자자는 기업에 적자가 나더라도 자기가 출자한 금액만 손해보는 것으로 끝나며, 상장이나 등록기업의 경우에는 언제든지 주식을 증권시장에서 판매할 수 있기 때문에 일상적인 기업경영에 대해서는 크게 신경 쓰지 않아도 된다. 또 일반적으로 주주의 수가 매우 많기 때문에 이들이 모두 경영에 참가하는 것은 불가능하다. 따라서 주식회사에서는 주식을 전혀 소유하지 않더라도 경영능력이 뛰어난 사람에게 기업경영을 의뢰할 수 있는데, 이들을 일반적으로 전문경영인이라고 부른다.

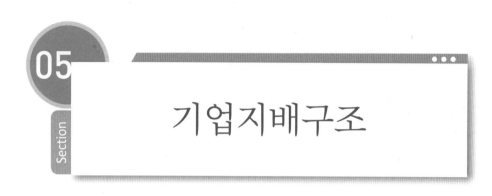

기업지배구조

1 기업지배구조의 의의

기업지배구조Corporate Governance는 통상 기업 내부의 의사결정시스템, 이사회와 감사의 역할과 기능, 경영자와 주주와의 관계 등을 총칭한다. 보다 엄밀하게 말하면 기업을 둘러싼 환경 전체를 상정하는 광의의 해석이 있고, 기업 내부에 초점을 맞춘 협의의 해석이 있다.

넓은 의미로 기업경영과 관련된 의사결정에 영향을 미치는 요소로 이해할 수 있다. 기업경영 환경에는 기업 내부의 의사결정시스템은 물론 시장에 대한 규제, 금융 감독체계, 관행 및 의식 등이 망라된다.

좁은 의미로 기업경영자가 이해관계자, 특히 주주의 이익을 위해 역할을 다할 수 있도록 감시 통제하는 체계를 의미한다. 우리나라의 경우 기업지배구조 개선작업은 사외이사제도 도입, 감사의 독립성 제고, 회계제도의 선진화, 주주권리의 강화, 금융감독체계 강화 등을 기본 골격으로 진행되고 있다.

1) 내부지배구조

기업의 내부지배구조라 하면 기업내 제도를 통하여 경영자의 대리인 문제를 줄이려는 방법을 말한다. 이러한 방법은 먼저 감사인제도가 있다. 감사인은 기업의 경영상태에 대해 조사를 통하여 주주총회를 통한 정기적인 감사 결과를 주주에게 보고하게 되어 있다. 또한 외부인사를 사외이사로 임명하여 경영을 감시할 수 있다. 그밖에 주주와 경영자의 이익을 일치시키는 보수제도를 도입하는 것도 한 방법이다. 성과급, 스톡옵션stock option이 그 방법이다.

2) 외부지배구조

외부 지배구조란 기업의 외부제도를 통하여 경영자의 대리인 문제를 줄이는 것을 말한다. 먼저 기업에 외부자금을 공급하는 채권자(은행, 금융기관)의 감시가 있다. 이들은 기업이 파산하면 자신의 자금을 회부하기 어렵기 때문에 기업의 경영을 항상 감시한다. 그리고 경영자의 대리인 문제가 커서 기업의 경영성과가 나빠질 것으로 예상되면 대여 자금을 회수하게 된다.

또한 시장 방식에 의한 것도 있다. 기업 인수 시장이 활발하면, 적대적 M&A가 이루어져 대리인 문제로 경영성과가 나쁘면 경영권을 빼앗기게 된다. 또한 경영자 시장이 존재하면, 자신의 명성이 나빠질 것을 두려워하여 대리인 문제가 줄어든다.

기업이 동일한 자금을 동원하더라도 부채비율이 높으면 상대적으로 소수 지배주주의 대리인 문제가 줄어든다. 이를 Leverage effect라고 한다. 주식을 통하여 자금을 동원하면, 이익을 다수에게 배분하게 되어 자신의 배당이 줄어들지만, 부채를 동원하면 동일한 이익이 발생하였을 때 자신의 배당이 증가하기 때문이다.

그동안 미국을 중심으로 하는 선진국에서는 우수한 기업지배구조가 기업경쟁력의 원천이며 각국 경제의 장기적 안정성장의 기본요건이라는 인식이 확산돼 왔다. 이러한 인식은 경제와 자본시장의 국제화가 가속화되면서 기업지배구조에 대한 국제 규범을 만들어야 한다는 견해로 발전되기도 했다. 단적인 예로 OECD는 최근 기업지배구조의 기본원칙을 마련했는데, 이는 주주자본주의에 바탕을 둔 영미식 기업지배모형이 중심이다.

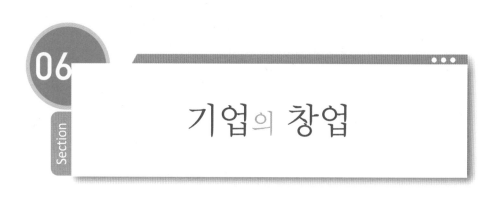

기업의 창업

1 기업창업의 의의와 방법

　기업의 창업이란 재화나 서비스를 생산, 판매하는 하나의 시스템을 구축하는 일로서, 일반적으로 사업을 새로이 개시함을 창업이라고 한다. 기업의 창업동기에는 무엇보다도 영리추구의 동기가 가장 강하고 기본적이지만 그 이외에도 기업의 지배권 획득, 일반대중에의 봉사와 사회적 인정, 기업 및 재산의 유지수단, 독립적인 사업운영에 따른 만족감 등이 있다. 기업창업의 필수가 되는 요소로는 창업자, 사업 아이디어, 자본이 있다.

 인수와 창업의 장단점

	장　점	단　점
기업 인수	① 기업이 보유한 유리함을 그대로 향유 ② 미래의 불확실성 감소 ③ 창업에 따르는 시간과 경비 절감	① 입지선정, 종업원 채용 등 전반적인 분야에 창의성 결여 ② 자본에 합당한 기업의 규모 선정이 어려움 ③ 독자적인 시장개척능력에 시간 소비
신규 창업	① 기업의 전반 분야에 독자적인 창의성 반영 ② 기업규모면에 있어 자본상의 형편을 충분히 배려 가능 ③ 독자적인 시장개척계획에 따른 입안이 가능	① 설립하여 운영하기까지 많은 시간과 경비 소요 ② 미래의 불확실성으로 인한 창업 자체의 부담

기업을 시작하는 방법에는 기존의 회사를 인수하는 방법과 완전히 새로운 기업을 설립하는 방법, 그리고 유산 등을 상속받는 경우 등이 있다.

2 기업조직의 생명주기

1) 출생단계

창설자의 창업의지에서 출발되는 단계. 조직의 어수선한 분위기, 체계화되지 못한 조직구조와 운영 시스템. 비과학적인 총체적 조직관리와 저조한 기업의 판매액과 이익수준의 단계이다.

2) 성장단계

기업의 판매액과 이윤이 급격하게 증가하고, 종업원의 신규채용도 증가하며, 신제품개발과 서비스 기능도 활발함. 창업주에 의한 독선적 경영방법이 분권화된 경영체제로 바뀜. 경영활동이 비개인적인 특성에 따라 전개된다.

3) 성숙단계

성장의 둔화, 생존의 문제 중시, 시장에서의 경쟁적 지위의 약화, 조직의 진부. 제도화된 과정 때문에 경직화된 관료주의가 조직의 분위기를 지배한다.

4) 쇠퇴단계

관리상 혼란의 징후 경험, 핵심인재들이 조직을 떠남, 매출 하락, 경영혁신을 도모하기 위해 경영진의 교체나 합병을 시도한다.

5) 사멸단계

부채상환능력의 상실, 지나친 재고보유와 부실채권에 의한 자금회수의 불능, 수익성의 격감, 조직 성원들 간의 갈등과 조직이탈 등으로 파멸의 악순환을 경험한다.

3 기업의 규모

1) 기업규모의 의미와 최적규모

기업의 규모란 기업의 크기를 의미하며, 최적규모는 대량생산의 법칙에 따른 원가절감의 효과와 대규모화에 따른 관리비용의 증대효과가 상쇄될 수 있는 경영규모를 의미한다.

기업의 규모는 대기업과 중소기업으로 분류될 수 있다.

2) 기업규모에 따른 특성

➡️ 중소기업과 대기업의 특성

중소기업	대기업
① 소유자가 경영담당	① 소유와 경영의 분리
② 조직구조의 단순화	② 조직구조의 복잡화
③ 전문경영자의 부족	③ 전문경영자의 활용
④ 자본의 한계성	④ 자본의 비한계성
⑤ 시장범위의 한계성	⑤ 시장범위의 비한계성
⑥ 기업의 실패율이 높음	⑥ 기업의 실패율이 낮음
⑦ 대기업에의 종속성	⑦ 독립성
⑧ 경영관리기법의 단조로움	⑧ 경영관리기법의 다양성

4 기업의 성장

1) 기업성장의 의의

기업성장이란 기업의 동질성identity이 유지되는 범위 안에서 기업의 규모나 능력이 변화되는 것을 의미하는데, 이는 경영자의 능동적인 역할에 의한 의사결정의 결과이다.

기업성장은 경영자의 의사결정에 따라 그 규모나 능력이 변화하는 자력성장과, 국가의 특정산업에 대한 육성, 지원과 같은 유리한 외적환경에 의해 이룩되는 성장이 있다. 또한 양적 성장은 기업에 투입된 인적 및 물적 자원이 확대되어 기업의 규모가 성장하는 것으로서, 기업을 흡수, 합병함으로써 이룩되는 기업확대가 있다. 이에 반해 질적 성장은 기업의 규모 확대라든지 질의 향상을 포함한 의미로서 사용되며, 기업의 능력 내지 생산성의 향상을 뜻한다.

2) 기업성장의 유형

(1) 기업의 다각화

기업다각화business diversification란 기업이 새로운 업종에 진출하여 기존업종과 병행하여 경영활동의 범위를 확대하는 것을 말한다. 기업의 다각화를 좁은 의미로 볼 때에는 서로 다른 업종이나 산업에 진출하는 것만을 말한다. 그러나 넓은 의미로는 기업이 생산과정에서 생긴 부산물을 판매하는 것과 같은 수직적 다각화와 동종업종의 다른 제품품목을 추가적으로 제조, 판매하는 것과 같이 수평적 다각화도 포함한다.

(2) 기업의 계열화

기업계열화business integration란 기술혁신이나 판매경쟁의 격화에 대응하기 위해 대기업이 중심이 되어 기술과 판매 등에서 중소기업의 육성, 강화를 꾀하면서 하청공장과 판매점 등을 자기영향권 내에 포함시키는 기업간 결합을 말한다.

기업계열화는 일반적으로 판로의 확보. 고정설비의 활용과 절약 및 우수기술의 전수 등을 목적으로 이루어진다. 따라서 기업계열화는 대기업이 중소기업을 지배하려는데 있는 것이 아니라 어디까지나 생산 공정을 기술적으로 결합하여 합리화함으로써 생산능률을 증대시키려는 상호 분업적 협력관계에서 이루어진다. 그러나 현실적으로는 공정하지 못한 협력관계로 사회적 물의를 일으키는 경우도 있다.

이외에도 기업계열화란 대기업에 의한 중소기업의 계열화뿐만 아니라 대기업간에 주식의 상호 보유나 상호 융자 및 임원의 상호 파견과 같은 인사교류, 기술제휴 그리고 특정은행을 중심으로 하는 융자에 의해 특정기업과 다른 기업이 보통의 거래 관계 이상으로 긴밀하게 결합하는 기업 계열의 경우도 포함된다.

(3) 기업의 전문화

기업의 전문화specialization란 특정한 업무에 대하여 숙련도가 높아지고, 작업의 성과가 질적, 양적으로 증대되는 현상을 말하며, 이러한 전문화는 시장과 제품 및 그 생산기술 중의 어느 하나를 대상으로 한다. 기업이 전문화를 통하여 성장전략을 추진하려면 핵심능력을 개발해야 하는데, 핵심능력은 기업이 다원화된 생산기법을 조정하고, 다단계의 기술을 통합시키는데 대한 학습의 결과이다.

5 기업의 집중

기업집중은 자본주의의 경제체제하에서 기업의 규모 확대와 성장과정에서 나타나는 특징적인 현상이다. 기입 상호간에 협정 및 제휴를 통해 과당경쟁의 폐해를 없애거나 자본적으로 결합함으로써 기업의 안정과 시장지배를 꾀하는 일련의 현상을 기업집중business concentration이라 한다. 기업집중의 주요 목적은 시장통제의 목적, 경영합리화의 목적, 금융상의 이점 등이다.

1) 카르텔

다수의 동종 또는 유사제품을 생산하는 기업들이 경쟁을 방지하고 이익을 확보하기 위해 시장의 독점적 지배를 목적으로 협정을 맺는 기업의 결합형태이다.

2) 트러스트

시장독점을 목적으로 둘 이상의 기업이 경제적으로 독립성을 완전히 상실하고 새로운 기업으로 합동하는 기업집중형태이다.

3) 콘체른

몇 개의 기업이 독립성을 유지하면서 주식의 소유나 자금의 대여와 같은 금융적인 방법에 의해 이루어진 기업결합형태이다.

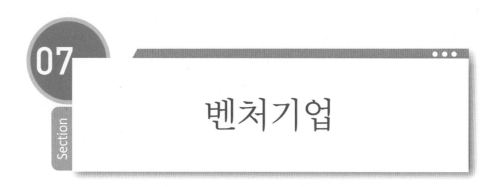

07 Section

벤처기업

1 벤처기업의 개념과 특성

벤처기업을 신기술이나 첨단기술에 기반을 두고 창업된 중소기업을 의미하는 것으로 보는 관점과 혁식전인 아이디어나 경영방법을 가지고 창업하는 중소기업을 의미하는 것으로 보는 두 가지 관점이 있다.

전자는 High Technology Small Firm 또는 NTBF^{New Technology-Based Firm}를 말하고, 이를 벤처라는 용어를 사용하여 부를 때는 첨단기술벤처^{High-Tech Venture}라고 부른다. 미국에서는 벤처기업이라는 용어가 별도로 정의된 것은 없지만, 벤처는 일반적인 창업기업을 보편적으로 일컫는 말이다.

학자들에 따라서도 벤처기업은 다양하게 정의되고 있다. 보링거,홉과 어터백^{Bollinger, Hope and Utterback}은 소수의 핵심창업자가 기술혁신 아이디어의 개발과 상업화를 기본동기로 하여 설립한 업체라 했고, 쿠퍼^{Cooper}는 연구개발을 강조하거나 기술적으로 새로운 지식을 이용하는데 중점을 둔 기업으로 정의하였다.

이러한 여러 벤처기업에 대한 정의를 종합하여 보면 벤처기업이란 기술혁신의 급속한 발전과 공업화사회에서 탈피하여 정보화사회의 전환으로 첨단기술산업의 영역이 확대됨에 따라 각자의 우수한 기술과 노하우를 주무기로 하는 연구개발집약적인 신규기업을 말한다고 할 수 있다.

이런 벤처기업들은 하이테크기업, 연구개발형 중소기업, 벤처기업, 모험기업 등으로 다양하게 불리고 있다. 그러나 새로운 연구개발의 성과를 기업화하는데

는 위험이 따르고, 고도의 기업가정신이 요구된다. 이러한 벤처기업의 특징은

첫째, 창업자의 지적인 능력이 높다는 것이다. 대체로 고학력과 전문능력 및 고도의 기술을 가진 고학력기술자가 중심이 되고 있다.

둘째, 벤처기업의 창업자 가운데는 대기업-연구소-대학 등의 직장에서 이직한 기업가가 많다는 것이다.

셋째, 경영조직이 관료적이 아니고 역동적이라는 것이다. 조직이 인간을 지배하는 것이 아니라 인간조직을 형성함으로써 능력을 발휘한다는 것이다. 넷째, 경영관리과정을 단순화하여 연구-개발-생산만 하는 벤처기업, 연구-개발-생산-판매를 다 하는 벤처기업으로 나누어진다. 마지막으로 첨단기술지향형과 기존기술지향형의 형태가 있다.

우리나라에서는 벤처기업을 정부주도적으로 육성하고자 법률에 의하여 개념을 정의하게 되었다. 개념상의 혼란은 정책지원의 대상과 지원방법에 대한 불명확성을 초래하여 정책수립과 집행의 효과성과 효율성을 저해할 우려가 있기 때문에 보다 명확하게 정의하고자 하는 노력을 기울여 왔다. 벤처기업을 첨단기술이나 신기술에 기반을 둔 기업으로 좁게 정의할 경우 정책적 지원대상은 비교적 명확하고 집중화되는 이점이 있다.

그러나 엄밀한 의미에서 첨단기술이나 신기술에 기반을 둔 중소기업이 극소수에 불과하고, 이들만을 지원대상으로 삼을 경우 실제로 얼마나 경쟁력 있는 벤처기업이 육성될 수 있겠는가에 회의적일 수 있다. 또한 첨단기술이나 신기술에 대한 명확한 정의 자체가 어렵기 때문에 이러한 구분은 현실적으로 적용상 문제가 있다고 하겠다.

반면에 혁신성이나 지식집약성을 기준으로 벤처기업을 정의할 경우 범위가 너무 넓어져 정책지원의 선정뿐만 아니라, 벤처기업에 대한 개념이 불명확해질 우려가 있다. 따라서 우리나라에서는 이와 같은 점을 고려하여 1997년 10월 제정된 '벤처기업 육성에 관한 특별조치법 및 동 시행령'에서 벤처기업을 다음과 같이 정의하고 있다.

첫째, 중소기업 창업투자회사 등 벤처캐피탈 회사의 투자 총액이 당해 기업자본금의 20% 이상이거나, 벤처 캐피탈 회사의 주식인수총액이 자본금의 10%이상인 기업

둘째, 당해기업의 직전년도 총매출액에 대한 연구개발비의 비율이 5%이상인 기업

셋째, 특허권과 실용신안권 또는 의장권을 주된 부분으로 하여 사업화하는 기업

넷째, 공업발전법에 의한 공업기반기술 개발사업의 성과를 기업화하는 사업, 정보화촉진법에 의한 정보통신기술 개발사업의 성과를 기업화하는 기업, 소프트웨어 개발촉진법에 의한 소프트웨어 개발사업의 성과를 기업화하는 사업 및 기타 신기술을 이용하는 사업 중 벤처기업 활성화 심의위원회 심의-의결을 거친 사업 등으로 정의하고 있다.

이와 같은 벤처기업의 정의는 법으로 시행하기 위하여 벤처기업의 범위를 정한 것으로 비교적 객관성을 가진 선정기준을 마련한 것으로 볼 수 있으나, 많은 기업들이 벤처기업으로 선정됨으로써 자금조달이나 정책적 지원의 혜택을 얻고자 갖가지 편법을 사용하여 위와 같은 기준을 맞추어 벤처기업으로 변신하는 부작용을 낳기도 하고 있다.

2 벤처기업 발전의 환경요소

벤처기업이 생성될 수 있는 인프라는 <표 2-1>와 같이 크게 경제-산업적 환경, 사회-문화적 환경, 과학기술 및 교육환경, 법적-제도적 환경 등으로 구분해 볼 수 있다.

경제-산업적 환경에는 벤처기업 주식거래시장의 발달, 개인투자자의 투자활성화, 신제품에 대한 대규모 시장존재 등이 있다. 사회-문화적 환경에는 기업가 정신을 고취하는 사회분위기, 과학기술자의 적극적인 창업의욕, 신뢰를 바탕으로 한 경제사회질서 등이 있다. 과학기술 및 교육환경에는 연구개발투자에 의한 지속적인 기술혁신, 산학협동을 통한 활발한 인적교류, 창업 및 기업가적 능력 개발을 위한 교육 등이 있다. 법적-제도적 환경에는 기업에 대한 규제 및 퇴출 장벽 완화, 지역별 지원 네트워크 및 창업보육기능 강화, 투자자와 기업가에 대한 데이터베이스 및 정보 네트워크 구축 등이 있다. 이러한 환경의 토대위에 정

부의 다양하고 효율적인 지원정책이 마련된다면 벤처기업의 활성화가 이루어
질 수 있을 것이다.

 벤처기업 발전의 환경요소

구 분	환경요소
경제-산업적 환경	• 벤처기업 주식거래시장의 발달 • 개인투자자(엔젤)의 투자활성화 • 신제품에 대한 대규모 시장 존재
사회-문화적 환경	• 기업가정신을 고취하는 사회분위기 • 과학기술자의 적극적인 창업의욕 • 신뢰를 바탕으로 한 경제사회질서
과학기술 및 교육환경	• 연구개발투자에 의한 지속적인 기술혁신 • 산학협동을 통한 활발한 인적교류 • 창업 및 기업가적 능력개발을 위한 교육
법적-제도적 환경	• 기업에 대한 규제 및 퇴출장벽 완화 • 지역별 지원 네트워크 및 창업보육기능 • 투자자와 기업가의 정보 네트워크

3 벤처캐피탈

벤처 캐피탈Venture Capital이란 전통적인 금융기관으로부터 자금공급을 기대하
기 어려운 벤처기업에 대하여 기업설립 초기단계에 위험을 함께 부담하면서 경
영관리와 자본참여 들을 통하여 이들 기업을 육성하여 더 많은 자본이득을 추
구하는 자본이나 영업형태, 그리고 이를 행하는 투자가나 투자회사를 말한다.

벤처 캐피탈은 투자대상 기업에 자금을 공급하는 기능을 가지고 있어 금융활
동이란 측면에서 일반금융과 유사하지만, 투자기업이 성장하지 않으면 이들을
얻을 수 없으며, 투자기업과 위험부담을 함께 하기 때문에 수동적인 기능을 수
행하는 은행의 융자와는 성격이 다르다.

▶▶▶ 벤처 캐피탈과 일반금융기관의 비교

구 분	지원형태	담 보	자금 회수	성과 보수	위 험
벤처 캐피탈	투자	없음	지분매각	기업성과에 따라	큼
일반금융기관	융자	있음	원금회수	일정률의 금리	없음

벤처 캐피탈은 주로 자본참여, 즉 주식에 대한 투자형식으로 이루어지며, 투자대상회사에 대한 경영지배를 피하는 범위 내에서 자본참여를 하므로 지주형태의 회사와는 다르다. 즉, 원칙적으로 경영권을 목적으로 투자하지 않는다는 것이다. 벤처 캐피탈은 고위험-고수익시향의 투기성 자금이나 일반금융기관의 융자재원은 안정성지향의 고객예수금이다. 벤처 캐피탈의 투자심사는 기업의 경영능력-기술성-성장성-수익성을 중시하나, 일반금융기관은 기업의 안정성-재무상태-담보능력을 중시한다. 벤처 캐피탈은 투자기업의 성장이 수익과 직결되어 연대의식이 일반금융기관보다 강하다고 할 수 있다. 벤처 캐피탈은 투자수익의 원천을 배당금보다는 소유주식매각에서 얻은 주식양도소득에 주목표를 둔다. 처음부터 적절한 시기에 적절한 방법으로 소유주식을 매각한다는 것을 전제로 투자한다는 것이다.

지식기반경제에 있어서 경제성장과 고용창출은 기술혁신의 성공에 달려 있다. 이러한 기술혁신의 성공에 있어서 가장 중요한 것은 금융에 대한 접근가능성이다. 벤처 캐피탈은 연구개발의 결과와 시장을 중간에서 연결하는 데 핵심적인 역할을 수행하고 있다. 최근 첨단분야 기술혁신 프로젝트는 기술의 수명주기가 짧고 순발력을 요구하므로 소규모의 기술집약기업에 의해 수행될 때 성공의 확률이 높다. 벤처 캐피탈은 이러한 고위험 기술개발에 적극적으로 투자하고 있다.

벤처 캐피탈리스트는 금융기관과 자금을 필요로 하는 비상장 벤처기업을 중개하는 대행인이다. 미국과 유럽의 경우 대부분의 벤처 캐피탈은 고위험의 기술집약형 기업에 투자하기 위해 금융기관들로부터 자금을 모집해야 하는 독립적 기업들이다. 벤처 캐피탈리스트의 역할은 투자기회를 심사하고, 거래를 성사하며, 투자를 하여 궁극적으로 주식시장 상장 등에 의한 지분매각으로 자본이득을 얻고자 하는 것이다.

기업의 도산과 파산

1 기업의 실패

　기업 실패의 이유는 첫 번째로 순이익의 부족을 들 수 있다. 이것은 이윤 추구를 목적으로 운영되는 조직체인 기업에 있어서 수익성이 낮다는 것은 어떤 이유에도 불구하고 기업의 목숨을 위태롭게 하기 때문이다. 현대의 기업들은 성장·발전하기 위해서 막대한 자본을 필요로 하는데, 그 소요 자본을 자본 시장에서 조달하기 위해서 충분한 이익을 만들어야 한다.

　하지만 현재의 재무구조나 재무유동성의 면에서 다소 상황이 나쁘다고 할지라도, 향후 기업이 고도의 수익률을 보장할 만한(제품 포트폴리오의 매트릭스 중 스타star의 자리에 위치하고 있는 상품의 보유 등) 전망이 있다면, 미래의 수익성은 높게 평가되어 질 수 있다. 또한 재무유동성이나 재무구조의 안정성 역시 쉽게 개선될 수 있다. 그 이유는 기업이 성장과정에 위치하고 있을 때에는 많은 설비투자와 R&D 비용 등으로 말미암아 현금 흐름이 마이너스가 될 수 있기 때문이다.

　두 번째로는 재고자산의 과다투자를 들 수 있다. 기업이 보유하는 재고자산에는 원재료, 제품, 상품 등으로 대차대조표 차변인 자산 중 유동자산 안의 재고자산 부분이다. 이 재고 자산의 비율이 정상 수준보다 과잉 재고를 보유하였을 때, 문제가 발생된다.

　기업이 재고자산에 과다하게 투자하여 재고가 지나치게 많을 경우, 자금을 사장하게 되어 자금의 핍박을 가져옴은 물론 재무유동성을 악화시킴으로써 재무

안정성도 해친다. 더하여, 제품, 원재료의 변질, 파손, 부패와 진부화에서 오는 경영상의 손실도 입게 된다.

특히 제품의 재고가 많을 경우는 그 제품이 시장에서 고객들에게 독특한 이점을 제공하지 못하고 있다는 사실을 증명한다. 따라서 마케팅 철학에 상기하여, 고객의 욕구를 충족시켜줄 수 있는 제품 개발에 힘을 쓰거나, 제품을 개선한 후, 판매노력을 적극화하여 제품이 시장에서 잘 팔릴 수 있도록 해야 한다.

과잉재고가 누적 될 때에는 기업은 최소의 자금이라도 회수하기 위하여 덤핑판매를 하는 경우가 많은데, 이 결과로 조업수준을 메울 수는 있으나 적자경영은 물론 기업의 평판과 이미지를 손상하여 결국에는 기업을 파산의 길로 이끈다.

셋째로는 매출채권에의 과다투자이다. 기업이 수익성을 제고시키기 위해 외상 매출금이나 받을 어음 등 매출채권으로 신용판매를 하는 경우가 많은데 매출채권으로 판매가 실현되었더라도 그것이 부실채권이 되어 대금회수가 불가능하게 될 때, 기업은 자금 부족에 이르게 됨에 따라서 다음의 원재료 구입 등 생산활동에 차질을 가져다준다. 신용거래가 많은 부분을 차지하게 되어서 외상 매출금에 대손이 발생되거나 받을 어음이 부도 어음화되는 경우, 기업의 판매노력은 경영을 어렵게 하는 원인이 되는 것이다. 따라서 신용 판매는 일정 비율을 유지하도록 노력해야 하며, 너무 많은 비율을 차지하는 일이 없도록 하여야 한다. 많은 기업들이 매출채권에 대한 과대투자 때문에 흑자 도산을 하는 경우가 많은 것을 보며 매출채권에의 과다투자를 조심해야 한다는 사실을 다시 한번 상기시킨다.

네 번째는 고정자산에 대한 과다투자이다. 기업은 대부분 규모의 경제 실행 또는 대량생산 체제를 유지하기 위하여 시설투자를 한다. 그 경우 시장에서의 판매 가능성을 충분히 생각하지 않고, 시설에 투자함으로써 기업 파산의 위기에 부딪히게 된다. 또한 기업은 시설투자 시, 그 자금의 원천에 대해서도 고려하여야 한다. 원래 고정 자산에 대한 투자는 자기자본의 범위 내에서 실행하여야 하는 것이 원칙이지만 시설위주의 기업의 경우에는 예외로 자기자본과 장기차입금을 이용할 수 있다. 즉, 고정비율이 100%이하가 되거나, 고정장기적합률이 100%이하가 되어야 한다.

과대투자란, 고정자산이 자기자본과 장기차입금을 합친 액수를 초과한 것으로서, 기업이 시설 및 운영자금의 일부를 유동부채로 충당했다는 것으로 이는 유동성을 악화시켜 지급불능의 사태를 초래하게 되어 기업은 파산하게 된다.

마지막으로 자본 부족을 들 수 있다. 기업이 안고 있는 문제 중에서 자본 부족은 고질화된 난치병이다. 기업 자본을 조달하는 원천은 대차대조표의 대변 부분인 타인 자본(부채)과 자기자본인데 자기자본보다 부채가 클 경우, 차금회사라는 부실 기업의 특성을 면치 못하게 된다. 더하여 자본 구성의 안정성도 흔들리게 된다.

자기자본보다 부채가 클 경우, 자본 구성은 최악의 조건이 됨으로써 운영자금이 부족의 압박을 받아 경영은 많이 어렵게 된다. 즉, 부채 등 차입금은 원금의 상환과 더불어 확정이자를 지불해야 하기 때문에 기업은 자금 압박을 받게 되는 것이다. 기업이 자본을 충분히 갖추고 있지 못하면, 자본 부족에 의한 차입금의 증대는 기업의 채무구조를 악화시키고, 결국 기업의 지급능력인 유동성을 해치며, 이 같은 악순환의 반복으로 기업의 자금부족은 더욱더 심화된다.

 ## 2 기업 파산의 원인

1) 미국 기업개선국The Business Bureau의 견해

경영 부실의 원인으로 (1) 불황, (2) 자본 부족, (3) 과다 경쟁을 들고 있으며 경영자들 자신이 그들의 경영 능력 부족이나 경영의 부실보다 외적인 경영 여건의 제대로 갖추지 못한 환경을 더 강조하고 있다. 우리나라의 경우는 경영자의 관리 능력 부족, 경영여 건의 불비 등 기업경영을 건전하게 이끌 수 없는 인적·환경적 압력 요인이 크다. 그러나 위의 요인 중에서도 역시 경영자의 판단 능력의 부족이나 경영 정보의 불비, 그리고 관리 능력의 부족에 의해서 기업이 파산되는 경우가 아주 많다는 현실에서 경영자의 자질 향상과 이의 활동에 대한 필요성이 무엇보다도 중요하다.

2) 우드러프Woodruff에 의한 기업파산의 예

A. 재무회계의 불합리 :　　❶ 재무경영기록의 부적절

　　　　　　　　　　　　　❷ 재무비율의 부실

　　　　　　　　　　　　　❸ 세금지급의 태만

　　　　　　　　　　　　　❹ 고정비의 과대

　　　　　　　　　　　　　❺ 과도한 설비 확장

B. 제조·판매간의 부조화 :　❶ 제품개발의 부족

　　　　　　　　　　　　　❷ 제품다양화의 결여

　　　　　　　　　　　　　❸ 시장자료의 부족

　　　　　　　　　　　　　❹ 제품 판매망의 한정

　　　　　　　　　　　　　❺ 시장조사의 불비

　　　　　　　　　　　　　❻ 스타상품 부재

　　　　　　　　　　　　　❼ 특허권을 둘러싼 쟁의

C. 관리상의 문제 :　　　　❶ 연고자 편중인사

　　　　　　　　　　　　　❷ 사내 의사소통의 미숙

　　　　　　　　　　　　　❸ One man show 경영

　　　　　　　　　　　　　❹ 경영기술지식의 부족

　　　　　　　　　　　　　❺ 경영자간의 분쟁

　　잘못된 재무계획에 의해서 자본 조달과 자본운용에 결함이 생기고, 자본 구조 및 자본 배분에서도 부적합성이 드러나서 기업이 파산되었음을 지적한다. 또한 제도와 판매의 부조화, 즉 마케팅 철학이 부재함으로써 생산된 제품이 판매되지 못함으로써 경영이 실패하게 된다는 점도 지적하고 있다. 경영결함의 원인은 인사관리의 불합리성에서도 나타난다.

- 순이익이 부족
- 재고자산 과다투자
- 매출채권에의 과대투자
- 고정자산에 대한 과대투자
- 자본 부족

→

- 기업실패
- 기업의 파산 및 도산

　인적자원을 한정된 공급원에서 충원함으로써 유능한 인적자원을 확보하지 못한다거나, 확보된 경영인적자원을 잘 관리하지 못함으로써 그들의 능력을 효율적으로 활용하지 못할 때 경영이 실패한다. 더하여 사내에 조직적 마찰이 발생하고, 그것이 불협화음이 되어 의사소통마저 단절시키고, 최고경영자의 원맨쇼적 경영에 의해서 기업의 분위기가 독재화될 때, 구성원들은 협동심을 잃고 분열한다. 따라서 경영은 갈등의 장으로 전락하고, 경영성과도 기대할 수가 없게 된다.

Chapter

03

경영환경과 경영자

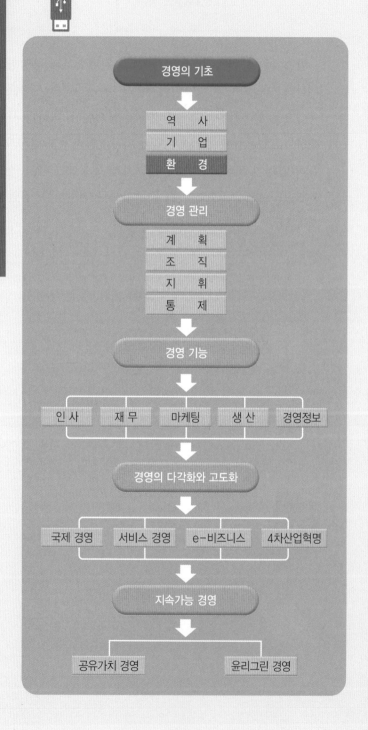

경영의 기초

역　　사
기　　업
환　　경

경영 관리

계　　획
조　　직
지　　휘
통　　제

경영 기능

인 사　재 무　마케팅　생 산　경영정보

경영의 다각화와 고도화

국제 경영　서비스 경영　e-비즈니스　4차산업혁명

지속가능 경영

공유가치 경영　　　　윤리그린 경영

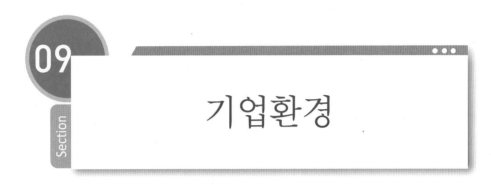

기업환경

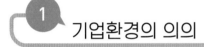 **기업환경의 의의**

기업은 외부환경과의 상호작용을 통하여 영향을 받고, 영향을 주기도 하는 가운데 성장한다. 기업이 유지되고, 성장하기 위해서는 외부환경의 투입요소의 변화를 예측하고 판단하여, 그에 대응하는 전략이 요구되며, 오늘날처럼 급격히 변화하는 환경에서는 더욱 외부 환경이 중요시되었다. 기업과 환경과의 관계는 상호유기체적인 관계로 이해되어야 하며 이것이 장기간의 기업생존 및 성장전략의 필수요인이라는 사실을 잊어서는 안된다.

기업이 유지, 성장하기 위해서는 환경과의 상호관계를 고려하여야 한다. 넓은 의미에서의 기업환경의 개념은, '기업에 영향을 미치는 모든 요인과, 기업에 대해서 영향을 미치는 모든 요인의 상황전체'라고 표현할 수 있다. 이러한 요인들은 기업과의 밀접성에 따라 직접적 환경과 간접적 환경으로 구분할 수 있다.

❶ **직접적 환경**: 이해자 집단 등

❷ **간접적 환경**: 사회, 문화적 환경, 경제적 환경, 정치적 환경, 기술적 환경 등

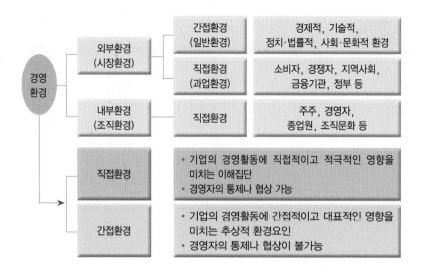

2 직접적 환경

기업활동에 직접적으로 영향을 미치는 환경요인으로 소비자, 주주, 정부, 종업원, 원료공급업자, 경쟁기업, 금융기관, 지역사회 등 8가지를 들 수 있다. 즉, 기업의 이해집단을 지칭한다.

1) 소비자

오늘날 기업환경의 이해집단으로서 가장 큰 영향을 미치는 환경요인은 소비자이다. 모든 기업의 전략, 의사결정 등이 소비자 중심으로 움직이지 않고서는 기업의 성장이 있을 수 없기 때문이다.

오늘날 거의 모든 시장은 공급이 수요를 초과하는 구매자시장^{buyer's market} 즉, 제품의 선택권한을 갖고 있는 구매자가 시장을 지배하고 있는 형태이므로 모든 의사결정이 고객지향적이지 않을 수 없다.

특히 기업은 모든 정황을 되도록 과학적으로 분석, 파악하는데 그 중에서도 소비자행동 그 자체에 역점을 두고 있다. 이러한 소비자행동 분석 없이는 고객

지향적인 의사결정을 내릴 수 없으므로 항상 소비자의 동태, 욕구, 태도의 변화를 예측하고 대응하여야 한다.

2) 주주

소유와 경영의 분리에 의해 전문경영자의 시대가 되면서 주주의 위치도 축소되어져 왔지만, 기업이 전문경영자에 의해 움직여진다고 하더라도 주주는 기업의 소유자적 위치에서 주주총회라는 의결기관을 통하여 기업내의 중요한 의사결정이나 최고경영자의 임명에 관한 권리를 행사하므로 주주의 영향은 크지 않을 수 없다. 특히 요즈음 주주는 기업경영의 직접적 참가보다는 주식의 매매차익과 배당의 이익을 목적으로 하고 있으므로 주식배당을 높게 하도록 기업의 실적을 높여야 한다.

3) 원료공급업자

대부분의 경우 원재료의 공급은 구매 관리자나 대리인을 통해 이루어진다. 이때 원재료의 공급업자를 특정의 한 업자에게만 전적으로 의존하게 되면 원재료의 안정적 공급이 위협받기가 쉽다. 그러므로 다수의 공급업자들로부터 분산 구입함으로써 공급자 사이에서 발생하는 경쟁상의 이점을 활용하고 보다 좋은 조건으로 양질의 원료를 확보하도록 해야 한다.

4) 경쟁기업

이해집단으로서의 경쟁기업이 의사결정에 미치는 영향도 크다. 특히 경쟁이 심한 제품(또는 서비스)을 생산, 판매하는 업종일수록 경쟁기업이 매우 비중이 높은 기업환경으로 등장하게 마련이다. 그 이유는 어떠한 의사결정으로 경쟁기업에 대응해야 할 것인가가 정해지지 않고서는 경쟁에서 실패할 수밖에 없기 때문이다.

따라서 기업 사이에는 격심한 판매경쟁이 유발되고 기업의 경영자는 그에 대응하여 경쟁기업보다 비교우위, 경쟁우위를 확보하기 위한 전략을 수립하는데 고심하게 되었다. 즉, 경영자는 경쟁업자의 동태를 주시하면서 소비자들의 욕구를 충족시킴으로써 시장점유율을 확보하고 증대시키기 위한 전략적인 노력을 기울이지 않을 수 없게 된 것이다.

5) 노동조합·종업원

기업의 의사결정에 대한 이해집단으로서의 종업원이나 또는 노동조합의 영향은 갈수록 커져가는 추세에 있다. 특히 기업이 필요로 하는 노동의 공급요인과 경영활동에 노동조합이 미치는 영향은 상당히 크다고 하겠다. 기업환경으로서 노동조합은 대외적인 기업환경이라는 점에서 다른 기업환경적인 이해집단들이 미치는 영향과는 그 질적인 면에서 다르다.

이를테면 다른 기업환경에 대해서는 기업의 일방적인 의사결정에 의해 그 적응책으로서의 경영전략이 마련되는 데에 반해, 이 경우는 노사관계의 원만한 유지를 전제 조건으로 쌍방간의 협의에 의해 마련된다는 뜻에서이다. 특히 우리나라에서의 노동조합은 기업경영에 차지하는 비중이 크다고 하겠다.

6) 금융기관

금융기관은 기업소요자금의 가장 중요한 원천이다. 특히 자본주의하에서 움직이는 기업이란 자금의 순환을 주도하는 금융기관에 크게 의존하기 마련이다. 두말할 나위도 없이 자본주의체제하에서의 기업활동에는 막대한 자금이 필수적이며, 기업의 의사결정에는 항상 재무적인 고려가 큰 비중을 차지하게 된다는 뜻에서 의사결정 그 자체가 벌써 자금을 필요로 하는 대상이라 할 수 있다.

따라서 기업활동에는 자기자본 이외에도 장·단기의 타인자본을 조달하게 되는 것이 통상적이어서, 어떠한 형태로든 금융기관에 의존하지 않을 수 없어진다. 설사 주식에 의한 자기자본 조달의 경우라 할지라도, 자본시장에서의 금융기관의 지원이 없을 경우에는 막대한 자금이 조성되기는 어렵다.

7) 정부

정부는 법이나 정책으로 기업활동을 지원하기도 하고 규제하는 두 가지 기능을 한다. 지원기능 영역은 보조, 진흥·보호, 계약, 연구지원 등으로서 기업이 단독으로 또는 집단으로 수행하기 어려운 부분을 정부가 지원 또는 수행함으로써 기업을 돕는 것이다.

규제기능 영역은 직접규제, 가격규제, 독점규제, 조사 및 감독 등으로서 법령이나 정책으로 기업활동의 준거기준을 제시하여 소비자보호, 상거래질서 유지, 기업간 경쟁저해 요인제거, 환경보호, 도덕, 건강, 인간생명 안전 등의 사회질서를 유지하기 때문에 기업으로서는 '정부'라는 환경이 기업활동과 밀접한 관계에 있는 것이다.

8) 지역사회

우리나라의 기업은 선진국기업들과는 달리 지금까지 지역사회에 대한 중요성 인식이 부족하여 의사결정시 중요한 환경요인으로 등장하지 못하였으나, 요즘은 공해나 소음문제로 인해 지역의 공업단지가 중요한 논제로 등장하기 시작하였다. 지역사회에 이바지하여야 한다는 것은 기업이 갖고 있는 사회적 책임의 일부분이라는 것을 잊어서는 안된다.

 ## 3 간접적 환경

많은 외부세력들이 기업조직의 경영활동에 영향을 주고 있으며 기업조직은 이들에 대응하여 경영활동을 조성해 간다. 간접적 환경이란 간접적으로 기업의 업무수행에 영향을 미치는 요인을 말한다. 이것은 때로는 직접적 환경요인이 될 가능성도 내포하고 있으므로 무시할 수 없는 요인이다.

1) 경제적 환경

기업의 활동이란 우선 사회의 경제적 환경에 그 뿌리를 두게 마련이다. 경제적 환경은 자본주의 경제냐 혹은 사회주의 경제냐의 경제체제 문제로부터 GNP, 인구, 구매력, 자원, 재정 및 금융정책, 인플레이션 및 국제적 경제환경 등에 이르기까지 그 범위가 매우 넓다. GNP, 인구, 구매력, 자원 등의 경제적 요인은 경영자로 하여금 수요와 공급수준의 변동에 적응토록 요구하고 있으며, 인플레이션 요인은 시간의 흐름에 따른 화폐가치를 결정해 준다. 그러므로 경영자들은 외부의 경제적 환경요인을 예측하고 이에 적용하기 위한 노력을 게을리 하지 않아야 한다.

2) 정치·법률적 환경

기업의 의사결정에 대한 정치적 환경의 영향도 깊고 광범위하다는 말처럼 기업환경으로서의 한 나라의 정치적 환경이 갖는 역할은 대단히 크다. 기업은 사회의 한 제도로서 국가의 법률이나 이에 준하는 관습에 순응해야 하며, 또한 정치적 환경의 변화에 끊임없이 대응해야만 한다. 특히 19세기의 자유방임적 국가경제활동이 그 한계를 드러내면서 기업에 대한 정부의 규제가 강화됨에 따라 정치적 환경요인의 중요성이 증대하고 있다.

3) 사회·문화적 환경

사회적 환경이란 사회계층, 연령, 성, 인종 등 구성원 집단 사이의 차이가 있어 고객행동에 막대한 영향을 미치게 되며, 문화적 환경이란 사회가 가지고 있는 신념, 가치관, 습관, 풍속, 종교, 예술 등으로서 고객행동과 기업경영에 제약조건이 된다. 그리고 끊임없이 변한다. 그러므로 사회·문화적 환경변화 추세에 따라 마케팅전략 내지 경영전략이 달라져야 경쟁에서 기업이 존속할 수 있는 것이다.

기업의 행위는 기본적으로 한정된 자원의 효율적 결합이라는 경제적 측면에 그 기본을 두고 있지만 기업의 경제적 행위를 가능케 하는 사회·문화적 환경으로부터도 그 영향을 받게 된다.

4 기업환경의 유형

1) 내적 환경

내적 환경은 기업내부의 정책이나 각 부문들의 능력을 의미하는 것으로 새로운 시장기회에 기업마다 서로 다른 강점과 약점을 가지고 있으며, 기업정책, 이미지, 기술력, 재정, 마케팅능력, 생산·판매능력, 유통능력, 풍부한 자금, 유능한 인력, 업계내 비중 등을 들 수 있다. 이 내부환경이 튼튼하면 그 기업의 강점이 되는 것이고, 그 자원 중 하나가 약하면 그 기업의 약점으로 작용하는 것이다.

2) 과업환경

기업의 전략 수립이나 목표달성을 위한 여러 경영 활동에 직접적으로 영향을 끼치는 환경 요인으로서 고객, 경쟁사, 중간상, 광고대행사, 공급자, 노동조합 그리고 주주 등 외부환경 중에서 마케팅 활동을 직접 제약하거나 돕는, 기관이나 제도들로 구성된다.

과업환경에서 특히 중요한 요인은 고객, 중간상, 촉진기관들로 구성되어 있다. 과업환경은 미시환경이라고 부르기도 하며 이는 기업의 노력에 따라 통제가 가능한 요소들로서 마케팅 전략 수립의 의사결정에 영향을 미치게 된다.

3) 거시환경

거시환경은 기업의 경쟁 및 시장환경을 둘러싼 환경으로 한 나라 혹은 한 사회의 모든 기업에 모두 영향을 미친다. 거시환경은 기업의 입장에서 통제가 거의 불가능한 요인으로 기업의 성장방향, 경영전략, 기업조직의 구조에 영향을 미치며, 간접적으로 기업에 기회와 위협 요인을 제공한다.

현대기업은 자체를 둘러싼 환경과 끊임없이 상호작용하여 기업의 목표를 달성하는 개방체계이므로 환경에 대한 면밀한 분석 없이는 장기적으로 기업의 생존과 성장이 불가능하다. 따라서 기업이 성공의 가능성을 높이기 위해서는 환경변화에 적절한 대응과 거시환경 분석이 필수불가결한 것이다. 거시환경의 요인으로는 사회, 문화, 정부, 생태, 기술, 경제, 인구 등이 있다.

10 Section

경영자

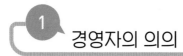

1 경영자의 의의

경영자란 한 마디로 경영활동을 수행하는 사람을 말한다. 즉, 경영자는 조직의 목표를 수립하고 목표를 달성하기 위하여 조직의 제 자원을 조직화하고, 지휘하고, 통제하는 사람이라고 정의할 수 있다. 따라서 경영자는 조직의 계획수립자planner, 조직화 담당자organizer, 리더leader 및 통제자controller라고도 할 수 있다. 이러한 이유로 인하여 경영자는 조직 내에서 조직을 이끌어 가는 활동을 주임무로 하며 조직 외의 차원에서는 경영자라고 할 수가 없다.

특히 경영자는 경영활동을 수행하는 과정에서 여러 가지 의사결정을 통해 조직목표를 달성하고자 노력을 하게 된다. 이러한 이유로 인하여 경영자를 의사결정자decision-maker라고도 한다.

경영자는 조직 내에서 다음과 같은 성격을 갖는다.
- 경영자는 다른 사람과 함께, 조직을 통해서 과업을 수행한다
- 경영자는 자신의 직무에 대해 책임을 진다.
- 경영자는 다수의 목표간에 균형을 유지하게 하며 우선순위를 부여한다.
- 경영자는 분석적이며 개념적인 사고를 해야 한다.
- 경영자는 조직 내에서 중재자의 역할을 한다.

- 경영자는 대외협력의 정치가의 역할을 한다.
- 경영자는 외교관의 역할을 한다.
- 경영자는 조직의 상징적 역할을 한다.
- 경영자는 여러가지 어려운 의사결정을 한다.

2 경영자의 자질

기업을 이끌어가기 위해서는 경영자만의 독특한 과업추진 능력과 자질을 겸비해야 한다. 현재까지 성공한 경영자들은 공통적으로 어떠한 자질을 갖추고 있는가에 대해서는 의견이 엇갈리고 있다. 그러나 어느 정도 경영학에 대한 학문적 기반과 기업경영에 대한 실무적인 경험을 갖추고 더불어 다음과 같은 자질과 속성을 지녀야한다.

1) 경영자의 기본 자질

(1) 추진력drive

일반적으로 추진력이란 한 개인의 동기부여를 의미하기도 하고 어떤 과업을 적극적으로 수행하려는 노력이라고 할 수 있다. 따라서 추진력에는 책임감, 주도적인 노력, 열정, 인내, 포부 등이 결합되어야 한다. 경영자는 기업의 창업과 경영에 남다른 열정과 에너지를 가지고 있어야 하며, 사업을 진행하는 과정에서도 계획, 조직, 경영, 지휘, 통제활동과 관련된 경영활동에서 주도적인 역할을 수행해야 한다.

(2) 정신력mental ability

경영자에게 요구되는 정신력이란 IQ와 창조적 사고력, 분석적 사고력 등을 포함하는 개념이다. 경영자는 이러한 정신적 능력에 의하여 사업상 당면문제를 체계적으로 분석해 내고 창조적으로 문제해결책을 제시하며 합리적인 일 처리를 할 수 있어야 한다.

(3) 인간관계능력 human resources ability

인간관계능력은 주로 정서적인 안정, 대인관계기술, 사교성, 타인에 대한 배려와 감정이입을 포함하는 개념이다. 이러한 인간관계능력은 고객이나 종업원의 입장을 올바르게 이해함으로써 사업경영에 많은 도움을 받게 된다.

경영자는 궁극적으로 고객이나 종업원은 물론 이해관계자들과도 좋은 관계를 유지해야 하기 때문에 이 능력은 사업성공에 중요한 영향을 미치는 요인이 된다.

(4) 기술에 대한 지식 technical knowledge

고객이 원하는 제품과 서비스를 생산하기 위해서는 그 제품과 서비스를 생산하는데 필요한 기술과 기법을 어느 누구보다도 정확하게 알고 있어야 한다. 이러한 기술에 관한 지식은 제품제조기술, 설비가동기술, 판매기법, 재무분석기법 등을 포괄하는 개념으로 이해되어야 한다.

(5) 커뮤니케이션능력 communication ability

경영자가 사업을 원활하게 운영하기 위해서는 고객, 종업원, 공급자, 채권자 등과 효과적인 의사소통이 이루어져야 한다. 의사소통능력이 차단되면 아무리 좋은 사업구상과 사업수완을 가졌다 할지라도 경영자의 뜻이 제대로 전달되지 못하기 때문에 커뮤니케이션능력은 사업경영에 필수적인 요소라 할 수 있다.

2) 경영자의 부수적 자질

(1) 의사결정능력 decision-making ability

경영자가 사업운영과 관련하여 정확한 의사결정을 적절하게 내리는 것은 사업성공에 중요한 영향을 미친다. 여러 가지 실현 가능한 대안들을 상호 비교 평가하고 그 중에서 가장 최적의 안을 선택하는 의사결정기법은 회사가 나아가야 할 여러 방안 중에서 가장 적절한 방향을 선택하는 길잡이가 된다.

(2) 개념적 능력conceptual ability

개념적 능력이란 복잡한 현상들 중에서 그 현상의 진의나 핵심을 명쾌하고 간결한 형태로 파악하여 재구성하고 그 문제와 관련된 해결책을 발견하고 제시할 수 있는 능력을 말한다. 사업의 전체적인 흐름을 파악해야 하는 경영자에게는 이러한 개념적 능력이 무엇보다도 뛰어나야 한다.

(3) 혁신 경영 능력Innovation ability

앞에서 설명한 능력을 갖춘 기업가라고 할지라도 실제 창업과 사업수행을 위해서는 창의력과 경영기술이 더 필요하다. 다시 말해서 경영자는 창의력과 혁신성 그리고 경영기술과 노하우를 모두 겸비해야 한다.

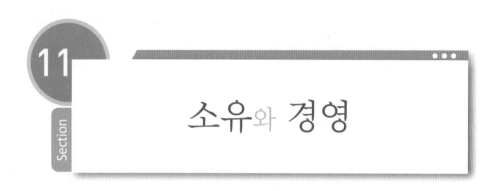

11 Section

소유와 경영

1 소유와 경영의 분리의 장점

초기 회사 형태에서는 1인 또는 몇 명의 자본가가 회사의 전 자본을 소유하며 직접 경영도 맡고 있었는데, 이 형태를 소유자지배^{owner control}라고 한다.

그러나 경영규모의 확대와 자금수요의 증대로 자본은 널리 다수의 투자가에 게 의존하게 되었다. 이에 응모한 주주의 대부분은 주식의 배당 또는 매매차익 에 의한 이식이 목적이지, 경영참가에 뜻이 있는 것은 아니었기 때문에 경영은 대주주인 경영자에게 위임되었다. 이것을 주식의 부재소유제라고 한다. 이 경 우 대주주가 과반수의 주식을 소유함으로써 경영을 지배하는 것을 과반수지배 majority control라고 한다.

그 후 주식분산의 고도화와 부재소유자의 증대에 의해 전주식의 과반수를 소 유하지 않더라도 회사의 지배가 가능하게 되었다. 주주총회에서는 부재소유자 의 백지 위임장을 모으면 의결할 수 있기 때문이다. 이를 소수지배minority control라 고 한다.

이와 같이 경영규모의 확대에 따라 주식의 분산이 고도화됨과 함께 관리기구 가 방대·복잡해져서 경영의 전문적 지식이 필요하게 됨으로써, 소유자가 고용 경영자에게 경영을 대행시키게 되었다.

이른바 샐러리맨 사장으로 불리는 고용경영자의 기용으로 소유자의 직접관리는 간접관리로 이행하여 소유자는 경영면에서 후퇴하였다. 또한 경영규모의 확산, 생산기술의 향상, 판매경쟁의 격화 등으로 관리기구는 더 한층 팽창되고 복잡해져서 전문경영자가 필요하게 되었다.

전문경영자는 출자자일 필요는 없으며, 기업경영의 자질·능력·기술·경험을 갖추었기 때문에 경영자의 지위에 있는 사람이므로, 출자자의 이해를 무시하는 경영상의 결정은 하지 않지만 출자자의 지배를 받지 않는 경영자이다.

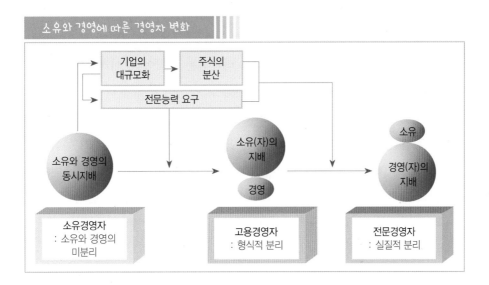

소유와 경영에 따른 경영자 변화

전문경영자의 출현으로 회사의 소유자지배는 경영자지배management control 로 전환하였다. 기업이론의 주요한 가정은 "기업의 이윤극대화"라 할 수 있다. 즉, 기업은 투입물(자본재, 노동력 등)을 이용하여 재화를 만드는데, 이러한 활동은 모두 이윤을 극대화하는데 그 목적이 있다는 것이다. 이러한 단순한, 광의로 보면 틀리지 않는 가정에 대한 비판은 A. Smith의 국부론 중 파트너십회사joint stock company에 대한 고찰에서 처음으로 제기되었다. 요는 이러한 회사의 경영인들은 자신의 자본만이 아닌 타인의 자본도 관리하고 있으므로, 투자자들을 위해서 자신의 일처럼 열심히 일하기를 기대하는 것은 힘들 것이라는 것이다. 이러한 Smith의 통찰은, 비록 경영자의 목표가 무엇인지는 확실히 분석하지는 않았지만, 대리인 비용이라는 개념을 통해 기업의 활동을 설명하는 새로운 분야를 열었다. 이 후 이 대리인 비용의 개념은 Holmstrom 등의 경제학자들에 의해서 Principal-Agent 문제로 구체화되어 경영자의 자발적인 노력을 유도하기 위한 성과급체계의 설립, 아웃소싱이론 등 기업의 조직이론으로 발전하게 된다.

기업이 지속적으로 발전하기 위해서는 자질 있는 경영자가 경영을 맡아야 한다. 기업의 창업자가 거대기업을 형성했을 때에는 과정이야 어떠했든 상당한 자질을 갖추었다고 볼 수 있다. 그러나 창업자가 은퇴한 후에 창업자가 축적해 놓은 기업자산의 경영자를 직계자손 내에서만 선출한다면, 직계자손을 포함하여 많은 전문경영인 중에서 선출하는 것보다 성공확률은 낮아지게 된다.

따라서 대규모 기업의 자산을 사유재산 차원을 넘는 국가의 중요한 자산으로 인식하고, 이 자산을 효율적으로 관리하기 위해서는 소유와 경영의 분리가 반드시 필요하다는 것이 재벌 총수의 경영을 비판하는 논리이다. 이러한 문제를 중시한 윗 글에서는 아예 재벌을 '특정 개인과 그 가족이 소유를 바탕으로 지배권을 행사하는 대규모의 기업집단'으로 정의하고 있음을 알 수 있다.

실제로 많은 2세들이 선친이 이룩해 놓은 가업을 계승·발전시키지 못하였음을 기억할 때 이러한 비판은 일리가 있다. 그러나 항상 그렇지는 않다. 반대로 창업자의 기업을 훌륭하게 계승하고 오히려 기업을 더 번창하게 만드는 2세도 많음에 비추어 볼 때 어떤 규칙성을 체계화한 주장으로 볼 수 없다. 단지 상대적인 의미만을 지니고 있을 뿐이다.

미국 IBM이라는 기업의 창업주와 2세 간의 세습을 예를 들 수 있다. 젊었을 때는 방탕한 생활로 부친의 질타를 받았던 2세가 군복무를 마치고부터는 부친을 능가하는 경영인으로 탈바꿈하는 과정이었다. 한국의 재벌 2세 중에서도 그러한 사람들이 꽤 있다는 소식이고 보면 이러한 방식의 전문경영인 육성이 결코 불합리한 것만은 아니라고 생각된다. 거대기업의 경영에 필요한 지식과 기술은 결코 쉽게 정의될 수 있는 것이 아니기에, 황태자교육을 반드시 불합리하다고 볼 수 없다는 것이다. 그러나 IBM의 2세는 자신이 물러나면서 스스로 전문경영인시대를 열었다는 점이 흥미롭다.

다른 나라와 비교할 때 한국에서 전문경영인의 비율이 낮은 것을 비평하는 시각도 있다. 그러나 각 국의 역사적 배경이 다르기 때문에 그 절대비율만을 가지고 한국적 상황이 문제라고 하기는 어렵다. 굳이 논리적으로 따진다면 세계적으로 유래가 없는 한국 경제의 성장을 이러한 상황과 연계시켜 오히려 권장해야 할 사항일 수도 있다.

2 소유와 경영의 분리의 단점

특히 최근 유럽과 미국에서 오히려 과도한 소유와 경영의 분리가 문제시되는 것을 주목할 필요가 있다. 경영자가 주주의 이익을 무시하고 자신의 이익만을 추구한 나머지 기업의 효율성을 떨어뜨린 사례도 있다.

이러한 시각에서 최근 학계의 일부에서는 대규모 기업집단의 경우에도 소유와 경영이 일치하는 한국식 경영의 강점을 강조하기도 한다. 총수가 최대주주이자 최고경영자가 됨으로써 책임경영이 이루어진다는 것이다. 심지어 총수 1인에게 집중된 권한이 의사결정을 빠르게 하여, 대규모 투자가 적시에 이루어지는 장점이 있다고도 한다. 우리가 문제로 삼고 있는 점을 반대로 해석할 수도 있다는 이러한 시각이 흥미롭기도 하지만, 이러한 반론을 꺾기에 단순하게 소유와 경영의 분리를 주장하는 것이 그다지 설득력이 있어 보이지 않는다.

그러나 이 문제에 대하여 제3의 시각을 강조하고자 한다. 한국 재벌의 문제는 오히려 소유와 경영이 분리되었기 때문에 발생한다는 것이다. 지금까지의 주장과 완전히 180도 다른 주장이라 정확한 해명이 필요하다.

한 기업이 사용하는 자금은 여러 곳에서 나온다. 흔히 이러한 자금을 회계처리상으로는 자본이라고 하는데, 자본에는 자기자본과 타인자본이 있다. 자기자본에는 주주들이 제공한 자본과 이익금을 사내에 유보한 자금 등이 포함된다. 타인자본은 외부에서 빌려 온 자본이다. 은행대출금과 회사채 등을 발행하여 조성한 자금 등이 여기에 포함된다.

이렇게 볼 때 대재벌의 총수는 총자본의 극히 일부만을 제공하고 소유할 뿐이라는 사실을 쉽게 알 수 있다. 수없이 많은 소액주주와 기관투자가가 많은 자기자본을 제공한다. 흔히 이 액수가 자기자본의 50%가 넘는 경우가 많다. 자기자본에 대해 최소한 여러 배에서 수십 배의 타인자본을 대여하여 준 은행도 있다. 재벌 총수가 소유주라는 것은 법적인 개념에 지나지 않는다.

이렇게 한국 기업을 인식한다면 재벌 총수는 자신의 소유로 되어 있는 적은 자본을 바탕으로 수십 배에 달하는 타인자본을 운영하는 전문경영인으로 보는 것이 옳지 않은가, 그렇다면 한국 기업에서도 역시 진정한 소유자와 경영이 분리되었기 때문에 문제가 발생하지 않겠는가? 물론 타인자본은 원천적으로 경영참여권이 봉쇄되어 있기 때문에 이를 소유와 경영의 분리로 규정하는 것은 정확한 표현이 아니다. 외국과는 달리 금융기관의 감독이 제대로 이루어지지 않는 한국적 현실을 반영하는 표현으로 받아들여야 한다.

기업의 사회적 책임

우리나라에서는 1970년대 이후 산업사회로 진전되는 과정에서 기업의 고용 창출 측면이 강조됨에 따라 기업의 사회적 책임이 크게 부각되지 않았다. 그렇지만 1997년 외환 위기 이후 수많은 기업들이 도산되고, 이로 인해 국민경제 전반이 송두리째 흔들리면서 실업자가 양산되며, 한 기업의 비도덕적인 행위가 사회에 미치는 파급효과가 대단히 크고 중요함을 깨닫게 되었다.

1 사회적 책임의 대두

기업의 환경요인은 복잡하고 또한 이들 요인들이 다이내믹하게 변화하고 있기 때문에, 현대경영은 이에 대처한 환경적응 메커니즘을 갖추어야 한다. 이는 경영체가 투자자 개인의 독점물이 아니고 경영체가 사회의 것, 보다 구체적으로는 다수 이해관계자 집단의 것이기 때문에, 이들 이해관계자 집단의 변화하는 특성에 기업이 적절히 대응해야 하기 때문이다.

이러한 적응 조건하에서 경영주체가 현대기업을 이끌어 나갈 때 사회적 책임에 대한 문제가 대두된다. 그러나 경영환경의 특성이 변화되고 있으므로, 기업의 경영주체들은 그들이 산업사회에 대해 갖는 책임의식이나 내용도 달라지게 된다. 즉, 경영주체인 경영자의 사회적 책임은 기업환경의 변화와 시대에 따라 그 내용이나 성격이 동태적으로 변화하게 된다.

기업은 소비자에게는 원하는 제품과 서비스를 제조, 판매하고 또한 이윤을 창출함으로써 기업의 소유주들 그리고 소비자들을 만족시키고 지역의 고용기회를 창출하고, 세금을 내는 것 외에도 사회에 또 다른 책임을 져야 할 필요성이 대두된다. 기업의 규모가 더 거대화하여 기업이 사회 내에서 차지하는 비중이 점차 확대됨에 따라, 기업이 한 사회의 구성원이라는 인식이 팽배하게 되었으며, 이에 따라 기업은 자신이 소속된 사회에 대하여 책임을 져야 한다.

기업의 사회적 책임이 중요성을 갖게된 구체적인 이유는 다음과 같다.

❶ 현대사회는 복잡하며, 사회의 여러 기관과 이익집단들이 상호불가분의 의존관에 놓여 있는데, 특히 기업의 규모와 힘의 확장으로 기업은 사회에 막대한 영향력을 행사하게 되었다.

❷ 사회가 보존하기를 원하는 부와 가치가 과거보다 다양해졌다는 것이다. 이에 따라 기업은 좋은 공적이미지를 유지하기 위하여 사회적 책임을 수행하여야 한다.

❸ 기업이 사회적 책임을 게을리 하면 정부의 규제를 받게 된다는 점이다.

❹ 현대의 윤리개념과 관련되는 것으로서, 현대의 윤리개념이 기업에 대해 책임 있는 행동을 취할 것을 요구하고 있다.

 사회적 책임의 의의

사회적 책임의 개념은 기업과 관련된 사회적 문제의 해결에 기업이 자신의 자본 및 인적·물적 재원을 사용함으로써 그에 조력해야 할 책임이 있음을 의미한다. 따라서 사회적 책임은 기업이 이해관계자 집단의 기대에 대하여 반응하는 것으로서, 경영주체가 그의 의사결정으로 인한 사회적 및 경제적 영향을 고려하는 것이다.

그리고 기업의 사회적 책임은 기업과 사회 상호간에 유익을 주는 방법으로 자신의 활동과 정책을 사회적 환경에 연관시키는 기업의 능력을 의미한다. 그러므로, 사회적으로 책임 있는 기업은 의사결정을 할 때, 그 결정이 기업의 이익만을 생각하는 것이 아니라 기업이 속한 사회 또는 국가전체의 이익 또는 부를 항상 고려하여야 한다는 것이다.

 ## 3 기업의 사회적 책임의 종류

기업의 사회적 책임은 크게 4가지로 나누어 볼 수 있는데 경제적 책임, 법률적 책임, 윤리적 책임, 자선적 책임이 그것이다.

경제적 책임이란 기업은 사회가 원하는 제품이나 서비스를 공정하고 적정한 가격에 생산하여 제공하는 동시에 이윤을 추구하여 기업에 투자한 사람에게 적정한 보상을 해준다는 것이며, 법률적 책임이란 기업이 경제적 책임을 수행하는 과정에서 법률 및 규정을 준수하여야 한다는 것으로서 실례로는 근로기준법, 환경보존법, 소비자보호법 등의 준수 등을 들 수 있다. 그리고 윤리적 책임이란 법률로써 미처 포함하지 못하는 규범, 기준 또는 기대 등 사회통념에 의해 형성된 윤리적 기준을 기업이 자발적으로 따르는 것을 의미하며 이와 관련한 에로서 소비자운동, 환경운동, 민권운동 등을 들 수 있다. 마지막으로 자선적 책임을 들 수 있는데 이는 법률에 의해서 강제 되지도, 윤리에 의해서 요구 되지도, 사회에 의하여 기대되지도 않으면서 기업이 자발적으로 수행하는 책임을 말하는 것으로서, 기업의 경영활동과는 관련이 없는 문화활동, 복지프로그램에 기부, 자원봉사활동 등을 들 수 있다.

아울러 기업 경영자의 사회적 책임과 관련하여 그 책임 내용을 3차원으로 구분하는 경우 도 있는데 1차적 책임으로는 기업 유지 발전을 들 수 있는 데 이것을 기업의 본질적 책임이라고 한다. 또한 2차적 책임으로서 대외적 책임을 들 수 있는데 이는 구체적으로 이해집단간의 이해조정을 의미한다. 그리고 3차적 책임으로서 이를 간접적 책임이라고도 하며 사회발전에 대한 책임을 의미한다.

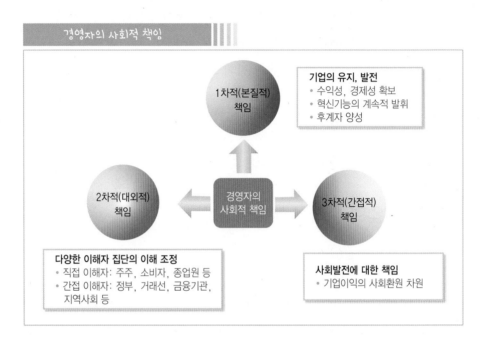

경영자의 사회적 책임

1차적(본질적) 책임

기업의 유지, 발전
• 수익성, 경제성 확보
• 혁신기능의 계속적 발휘
• 후계자 양성

2차적(대외적) 책임

경영자의 사회적 책임

3차적(간접적) 책임

다양한 이해자 집단의 이해 조정
• 직접 이해자: 주주, 소비자, 종업원 등
• 간접 이해자: 정부, 거래선, 금융기관, 지역사회 등

사회발전에 대한 책임
• 기업이익의 사회환원 차원

4 기업의 사회적 책임과 공유가치창출

1) 기업의 사회책임 Corporate Social Responsibility; CSR

일반적으로 기업이 경제적 책임이나 법적 책임 외에도 폭넓은 사회적 책임을 적극 수행해야 한다는 것을 말한다. 이는 기업 경영방침의 윤리적 적정, 제품 생산 과정에서 환경파괴, 인권유린 등과 같은 비윤리적 행위의 여부, 국가와 지역사회에 대한 공헌 정도, 제품 결함에 대한 잘못의 인정과 보상 등을 내용으로 한다.

더 나아가 환경, 인권, 소비자, 근로자 등 다양한 이해관계자들을 위한 기업의 역할과 활동을 일컫는 용어로, 기업의 사회적 책임을 뜻하는 윤리경영보다 한 단계 앞선 개념이다. 미국과 유럽의 다국적 기업이 후진국에서 활동하면서 아동 노동과 환경파괴 등의 문제를 발생시킨 것을 원인으로 하여 1990년대 후반 유럽에서 처음으로 주장되었고, 2001년 미국 엔론사의 회계부정사건을 통해 일반화되었다. 아울러 국제표준화기구(ISO)는 CSR을 표준화한 ISO26000의 국제규격을 제정한다고 공표했으며, CSR라운드라 불리는 이 규격은 환경경영, 정도(正道)경영, 사회공헌을 그 기준으로 정하고 있다.

2) 공유가치 창출creating shared value: CSV

기업이 수익 창출 이후에 사회 공헌 활동을 하는 것이 아니라 기업 활동 자체가 사회적 가치를 창출하면서 동시에 경제적 수익을 추구할 수 있는 방향으로 이루어지는 행위를 말한다. 기업의 경쟁력과 주변 공동체의 번영이 상호 의존적이라는 인식에 기반을 두고 있다. 하버드대 경영학과 마이클 포터 교수가 2011년『하버드 비즈니스 리뷰』에서 CSV 개념을 발표했다. 경영의 대가 필립 코들러는 자신의 저서『마켓 3.0』에서 "소비자의 이성에 호소하던 1.0의 시대와 감성·공감에 호소하던 2.0의 시대에서, 소비자의 영혼에 호소하는 3.0의 시대가 도래하였다"라고 주장하며 CSV를 바탕으로 한 미래 시장의 경영 전략을 제안했다. 앞으로는 소비자의 가치, 기업의 가치, 사회적으로 필요한 가치가 상호 조화를 이루는 기업가 정신이 요구된다는 것이다.

CSV는 CSR과 비슷하지만 가치 창출이라는 점에서 차이가 있다. 연세대 경영학과 박흥수 교수는 "CSR과 CSV의 극명한 차이는 가치 창출에 있다. CSR은 선행을 통해 사회에 기업의 이윤을 환원하기 때문에 기업의 수익 추구와는 무관하다. 그러나 CSV는 기업의 비즈니스 기회와 지역사회의 니즈가 만나는 곳에 사업적 가치를 창출해 경제적·사회적 이익을 모두 추구하는 것이다. 다시 말하면, CSV는 CSR보다 진화한 개념이며 기업과 지역사회가 상생하는 개념이라 할 수 있다"라고 말한다.[1]

세계적으로 CSV를 바탕으로 지역 경제에 관심을 갖고 지역 사회단체와 연계, 진출하는 사례가 증가하고 있다. 세계적 통신 기업인 보다폰이 통신 인프라가 부족한 아프리카 케냐에서 휴대폰의 통화 기능을 넘어선 모바일 송금 서비스라

1. 박흥수, 「사회적 책임이 아닌 공동의 가치를 추구한다. Don't be Evil」, 『대홍 커뮤니케이션즈』, 2013년 1~2월호.

는 사회적 상품을 개발한 것이나 네슬레가 아시아 지역 저소득층의 영양 상태를 고려해 영양가 높은 제품을 저가격, 소포장의 '보급형 상품'으로 출시한 것 등이 CSV의 사례다.[2] 국내에서도 CSV는 점차 활성화되고 있는 상태다.

CSV의 성공여부를 결정짓는 것은 아무래도 진정성이다. 요식행위로 간주될 가능성이 크기 때문이다. 예컨대 1990년대 초반 패스트푸드에 대한 부정적 인식이 미국과 유럽을 강타할 때 집중포화가 쏟아지자 맥도널드는 이에 대응해 '어린이 비만 퇴치 운동' 등 공감을 불러일으킬 만한 마케팅을 선보였다. 하지만 돌아온 것은 역효과였다. 소비자들은 맥도널드의 이런 행위가 자사 이미지를 바꾸기 위한 요식행위에 불과하다고 여기고 코카콜라 불매 운동에 더욱 속도를 올렸으며 이는 슬로푸드 운동의 확대로 이어지기도 했다.

2. 박흥수, 「사회적 책임이 아닌 공동의 가치를 추구한다. Don't be Evil」, 『대홍 커뮤니케이션즈』, 2013년 1~2월호.

MEMO

PART 02

경영관리

Business Administration

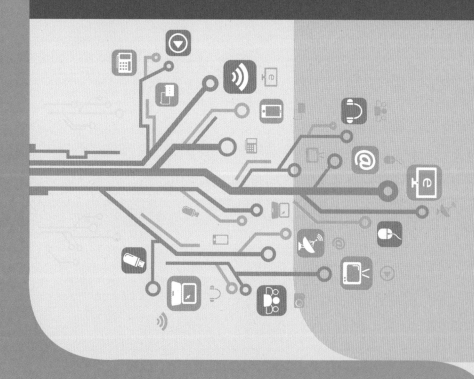

ESSENTIALS OF MANAGEMENT
경영학개론

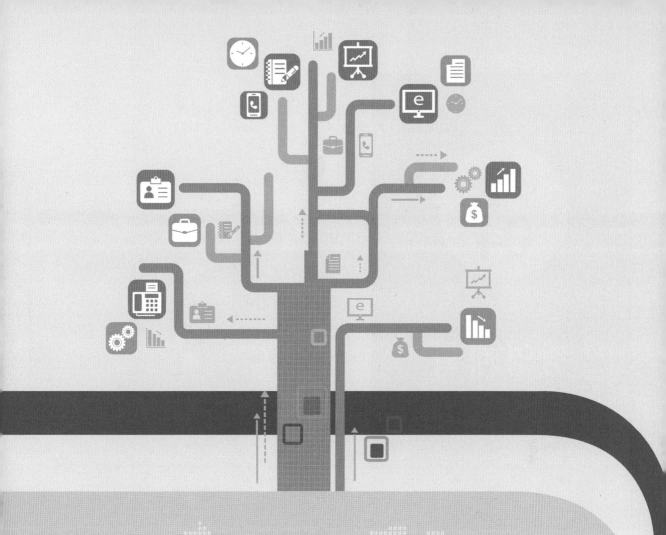

Chapter

04

경영계획

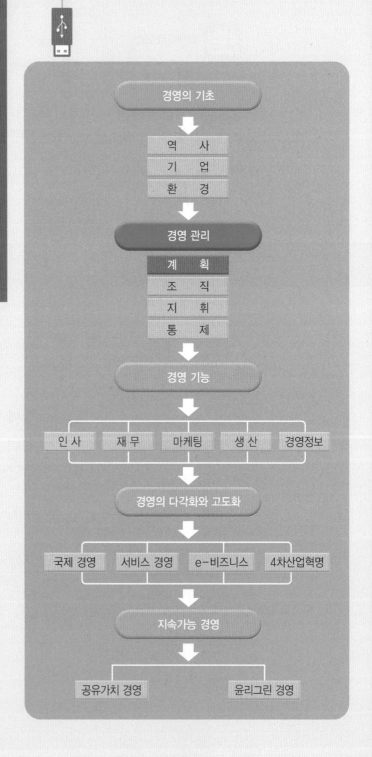

경영의 기초

역　사
기　업
환　경

경영 관리

계　　획
조　　직
지　　휘
통　　제

경영 기능

인 사　　재 무　　마케팅　　생 산　　경영정보

경영의 다각화와 고도화

국제 경영　　서비스 경영　　e-비즈니스　　4차산업혁명

지속가능 경영

공유가치 경영　　　　　윤리그린 경영

13 Section

경영전략

1 경영전략의 중요성과 의의

정치·경제·사회·문화 및 과학과 기술의 환경변화는 예측 불가능한 주기와 폭으로 이루어짐으로써 경영활동의 수행에 있어 혼란을 가중시키고 있다. 더구나 세계화의 도전, 품질에 대한 도전, 기술 및 과학의 도전 그리고 사회적 도전이 기업으로 하여금 새로운 시각에서 경영활동을 전개하도록 강요하고 있다.

뿐만 아니라, 세계는 자본주의 사회의 발달로 자유경쟁의 분위기가 더욱 고조되고 또한 탈이데올로기에 따라 세계는 경제전쟁이라는 새로운 투쟁의 장을 만들어가고 있다. 여기에서 세계각국과 기업들은 살아남기 위한 적자생존의 노력을 해야 한다. 즉, 경쟁에 이기기 위해서 필요로 하는 수단과 자원은 유한한 반면, 경쟁우위를 확보해야 한다는 무한한 기업의 의지와 욕구는 경영활동을 전략적으로 수행하지 않으면 안되게 하고 있다.

전략을 정의한다면 전략이란 조직의 목표를 달성하기 위하여 사용되는 자원과 기업의 능력을 환경적 기회와 위협과 결합하는 방책을 강구하는 행동으로 정의할 수 있다. 또한 경영전략이란 경영환경에의 적응방식과 지침, 경영목표달성을 위한 기업과 환경과의 미래적인 상관방식과 기업내 구성원들의 의사결정의 지침이 되는 여러 방책의 조합이라고 정의할 수 있다. 이는 다음과 같은 특성을 가지고 있다.

❶ 경영전략은 경영환경조건의 변화에 따라 영향을 받는다.

❷ 경영전략은 조직의 목표달성을 위한 여러 방안의 집합을 다루는 것으로 인식하게 하여 준다.

❸ 경영전략은 기업의 장래의 발전방향을 제시하여 준다.

❹ 경영전략의 목표는 시장에서 인정할 수 있는 시장경쟁력 또는 상대적 경쟁력을 활용함으로써 달성할 수 있는 잠재적 경영성과를 구조화하는 것이다.

전략경영이란 조직의 목적을 달성하기 위한 수단으로서 조직 내부의 모든 기능과 활동을 통합한 종합적인 계획을 의미한다. 다시 말해서, 기업경영의 기본적인 장기목표 및 목적을 결정하고, 이 목표를 달성하는데 필요한 활동경로를 정하고 또한 목표달성을 위해 필요한 자원을 배분하는 것이라고 정의할 수 있다.

한마디로, 환경변화에 적응 가능한 목표를 수립하고, 그 목표를 달성하기 위해서 필요로 하는 모든 수단들, 즉 인력·기술·시설·자금 등 연관자원들을 효율적으로 동원하고 분배하는 통합적이고 종합적인 계획을 수립하는 것을 전략경영이라고 한다.

 ## 경영전략의 내용

경영전략의 개념을 보다 명확히 이해하기 위해서는 경영전략의 구성 요소를 파악해야 하는데, 그 구성요소는 학자에 따라 다양하지만, 호퍼C.W.Hofer와 쉔델 D.E. Shendel은 다음과 같이 제시하고 있다.

❶ **영역**: 기업의 현재 및 미래환경과의 상관관계에 있어서의 활동범위가 된다.

❷ **자원전개**: 기업의 목표달성에 필요한 제자원의 전개수준과 유형, 독자능력이다.

❸ **경쟁우위성**: 기업의 자원전개 유형이나 영역결정을 통해 경쟁자에 대해서 전개하는 독자적인 경쟁우위(핵심역량)이다.

④ **시너지:** 자원의 활용이나 영역결정에서 나타나는 상호작용 및 상승효과이
다. 이러한 구성요소는 경영전략의 개념을 전략적 경영의 관점에서 기업
과 환경과의 적합 방식을 다루는데 중요한 요소들이다. 그러므로 경영전
략은 기업이 변화하는 경영환경에 대응하면서 기업의 미래지향적인 기대
상태를 실현하기 위하여 기업이 갖고 있는 모든 경영 잠재력을 효과적 및
합리적으로 활용하는 내용과 방법을 설명해 준다.

또한 경영전략을 전사적 입장에서 이해하기 위해서는 경영전략의 유형을 이
해해야 하는데, 경영전략의 유형은 기업의 특성이나 기업의 관점에 따라서 여러
가지 방법으로 구분될 수 있다. 아래와 같이 경영전략의 유형은 기업의 기대 상
태와 목표의 내용 그리고 이에 대한 기업의 경영활동을 나타내는 기준요소 또
는 대상으로 중심으로 구분될 수 있다.

① **조직차원:** 기업전략, 사업부 전략, 기능별 전략

② **경영전략:** 생산전략, 마케팅 전략, R&D 전략, 투자전략, 금융 및 재무전략,
인사전략

③ **발전방향/자원활용:** 성장전략, 안정전략, 쇠퇴전략

④ **시장활동:** 공격적 전략, 방어적 전략

⑤ **제품/시장:** 시장침투전략, 시장개발전략, 제품개발전략, 다각화전략

⑥ **경쟁력:** 원가우위전략, 차별화전략, 집중화전략

 3 경영전략의 과정

전략적 경영계획이란 조직의 전략적 목표를 결정하고, 구체적인 목표의 달성
에 필요한 각종의 정책과 활동계획을 수립하며, 정책과 계획의 집행 방법을 설
정하는 과정이라고 할 수 있다. 전략적 경영계획은 경영목표를 기업수준·사업

수준·기능수준에 연계시켜 전략을 형성하고 실천한다. 전략적 경영전략의 과정은 다음과 같이 7단계로 정리할 수 있다.

1) 사명과 목표의 달성

전략적 경영계획의 출발은 기업의 기본사명을 개발하여 재확인하고 최상의 목표가 성취되는 방향으로 노력을 지향하는 것이다. 기업의 사명이란 기업의 기본목적, 존재이유, 철학, 이념, 가치관, 기업정신 등을 포괄하는 개념으로서, 조직이 현재 추구하고 있는 목적의 총합을 말한다. 명확한 사명과 목표는 경영자의 중요한 전략적 의사결정을 용이하게 하며, 전략형성이나 개인·집단의 업무활동의 방향을 제시하게 될 것이다. 사명이 확정되면 다음은 사명이 현재와 미래의 환경에 적합한가에 대한 적합성 여부를 검토하는 것이다.

2) 환경의 기회·위협 분석

환경은 기업에 기회를 제공하기도 하고 한편으로는 위협을 주기도 한다. 전략계획 과정에서 전략적 기회와 위협을 발견하기 위해 외부환경에 관한 정보를 체계적으로 수집하여 평가하는 일이 필요하다. 여기서 '기회'란 전략적 목적달성에 도움이 되는 잠재력을 지닌 외부환경의 특성 및 조건으로 유리한 상황을 의미하며, '위협' 또는 '위험'이란 기업의 전략적 목적을 달성하지 못하게 할지도 모르는 외부환경의 특성으로 불리한 상황이라고 정의된다. 이러한 외적 환경의 분석은 전략계획 과정에 결정적으로 중요한 의미를 지닌다. 따라서 경영자는 조직에 제공되는 위협이나 기회의 요소들을 고려하여 환경을 분석하고 평가해야 한다.

3) 조직의 강·약점 분석-SWOT 분석

조직체의 강·약점을 분석하는 것은 기업의 경쟁적 위치를 확인하기 위해서 필요하다. 경쟁적 위치란 현재 또는 미래의 경쟁자들과 비교하여 기업이 지니고 있는 강점과 약점을 일컫는다. 경영자는 외부환경의 기회와 위협을 내부의 강점 및 약점과 종합하여 기업의 강점을 중심으로 새로운 기회를 포착하고, 예측되는 위협에 대응하여 약점과 제약을 보완하는 경영전략을 형성하게 된다.

기업 내부의 강·약점 분석은 기업의 성과분석, 경영전략 평가, 경영조직 및 내부자원의 진단, 그리고 경쟁적 비교우위의 연구 등 여러 측면에서의 분석을 포함한다. 바람직한 경영전략의 계획수립은 외부환경과 내부경영을 분석·평가·예측함으로써 기회와 위협에 기업의 강점과 약점을 연결시키는 활동이다. 조직의 외부환경과 내부경영을 분석하는 전략적 분석기법으로서 SWOT 분석이 있다. SWOT 분석은 기업의 내·외적 요인을 고려한 경영전략 기법으로서 일명 토우스 매트릭스라고 부르는데, 이 모델은 외부환경의 위협과 기회를 조직 내부의 강점과 약점에 연결시켜 장래의 발전방향을 모색하는 분석방법이다. SWOT 분석에서는 환경의 위협요소를 T, 기회를 O, 기업내의 약점을 W, 강점을 S로 표시하고 있다.

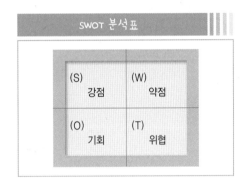

4) 전략적 대안의 개발

경영전략 수립에 있어서 외부환경의 진단과 내부경영의 강점·약점 평가가 이루어지면 경영자는 목표달성을 위한 전략적 대안을 개발해야 한다. 전략의 개발 및 형성은 목표설정에서와 마찬가지로 환경분석에서 수집된 정보를 바탕으로, 기업수준의 전략부터 사업수준의 전략과 기능수준의 전략을 수립하게 된다.

5) 전략적 계획의 개발

전략적 대안을 개발하여 여러 가지 대안 중에서 최적의 대안을 선택하고 나면 경영자는 이를 구체화시킬 전략적 계획을 개발하여야 한다. 전략적 계획에는 조직목표를 성취시키기 위하여 소요되는 기술·마케팅·금융 및 인적자원 등의 확보와 제조 및 연구개발 수행방안을 포함하여 조직과 경영능력의 활용방법 등이 구체화된다.

6) 전술적 계획의 개발

전술적 계획은 전략적 계획을 실행하기 위한 구체적인 실천계획으로서 중간 관리자와 일선관리자 그리고 종업원팀은 전략적 계획을 기초로 하여 전술적 계획을 수립한다.

7) 결과의 통제와 평가

전략적·전술적 계획이 계획대로 실행되었는지를 확인하고 그 결과를 평가하기 위해 통제기능이 수반되어야 한다. 만일 계획이 바람직한 결과를 산출하지 않았다면 경영자는 통제방법을 바꾸거나, 사명·목표·전략 또는 계획자체를 재검토하지 않으면 안된다.

 4 **경영전략의 효과**

경영전략을 통해서 기업은 다음과 같은 효과를 거둘 수 있다고 보고 있다.

❶ 경영에 있어서 명확히 규정된 사업활동의 범위와 성과목표가 있을 때 경영을 목표 지향적으로 일관되게 유지할 수 있다.

❷ 경영전략을 구상하고 실행함에 있어서 필요로 하는 자원 등에 대하여 장단기적 대책을 강구하여야 하기 때문에, 자원쇼크 등의 애로사항 하에서 탈피하여 경영을 보다 안전하게 이끌 수 있다.

❸ 경영의 성장을 보다 적극적으로 유도하기 위하여 필요한 결정룰로서의 전

략을 수립해서 경영활동을 전개할 때, 기업은 경쟁우위 확보 노력에서 유리한 고지를 차지할 수 있을 것이기 때문이다.

④ 오늘날 기술혁신 그리고 무역·자본 자유화 등에 의하여 기업 환경은 급격하게 변화하고 있기 때문에 그에 대처해 나갈 수 있는 대응방안을 전략적 차원에서 장단기적으로 강구할 수 있을 때, 기업은 보다 안정된 위험부담과 불확실성을 추구할 수 있다.

⑤ 기업경영이 새로운 기회의 탐구와 창조를 할 수 있도록 하기 위해서는 이를 추구할 수 있는 관리의 지침을 필요로 하는데, 이는 전략을 통해서 비로소 가능하게 된다.

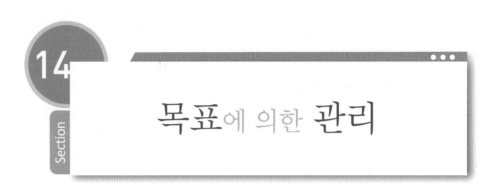

목표에 의한 관리

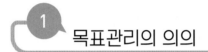

1 목표관리의 의의

계획기능이 조직 구성원의 전체적인 참여에 의해 수행될 때 보다 효과적일 것이라는 관점에서 보면 드럭커P.F.Drucker에 의해 처음 제창된 목표에 의한 관리, 즉 목표관리Management by Objective: MBO는 계획수립의 중요한 조건이 될 수 있다.

목표관리는 전통적인 충동관리나 상사위주의 지시적 관리가 아니라 공동목표를 설정, 이행, 평가하는 전 과정에서 아래 사람의 능력을 인정하고 그들과 공동노력을 함으로써 개인목표와 조직목표 사이에, 상부목표와 하부목표 사이에 일관성이 있도록 하는 관리방식을 말한다. 목표관리에 대한 견해에는 학자마다 조금씩 다른데, 오디언G.S Odidrne은 하급자가 담당해야할 주요책임 영역을 상사와 부하 모두가 이해해야 한다는 것을 강조하고 있으며, 드럭커P.F.Drucker는 개인목표와 조직의 목표가 통합되어야 한다는 점을, 그리고 쿤츠 등은 목표를 효과적이고 효율적으로 달성하기 위한 체계적 관리방법임을 강조하고 있다.

표현 내용이 서로 다르기는 하지만 모두 목표관리가 민주적이고 참여적이며 매우 의도적인 관리 방법임을 보여주고 있다. 즉, 목표관리란 부하가 자기 자신, 혹은 상급자와의 협의에 의해 양적으로 측정 가능하면서도 구체적이며, 단기적인 업적목표를 설정한 다음, 스스로가 그러한 업적목표의 달성 정도를 평가해서 그 결과를 보고할 수 있게 한다는데 핵심이 있다. 또한 종업원 각자가 개인의 노력목표를 맞춤으로써 모든 종업원이 기업의 전체목표를 달성하는데 기여할 수 있게 함과 동시에 자기가 경영에 있어서 주체적인 역할을 담당하고 있다는 의식을 높이게 하는 동기부여적인 경영관리제도라고 할 수 있다.

2 목표관리의 성격

목표관리의 성격에는 다음과 같은 것들이 있다.

❶ 목표설정에 부하직원을 참여시킨다. 목표관리는 지시적인 통제관리 방식을 지양하고, 목표설정에서부터 부하를 참여시킴으로써 조직의 목표를 자신의 목표가 되도록 만든다. 이것은 부하의 능력과 존재를 긍정적으로 인식하는 것이어서 동기부여 및 부하의 사기 높이는데 도움을 준다.

❷ 조직 전체의 목표와 하급자의 개별 목표를 민주적으로 그리고 효율적으로 일치시킨다. 조직에서 각 개인은 서로 다른 공헌을 하지만 조직 전체의 제품이나 용역을 생산하기 위해서는 모든 사람들의 노력을 조정할 필요가 있다. 모든 수준의 경영자들은 상위 목표와 하위목표를 조정할 필요가 있으며 목표를 일치시키지 못할 때 통합적 계획 수립과 통제체계로서의 목표관리는 불가능하게 된다.

❸ 성과와 능률을 중시한다. 목표관리는 기본적으로 주먹구구식 경영이나 비능률적 관리 행위를 배척한다.

❹ 관리체제 면에서 볼 때 집권화와 분권화를 잘 조화시킨 관리방식이다.

❺ 보다 장기적이고 전략적인 계획을 포함시키는 경향을 띠고 있다. 종래의 목표관리는 업적평가나 동기부여 등 단기적인 목표에 초점을 맞추어 왔으나 보다 장기적인 안목에서 그리고 보다 전략적인 차원에서 목표관리를 실현시켜 나가는 것이 바람직하다는 평가에 따라 그 개념이 점차 바뀌어 가고 있다.

⑥ 목표관리는 부수적인 것이 아니라 통합적인 체제아래 이루어지는 종합적 관리 방법이라는 것이다.

 3 목표관리의 구성요소

목표관리는 다음의 4가지 구성요소를 가지고 있다.

❶ 목표의 구체성으로써 목표는 기대하는 업적의 달성을 간결하게 구체화하여야 하며, 주로 측정 가능하고 비교적 단기적인 목표여야 한다. 예를 들면, '서비스나 품질을 개선하자'는 목표는 적절하지 못하며 '반품을 1% 미만으로 줄이자'라는 식으로 명확하게 표현해야 한다.

❷ 부하들의 참여, 즉 조직구성원의 참여를 중요시하며, 참여를 통한 목표설정을 강조한다. 목표설정이 상사와 부하 간에 상호 협력하에 이루어지기 때문에 상사가 제시한 목표와 부하가 제시한 목표가 체계적으로 조정될 수 있으며 따라서 목표 실현 가능성도 높일 수 있다.

❸ 계획기간의 명시로써 목표관리는 계획이 완료되고 달성되어야 하는 명확한 기간이 명시되어야 한다. 일반적으로 계획기간의 명시는 3개월, 6개월, 혹은 1년 단위로 정하며 과업의 진행 상황에 따라 정기적으로 통제할 수 있는 근거를 마련해야 한다.

❹ 실적에 의한 피드백이다. 목표관리는 목표를 달성하게 위해 정보가 계속적으로 피드백 되어야 한다. 피드백이 보다 이상적으로 되기 위해서는 개인에게 계속적으로 관련정보에 대한 피드백을 시켜줌으로써 각각의 지적사항이나 수정행동기능을 추적할 수 있도록 해야 한다. 이러한 기능은 상사와 부하가 목표달성에 대한 진척도를 검토하는 기간별 공식적인 평가회의에서 보충되어질 수 있다.

MEMO

Chapter

05

경영조직

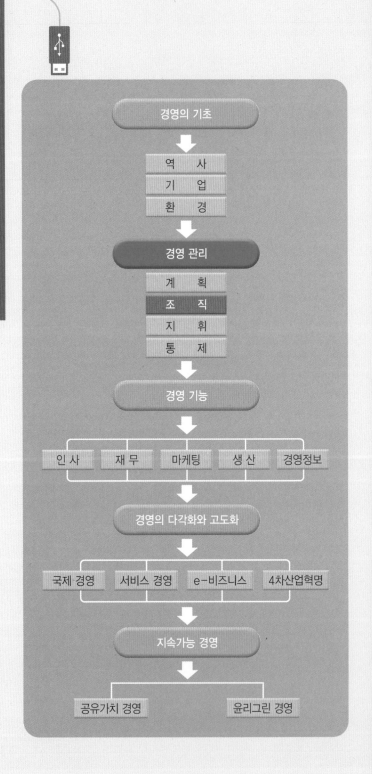

- 경영의 기초
  - 역 사
  - 기 업
  - 환 경
- 경영 관리
  - 계 획
  - 조 직
  - 지 휘
  - 통 제
- 경영 기능
  - 인 사 | 재 무 | 마케팅 | 생 산 | 경영정보
- 경영의 다각화와 고도화
  - 국제 경영 | 서비스 경영 | e-비즈니스 | 4차산업혁명
- 지속가능 경영
  - 공유가치 경영 | 윤리그린 경영

15 경영조직의 개념

1 경영조직의 정의

경영조직이란 둘 이상의 사람들이 모여서 어떤 공통된 목적을 달성하기 위해 협동적으로 일을 수행하는 기업조직을 말한다. 경영조직은 사람들이 조직에 참여하여 목표달성을 위해 일하고 또 다른 일을 착수하게 되는 생활터전을 제공한다. 경영목적을 달성하기 위하여 필요한 여러 활동을 많은 경영구성원에게 분담시키고 그 관계들을 규정하며, 여러 활동이 전체적으로 유효하게 이루어지도록 통합한 협동활동 시스템이다. 경영조직을 좁은 뜻으로 해석할 경우에는 목적달성에 필요한 여러 가지 일, 즉 기능을 배분하고 각종 직위와 기관을 설정하여, 그러한 각종 직위나 기관의 책임과 권한관계를 규정화한 조직구조만을 말한다.

브라운A. Brown은 조직구성원들이 보다 행동적으로 경영목표를 성취할 수 있도록 그들의 직무와 구성원 사이의 관계를 규정하는 것이라고 정의한다. 테리R. Terry는 '경영목표달성에 필요한 제직능을 마련하고, 이를 집행하는데 부여된 권한과 책임을 명백히 하는 것이다'라고 설명한다. 샤인H. Schein은 조직이란 공동의 목적달성을 위하여 노동과 직능을 분화하고 이에 책임과 권한을 부여한 일정계층을 통해서 여러 사람들의 활동을 합리적으로 조정하는 것이라고 정의한다. 이 세 가지의 공통적인 것은,

❶ 조직은 성취하고자 하는 공통의 목적을 가지며,

❷ 목적 달성을 보다 유효하게 실행하기 위하여 조직이 필요한데, 이 경우 조직화는 조직의 구조화 과정을 형성하는 것을 의미한다.

❸ 이와 같은 구조적 과정의 형성을 위하여 조직은 경영의 제직능을 분화하고 이에 권한을 분배하여야 한다.

조직은 기업의 공동의 목적을 달성하기 위하여 필요한 여러 가지 활동을 분할하고, 이를 각 구성원에게 할당하여, 각 구성원이 갖는 직무의 상호관계를 명백히 규정하여 서로 협조 하에 수행하는 사람들의 집합체라고 정의할 수 있다.

조직에는 2가지 의미가 있다. 구조적인 것 organization과 과정적인 것 organizing이 내포되어 있다. 전자는 공식조직 그 자체를 구조적인 측면에서 본 것이고, 후자는 전자의 조직구조를 형성하기 위한 조직화 과정을 의미한다.

기업이 경영조직을 잘 정비하지 않는다면 자원의 낭비를 초래하고 구성원들의 업무효율성이 저하되어 높은 경영상을 기대하기가 어렵다. 기업이 경영환경 및 내부여건의 분석을 통해 훌륭한 경영전략을 수립·실행하려고 하는 경우에도 기업이 상황에 적합한 조직을 갖추고 있지 못하면 목표달성이 어렵게 되는 경우가 많다. 이처럼 기업경영에 있어서 조직목표를 효율적으로 달성할 수 있도록 하는 기업조직의 골격과 그 운영문제를 다루는 분야가 경영조직론이다.

2 경영조직의 형태

경영조직이란 산업조직이며, 그 조직은 기술적 조직과 인간적 조직으로 구성되어 있고, 인간적 조직은 다시 공식조직과 비공식조직으로 구성되어 있다. 기술적 조직은 물적 조직으로서 경제적 목적이 달성되는 정도를 평가하기 위한 '비율의 논리'에 의하여 조직화된다. 공식조직은 기술적 생산에 직접 관련하는 측면에 있어서는 비용의 논리가 적용되지만, 노무자들이 협동적인 노력을 얼마나 했는가를 평가하는 관념의 체계에서는 '능률의 논리'에 의해서 조직화된다. 한편, 비공식조직은 인간상호간에 존재하는 가치를 나타내는 관념의 체계인 '감정의 논리'에 의해서 조직화된다.

　인간은 사람과 사람의 만남을 통하여 사회생활을 수행하며, 서로의 유사한 목적을 추구하는 집단을 이루게 된다. 이러한 집단을 우리는 조직이라고 하고, 우리의 일상생활에서 여러 형태로 존재하고 있으며, 늘 접촉하며 생활하고 있다. 학교·병원·관청·백화점·은행 등은 우리가 일상생활에서 흔히 접하고 있는 조직의 예라 할 수 있다. 조직이란 특정한 목적을 추구하기 위하여 구성된 사회적인 단위를 의미한다. 조직은 인적·물적·자원 그리고 시간·자본·정보 등의 효율적인 배분에 따라 경영활동의 결과가 다르게 나타나기 때문에 조직목표달성에 매우 중요한 부분을 차지한다.

 ## 3 경영조직의 요소

　경영조직의 첫째 요소는 경영목적의 존재이다. 경영목적에는 포괄적·추상적·전체적인 상위목적에서부터 구체적·부분적인 하위목적에 이르는 연쇄체계가 있으며, 경영조직은 이 연쇄체계에 대응하여 전체적 목적을 추구하는 전체조직과 이를 구성하고 또 이에 내포되면서 부분적인 목적을 추구하는 각종 부분조직, 즉 부서·영업소 등으로 나누어진다. 부분조직의 구분 중 가장 널리 행해지고 있는 것은, 경영관리조직과 작업조직으로 구분하는 것이다.

　경영조직의 둘째 요소는 많은 협동 활동자, 즉 경영구성원의 존재이다. 조직의 규모가 커지고 분업이 철저해지면, 모든 협동 활동자들이 목적을 주체적으로 이해하고, 협동 활동을 의욕적으로 행한다고 할 수는 없다. 오히려 많은 사람들은 임금획득 등의 수단으로서 경영조직에 참가한다. 이처럼 경영목적과는 별도의 개인목적을 가진 많은 사람들에게 협동활동을 지속하게 하기 위해서는 임금으로 대표되는 물질적 유인이나 지위·기회 같은 비물질적 유인을 마련해 주어야 한다.

　경영조직의 셋째 요소는 경영목적을 각 조직구성원에게 주지시키고, 또 각자가 합리성이 높은 행동을 할 수 있도록 필요한 정보를 전달하는 커뮤니케이션이다. 이는 지휘명령, 책임과 권한관계의 명확화, 보고제도의 정비, 각종 회의, 경영정보 시스템 등으로 구체화된다.

 4 경영의 조직화

조직화란 전체 조직수준에서 사업 본부, 부, 국, 실 등으로 전체 조직구조를 비교적 대단위로 설계하여 업무가 효과적으로 배분되고 조정되도록 하는 것을 의미한다. 조직화에는 일반적으로,

❶ 계획된 목표를 달성하는데 필요한 구체적인 활동을 확정하고,

❷ 그 활동을 개개인이 수행할 수 있도록 일정한 패턴이나 구조로 집단화시킨 다음,

❸ 그들 활동을 특정한 직위나 사람들에게 배분함과 동시에 그러한 활동의 조정수단으로서 책임·권한 관계를 확정하는 등 세 과정이 관련되어 있다. 계획을 실행에 옮기기 위해서는 조직화가 필요하다. 조직화란 과업을 수행하기 위해 사람과 필요한 자원들을 어떻게 배열할 것인가를 구상하는 과정이다.

자동차를 구성하는 부품들이 모두 프레임에 얹혀 있듯이 기업을 구성하는 모든 사업들도 기업의 조직이라는 구조에 놓여 있다. 건축공사를 할 때 기초가 튼튼해야 하듯이, 이와 마찬가지로 기업도 조직이 튼튼해야 다른 기업보다 더욱 좋은 성과를 올릴 수 있다. 다시 말해 기업의 목적을 달성하는데 적합한 조직구조를 갖추어야 이를 효과적으로 성취할 수 있는 것이다.

관리과정으로서의 두 번째 단계는 앞서 살펴본 계획 수립과정에서 확정된 계획을 실행으로 옮기는 조직화기능이다. 계획이 수립되어 목표가 제시되면 경영자는 그것을 달성하기 위한 조직 내 인적 자원과 물적 자원을 적절하게 조직화

하는 것이다. 계획수립 다음으로 이어지는 조직화 기능은 계획 수립 과정에서 설정된 목표를 달성하기 위해 '일'을 세분화하여 구성원들에게 배분하고, 자원을 할당하며 그리고 산출결과를 조정하는 과정으로서 통제기능과도 유기적 관계를 갖고 하나의 관리순환체계를 형성하게 된다.

5 경영조직의 중요성

첫째, 경영조직은 구성원들을 하여금 공통목적을 갖도록 해준다. 경영조직은 구성원들에게 조직목표의 달성을 위해 필요한 업무들을 할당하고 업무를 얼마나 담당자의 재량에 맡길 것인가를 정해주기 때문에 구성원들이 자연스럽게 공통의 목표를 추구하도록 한다.

둘째, 경영조직은 구성원들로 하여금 협력의사를 갖도록 해준다. 어떤 한 사람이 혼자서 일을 하는데는 한계가 있기 때문에 경영조직은 사람들로 하여금 개인적 한계를 극복하는 방법으로 조직에 참여하고 여러 사람들과 더불어 협력하려는 의사를 갖도록 한다.

셋째, 경영조직은 구성원들간의 인간관계의 형성 및 개선에 커다란 영향을 미친다. 사회적 존재로서의 인간은 경영조직의 형성 및 개선에 커다란 영향을 미친다. 사회적 존재로서의 인간은 경영조직을 통해 다른 사람들을 만나 업무적으로 상하 또는 수평관계를 맺으면서 사회적인 신분관계를 형성하기도 하고 개인적으로 서로 친밀해지거나 혹은 갈등을 빚기도 한다.

이처럼 경영조직을 통해 사람들은 사회적 관계를 형성하고 그 속에서 업무 이외의 정서적 측면을 통해 상호 의사소통 하거나, 사회적 신분 및 지위의 상승, 사회적 권한의 획득과 같은 사회적 욕구들을 충족시킬 수 있을 뿐만 아니라 구성원들간의 관계에 사회적 절차를 형성해 주기도 한다. 경영의 목표달성이 계획화로서 구체화되면, 설정된 목표를 체계적으로 집행하여 효과적으로 달성하기 위해서는 그에 필요한 활동과 업무를 결정하고, 그것을 각 구성원들에게 분담하도록 하는 조직이 갖추어져야 한다.

경영조직의 형태

16 Section

경영조직의 기본형태로서 라인조직, 기능직 조직, 라인과 스태프조직이 있고, 그밖에 특수형태로서 위원회 조직, 프로젝트 조직, 사업부제 조직 등이 있다.

과거에는 하위부서와 상부부서간에 6~7단계 또는 10단계 이상의 결제라인이 있는 피라미드형 조직을 운영함으로써 의사소통의 신속성과 정확성이 결여되었었다. 즉, 이러한 조직유형으로 최고경영층과 실무부서간의 상의하달 및 하의상달이 원활하지 못하여, 시장의 요구에 유연하고 신속하게 대응하지 못하였었다.

최근 기업의 경영혁신의 주요내용은 관리·통제기능을 대폭 축소하고 권한을 하부조직에 위양함으로써, 상하조직간의 명령-보고체계를 단순화하고 하부조직의 권한을 확대하여 실무자들이 신속한 의사소통을 하도록 하고 있다. 최근에는 팀제와 소사장제 등 책임과 권한을 대폭 부여하는 조직 형태가 기업 조직의 근간이 되고 있다.

1 기본형태

1) 라인조직

라인조직은 명령일원화의 원칙을 중심으로, 모든 직위가 명령권한의 라인으로 연결된 조직형태를 말한다. 즉, 상위자의 권한과 명령이 직선적 또는 계층적으로 하위자 또는 일선작업자에 이르기까지 직접 전달되는 조직구조로서 지휘시스템의 일원화가 가해질 수 있는 조직이다.

여기에서 하위자는 상위자의 권한위양이나 명령 없이는 활동을 할 수 없는 단순하고 편성되기 쉬운 조직형태이다. 이러한 조직은 중소기업이나 서비스기업 형태에서 많이 이용되며, 군대에서 기본적인 구조로 채택되기 때문에 군대식 조직, 직선식 조직 또는 수직적 조직이라고도 한다.

2) 기능식 조직

기능식 조직은 라인조직의 단점을 보완하기 위하여, 테일러의 직능식 직장제도에서 유래한 조직형태이다. 이는 수직적 분화에 중점을 두고 관리자의 업무를 기능화의 원칙 또는 기능별 전문화의 원칙에 따라 부문별로 전문적인 관리자를 두고 지휘, 감독하는 조직형태이다.

이 기능식 조직은 조직구성원이 수행하는 기능을 중심으로 형성되는데, 총무부, 경리부, 생산부, 마케팅부와 같은 부서로 된 조직이다. 이것은 대개 지시-보고의 상하관계가 뚜렷하게 설정되어 있어 흔히 기능별 수직제도라고 부른다.

기능별 조직을 효과적으로 운영할 때 분업화와 조직구성원의 전문화를 제고할 수 있을 뿐만 아니라 리더의 명령에 따라 조직이 일사분란하게 움직일 수 있는 장점이 있다. 이러한 조직형태는 경영환경이 단순하고, 변화가 완만하며, 기업이 소규모 조직이고, 경영활동의 내용이 단순한 경우에 적합하다.

3) 라인과 스태프조직

이 조직이 필요로 하는 두 가지 차원, 즉 (1) 조직을 일사분란하게 움직일 수 있는 지휘 시스템의 유지와, (2) 전문화의 원칙에 따른 의사결정과 집행을 가능하게 하는 요건을 충족시킬 수 있도록 창안된 조직구조의 형태이다.

즉 전문화의 원칙과 명령일원화의 원칙을 조화시켜 스태프의 권한을 조언과 조력에 한정시킨 상태에서 제안된 조직형태로, 이 조직의 특징은 전문적 지식이나 기술을 가진 사람들이 참모가 되어 보다 더 효과적인 경영활동을 하도록 협력하는 것이다. 이 조직에서 라인은 기업의 기본적 기능에 해당하는 라인업무를 말하고, 스태프는 라인을 원조해 주기 위한 보조적 기능으로서의 스태프업무를 말한다.

이 경우 라인활동의 수행에 있어서는 독자적 결정과 명령권이 부여된 반면, 스태프활동의 수행에 있어서는 다른 부서에 대한 조언과 조력을 할 수 있는 권한만이 부여되어 있다. 이 조직에 있어서 스태프는 전문화된 원조와 서비스를 제공하고 적절한 견제와 균형을 유지하기 위해 존재한다.

2 특수형태

1) 위원회 조직

이는 경영정책이나 특정한 과제의 합리적인 해결을 목적으로 각 부분에서 여러 사람들을 선출하여 구성한 위원회를 조직 내에 설치하는 것이다. 집단으로서 공동으로 심의하여 판단함으로서 부서간의 불화와 마찰을 피하면서 보다 건전한 결론에 도달할 필요성이 있고, 여러 부문에 공통적으로 걸려 있는 문제를 보다 현실적으로 해결하며, 1인에게 지나치게 강한 권한을 부여하는 것을 막아 민주적인 의사결정을 하고, 이에 의해 집행을 하는 회의식 조직이다.

오늘날에 있어서는 건전한 결론에 도달하기 위해서 광범위한 정보가 필요하다거나 결정사항이 중요하며, 이의 수행을 위해서 참가자의 충분한 사전이해가 있어야 할 경우에 위원회를 구성하여 의사결정을 하도록 하는 것이 유익하다.

2) 프로젝트 조직

1950년대에 등장한 프로젝트 조직은 태스크 포스^{task force}, 태스크 팀^{task team} 조직이라고 불리운다. 이 조직은 경영관리상 비반복적으로 일어나는 특정사업계획(공장건설, 신제품개발, 신시장개척 등)을 동태적으로 수행하기 위해 일정기간 일시적으로 실행하기 위해 형성되었다가, 그 사업이 끝나면 해체되는 일시적인 작업집단으로 구성되는 조직의 형태이다.

오늘날처럼 기술변화의 속도가 빠르게 진행되고 있는 경영환경 속에서 기업활동을 효과적으로 수행하기 위해서 동태적인 개방 시스템에 맞추어야 하는 기업에 있어서 그 중요성이 부각되고 있다.

이 프로젝트 조직을 효과적으로 실현하기 위해서는 확고한 책임자 중심의 계획과 추진이 절대로 필요한데, 그 특징은 다음과 같다.

❶ 이 조직은 경영활동을 프로젝트별로 분화하고, 이것을 중심으로 제기능을 시스템화 한 것이다.

❷ 이 조직은 특별한 프로젝트의 수행을 위한 일시적이고 잠정적인 조직이다.

❸ 이 조직은 라인조직의 한 형태이기 때문에 책임자가 라인의 장이 되어, 그 프로젝트에 대한 계획, 집행 및 통제의 책임과 권한을 갖는다.

3) 사업부제 조직

사업부제 조직은 권한위양의 원칙과 독립채산제도를 기초로 한 분권적 조직이 연방적 분권제로 발전한 대표적인 조직구조이다.

이는 시대적 요청과 기업의 대규모화와 다각화 그리고 기술혁신의 급속화로 빚어진 판매경쟁의 격화에 능동적으로 대처한 현대적이고, 능동적이며, 적응적인 조직구조의 하나로서, 근래에 세계적으로 특히 대기업에서 기업의 활성화를 기하기 위해 크게 활용되고 있다.

사업부제 조직은 조직을 제품별, 시장별 또는 지역별로 책임경영사업단위 중심으로 구성하고, 이를 하나의 독립적인 사업처럼 운영하도록 사업부장에게 일체의 권한과 책임을 위양하여 관리적 효과를 거두게 하는 하나의 자주적인 이익센터로 전체적인 운영결과에 의해서 비교, 평가되는 조직구조이다. 즉, 각 사업부에게 의사결정권한이 위양되어 각 사업부는 (1) 이익중심점, (2) 분권적 관리, (3) 책임제 관리 등의 특징을 갖는다.

각 사업부의 장은 자기의 사업부를 하나의 독립된 사업체로서 인식하여 경영하므로, 각 사업부는 라인부문이 되며, 본사는 각 사업부를 전반적으로 관리하는 조직이다.

사업부제 조직은 사업부별로 권한과 책임을 부여함으로써, 비교적 시장의 요구에 빠르게 반응할 수 있을 뿐만 아니라, 사업의 성패에 대한 책임소재가 분명하다는 등 장점이 있으나 부서간의 과다한 경쟁 유발, 사업부간의 유사기능 중복으로 인한 지원 낭비 등의 단점이 있다.

사업부제 조직이 널리 보급하게 된 배경은,

❶ 소비자의 욕구가 다양화되고, 이로 인한 다양한 제품의 특색이 필요

❷ 생신중심에서 마케딩중심의 시장확대로 이전

❸ 경쟁격화로 인한 수익중심경영

❹ 유능한 경영자 육성의 필요성 증대

❺ 기업이 대규모화됨에 따라 관리의 분권화가 필수적

❻ 모티베이션Motivation의 개선을 확보하여야 한다는 점에서 찾을 수 있다.

MEMO

Chapter

06

경영지휘

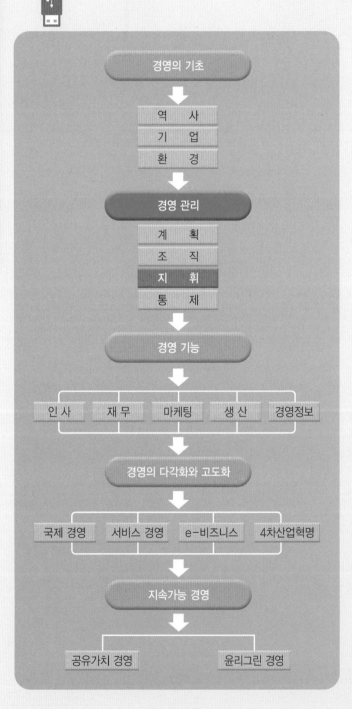

경영의 기초

역　사
기　업
환　경

경영 관리

계　획
조　직
지　휘
통　제

경영 기능

인 사　　재 무　　마케팅　　생 산　　경영정보

경영의 다각화와 고도화

국제 경영　　서비스 경영　　e-비즈니스　　4차산업혁명

지속가능 경영

공유가치 경영　　　　윤리그린 경영

동기부여와 성과

 동기부여의 개념

동기부여^{motivation}란 사람을 자극시키고 움직여서 목표에 대한 호기심을 생기게 하는 요소이다. 기업 구성원들 그들의 동기부여는 가족의 대한 책임일 것이다. 목표에 다가서려면 많은 노력을 해야 하는데, 이 노력이 효과적으로 성취되려면 무엇보다 동기부여가 필요하다.

동기 부여는 실패 또는 성공적인 성과를 만든다. 많은 사람들이 이 두 갈림길에 있는데, 이를 잘 부여하는 사람이 있고, 못하는 사람도 많다. 과연 우리에게 우리가 중요하다고 생각되는 행위에 상대방에게도 역시 중요하고 의미 있게 생각할 수 있는, 감동 받게 하는 능력이 있을까? 동기부여에 대한 깊은 생각을 해봐야 한다. 동기부여란 한 두 사람이나 많은 사람에게 영향을 줄 수 있는 것이기에 리더는 무엇보다 신중히 생각하고, 리더에 대한 권리를 보여주어야 한다.

동기부여는 리더의 능력을 보여주기에, 사람들을 자극시키는 동기부여는 곧 리더의 능력, 힘을 보여주기도 한다. 서로가 서로를 존중해야하며, 동료 직원이나 친구끼리도 서로에 대한 동기부여를 줘야 한다. 대부분의 사람들이 그것에 대해, 자기 자신을 동기부여 하는 사람이라 생각하지 않기 때문이다. 하지만, 자기 자신이 동료직원과 친구, 주변 사람들을 자신에게 끌어당기고, 움직이게 하는 사람이 되어야 한다.

2 동기부여의 방법

1) 이해와 통찰력

깊은 통찰력을 가져서 길러야한다. 리더는 통찰력으로 직원들에 대한 모든 것을 뚫어 보고 그것에 대한 지시와 동기부여를 불어 넣어줘야 한다. 통찰력은 너무나도 중요하다. 남들이 보지도 생각지도 못하는 것을, 미리 보고 부하들을 격려하는 것이다. 이러함으로서 사람들을 움직이고 새로운 생각을 가지게 만들어 나가는 것이다.

2) 책임감 개발

이는 자신들의 책임감을 부여해서 움직이게 하는 방법이다. 직원에게 책임을 맡김으로서 그들은 그것을 바탕으로 해서 많은 것을 배울 수 있기 때문이다. 리더가 자기 대신 "파일 정리 좀 해주세요"하고 부탁하면 부하 직원은 그것에 대한 책임을 얻음으로써 동기부여시키는 방법도 좋은 방법이다. 그렇지만 책임감이 없는 사람에게 책임을 떠맡기는 방법은 해롭다. 그러면 오히려 역효과인 부정적인 영향을 줄 것이다. 빈둥거리는 사람에게 일을 떠맡기면 일이 실패하고 또 그 사람도 역시 싫증을 느낄 것이다. 이러할 때는 리더는 창조적인 방법으로 접근해야 할 것이다.

3) 흥미 유발

누구나 일시적으로 사람의 주의나 관심을 끌기는 쉽지만, 계속적으로 관심을 받기는 어렵다. 많은 사람을 모든 시간 동안 만족시킬 수 있고, 모든 사람을 많은 시간 동안 만족시킬 수 있으나, 모든 사람을 모든 시간 동안 만족시킬 수는 없다. 흥미를 계속 유지하면서 주의에 시선과 관심으로 동기부여시킬 수가 있다. 이러함으로써 흐트러진 주의의 모든 것을 다시 사로잡을 수 있다. 리더는 직원들의 관심을 집중시켜야 메시지를 효과적이게 전할 수 있다. 이러하기 위해서는 많은 노력을 해야 한다. 흥미를 유발함으로써 관심을 집중시키고, 관심을 받았을 때는 전달하고자 하는 것이 매우 쉬워진다.

4) 인정과 칭찬

직원들의 장점에 대해 칭찬하고, 일의 성과에 대한 격려함으로써 직원 사기를 높임으로서 동기부여 하는건 매우 중요하다. 친근감 드는 호칭 사용도 효과적이다. 자신보다 남을 배려하는 마음으로써 동료들을 대하는 것은 아주 효과적이고 좋다. 웬만한 경우 일에도 트집 잡는 것을 피하고, 칭찬하는 것을 노력하면, 아주 좋은 팀을 만들 것이다. 또 직원들끼리의 관계도 신경을 써야 한다. 직원들과 리더는 같은 팀이기 때문에, 한사람이 "왕따"이거나 하면 같은 목표를 달성하지 못하기 때문이다.

5) 감정적인 장애의 해결

모든 사람이 두려움이나 고민이 있기 마련이다. 실패를 거듭하는 직원에겐 격려를 주고, 두려워하는 사람에게는 용기를 불어 넣어주어야 한다. 사람 모두 실수를 하기 마련이기에 이것도 덮어 주는 것이 리더의 역할이다. 직원들의 일을 자기 일같이 생각해주고, 수습하며, 생각하는 것이 진정한 리더인 것이다.

6) 건전한 경쟁의 장려

서로에 대한 경쟁심을 주는 것은 금물이다. 그러나 스스로가 경쟁심을 갖게 하는 것은 아주 좋은 방법이다. 서로에 대한 경쟁심이 생기면 안 좋은 맘을 품기 때문이다. 팀은 서로서로 마음이 통하여 일을 해야 하므로 경쟁심에 대한 집착이 있으면 안된다. 자기 자신이 경쟁심이 생기면 자기 자신의 최선을 이끌어 낼 수 있다. 도전은 한계가 없다, 자신의 노력도 마찬가지이다.

7) 경험을 연관

자기가 격은 일에 연관시킴으로써 직원들은 경험에 대한 배움을 보고 그것을 통해 동기부여 하는데 큰 도움이 된다. 이 밑에 단계들을 보자. 말로써 동기부여를 시키자, 반복함으로써 직원들은 동기부여에 효과를 느낀다. 모범을 보이자. 자기의 행동이 직원들에게 인상으로 남을 것이고, 리더의 메시지를 이해할 수 있을 것이다.

8) 보상과 벌칙의 활용

동기부여에서 중요한 것은 실제로 자신의 삶에서 적용하지 않으면 아무런 효과가 없다는 것이다. 경영지휘에 동기부여는 꼭 필요로 하는 요소이기에 이것을 자기 자신의 삶에 적용시켜야 한다는 것이다. 동기부여가 잘 흐르는 회사의 성과는 성공적으로 될 것이다. 리더는 책임감 있는 리더가 되어야하며, 성장하는 리더, 본을 보여주는 리더, 활력을 주는 리더, 효율적인 리더, 관심을 갖고 돌보는 리더, 의사소통을 잘하는 리더, 목표 지향적인 리더, 결단성 있는 리더, 역량 있는 리더, 연합을 도모하는 리더가 되어야 하며, 직원을 지원해야 한다.

리더는 많은 책임을 지게 된다. 팀 인원과의 관계부터 해서 팀에 대한 믿음까지 리더는 지휘를 통찰력 있게 해야한다. 성과를 기대한다면 리더는 지휘부터 바꿔나가야 할 것이다. 때로는 직원의 동료가 되어주고, 때로는 기대어 쉴 수 있는 존재가 되어야하며, 사람들이 생기 있게 일을 할 수 있게 노력해야 한다.

동기부여는 내적인 동기부여가 있다. 내적인 동기부여는 성공과 명예를 얻는 욕심과 호기심, 탐구심, 또 문제에 대한 의구심 등이 포함된다. 창의력을 이용하여 자기의 팀에 잠재된 능력을 끌어내는 것이다. 호기심은 극히 중요한 요소이다. 호기심으로 인하여 비행기가 만들어 졌으며, 호기심으로 인하여 발명된 것이 있듯이, 조직의 호기심은 곧 목표 달성으로 이루어진다. 경영지휘에서 동기부여가 주목되면서 중요한 까닭은, 동기부여 없이는 아무 일도 못 해낸다는 점에 초점이 있다. 인사관리로 통해 조직의 통일성을 만들어 가듯이, 동기부여로 인하여 성과를 지휘해가고 만들어 갈 수 있다.

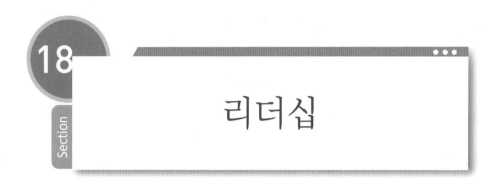

리더십

1 리더와 리더십

　인간의 삶은 현실적으로 다양한 조직 속에서 전개되어진다. 그러므로 사람들은 목표, 규모, 혹은 성격이 다른 여러 종류의 조직에 참여하게 된다. 예를 들어 교육, 종교, 정부기관과 같은 비영리 조직과 경제적 이윤추구를 목적으로 하는 기업조직, 그리고 정의 교류와 취미생활을 위해 형성된 조직 등 실로 다양한 조직에서 자아를 형성하고 자아실현을 추구하게 된다. 그런데 어느 조직에서나 목표 지향적인 여러 활동을 효과적으로 수행하기 위해서는 업무분담이 적절히 이루어져야 한다.

　또한 구성원들간의 협력을 이끌어내고 효과적인 업무조정을 해야 한다. 여기에서 리더의 존재가 필요하게 된다. 리더는 조직의 운영과 발전에 절대적 영향을 미친다. 그러므로 리더십이 조직의 성공과 실패를 좌우할 뿐만 아니라 조직 효과성을 결정하는 가장 중요한 요인으로 작용한다는데 견해를 같이 하고 있다. 특히 사회환경의 급속한 변화에 따라 최고관리자의 리더십이 조직 및 사회발전의 결정적 요인으로서 그 중요성이 더욱 더 강조되고 있다. 현실적으로 리더는 신체적 특성, 성격, 연령, 성별, 지적 능력 등에 따라 여러 형태로 나타날 수 있다. 그렇지만 리더leader의 가장 중요한 특징은 어떤 바람직한 방향을 주위사람들에게 '가르치고', '이끌고' 하는 역할을 하는 사람이라고 할 수 있다.

이러한 리더의 특징을 W. Bennis는 각 분야에서 성공한 사람들을 대상으로 한 조사분석에서 다음 6가지로 구체화하고 있다.

❶ 리더는 개인적으로나 직업적으로 자기가 원하는 일에 대해 남다른 확신을 가지며, 난관은 물론 실패한 경우에도 좌절하지 않고 추진하는 힘을 갖는다. 이는 리더로서 미래에 대한 확고한 비전과 목표가 있기 때문이다. 리더십의 가장 기초적인 요소는 길잡이가 되는 비전과 목표를 명확히 하는 것이다. 비전은 자신과 조직의 바람직한 미래 모습을 깊고 높은 차원에서 그려보는 것이다.

그러기에 비전은 야망이나 욕심과는 거리가 멀다. 예를 들어 기업조직의 경우 비전이 확고한 언어로 표현되면 기업철학이 된다. 기업철학이란 기업가와 최고 경영층의 이념 강령이기도 하다. 이러한 기업의 비전과 경영목표를 조직구성원들이 명확히 알고 있을 때, 그 기업조직은 활력을 갖게 된다. 따라서 리더는 자신의 비전과 실행 목표를 조직구성원들에게 알리는 것이 무엇보다도 중요하다.

❷ 리더는 자신이 하는 일이나 직업, 각종 활동 등에 무한한 열정과 애정을 갖는다. 열정을 토로하는 리더는 다른 사람에게 희망과 영감을 불러일으킬 수 있다. 이러한 열정은 실제로 여러 가지 형태로 나타날 수 있으며, 특히 사람들을 자기편으로 끌어들이는데 결정적인 요소로 작용한다.

❸ 리더는 삶에 대한 태도에서 남다른 성실성을 갖는다. 성실성에는 지기self-knowledge, 솔직함candor 그리고 성숙성maturity이 포함된다. 자신의 장점과 약점을 냉철히 인식하고 겸허한 자세로 구성원들을 대하고 업무를 수행해 나갈 때 리더십은 발휘된다. 또한 리더는 다른 사람들의 의견을 폭넓게 수렴할 수 있어야 한다는 점에서 인격적 성숙이 요청된다.

❹ 유능한 리더는 다른 사람과의 관계에서 돈독한 신뢰성을 형성하고 있다. 신뢰성은 동료나 부하들에 대한 성실한 태도에서 얻어지는 것이며, 신뢰가 없는 리더는 리더십을 발휘할 수 없다.

❺ 리더는 다른 사람에 비해 강한 호기심과 용기를 갖는다. 리더는 모든 것에

대해 지적 호기심을 갖고 탐구하며, 위험을 무릅쓰고 새로운 일을 시도하는 용기를 갖는다. 리더는 항상 상황을 긍정적으로 수용하며 역경으로부터 배우는 자세를 잃지 않는다.

이상의 리더가 갖는 특성은 어느 정도는 타고 나는 면도 없지 않으나 결코 변화시킬 수 없는 성질의 것은 아니다. 리더 자신의 노력과 경험에 의해 습득될 수 있는 것들이다. 그렇지만 비전은 어디까지나 리더 자신만이 창조할 수 있는 것이라는 점을 부인할 수 없다.

여러 학자나 연구자들이 제시하고 있는 이론적 측면에서의 리더십은 다음과 같다.

❶ 리더십이란 사기를 진작시키는 창조적이고도 직접적인 힘이다.

❷ 리더십이란 리더가 부하들을 바람직한 방향으로 행동하도록 이끌어 가는 과정이다.

❸ 리더십이란 조직구성원들의 작업을 지시하고 조정하는 것이다.

❹ 리더십이란 두 사람 이상의 사람들 사이에서 영향력을 발하는 관계의 존재이다.

❺ 리더십이란 사람들이 의무감 때문이 아니라 스스로 하고 싶어서 자발적으로 순응하는 대인적 관계이다.

❻ 리더십이란 부하들을 변화시키고, 성취할 수 있는 목표의 비전을 창조하고, 그 목표들을 성취할 수 있는 방법을 명확히 표명하는 것이다.

❼ 리더십이란 바람직한 기회를 창조하도록 자원들을 집중시키는 행위이다.

❽ 리더십이란 기대와 상호작용 속에서 조직을 만들고 유지하는 것이다.

❾ 리더십이란 목표달성을 위해 집단의 활동에 영향을 주는 과정이다.

이처럼 리더십의 개념은 연구하는 현상에 따라, 또는 리더십의 강조점에 따라 상당한 차이를 나타내고, 그 내용 또한 시대의 흐름과 변화에 따라 다소의 차이를 보이고 있음을 알 수 있다. 그렇지만 리더십의 본질은 '조직의 공동목적을 성취하도록 구성원들을 이끌어 가는 과정'이라는데 대체로 견해를 같이 하고 있다.

2 리더의 요건

조직사회에서는 리더가 적어도 다음과 같은 기능을 수행할 때 효과적인 리더십을 발휘할 수 있다.

1) 목표설정의 기능

조직목표란 조직이 달성하고자 하는 바람직한 미래의 상태desired future conditions를 의미한다. 따라서 조직목표는 미래의 궁극적인 상태일 뿐 현실로서 그 상태가 존재하는 것은 물론 아니다. 그러나 조직목표는 미래의 그러한 상태에 도달하도록 조직 구성원의 현재 행동과 반응에 영향을 주는 사회적인 힘을 갖는다.

2) 조직 재편성의 기능

현대사회에서 조직의 힘을 빌리지 않고는 사소한 일도 수행할 수 없다. 따라서 리더는 설정된 목표에 비추어 속해 있는 조직의 상대적인 강점과 약점이 어디에 있는가, 목표달성의 추진력을 불어넣으려면 어디에 역점을 두어야 하겠는가? 어떻게 하면 약한 부서를 강화시킬 수 있겠는가? 등 흔히 공식조직을 다치지 않으면서 조직을 재편하는 방법으로 다른 여러 부서에서 차출된 개인으로 구성된 특수임무 작업반Task force team의 방법이 사용된다.

3) 의사전달의 기능

리더십이란 결국 바람직한 목표를 달성하기 위하여 개인 및 집단을 움직이는 기술이다. 즉, 하급자들에게 영향력을 행사하는 과정이다. 이렇게 볼 때 리더십의 중요한 요건 중 조직원들에게 조직의 목표와 과업을 설명하고 설득시킬 수 있는 의사전달의 능력communication skill이 포함되지 않을 수 없다.

궁극적으로 볼 때 일하는 것은 사람이다. 조직 속에 있는 사람들이 주어진 과업을 수행하고 따라서 조직 목표를 달성하는데 감흥과 만족을 느낄 수 있어야 한다. 그러므로 리더는 자기의 조직 속에 있는 남성, 여성 구성원들에게 항상 동기를 부여하여야 하고 활력을 불어넣어 주어야 한다.

4) 수단의 동원기능

목표구현을 위한 수단에는 인적, 물적 및 상징적인 것 등이 포함되는데, 리더는 이러한 자원을 최대한도로 동원하여 적절히 배분할 수 있어야 조직원들의 충성심을 유발시킬 수 있고 각자의 역량을 발휘시킬 수 있다. 그러므로 리더는 인재든 재원이든 또는 전문지식이나 기술 등 무엇이든지 새로운 자유재원-비록 적은 것이라도-을 획득할 수 있는 모든 기회를 포착하여야 한다.

5) 의미부여의 기능

인간은 모든 일에 의미를 부여하고 추구하는 동물이다. 따라서 리더가 자기가 하는 일에 의미를 발견하고 사명감을 가져야 한다. 그래야만 비로소 그가 하는 결정에 자신감을 가질 수 있다. 요컨대 리더는 과업목표에 관한 건전한 지도이념을 가져야 한다.

 리더십 행동 덕목

다음은 미래사회에서 바람직한 리더가 실천하여야 할 몇 가지 행동 덕목 또는 권고들을 모은 것이다. 리더마다 그가 처해있는 환경이 다르므로 여기에서 제시하는 권고들이 모두 그대로 적용되기를 기대하는 것은 아니다. 가능한 한 많이 적용되기를 바랄 뿐이다.

1) 리더는 겸손하고 감사할 줄 아는 사람이어야 한다

일반적으로 지위가 높아질수록 주위 사람들은 그 사람보다 지위 자체에 경의를 표하게 된다. 그러한 것에 익숙해지면 인간은 자칫하면 오만해지고 불성실한 태도를 나타내게 된다. 그러면 겉으로는 경의를 표하는 척하지만 마음속으로는 점점 그 사람에 대한 존경심을 잃어버리고 따르지 않게 된다. 그렇게 되면 이미 리더로서 사람을 움직이는 영향력을 잃게 된다.

2) 리더는 최신 지식에 뒤지지 말아야 한다

현대사회는 급격한 변화를 거듭하고 있다. 이러한 급격한 사회변화의 저변에는 지식 및 기술폭증이 큰 비중을 차지하고 있다. 하루가 다르게 새로운 지식들이 보급되고 있는 것이다. 행정관리분야에서도 새로운 관리기술지식이 보급되어가고 있다. 이러한 상황에서 바람직한 리더가 갖추어야 할 가장 중요한 점은 새로운 지식의 요체나마 계속하여 호흡하려는 노력을 경주해야 한다는 점이다.

3) 리더는 진실을 직관적으로 간파하는 감각을 길러야 한다

얼핏 '감'이라고 하면 비과학적이라고 생각하기 쉬우나 전체를 바라보고 흐름을 파악할 수 있는 고도의 정신능력이 감각이라고 할 수 있다. 리더는 직관적으로 가치를 판단할 수 있는 사물의 옳고, 그름을 간파할 수 있는 감각을 길러야 한다. 지도력은 합리적인 사고방식과 '감'의 작용이 어우러져서 발휘된다.

4) 리더는 위기 상황을 견딜 수 있는 능력을 길러야 한다

리더가 처하는 상황의 특색은 그가 해야 할 결정을 둘러 싼 상황이 대단히 복잡하다는 것이다. 따라서 손쉽게 결정할 수 있는 문제가 흔하지 않다. 대개 모든 문제마다 복잡하게 얽히고 비슷한 가치를 내포한 여러 가지의 이해관계가 개재해 있으며, 어떤 방향으로 결정하면 효과들이 나타날 것인지 불투명할 때가 많다. 그런데도 리더가 해야 할 핵심적 업무는 문제해결을 위한 최선의 의사결정과 그것의 실행이다.

5) 리더는 활동적인 인간형이어야 한다

리더는 행동형의 인간이라고 할 수 있다. 왜냐하면 리더가 하급자들의 행동력을 유발하기 위해서는 리더 자신이 먼저 행동하지 않으면 안 되기 때문이다. 또한 그가 처리해야 할 인간관계는 하급자들의 그것보다 훨씬 더 많고 다양하다. 흔히들 리더의 건강과 정력의 문제를 거론하는 것은 의미 있는 일이라고 할 수 있다. 그러나 이것이 리더로 하여금 남의 눈에 두드러지게 보이게 하고 그로 인하여 오히려 리더십의 행사에 지장을 초래하는 경우도 있다.

6) 리더는 통합자의 기능을 수행해야 한다

현대의 조직은 그 규모가 방대하며 따라서 각종의 전문화된 이질적인 구성부분으로 이루어지고 있다. 리더는 이 모든 부분에 대하여 그의 관심을 쏟아야 한다. 이들은 상호연결 관계에 의하여 하나의 체제system를 이루고 있고, 모든 구성부서들이 상호 연결된 종합적인 힘이 향상되도록 함으로써 조직전체의 성과를 높여야 한다.

7) 리더는 상위리더에 대한 설득을 할 수 있어야 한다

조직사회에서 문제를 해결해 가는데는 상위조직이나 상위리더의 지원 없이는 별로 많은 일을 성취할 수가 없다. 일반적으로 많은 사람들이 리더에게 접촉하기 위한 경쟁을 하고 있는 상황에서 리더에 대한 빈번한 접촉은 '아부'라고 하여 비난의 대상으로 삼는다. 그러나 업무를 수행해 가는데 있어서는 리더와의 긴밀한 접촉과 설득이 요구되지 않을 수 없다. 이 경우 일의 객관적 타당성에 바탕하여 리더를 접촉하고 설득해야 함은 물론이다.

8) 리더는 타의 모범이 되고 희생을 치러야 한다

리더가 리더로서 인정되는 것은 다른 사람이 그의 행동을 보고 따라갈 수 있다는 것을 말한다. 따라서 리더는 다른 사람들에게 기대하는 행동을 스스로 먼저 솔선 수범하는 일에 항상 힘써야 한다. 리더가 되는 사람은 그렇지 않은 사람에 비하여 특별한 희생을 치를 각오가 필요하다. 타인이 자기를 리더로 받드는 이유도 특별한 희생을 치르리라는 기대 때문이라고 할 수 있다.

9) 리더는 자신에 대한 비판을 참고하고 다원적 정보통로를 가져야 한다

리더가 해야 할 결정은 복잡한 이해관계가 얽히고 불확실한 장래에 관한 문제이며, 그 영향이 다방면에 미치는 것이므로 얼마나 정확한 정보에 바탕하여 결정하는가 매우 중요하다. 그런데 리더가 받는 정보 중 많은 것이 어떤 의미에서는 왜곡되어 있기 마련이다. 이런 왜곡된 정보의 대부분은 높은 권한을 가진 자에게 잘 보이기 위한 정보이다. 일반적으로 리더에게 들어오는 정보는 리더의 비위에 맞춰 엮어지고 사실 그대로의 정보 또는 비판적 성격은 많지 않다. 그러나 비판 속에 진정한 사실에 정보가 있음을 감안하면 비판적 정보는 매우 중요한 가치가 있는 것이다.

10) 리더는 자기의 모든 하급자들이 개개의 독특한 잠재능력을 갖고 있음을 인식하여야 한다

리더가 자기의 하급자들을 대하는 태도는 대개 두 가지로 나눌 수 있다. 그 첫째는, 하급자들을 쓸모 있는 사람으로 나누어 보는 견해이다. 이 견해에 따르면 두 범주의 사람들을 차별하고 쓸만한 사람들에 대해서만 항상 관심을 기울이고 쓸모 없는 사람들에 대해서는 관심밖에 두거나 이를 정리하려고 한다. 그 둘째는, 모든 하급자들은 어떤 의미에서나 다 쓸모 있는 사람들이라고 보는 견해이다. 이 견해에 의하면 사람의 능력이란 자기 계발의 노력과 여건여하에 따라서 대폭적인 신장이 가능하며 다만 그 능력의 발휘영역이 다를 뿐이라고 생각한다.

11) 리더는 직원들이 자발적으로 복종할 수 있게 하는 권위가 있어야 한다

권위authority라는 용어는 직원의 자발적 복종을 일으키게 할 때에만 사용되는 용어이다. 지금까지 제시한 행동 덕목들은 결국 리더의 권위를 향상시키기 위한 필요조건들이다. 이러한 점에서 타인을 강제에 의하여 지배하는 것은 리더십이라고 부르지 않는다. 우리는 권위주의는 청산해야 하지만 사회 각 부문의 권위는 새로이 확립해 가야 한다.

Chapter

07

경영통제

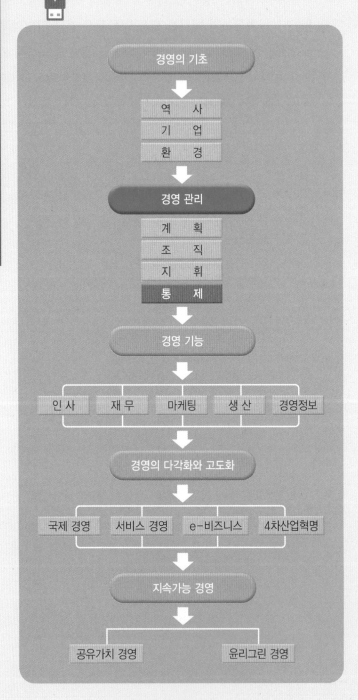

경영의 기초

역　사
기　업
환　경

경영 관리

계　획
조　직
지　휘
통　제

경영 기능

인 사　재 무　마케팅　생 산　경영정보

경영의 다각화와 고도화

국제 경영　서비스 경영　e-비즈니스　4차산업혁명

지속가능 경영

공유가치 경영　　윤리그린 경영

Section

경영통제의 개념과 과정

 1 통제의 개념

통제controlling란 경영자가 계획했던 여러 가지 목표가 바람직한 방향대로 진행되고 있는지를 측정함으로써 계획에 따른 목표가 성취 가능하도록, 계획과 집행에서 나타난 성과와의 편차를 발견하고 , 그 편차의 원인을 밝혀내고, 이를 시정하는 조치를 말한다. 즉, 일단 계획이 실행에 옮겨지면 상사는 부하들이 정확한 수행을 하고 있는지를 검토하여야 하는데, 이를 위해서 필요한 것이 통제이다.

따라서, 통제 속에는 일상적인 지휘과정에서 부하들이 업무를 정확하게 수행하고 있는지를 검토하는 것으로부터, 업무수행이 정확치 못할 경우, 이를 시정해 주는 시정조치까지도 포함한다. 뿐만 아니라 필요할 경우 새로운 목표와 계획 및 전략을 수립하고, 조직구조를 변경하녀, 충원과 지휘의 방법을 바꾸는 것도 이에 속한다. 이와 같은 통제를 통해서 계획과 일치되는 집행을 확보할 수 있기 때문이다.

 2 통제의 중요성

기업조직에 있어서 통제기능이 필요하게 되는 요인은 다음과 같은 직무환경의 특성 때문에 더욱 중요하게 평가된다.

❶ **직환경의 불확실성:** 경영환경의 변화는 항상 불확실하므로, 한번 세운 계획은 수시로 그 타당성을 확인해야 한다. 즉, 환경변화에 의해서 발생하는 위험이나 기회에 능동적으로 적응하고 이를 뒷받침할 수 있는 통제활동이 필요하다.

❷ **조직의 복잡성:** 조직의 규모와 활동이 복잡·다양화됨에 따라 조직내에서 발생하는 다양한 행동을 조정하여 통합하기 위해서 적절한 통제기능이 필요히디.

❸ **조직구성원의 능력한계:** 경영자의 능력에는 한계가 있어 오판이나 예측오류가 발생하는데, 이러한 실수나 오류가 더 악화되기 전에 이를 예방하고 정정하기 위해서 통제기능이 필요하다.

❹ **권한위양과 분권화:** 경영자가 부하 구성원들에게 권한을 위양하여 조직을 분권화하려면, 부하 구성원들의 활동을 감독할 수 있는 통제 수단이 필요하다.

3 통제의 요건

효과적으로 통제기능을 행하기 위해서는 5가지 요건이 충족되어야 한다.

❶ **목표와의 연결성:** 통제수단은 여러 가지 경영목표를 성취할 수 있도록 지원할 수 있어야 한다.

❷ **객관성:** 통제의 객관성이란 통제수단이 공정해야 하며, 특정부서나 종업원의 이익을 위해 오용 될 수 없도록 하는 정도를 말한다.

❸ **완전성:** 완전성이란 통제수단이 기업의 목표를 달성할수 있도록 지원하는 정도를 의미하는데, 기업은 목표달성을 위해서 각 부서및 개인의 통제기준을 여러 측면에서 검토해야 한다.

④ **적시성:** 적시성이란 통제 시스템이 정보를 가장 필요로 할 때 제공하는 정도를 말한다.

⑤ **합리성:** 통제수단은 종업원들의 여건 및 상황을 고려하며 실무부서로부터 지지를 획득해야 한다.

 4   통제와 계획과의 연관성

경영통제는 경영관리의 순환적 기능 가운데서 최종적인 기능이자, 곧 피드백에 의한 수정적인 출발기능인데, 이는 효과적인 통제수단을 이용하여 경영계획에 의해 조직적인 경영을 할 수가 있기 때문이다. 통제와 계획은 다음과 같은 연관성을 가지고 있다.

❶ 경영계획은 경영목표, 성과, 업무수행기간이 포함되어, 통제는 경영상태와 결과가 경영계획상에 비하여 차질이 없는지 확인하는 측정수단이다.

❷ 계획이한 효과적인 경영상채나 결과를 설정한 것이고, 통제는 경영상태나 결과를 계획과 비교하여 차질이 있을 경우 시정조치를 취하도록 도와준다.

❸ 경영자는 적시에 정확한 정보가 없으면 효과적인 계획을 수립할 수 없다. 따라서 통제는 경영자가 필요로 하는 정보를 획득할 수 있도록 하는 수단이다.

❹ 계획은 통제과정의 목표를 제공하므로, 경영자는 계획이 없이 효과적인 통제기능을 수행할 수 없다.

 5   통제의 과정

일반적으로 통제 과정은 [그림]과 같이 4단계로 되어 있다.

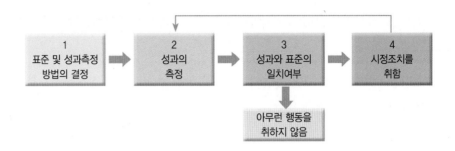

1) 표준의 설정

표준은 기업전체와 각 부서의 계획목표를 나타낸 것으로서, 집행과정에서의 성취도를 측정하는 기준 내지 통제활동의 목표이다.

경영자가 적용해야 할 표준은 산출표준과 투입표준으로 분류되기도 하는데, 일반적으로 제품의 양, 서비스의 단위, 사람 - 시간, 작업 속도 등으로 표시될 수도 있고, 비용, 수입, 투자 등과 같은 화폐단위로 표시될 수 있다. 뿐만 아니라, 종업원의 높은 충성심이나 사기, 지역사회의 수용 그리고 여론 등과 같은 지표가 표준으로 이용될 수 도 있다.

2) 성과의 측정

이것은 실제로 수행되고 있는 경영활동의 성과를 측정하는 과정이다. 그것은 성과를 그 목표와 측정·평가하여 발생하게 되는 편차를 신속하고도 적절한 시정조치를 강구함으로써, 장래계획으로부터 이탈을 방지하기 위해서이다. 즉, 목표와 실행간의 차이가 실제로 발생하기 전에 이를 미리 예방할 수 있다.

3) 성과와 표준의 비교

이것은 측정된 성과와 설정된 표준을 비교해서 그 차이를 발견하는 과정이다. 경영자는 표준으로부터 편차가 어느 정도이어야 그 결과를 받아들일 것인가를 결정해야 한다.

4) 편차의 시정

표준과 성과가 일치되지 못하는 제반 이유, 즉 편차의 원인을 찾아내야 한다. 원인을 규명한 뒤 경영자는 시정조치하는 적절한 행동을 취해야 한다. 경영자가 취할 수 있는 방법은 ① 현상유지를 하는 것, ② 시정조치를 취하는 것, ③ 비교 기준을 수정하는 것 등 세 가지가 있다. 예를 들어, 표준(성과)의 설정에 문제가 있어서 편차가 생겼을 경우에는 계획을 다시 수립하거나 표준을 수정함으로써 이를 고칠 수 있다.

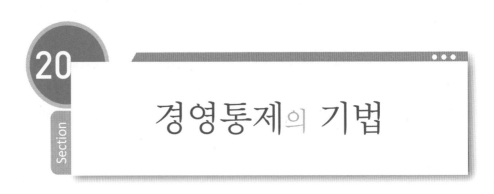

경영통제의 기법

 **개요**

　경영통제란 경영자가 계획했던 여러 가지 목표가 바람직한 방향대로 진행되고 있는지를 측정함으로써 계획에 따른 목표가 성취 가능하도록, 계획과 집행에서 나타난 성과와의 편차를 발견하고, 그 편차의 원인을 밝혀내고, 이를 시정하는 조치를 말한다. 즉, 일단 계획이 실행에 옮겨지면 상사는 부하들이 정확한 수행을 하고 있는지를 검토하여야 하는데, 이를 위해서 필요한 것이 통제다.

　통제 속에는, 일상적인 지휘과정, 업무 수행 검토, 시정조치, 새로운 목표와 계획 및 전략 수립, 조직구조 변경, 충원과 지휘의 방법 바꾸는 등 이런 통제를 통해서 계획과 일치되는 집행을 확보할 수 있다. 이 경영통제의 중요성을 알아보자면, 다음과 같은 직무환경의 특성 때문에 중요하게 평가가 된다.

　첫 번째로는, 경영조직 환경의 변화이다. 만약 경영자가 환경의 변화에 따라 매번 계획을 바꿀 수 있다면 통제는 필요하지 않을 것이지만 그렇지 못하기 때문에 경영통제가 필요한 것이다. 경영자는 적절한 통제 시스템을 구축하여 변화하는 경영환경을 예측하여 대응할 수 있을 것이다.

　두 번째로는, 조직의 복합성이다. 경영조직의 규모가 복잡해지면 조직구성원 및 부서간 조정활동이 더욱 필요한데, 경영통제는 표준, 규칙, 예산 및 보고 시스템을 통해 구성원의 노력을 조정하는데 기여하게 된다. 마지막으로는 권한위임이다. 최근의 경영기법 중 하나인 참여적 경영기법은 조직 구성원으로 하여금 경영활동에 참여시키는 방법이다. 참여적 경영기법 하에서는 성과기준에 관한 조직구성원들과의 의사소통을 통하여 조직 구성원의 창의력을 저해하지 않고 직무에 전념할 수 있는 통제 시스템이 필요로 한다.

이러한 이유로 경영통제가 중요하다. 이러한 통제가 지켜지지 않는다면 다른 기업들과의 경쟁에서도 뒤쳐지는 결과를 낳게될 것이다. 경영통제에서도 기법의 종류와 분야들이 있다. 경영통제의 기법에는 전통적 경영통제 기법과 현대적 기법으로 나뉘는데, 먼저 전통적 경영통제의 기법에는, 예산 통제 시스템, 내부통제 시스템, 감사제도 등이 있다. 현대적인 기법에는, 경영정보 시스템과 그와 대비되는 자료처리 시스템이 있다. 또 경영통제의 분야에는 경영활동의 제분야인 재무분야, 생산분야, 경영관리분야 등이 있다.

 ## 2 통제기법

1) 예산통제 시스템

먼저 예산통제의 의의는 경영계획을 화폐적 숫자로 나타낸 것을 예산budget이라 하며, 예산을 기초로 하여 자본의 조달과 운용 등 경영 활동을 전반적으로 관리하는 것을 예산통제라 한다. 예산통제는 예산 편성과 이에 의한 경영활동의 통제를 의미한다. 예산의 종류와 체계에는;

❶ **판매예산(수익예산):** 판매 활동의 관리와 판매비의 절약을 목적으로 편성하며, 판매 계획에 의해서 작성되고 제조예산과 재무예산의 기초가 된다. 수익의 중심점은 제품이나 용역의 판매를 중심으로 경영활동을 통제하고, 책임을 부과시키는 통제 단위이다.

❷ **제조예산:** 생산계획에 의하여 작성되며, 판매예산에 표시된 판매 예정량을 기초로 한다.

❸ **재무예산:** 자금예산이라고도 하며, 제조 및 판매활동을 수행하기 위해서

필요한 자금의 조달과 운용에 관한 예산으로 단기재무 예산과 장기재무 예산으로 나눈다.

❹ **비용예산**: 각 부서의 고유 업무를 수행하기 위해 필요한 인적 및 물적 자원을 추정하고 화폐액을 표시하여 예산 편성한 것이다. 원가 중심점을 두고 투입된 자원의 능률을 평가하기 위하여 비용 또는 원가를 중심으로 책임을 부과시키는 통제 단위이다.

❺ **이익예산**: 수익예산과 비용예산을 결합하여 편성한 것이고, 이익 중심점을 두고 제품과 용역의 투입 및 산출을 동시에 고려하여, 이익을 중심으로 책임을 부과시키는 통제 단위이다.

❻ **투자예산**: 장기간에 걸친 공장 설비 및 고정 자산에 관한 예산이다. 투자 중심점을 두고 실현된 순이익뿐만 아니라, 이를 실현시키기 위해 투하된 자원의 투자액까지 고려하여 책임을 부과시키는 통제 단위이다.

❼ **총예산**: 판매, 제조 및 재무의 각 부문 예산을 종합하여, 최후로 예산위원회 또는 컨트롤러가 기업전체의 경영 계획을 표시한 예산이다.

예산 통제의 절차로는;

➊ **예산의 편성**: 기업의 성과 목표 설정을 뒷받침하기 위한 효율적인 자원 배분 계획을 한다.

➋ **예산의 집행**: 각 부문 예산 및 종합 예산이 현업 부서에 전달되고, 집행 결과는 신속 정확히 보고하고, 정기적으로 제3자에 의해 검증한다.

➌ **예산의 차이 분석**: 집행 결과와 계획을 비교하여 그 차이를 분석하고, 예산에 대한 실제 성과의 달성 정도를 측정하여 차기 예산 편성 및 미래의 경영 계획에 대한 기초 자료를 제공한다.

2) 내부통제 시스템

내부통제internal control system라 함은 기업이 최고경영관리층이 수립한 정책에 따라서 경영자가 그 집행활동을 획책하고 경영목표를 달성하기 위해서 구체적으로 그 실시사항을 상호 조정하여 경영활동을 비교 검토 평가하는 계산적 통제수단을 말한다.

이와 같은 제도를 채용하는 목적은 자산안정을 보호하고, 회계 및 영업에 관한 제 자료의 정확성과 신뢰성을 촉진하는데 있으며, 도 계획적 수치에 의한 간접적 통제라는 점에 그 특징이 있다. 내부통제의 구체적 내용으로는 예산통제budgetary control system, 표준원가계산standard costing, 내부감사제도internal auditing system 그 밖의 통계 일반회계, 실제계산 등의 제 계산제도의 전 체계를 말한다.

(1) 내부관리통제

조직원이 규정된 조직의 목표와 경영방침을 준수하도록 유도하며, 수행하고 있는 경영활동에 대한 능률을 증진시키기 위해 운용되는 모든 통제수단이다.

(2) 내부회계통제

자산의 불법사용 및 불법접근을 방지하고, 회계기록에 대한 정확성과 신뢰성을 유지할 목적으로 조직에서 채택되고 있는 모든 통제수단이다.

내부통제의 요소로는;
1. 성실하고 능력 있는 종업원
2. 적절한 업무 분장
3. 적절한 승인 절차
4. 증빙 서류 및 회계장부의 문서화
5. 자산과 문서에 대한 접근 및 사용 통제
6. 독립적인 내부 검증 기능의 유지

3) 감사제도

감사의 의의는 독립적인 제삼자가 특정조직이 수행한 업무 집행 또는 그 결과에 대한 보고서를 검증할 목적으로 증거를 수집하고, 이를 기초로 하여 의견을 표명하는 체계적인 과정이다. 감사제도의 기능은 경영 의사결정에 도움이 되는 유용한 정보의 제공하고, 외부의 이해관계자에게 조직이 제공하는 정보의 적정성에 대한 평가 의견을 제공하고−당해 정보의 신뢰성과 공정성을 증가시키는 부가가치적 기능을 가지고 있다. 또한 사후통제를 강조하는 경영통제기법이다.

감사의 종류는 다음과 같다.

(1) 내부감사제도

내부 견제 제도를 보완하기 위하여 회계기록의 부정, 오류를 인위적으로 검증하여 그 발생을 발견하거나 또는 예방 기능을 제도화한 것을 말한다.

(2) 외부감사제도

기업의 회계 기록 및 회계행위에 대하여 독립의 제3자(공인회계사)가 비판적으로 분석, 검토하고, 그 적부와 정부의 의견을 표명하는 것을 말하며, 이는 기업 내부의 감사기관이 하는 내부 감사와 다르다.

❶ **재무제표 감사:** CPAcertified public accountant, 공인회계사가 실시하였으며 경영자가 제출한 재무제표가 일반적으로 인정된 회계 원칙에 따라 적정하게 작성되어 있는지를 결정할 목적으로 수행되는 감사를 말한다.

❷ **업무 감사:** 특정 조직의 영업 활동 및 업무 절차에 대하여 그 능률과 효과를 평가할 목적으로 실시하는 감사를 말한다.

❸ **이행 감사:** 특정조직이 정부 또는 상급기관에서 정하는 법률, 절차, 의무사항 또는 자체에서 정하는 내규 등을 성실히 준수하고 있느냐를 결정할 목적으로 실시되는 감사를 말한다.

❹ **포괄 감사:** 감사의 목적이 여러 가지를 포괄하고 있는 경우로서, 재무제표 감사, 업무 감사 및 이행 감사의 목표를 동시에 달성하고자 실시하는 감사를 말한다. 또한 정부조직 및 관련기관과 행정법규에 의해 정부의 직접적인 통제를 받는 조직에 대하여 주로 실시한다.

MEMO

경영기능

Function of Business

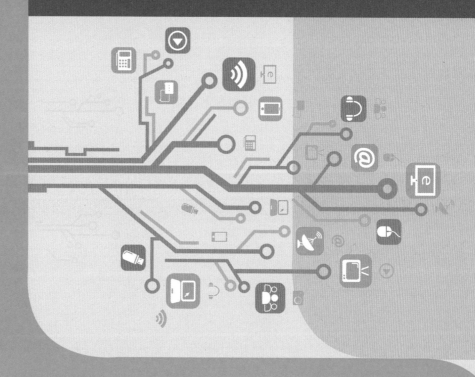

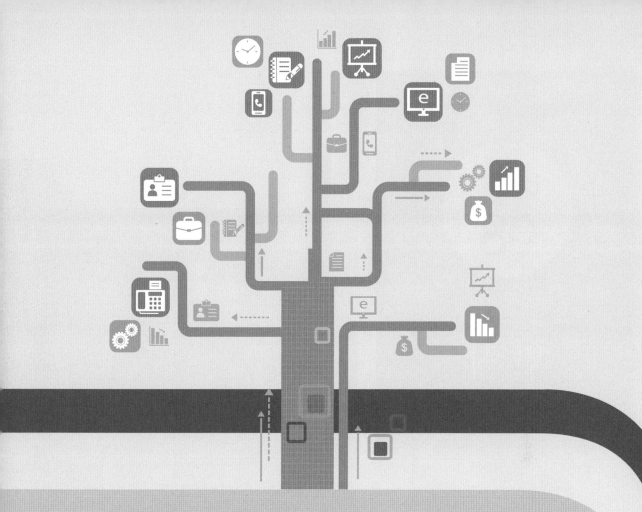

Chapter

08

인 사

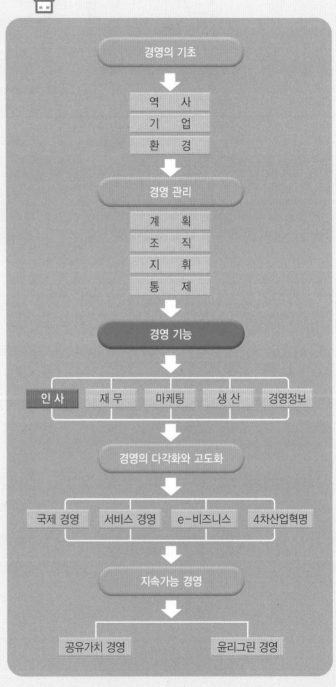

경영의 기초

역	사
기	업
환	경

경영 관리

계	획
조	직
지	휘
통	제

경영 기능

| 인 사 | 재 무 | 마케팅 | 생 산 | 경영정보 |

경영의 다각화와 고도화

| 국제 경영 | 서비스 경영 | e-비즈니스 | 4차산업혁명 |

지속가능 경영

| 공유가치 경영 | 윤리그린 경영 |

인사관리의 개념과 중요성

1 인사관리의 개념

인사관리란 기업 내 인간노동에 관한 관리활동의 총칭으로 인사관리의 영역과 개념구분의 차이에 따라 다양한 용어가 쓰이고 있다. 미국에서는 노동자관리 labor management, 인사관리 personnel management, personnel administration, 인력관리 manpower management, 인적자원관리 human resources management 등의 용어가 쓰이고 있다.

인사관리는 조직의 구성원들이 자발적으로 조직의 목적달성에 적극적으로 기여하게끔 함으로써 조직의 발전과 함께 개인의 안정과 발전도 아울러 달성케 하는, 조직에서의 사람을 다루는 철학과 그것을 실현하는 제도 및 기법의 체계라고 말할 수 있다. 기업의 인사관리는 기업활동의 성과를 좌우하는 활동이다.

기업이 보유하고 있는 인적자원이 능력을 발휘하고 최고의 성과를 이룰 수 있도록 하기 위해서는 객관적이며 신뢰할 수 있는 원칙과 기준 하에 인사관리가 적용되어야 한다. 그러나 개개인의 성장과정, 생활방식, 관습, 사고 등의 차이로 인해 모두가 충족하는 인사관리기준을 설정하기는 사실 불가능하다.

그러나 조직의 분위기를 최대한 살리면서 개인의 업적을 향상시키고 생산성을 높이기 위한 합리적인 인사관리기준의 설정은 기업에서 꼭 필요한 요소이다.

2 인사관리의 목표

첫째, 인사관리는 생산성목표와 유지목표를 조화시켜야 한다. 인사관리의 목표는 조직의 목표, 즉 생산성목표productivity goal와 유지목표maintenance goal를 함께 달성하는 것이 되어야 한다. 생산성목표 또는 과업목표task goal는 구성원의 만족과 같은 인간적인 측면보다 과업 그 자체를 달성하기 위한 조직의 목표를 말한다. 한편 유지목표는 조직의 과업과는 별도로 조직자체의 유지 또는 인간적 측면에 관계된 목표이다.

둘째, 인사관리는 근로생활의 질 충족을 추구해야 한다. 산업화에 따른 작업의 단순화, 전문화에서 파생되는 소외감, 단조로움, 인간성의 상실에 대한 반응 또는 새로운 기술의 등장으로 인한 작업환경의 불건전성에 대한 반응으로서 나타난 것이 근로생활의 질quality of working life이며, 이것은 근로자의 작업환경과의 관계를 포함하는 것을 뜻하기도 한다.

3 직무중심의 인사관리

한국노동연구원이 기업체 인사관리 담당 이사나 부장, 인사관리 전공 교수, 연구원, 컨설턴트 등 인사전문가들을 대상으로 21세기 인적자원관리 변화에 관한 조사를 실시하였는데 전문가들이 예측하는 21세기 경영환경 변화를 중요도 순으로 열거하면 다음과 같다.

(1) 국제시장에서의 경쟁심화
(2) 외국자본과 외국기업의 국내진출
(3) 기업의 세계화globalization
(4) 품질과 고객만족을 강조하는 시장요구
(5) M&A, 빅딜Big Deal, 전략적 제휴Alliance의 증가

(6) 조직구조 및 업무 프로세스 변화

(7) 실업증가와 노동시장의 수급 불균형

(8) 근로자들의 가치의식 변화

(9) 국내시장의 경쟁심화

(10) 정부의 노동정책

(11) 구조조정 및 인력감축 정책

(12) 자동화와 생산기술의 발전

(13) 정보·커뮤니케이션 기술의 발달

(14) 근로자 권익의 확대

(15) 노조의 형태와 활동

이러한 인사관리의 외적 환경의 변화가 예상됨에 따라 인사관리의 패러다임도 다음과 같이 달라지는 과정이 최근에 두드러지게 나타나고 있다.

(1) 내부노동시장 중심에서 외부 노동시장 중심으로

(2) 집단주의에서 개인주의로

(3) 사람 중심에서 직무중심으로

(4) 인사의 스탭기능 중심에서 현장관리자 중심으로

(5) 연공 중심에서 성과 중심으로

(6) 범용적인재 중심에서 특성화된, 전문가형 인재 중심으로 바뀌고 있다.

이러한 인사관리의 패러다임 변화paradigm shift를 요약하면 '성과주의 인사관리' 또는 '직무중심적 인사관리'로 정리할 수 있다. 직무와 사람이라는 인사관리의 기본적인 두 축 가운데 과거에는 사람에 무게중심을 두었던 것을 이제 직무에 초점을 맞추는 인사관리로 이행하고 있다는 것은 여러 기업의 인력 구조조정과 경영혁신의 결과로 속속 입증되고 있다.

직무주의 인사관리를 정착시키기 위해서는 직무job에 대한 철저한 파악과 분석이 필요하다. 직무가 지니고 있는 상대적 가치가 직무주의 인사관리의 기본이 된다. 직무가 지니고 있는 상대적 가치를 파악하기 위해서 직무의 내용과 그 직무를 수행하는 사람이 갖추어야 하는 능력, 경험, 자격 등을 상세히 분석하는 직무분석job analysis이 수행되어야 하며, 모든 직무들의 상대적 가격을 결정하는 직무평가job evaluation가 선행되어야 한다. 직무주의는 일의 상대적 가치comparable worth에 기초하고 있기 때문이다.

직무주의 정착을 위해서는 직무와 직무를 수행하는 사람에게 요구되는 자질들에 대한 정보를 최대한 많이 수집, 분류, 정리할 필요가 있다. 정확도가 떨어지는 직무정보는 직무주의 인사관리의 적용에 어려움을 야기할 수 있기 때문이다. 그리고 직무간 비교가 가능하게 하기 위해서는 표준화된 직무분석 방법을 사용할 필요가 있다.

 ## 4 현장중심의 인사관리

인사부서 중심의 인사란 실제 일은 현업에서 일어났음에도 불구하고 그러한 문제를 현장이 아닌 다른 곳에서 해결한다는 개념인데 반해 현장 중심의 인사체계는「현업에서 발생한 일은 현업에서 해결한다」는 어찌보면 당연한 본질에로의 회귀라고 볼 수 있다. 현재까지 인사관리 업무라고 하면 틀에 박힌 정형적인 것으로서 직원의 채용에서 퇴직 그리고 노사문제의 사전예방 그리고 사후 대책 등이 주종을 이루어 왔으나, 현장 중심의 인사체제에서는 발생한 문제의 관리보다 문제가 일어나기 전의 일상관리가 일선관리자에 의해 이루어져야 한다는 말이다.

즉 회사가 처한 상황, 제도나 정책의 변경, 업무에 관한 사항에 대한 정보를 공유하고 회사와 구성원간 쌍방 의사소통을 위한 면담기능 그리고 구성원들의 갈등과 고충을 듣고 이를 해결하거나 구성원들의 적성을 파악하여 경력 설계를 도와주고 비전을 제시하는 수준까지 기대해야 된다는 것이다. 현장 중심의 인사가 이루어지기 위해서는 지금보다 훨씬 강화된 관리자의 권한과 더 세심한 인적자원관리에 대한 책임을 부여해야 한다. 구성원들과 친밀한 관계를 유지하고 그들에게 정보를 제공하고, 의사소통, 고충처리, 육성지원 등의 기능을 수행하기 위해서는 현장의 경영자로 인식되어져야 한다. 이러한 현장관리자의 기능을 수행하기 위해서는 해야할 선결 요건이 몇 가지 있다.

우선 인사부서 중심의 인사관리 차원에서 관리하던 예전의 관습을 버려야 한다. 일선 관리자를 선발하는데 있어 보다 엄밀한 선발 절차를 구비해야 하고, 사원들의 인사사항에 대한 대폭적인 권한위양, 회사의 정책과 제도에 대한 사전교육, 의사소통 및 고충처리 능력향상을 위한 교육과 경비지원, 사원관리에 대한 철저한 평가 등이 이루어져야 한다. 그리고 가장 중요한 것은 일선관리자에 대한 인적자원 관련 교육이다.

직무분석

 개 요

  직무는 조직에 필요한 하나의 벽돌과 같은 역할을 한다. 직무분석은 직무의
역할, 예측된 업무수행, 판단, 평가, 직접적 행동, 보상시스템의 기초적 내용을
결정하고 직무분석의 완성을 통하여 상품과 서비스의 생산이라는 결과를 도출
한다. 직무분석은 다양한 직업의 요소를 이해하기 위해 접근하고 연구하는 과정
이라고 할 수 있다. 그러므로 직무분석은 생산성에 매우 중요한 기여를 할뿐 아
니라, 산업표준 조사에 기본이라고 할 수 있으며, 현장을 확인한다는 점에서 실
제 근로자가 어떤 일을 수행하는지 알 수 있을 뿐 아니라, 근로자가 수행하는 일
의 유형의 질적인 문제도 알 수 있다.

  직무분석은 근로자가 직장에서 직업의 임무를 수행하기 위하여 취하는 행동
에 대한 정보를 체계적이며 분석적으로 수집, 서술, 분석하는 것이다. 말하자면
분석이라고 하는 것은 직무내용과 필요 직무, 그리고 전체 직무의 조직 환경을
다룬다. 그러므로 직무분석은 서술적이다. 다시 말해, 사람이 인적자원을 관리
하는데 있어서의 말을 줄여보기 위한 시도이며, 설명적이고 예측적이며 특정한
목적과 특정조직에 맞도록 수행되어진다.

2 직무분석의 목적

❶ **직무기술**job description: 직무의 목적, 임무의 요약, 책임, 행동, 신뢰성과 다른 특정 요인들에 관한 정보를 찾아내기 위한 것.

❷ **직무평가 및 분류**job evaluation and classification: 특정 직업과 비교하여 상대적 중요 이라고 하는 점에서 조직 내에서의 직무의 가치를 정하는 일반적인 과정(연봉산정, 직위설정)

❸ **직무수행/수행평가**job performance/performance appraisal: 다른 근로자간의 상대적인 효율과 생산성을 비교하여 특정직업에 종사하는 근로자에 대한 체계적인 평가와 이러한 평가 정보는 승진, 임금인상, 전보 등의 결정을 내리기 위해 사용된다. 또한 근로자의 피드백을 얻기 위한 공식적 방법을 제공한다.

❹ **교육훈련 결정**training decision: 주어진 직무를 성공적으로 수행하기 위하여 필요한 기술, 지식, 태도가 무엇인지 알아내고, 그러한 정보를 체계적인 교육과 학습의 기회로 전환하기 위해 필요.

❺ **직무설계**job design: 일의 행위와 임무를 적절히 배치함으로써 그 결과로 도출되는 산물인 상품 또는 서비스를 효율적으로 가동시키기 위함

❻ **선발과 승진체계**selection and promotion: 조직 내의 모든 직무에 대한 선별, 체계화, 지위설정, 승진, 자격 그리고 인력에 대한 선발의 기준과 과정 제공.

최근에 직무분석은 고용행위의 공정함과 합법성을 판단하기 위해 사용되어 지고 있다. 직무와 급여의 공정성과 비교에 관한 증가하는 관심을 충족시키기 위한 분야에도 직무분석은 사용될 것으로 보인다.

역사적으로 "일의 분석", "직무분석", "직업분석"이라고 하는 용어는 20세기의 대부분의 경영과 훈련 관련 문헌에서 상호 교환되어 사용되어져 왔다. Taylor는 1900년대 초기에 일의 분석을 과학적인 경영의 4대요소라고 언급했다. 20세기후반 일의 분석은 1950년대와 1960년대의 유명하고도 악명 높은 시간

및 동작연구에 있어 중요한 역할을 했다. 직무분석은 미국군대의 직무훈련, 수행평가를 위한 기초가 되었으며, 최소한 일정부분에서는 미국군대가 세계 최상으로 훈련받았다는 명성을 얻는데 기여를 했다. 직무분석은 1970년대에 들어서서는 표준 임금과 연봉을 결정하는데 결정적인 역할을 했다.

최근에 직무분석은 훈련프로그램을 계획하고 작성하기 위하여 사용되어지고 있으며, 면허와 자격을 위한 시험문제를 만들기 위하여, 그리고 고용관련 법률에 관한 법적 결정을 내리기 위하여 사용되어지고 있다. 한동안은 이러한 부분에서 직무분석은 산업체 전반에 걸친 훈련표준설정, 면허와 자격시험, 새롭고 특정한 고용관련 차별과 관련한 문제들을 해결하기 위하여 더 많은 초점을 받게 될 것이다.

직무분석은 고용상태의 시험의 기초를 이루므로 고용관련 결정에 필수적이다. 직무분석은 타당성을 수립한다. 공통지침에는 3가지 형태의 타당성이 제시되어지고 있다. 그것은 (1) 내용의 타당성 (2) 관련기준의 타당성 (3) 구성개념의 타당성이다. "내용의 타당성"은 가능한 내용 전체를 정의할 수 있도록 임무, 질문, 표본추출이나 아이템의 표본추출이 얼마나 정확하게 제공되어지고 있는가 하는 것이다. "관련기준의 타당성"은 시험의 점수가 작업의 수행능력, 지식 그리고 기능에 얼마나 정확하게 나타내고 있는가의 수준을 의미한다. "구성의 타당성"은 시험점수가 정확하게 심리학적 흥미 특성을 측정하고 있는가의 정도를 의미한다.

공통지침은 세 가지의 타당성에 관한 개략적 내용을 제시하고 있으며, 직무분석에 있어 각각의 요소가 얼마나 중요한가 설명하고 있다. 예를 들어 "내용의 타당성"에 기초한 직무분석법이라고 하면 내용의 선택 과정이 직무에서 수행되어지는 중요한 양상들을 나타내어야 하고 반영하고 있다는 것을 보여줄 수 있어야 한다. 내용의 타당성에 기초한 직무분석은 과업을 성공적으로 수행하기 위한 중요한 작업 행위와 그 행위의 상대적 중요도에 대한 분석을 포함해야만 한다.

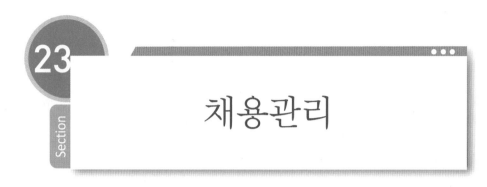

Section 23

채용관리

1 모 집

직원의 모집이란 자격을 갖춘 직무예비자 집단을 조직에 유인하기 위한 일련의 활동을 말한다. 그리고 모집의 목적은 과업에 대한 대규모 집단의 지원자들을 확보함으로써 경영자가 조직에 필요로 하는 유능한 종업원들을 선발할 수 있도록 하는데 있다.

소요 노동의 직종과 인원을 합리적으로 결정하기 위해서는 모집기준을 합리적으로 설정하여야 한다. 그리고 이를 위해서는 직무기술서와 직무명세서가 준비되어야 하는데, 이는 직무분석과 직무평가에 의해서 만들어진다.

직무명세서를 중심으로 모집기준을 결정할 때에는 (1) 직무의 적성기준과 (2) 각 직무에 따른 정원의 수를 확정해야 한다. 그리고 적성기준으로서는 지능, 성격, 신체, 교육수준 등이 종합적으로 검토되어야 한다. 특히 광고매체 등을 통해 모집공고를 할 때에는 채용명세서를 첨부하는 것이 보통이다.

1) 내부모집

내부모집이란 필요한 인력을 자격을 갖춘 종업원의 승진이나 전직 등을 통해 조직 내부로부터 모집하는 방법이다. 이러한 내부모집을 활용하는 이유는

첫째, 외부모집에 비해 모집에 소요되는 비용이 저렴하고 또한 채용 후에도

교육훈련에 따른 비용이 절감되기 때문이다.

둘째, 내부모집을 통해 종업원들의 충성심과 사기앙양이 가능하고 이들의 동기를 유발시킬 수 있기 때문이다. 그러나 조직 내에서 독자적으로 소요인력을 모집하거나 발굴하는 방법은 신선하고도 건전한 세계관을 가진 사람들을 유치하지 못함으로써 구성원들이 사고의 정체나 무사안일주의에 빠지도록 한다는 지적도 받고 있다. 그리고 내부모집은 성과기록이 잘 알려진 사람들을 다루며, 조직의 직무에 대해 이미 친숙한 사람들을 대상으로 하고 있다.

2) 외부모집

외부모집이란 신문, 잡지, TV, 라디오 등의 매체에 광고를 하거나 직접 대학 또는 직업양성소를 방문하여 지원자를 면접하는 방법으로서, 조직외부로부터 직무후보자를 모집하는 것이다.

외부모집을 채택하는 이유는 현재의 조직업무에서 일하지 않던 새로운 경험과 신선한 세계관을 가진 유능한 능력을 가진 외부자를 고용하게 되어, 조직의 분위기를 쇄신하고 구성원들의 경영의식을 고취할 수 있기 때문이다. 그러나 관리직 사원을 공개 모집하거나 스카우트 형식으로 특채하는 경우에는 종업원들의 승진기회를 박탈하는 결과가 되기 때문에 조직의 분위기를 손상시킬 수 있다.

2 선 발

1) 선발의 의의와 선발과정

선발은 모집에 의해 형성된 지원자집단에서 직무명세서에 제시된 해당 직무나 직위에 가장 적합한 사람을 선정하는 과정이다. 그리고 선발하는 과정은 (1) 공식적인 지원서 작성 (2) 면접 (3) 선발시험 (4) 신원조회 (5) 신체검사 (6) 자료의 종합분석과 선발의 결정 등 여섯 단계로 이루어진다.

2) 합리적 선발방법

종업원을 선발하기 위한 보다 구체적인 방법은 다음과 같다.

(1) 경험적 방법

이는 주로 이력서, 면접시험 그리고 신체검사를 거친다거나 필요시 간단한 기능시험 또는 학력검사를 행하는 것이다.

(2) 과학적 방법

이는 종업원의 능력을 보다 자세히 관찰하기 위해서 이력서 필기시험과 기능시험 그리고 적성검사를 철저히 실행하는 방법이다. 이에는 임상진단은 물론이고 태도, 사고, 흥미검사도 아울러 함으로써 한 직업인으로서 갖추어야 할 필수요건을 명백히 밝혀낸다.

(3) 절충적 방법

이는 경험적 방법과 과학적 방법을 절충한 방법으로서 약간의 기본적인 심리검사 또는 적성검사를 거쳐서 종업원을 채용하는 방법이다.

3 배 치

인력배치는 사람의 배치가 적재적소, 인재형성에 미치는 영향 그리고 비공식집단의 형성 등의 3가지 차원에서 의미가 있기 때문에 중요하다.

1) 적재적소의 문제

사람을 적재적소에 배치하는 것은 일의 효율이나 의사결정의 효율성에 밀접하게 관련된다. 즉, 일에 알맞은 사람, 일에 적합한 능력이나 적성을 가진 사람을 적재적소에 배치하는 일이 매우 중요하다.

그러나 현실적으로 구성원의 능력을 잘 살릴 수 있도록 사람이 배치되어 있느냐 하는 것은 바로 사람에 대한 적재적소의 배치문제는 일의 최적결합을 결정하는 문제라고 할 수 있으므로 그 문제를 해결할 수 있느냐에 의해서 기업은 최상의 결과를 획득할 수 있다.

2) 인재양성에 미치는 영향

이것은 사람을 배치하는 것, 즉 어떤 일을 하게 할 것인가가 바로 인재양성에 큰 영향을 미치게 된다는 것이다. 즉, 사람을 일에 배치하는 것은 그 사람이 지식이나 숙련을 획득하는 패턴까지 결정하기 때문이다. 의욕을 가진 사람들이 어떤 일에 배치되어 그 일을 훌륭히 달성하고자 할 경우에 거기에 맞는 능력을 형성해 나가기 때문이다. 즉, 사람의 배치는 사람의 능력형성과도 관계가 된다.

그러나 여기에서 주의해야 할 것은 현재의 일의 효율을 고려한 적재적소의 판단과 장래의 일의 가능성을 고려한 배치의 결정이 근본적으로 다른 경우가 있다는 것이다. 즉, 이것은 현재의 성과를 위한 단기적인 사고보다는 장래의 성과를 위한 장기적인 인력배치를 고려해야 한다는 것이다.

3) 비공식집단의 형성

배치가 기업내부에 비공식집단을 형성하는데 영향을 미칠 수 있다. 즉, 직장에 배치되면 상사, 동료, 부하들과 함께 일을 할 때, 일에 관한 지식이나 능력만이 형성되는 것이 아니라, 함께 일하는 사람들에 대한 지식이나 사람들과의 감정적인 유대도 형성된다. 이와 같은 감정에 의해서 맺어진 집단을 비공식집단이라고 하는데, 이렇게 형성된 사람의 유대를 인적 네트워크라고 한다.

비공식집단의 경우, 직장에서의 업무수행에 있어서 태도는 공식적인 명령 이상이 강하게 영향을 미치는 수가 있다. 즉, 기업에 있어서 바람직한 감정이 비공식집단 내에 서로 공유되어 있을 때에는 그것은 일에 있어서 긍정적인 효과를 가질 수 있다. 그러나 역으로 바람직하지 않은 감정이 비공식집단에 형성되면, 업무 수행을 방해할 수도 있다.

그리고 인적 네트워크는 사람들이 직장을 이동한 후에도 그대로 남아서 의사소통이나 영향력의 수단으로서 계속 작용한다. 때로는 그것이 기업의 긍정적인 전달경로보다도 강하게 작용을 할 수도 있다. 그러므로 전직에 따라 다양한 업무의 지식을 획득하게 하는 것도 중요하지만, 전직에 의해서 인적 네트워크를 형성하도록 유도하는 것이 더 바람직하다.

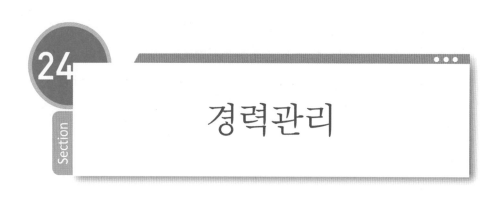

경력관리

1 경력관리의 개념

　경력이란 개인이 평생 동안 직업생활을 영위하면서 경험하는 직무와 관련된 다양한 변화를 말한다. 조직에서의 경력은 개별 종업원 스스로의 경력계획에 의해서는 불가능하며, 아울러 조직이 개인의 경력개발을 일방적으로 수행할 수도 없다. 개인과 조직의 경력개발 욕구에 대한 상호 일치와 체계적인 경력관리를 통해 효과적인 경력발전을 기대할 수도 있다.

　경력관리career management란 종업원이 현재와 미래에 필요한 업무능력을 개발하며, 조직이 종업원 경력개발을 적극적으로 후원, 관리하는 것이다. 그런데 경력관리는 경력개발의 주체, 즉 종업원과 조직의 경력개발욕구를 조화, 융합한다는 특징을 가지고 있다.

1) 개인관점에서 종업원 자신은 현재와 미래에 필요한 경력을 계획하고 개발하려고 한다.

2) 조직관점에서 조직은 조직목표 달성을 용이하게 하기 위해서 종업원 경력개발을 조직전략에 맞게 관리하고자 한다. 종업원과 조직 모두 서로 경력개발에 대한 욕구를 함유하고 있으나 실상 상이한 욕구가 존재함을 다음의 사실들을 통해 구체적으로 확인할 수 있다.

　종업원 경력계획과 조직의 경력개발이 상이한 욕구를 가지게 될 때 자칫 경력개발이 서로 다른 방향으로 나아갈 수 있다. 따라서 체계적 경력관리를 통해 조직의 조직전략과 종업원 경력욕구의 방향성, 즉 개인과 조직의 경력개발의 전략적 방향성을 일치시켜 효과적인 종업원 경력발전을 통해 조직목표 달성을 용이하게 할 수 있다.

❶ 종업원 경력계획: 개인의 입장에서 경력개발은 개인적인 업무 능력을 배양하여 조직에서 승진이나 새로운 경력경로를 개척할 수 있는 기회를 갖기 위함이다. 예컨대 승진을 목표로 하여 필요한 자격요건을 취득하기 위한 계획을 세우고 지속적으로 학습을 하는 것이다. 종업원은 자신의 경력개발에 필요한 강점과 약점을 파악하여 경력계획을 설정하고 개발한다. 그리고 종업원이 달성하고자 하는 경력목표를 자신의 관심과 가치에 비추어 계획하고 실행한다.

❷ 조직의 종업원 경력개발: 조직은 조직전략에 비추어 종업원 경력개발을 유도한다. 향후 조직전략을 실행하는 데 필요한 인력의 수와 형태에 따라서 어떤 경력을 소유한 인력이 필요한지를 확인하고 개발하고자 한다. 조직에서 종업원을 어떻게 고용하며, 전환배치는 어떻게 할 것이며, 승진정책은 어떻게 할 것인지에 대한 것이다. 특히 조직전략 실행을 내부 충원을 통해서 하고자 할 때 조직의 종업원 경력개발의 욕구는 더 강해진다. 조직은 종업원 경력개발을 통해 조직전략 실행에 필요한 인력충원, 직무배치, 그리고 인력승진과 이동을 어떻게 할 것인지를 결정할 수 있다.

 경력개발 프로그램 설계와 운영

　조직은 경력개발 프로그램career development program: CDP을 통해 개인의 경력계획과 조직의 경력개발의 실천과정을 상호 일치함으로써 경력 발전을 극대화시킬 수 있다. 즉, 개인에게는 자신의 경력에 몰입하는 조직정체성을 동시에 느끼

PART 03 **Function of Business**
경영기능

게 할 수 있다. 조직은 조직전력의 방향성에 맞도록 개발된 종업원들의 업무활동으로 조직전략을 용이하게 수행할 수 있다.

1) 경력개발 프로세스

❶ 개인과 조직의 경력개발 욕구일치: 개인이 원하고 적성에 맞는 경력이 무엇인가를 개인 스스로 평가하고 동시에 조직에서는 적합한 개인 경력이 무엇인가를 확인할 수 있어야 한다. 특히 개인이 원하는 경력방향과 조직에서 제공하는 경력경로가 일치할 경우 경력 개발의 효과는 극대화된다.

❷ 개인과 조직의 경력개발 방향일치: 개인과 조직의 경력개발 욕구일치를 통해 경력개발에 대한 방향을 설정하게 된다. 방향설정이란 개인이 어떤 경력목표와 경로를 선택하는 것이 바람직한지를 조직에서 인도해 주는 것이다. 개인과 조직의 경력욕구가 일치했다고 하더라도 그 방향이 일치하지 않으면, 비효과적인 경력개발이 될 수 있다.

❸ 개인과 조직의 경력개발 실행일치: 경력개발방향이 설정되면 개인은 경력목표를 달성하기 위한 노력을 하게 된다. 그러나 조직에서 개인의 경력개발을 위해서 필요한 기회와 장소를 제공하지 않는다면, 개인의 경력개발은 쉽게 이루어지지 않는다.

2) 평가단계

개인과 조직의 경력개발 프로세스 첫 단계는 경력개발을 위한 사전작업으로 조직이 개별 종업원의 경력을 평가하는 것이다. 구체적인 경력목표와 경로를 설정하기 전에 실시하는 객관적인 평가는 효과적인 경력개발을 달성하게 한다.

❶ 개인평가

개인평가는 종업원 개인의 직무 적성이 무엇이고 어떤 강점과 약점을 가지고 있는지에 초점을 둔다. 경력 관련 테스트북을 이용하거나 경력계획 워크샵을 통해 평가할 수 있다.

가. 경력관련 테스트북: 개인의 적성이나 성격을 테스트하여 어떤 경력 개발이 필요하고 효과적인 실행방안이 무엇인지를 제공해 주는 경력관련 서적이다.

나. 경력계획 워크샵: 조직의 인사부서나 외부 경력관련 전문기관에서 개최하는 워크샵을 말한다. 워크샵 통해 종업원 개인의 현재 경력과 앞으로의 경력으로 탐색에 대한 정보를 제공할 수 있다.

❷ 조직평가

개인평가는 개인의 직무적성이나 업무기술의 숙달에 대한 것에 초점을 두었다. 반면 조직평가는 조직전략실행이나 승진, 그리고 발전가능성 등 조직에서 전략적 목적을 위해 공헌할 수 있는 종업원의 잠재력 평가에 초점을 둔다.

가. 평가센터법: 개인에 대한 인터뷰, 다양한 상황의 역할 행사role play, 인-바스켓 실습을통해 강점과 약점을 파악하는 방법이다. 평가센터법은 보통 경영자 개발에 많이 사용되나 측정하는 내용만 다를 뿐, 모든 종업원들의 경력개발을 위해서도 가능하다

나. 성과평가: 종업원의 업무성과에 대한 정보를 토대로 미래 경력개발의 목표와 경로를 설정해주는 방법이다. 성과평가를 통해 종업원들이 조직에서 자신의 경력경로를 미리 예측할 수 있기 때문에 새로운 경력경로와 목표를 모색할 수 있는 기회가 되기도 한다

다. 승진가능예측법: 종업원 개인의 직속상사나 간부급 상사로부터 승진 가능성에 대한 잠재력을 평가받는 것이다. 그러나 상사의 주관적인 오류가 개입될 소지가 많다는 단점이 있다.

라. 승계계획법 : 조직에서 경영자 승계를 목적으로 잠재력 있는 관리자의 경영자 개발을 위해 사용하는 방법이다. 공식적으로는 조직의 전략과 계획에 의해 필요한 경영자 인력을 조달하거나 비공식적으로는 전환배치를 통해 다양한 경영 수업을 실시 할 수 있다.

3) 방향설정단계

개인평가와 조직평가를 실시한 후에는 개인과 조직의 경력개발 욕구를 고려

해 경력개발의 목표와 방향을 설정해야 한다. 이는 경력에 대한 상담과 조직에서 제공하는 경력관련 정보를 통해 구체화할 수 있다.

❶ 경력상담

경력상담이란 개인의 경력에 대해 직속상사는 물론 인사 담당자나 외부 전문 상담가의 조언을 받는 것이다. 상담은 현재 직무적성, 관심영역, 그리고 경력과정을 통해 달성하고자 하는 경력목표의 가능성과 잠재력에 초점을 둔다. 경력상담은 종업원 개인의 직속상사나 멘토에 의해서 이루어지는 것이 바람직하다. 그 이유는 다음 3가지이다.

- 종업원 개인의 업무기술에 대한 강점과 약점을 그 누구보다 잘 알고 있으므로 경력개발의 방향을 효과적으로 설정할 수 있도록 도움을 주기 때문이다.
- 상사가 종업원의 관심영역과 선호하는 경력개발경로를 파악하는 과정에서 서로의 인간적 유대관계를 통한 신뢰관계를 조성할 수 있기 때문이다.
- 조직에서는 과업효율성을 위해 개인의 새로운 경력개발을 그다지 원치 않지만 직속상사의 적극적인 추천을 통해 종업원의 새로운 경력개발을 모색할 수 있기 때문이다.

❷ 경력관련 정보제공

조직에서는 종업원 경력개발을 위해 필요한 다양한 자료와 정보를 제공해 주어야 한다. 정보를 통해 종업원들은 구체적인 경력개발목표를 설정할 수 있고, 달성하고자 하는 경력목표에 동기를 부여할 수 있다. 그 방법으로는 조직의 직위에 관한 정보, 업무기술 명세서를 토대로 한 적합한 정보의 제공, 그리고 경력경로에 대한 구체적인 정보를 제공할 수 있다.

- 직무공고제도: 조직에 어떤 직무와 직위가 있는지를 종업원에게 직접적으로 공개한다. 직무와 직위공고는 모든 종업원이 공유할 수 있어야 한다는 점이 중요하다. 왜냐하면 직무수행에 필요한 자격요건과 평가척도를 구체적으로 명시해야만 지원자들이 자신의 적성과 경력에 맞추어 지원할 수 있으며, 그 직무나 직위를 얻기 위해 경력개발을 할 수 있다. 따라서 조직 내부 인력을 충원할 때 유용하게 사용되며, 종업원들의 경력관리를 위한 가이드를 제시하여 동기부여 시킬 수 있다.

• 업무기술 목록서: 조직에서 소유한 종업원들의 교육수준과 업무기술, 지식의 수준 등에 관한 목록이다. 인사 부서의 담당자들이 관할하며, 개인에게 필요한 경력개발에 관한 정보를 제공해 준다. 종업원에게도 매우 유용하게 사용되는데 다른 종업원에 비해 자신이 부족한 점이 무엇이고, 강점이 무엇인가를 피드백 받을 수 있다. 이를 통해 현재 자신의 업무기술 수준을 파악할 수 있다.

4) 실행단계

경력개발을 위한 평가와 방향 설정이 끝나면 경력개발을 실행하게 된다. 경력개발의 실행은 직속상사나 멘토의 코치에 의해서 실행되거나, 직무순환, 특정 훈련과 개발을 통해 이루어진다.

(1) 멘토링과 코치

멘토링은 종업원의 직속상사 혹은 특정 멘토와 공식적, 비공식적 관계를 통해 경력개발에 관한 조언을 받고 실행하는 것을 말한다. 멘토는 구체적으로 종업원의 경력목표와 경력경로를 구체적으로 설정해주고 개발시킨다. 예컨대 멘티 mentee에게 승진을 위해서 필요한 자격요건과 업무기술에 대해서 알려 주고 대비할 수 있는 방안을 제시해 준다. 또한 멘토는 멘티에게 도전적인 업무를 부여하여 멘티의 경력을 위해 필요한 업무능력을 배양시킨다.

그러나 모든조직에서 멘토링을 통해 종업원의 경력관리를 돕는 것은 아니다. 소규모 조직이나 벤쳐 창업자의 경우는 경력관련 전문가 집단을 찾아서 경력에 대한 조언을 얻고 스스로 개발해야 한다. 이런 경우 집단 멘토링을 사용할 수 있다.

(2) 직무순환

직무순환은 종업원의 적성과 경력목표를 가장 효과적으로 실천할 수 있는 행동 프로그램 이다. 종업원이 직무순환을 통해 경력관리의 평가와 방향설정 단계에서 획득한 강점과 약점을 토대로 가장 적합한 직무가 무엇인지를 실제로 경험할 수 있기 때문이다.

반면 직무순환은 종업원의 적성에 맞지 않는 직무일 경우에는 직무순환을 통한 동기부여가 어렵다.

(3) 각종 교육 프로그램의 참여

조직에서 종업원들의 경력관리를 위해서 필요한 교육 프로그램과 훈련과정을 후원하는 것을 말한다. 교육 프로그램은 조직에서 직접적으로 실시할 수도 있고, 자기 개발에 대한 경제적인 후원만을 하는 경우도 있다.

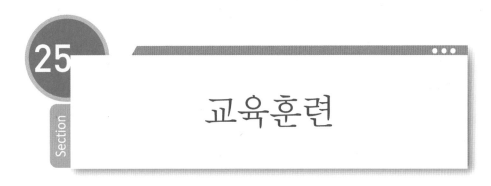

25 Section

교육훈련

1 교육훈련의 의미

우선 기업의 교육훈련의 목적은 간접목적과 직접목적의 2가지가 있다.

직접목적은 능률향상과 인재육성, 인간완성, 생활향상, 지식향상, 기능향상, 종업원의 태도적응이 있다. 간접목적은 기업의 유지발전과 기업의 목적과 개인의 목적을 통합하는데 있다.

교육훈련의 중요성은 인적자원이 조직체의 가장 중요한 자원임으로 따라서 조직체의 장기적인 성패는 인적자원의 능력수준과 이의 효과적인 활용에 달려 있다.

그러므로 인적자원의 잠재능력을 최대한으로 개발하고 이것이 조직체의 성과달성 과정에서 발휘되도록 해야 한다. 조직체가 성장하고 발전할수록 인적자원의 개발은 더욱 필요해지고 그 중요성도 더욱 커진다.

교육훈련은 경영자 쪽에서 볼 때 인재육성에 그 중요성이 있고, 종업원 쪽에서 볼 때 자기개발에 그 중요성이 있다. 이 모두는 지식 및 기술축적·조직협력·동기부여·사기앙양·태도변화·문제해결 능력배양·대인관계 능력향상 등 여러 가지 효과를 가져와 결국 조직의 전반적 유효성 증대에 기여하게 된다.

교육훈련의 필요분석

조직 내에서 문제발생(생산성 저하, 불만, 갈등, 사기저하, 노조파업 등)과 외부환경의 변화(세계화, 기술, 고객의 수요, 사회환경 등)가 생기게 되면 조직의 변화가 필요하게 된다.

이때 조직은 문제해결을 위한 노력을 하게 되는데 이때 진단과정과 처방과정을 거쳐 교육훈련 필요 분석을 하게 된다.

교육훈련 필요 분석이란 어떠한 교육훈련이 필요한가라는 질문에 대해 대답하기 위한 과정이 아니라 문제에 대한 원인을 찾아 교육훈련으로 해결될 수 있는지를 판단하는 과정이다.

필요분석의 유형에는

❶ 대응적 필요분석(감지된 업무수행 결함이 조직 구성원의 현재 업무수행과 기대되는 업무수행 사이에 차이가 있을 때 수행하는 분석)

❷ 순수적 필요분석(현재의 직무행동이 미래의 기준이나 기대에 부응하지 못한다고 보고 수행하는 분석) 두 가지가 있다.

그럼으로 교육훈련 필요분석은 교육훈련이 특정 문제를 풀 수 있는지 그리고 어떻게 그 문제를 풀 수 있는지를 결정하게 함으로써 성공적 교육훈련이 될 가능을 높인다.

또한 교육훈련 필요분석은 교육훈련활동이 업무수행 향상에 기여했다는 것을 증명할 근거를 제공해 줌으로써 조직 내에서 차지하는 입지를 굳건하게 해 준다.

교육훈련의 종류와 형태

	종류 및 형태

주체	• 직장내 교육OJT
	  – 직장내 훈련: 부서장 및 선배 등 타인에 의한 지도
	  – 전문가와 외부 강사에 의한 교육스텝 훈련
	• 직장외 교육off-JT
	  – 파견교육훈련: 관공서, 모회사에 의한 위탁, 학교, 해외파견
	  – 외부교육훈련기관 훈련: 강좌, 세미나, 기타
	• 자기개발 교육SD
	  – 자기개발: 자기성장의욕에 의한 자기훈련
	  – 지도를 수반한 능력 개발 향상: 생애교육, 통신교육

대상	• 신입자 교육: 입지훈련, 기초훈련, 실무훈련 • 현직자 교육(계층교육): 일반 종업원 훈련, 감독자 훈련TWI, 관리자 훈련MTP, 경영자 훈련AMP
내용	• 직능별 교육: 생산부문, 마케팅부문, 인사부문, 재무부문 • 정신개발 교육: 자기계발훈련, 교양교육, 노사관계, 극기훈련 • 능력개발 교육: 어학연수, 컴퓨터교육, 자격취득훈련

 교육훈련의 과정

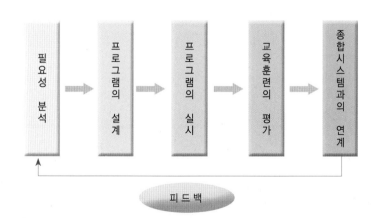

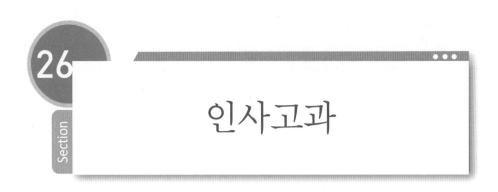

인사고과

1 인사고과의 의의

인사고과란 종업원의 승진과 배치전환, 교육훈련, 임금의 결정, 인사이동을 위한 자료를 얻기 위하여 종업원들이 가진 능력과 업적 및 근무태도를 평정하는 것을 말한다.

급여 시스템을 연봉제 또는 성과급 형태로 바꾼다 하여도 구성원의 동기유발과 이로 인한 성과증대로 연계될 수 없다면 의미가 없다. 기업의 급여 시스템이 구성원의 동기 유발과 성과증대 나아가 경영이익으로 나타나자면 객관적 기준과 동기부여가 반드시 필요한데 이를 위해서는 인사고과 등 평가시스템의 구축이 필수적이라 할 수 있다.

2 인사고과의 종류

고과란 중국에서 역대 왕조가 관리의 성적을 조사하여 상벌과 지위를 정하던 제도이다.

1) 상대고과

피고과자의 업적이나 가치에 대해서 서열 또는 순위를 매기는 서열법과 사전에 평가의 범위와 수를 결정해 놓고 피고과자를 일정한 비율에 맞추어 강제로 할당, 고과하는 강제할당 법이 있다. 절대고과에 비하여 일반적으로 평가가 용이, 관대화 경향이나 중심화 경향과 같은 개인간의 오차를 항상 제거할 수 있다는 장점을 가지고 있다. 그러므로 이 상대고과 법은 선발, 승진후보자의 결정, 임금관리에 있어서 평가승급의 순서를 결정하는데 유용하다.

2) 절대고과

피고과자의 능력과 업적을 일련의 연속척도 또는 비연속 척도에 의하여 평가하는 평정척도법, 종업원의 업적 또는 특성을 특징지을 수 있는 서술문을 배열하고 평가자가 해당 서술문을 체크하여 평가하는 대조표법, 효과적이고 성공적인 업적은 물론 비효과적인 행위의 예를 기록하였다가 이 기록을 토대로 평가하는 중요사건서술법 등이 있다. 상대고과법에 비하여 더 많은 시간과 비용, 노력이 소요되는 것은 사실이나 종업원 개개인 능력의 장·단점을 파악할 수 있고, 그 결과를 개인에게 피드백 하여 개인의 능력을 육성할 수 있다는 큰 장점이 있다.

 ## 3 인사고과의 방법

1) 서열법

종업원이 갖고 있는 능력이나 근무성적을 중심으로 하여 종합순위를 매김으로써 우선순위의 서열에 따라서 종업원의 고과목적에 이용하는 방법이다. 이는 너무 단순하게 종업원을 획일적으로 평가하게 되어 평가의 단순성을 면치 못하는 단점이 있다.

2) 대조리스트법

종업원을 평가하기 위한 표준행동을 미리 정하여 배열하고 이에 기초하여 종업원을 평가한 다음 해당란에 표시함으로써 종업원에 대한 고과를 하는 방법이다.

3) 평가척도법

이 방법은 종업원의 능력과 성적을 평가하기 위해서 평가요소(지식, 직무, 이해력, 판단력 등)에 따른 평가의 척도를 정하고 여기에 개인별로 표시를 함으로써 종업원을 평가하는 방법이다. 이것은 서열법보다는 더 구체적인 인사고과를 할 수 있는 이점이 있다.

4) 분류법

전기한 제반 요소로써 직무의 가치를 단계적으로 구분하는 등급표를 만들고 평가직무를 이에 맞는 등급으로 분류하는 방법이다.

5) 요인비교법

급여율이 가장 적정하다고 생각되는 직무를 기준직무로 하고, 그에 비교해 지식·숙련도 등 제반 요인별로 서열을 정한 다음, 평가직무를 비교함으로써 평가직무가 차지할 위치를 정한다.

6) 점수법

책임·숙련·피로·작업환경 등 4항목을 중심으로 각 항목별로, 각 평가 점수를 매겨 점수의 합계로써 가치를 정한다.

이상의 방법 중 점수법이 가장 과학적이기 때문에 널리 보급되어 있지만, 이것은 각 항목에 대하여 어떻게 중요도를 두느냐는 것이 자의적이고, 각 항목은 상호간에 서로 가산될 수 없는 이질적 요소이기 때문에 결코 과학적이라고는 할 수 없다. 직무분석·직무평가의 결과는 직무기술서에 종합·정리되어 직무급의 도입이나 직무체계의 재편성 등에 유용하게 사용된다. 이상의 여섯 가지 고과방법 중 어느 것을 택할 것인가는 기업의 자유이며, 인사고과의 필요성과 목적에 의해서 선택할 수 있다.

4 인사고과의 공정성

객관적으로 평가하기 어려운 인사고과를 객관성에 접근시킬 수 있는 노력이 필요한데, 그것이 공정성이다. 인사고과의 공정성을 위한 첫 번째 시도는 객관성이 높다고 모두가 납득하는 것을 평가척도의 중심으로 삼는 것이다. 그 예가 명확한 업적지표이다. 그리고 납득성을 높이기 위해서는 자의적으로 조작하기 어려운 업적평가지표(매출, 이익 등)를 고가의 중심으로 삼아야 한다.

두 번째 시도는 공정성을 유지하려고 애쓰는 사실이 누구에게나 분명히 이해될 수 있는 평가과정을 갖는 것이다. 예를 들면, 평가하고 있는 측이 그 평가의 결과를 평가받고 있다는 감각을 가질 수 있도록 하는 과정이 바람직하다. 또는 평가하는 측이 그만큼의 노력과 시간을 제대로 투입함으로써 모두가 납득할 수 있도록 하는 것이다.

5 인사고과의 활용

인사고과의 활용은 크게 2가지로 구분해 볼 수 있다. 하나는 처우면이고, 다른 하나는 육성면에서의 활용이다. 종전까지는 주로 승진, 승격, 상여금 등 처우면에 치중되어 있었다면 지금부터는 능력개발과 교육훈련, 배치전환에 중점을 두는 고과체계로 이행되어야 할 것이다.

인사고과 실시에 관한 규정을 보면 거의 대부분의 기업들이 인사관리 전반에 활용한다고 명문화해 놓고 있다. 그러나 실제로 운영실태를 분석해 보면 승진, 승격에 주로 이용하고 있으며 다른 부문에의 이용을 저조한 편이다. 최근 인적자원에 대한 중요성이 날로 높아지고 연공주의에서 능력주의로 변화되고 있으므로 인사고과의 활용목적도 다양하게 변모되어야 한다.

❶ 종업원의 능력이나 업적 공헌도를 객관적인 기준으로 평가하여 공평하고 공정한 인사처우를 실현하기 위해 승진, 승격, 승급, 상여금에 활용되어야 하고,

❷ 종업원의 능력이나 적성을 분석 평가하여 적재적소의 배치를 실현하기 위해 배치 이동에도 활용되어야 하며,

❸ 현재 혹은 장래의 직무수행능력과 본인의 능력 발휘도나 신장도를 비교하여 교육훈련의 필요성 여부와 계발에 필요한 것을 파악하기 위해 교육훈련, 능력개발, 육성에 활용되어야 한다.

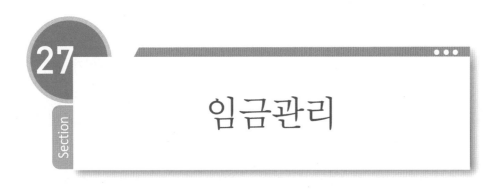

27 임금관리

 ## 1 임금관리의 개념

임금관리란 기업이 직원에게 지급하여야 할 임금의 금액 및 제도를 합리적으로 계획, 조직하고, 그 성과를 통제·개선함으로써 인사관리의 목적달성에 기여하고자 하는 관리행위이다.

즉, 임금관리는 조직구성원 개개인의 임금지급액, 임금단위 및 지급방법, 임금의 사회적 수준, 생활급으로서의 안정여부, 승진가능성 등을 고려하여 실시된다.

 ## 2 임금수준의 관리

1) 임금수준의 의의

임금수준이란 기업전체의 임금의 평균수준을 의미한다. 즉, 일정기간 동안에 한 기업 내의 종업원에게 지급되는 평균임금액(=지급임금총액/종업원수)을 의미한다.

2) 임금수준의 결정요인

❶ 생계비: 직원 가족의 생계유지를 가능하게 하는 수준으로 생계비가 유지될 때 노동력의 재생산이 가능하게 된다.

❷ 기업의 지불능력

❸ 사회일반의 임금수준

❹ 최저임금제도: 직원의 생활안정을 도모하기 위하여, 노사간의 단체협약, 국가의 입법, 기타의 방법에 의하여 종업원이 받을 임금의 최저수준을 정하고, 그 이하로는 임금을 지급하지 못하도록 하는 제도이다.

❺ 노동력의 수급상태 및 노사관계

3 임금체계 설계과정

1) 현재 기업의 임금수준을 평가

- 동종업계 비교 평가

2) 현재 운영하고 있는 임금체계를 평가

- 조직구성 체크
- 현재 임금체계 분석, 개선방향 수립
- 합리적 체계 선택(직무, 직능급 및 개인성과급, 조직성과급 등)

3) 새로운 임금체계 및 사규 디자인

- 문제점을 극복할 수 있는 임금체계를 디자인
- 새로운 임금체계가 근로기준법에 따른 기준을 준수하는 지 검토
- 임금체계에 맞추어 취업 규칙을 개정
- 개정된 취업 규칙을 노동부에 신고

4) 고과제도 및 성과급제도 설계 및 운영

- 조직 문화 점검
- 조직의 문화에 맞는 성과측정 및 고과 제도 수립
- 고과 시행과정 시뮬레이션

 4 연봉제 도입의 효과와 실태

1) 연봉제의 정의

최근까지 우리나라의 임금관리는 임금수준이 능력과 성과와는 관계없이 연령, 학력 그리고 근속년수에 따라서 기계적으로 결정되어 왔다. 따라서 종전의 임금제도는 직무의 내용이나 질과는 상관없이 운영되어 왔으며 직장에서 얼마 동안 일을 했는가가 결정적으로 중요하게 작용되었다.

반면에 새로운 임금제도로서 연봉제는 직무중심으로 성과의 정도에 따라서 임금수준이 결정되는 특징을 가지고 실시된다.

이와 같은 임금제도의 획기적인 전환은 종전의 경직적인 임금관리로서는 세계시장경쟁에서 이겨낼 수 없다는 자성이 일어나면서 변동급의 도입을 추진하면서 비롯되었다.

▶ 전통 임금제도와 연봉제의 특징 비교

전통 임금제도	연 봉 제
사람중심의 임금 결정	직무중심의 임금결정
연공서열에 의한 임금	성과에 따른 임금
근로시간 기준의 임금	직무의 능력에 따른 임금

2) 연봉제의 기대효과

연봉제는 고비용저효율의 체질을 개선할 수 있는 획기적인 임금관리모형으로 자리잡아가고 있다. 연봉제가 가지고 있는 가장 큰 특징은 무엇보다도 변동급으로서 임금체계에 탄력성을 부여할 수 있다는 것이 장점이다. 임금이 모든 구성원에게 균등하게 배분된다고 하면 조직성원이 열심히 일하려는 동기부여를 기대할 수가 없게 되며, 따라서 그 조직의 발전은 정체되거나 도태되게 된다. 이는 임금보수의 평등배분이 사회체제의 근간이 되고 있는 구공산권의 몰락이 이를 입증하고 있다. 연봉제가 갖는 주요한 특징과 장점은 다음과 같이 다섯 가지로 대별된다.

연봉제는 조직성원의 능력과 성과에 따라서 차등 지불되는 임금체계로서 변동급이 특징이다.

연봉제가 실시되면 파격인사기용이 가능하게 된다. 능력과 성과에 대해서 보수수준이 결정되기 때문에 능력위주의 인사기용이 용이하게 되는 것이다.

연봉제 실시 대상자는 간부직, 전문직 등으로 고급화 및 특수직화되고 있는 것으로 나타난다. 이는 연봉제가 능력 향상을 위한 동기부여가 되며 책임감을 아울러 부여하고 있음을 보여준다고 하겠다.

총액임금제에서 보여주듯이 임금관리가 용이하게 된다. 복잡다기한 임금보수 체계에서 총액산출이 근간이 되기 때문에 단순화된 보수체계를 유도할 수 있다.

연봉금액산출시 어떠한 기준을 삼을 것인지에 대한 종사원의 참여가 불가피하게 되기 때문에 새로운 노사문화를 실현시킬 수 있다. 특히, 연봉제의 경우에는 개별성과를 토대로 산출되는 경향이 있기 때문에 목표수립과 자신의 기여도를 평가하는데 있어서 상사와 부하간의 의사소통이 불가피하게 됨에 따라서 노사일체감이 형성되게 된다. 이와 같은 장점에도 불구하고 우리나라의 전통적 가치문화가 서구적 능력과 성과위주의 경영문화와 갈등적 요소가 내재해 있음도 고려해야 할 것이다.

성공적인 연봉제 달성을 위해서는 다음과 같은 대책이 필요하다.

- 경영층에 대한 신뢰감과 믿음이 존재해야 한다.
- 업무평가제도가 공정해야 하며 모두가 이를 인정해야 한다.
- 주관적인 편견이 개재되지 않고 객관적인 업무와 성과지향적인 평가기준이 마련되어야 한다.

- 평가기준은 정확성을 기하도록 짜여져야 한다.
- 평가 후에 이를 피드백하여 평가 결과를 인지할 수 있는 기회가 부여되어야 한다.
- 평가자의 평가준칙이 준수되고 합리적으로 평가할 수 있는 상급자 교육 제도가 마련되어야 한다.
- 임금체계가 동기부여가 될 수 있도록 짜임새 있는 평가제도 및 운용시스템을 구축해야 한다.

노사관계관리

 ## 노사관계의 의의

노사관계란 기업에 있어서 노동자와 사용자간의 관계이다. 과거에는 노동자와 자본가와의 관계로 노자관계이었지만, 오늘날에는 소유와 경영의 분리로 전문경영자가 출현함으로써 노사관계로 그 개념이 바뀌었다.

그리고 노동자는 일반적으로 노동조합labor union을 말하는데, 이는 노동자들이 오늘날 노동조합의 가입을 통해서 경영자와 대응한 입장에 서기 때문이다. 사용자는 경영자를 말하는데, 경영자는 일반적으로 최고경영층에 속한 경영자를 말한다.

 ## 노동조합

1) 노동조합의 의의와 종류

노동조합은 노동자가 자주적으로 근로조건의 유지·개선, 기타 경제적 지위의 향상을 목적으로 조직하는 단체를 말한다. 이는 노동조합법에 의해서 결성 운영되는데, 우리나라에서는 1953년 3월에 공포되었으며, 이에서는 노동자의 3권, 즉 단결권, 단체교섭권, 기타 단체행동권 등이 보장되고 있다.

노동자들에 의해 결성되는 노동조합은 첫째, 동일한 직종에 종사하는 노동자들을 대상으로 결성되는 직업별 노동조합, 둘째, 동일한 산업에 종사하는 노동자를 대상으로 결성되는 산업별 노동조합, 셋째, 직업이나 산업의 종류에 불구하고 동일지역에 근무하는 중소기업의 노동자를 대상으로 결성하는 일반노동조합의 세 종류가 있다.

2) 노동조합에의 가입방법

(1) 클로즈드숍제 closed shop system

이것은 기업의 모든 노동자가 전부 노조에 가입될 것이 강요되는 경우를 의미한다. 즉, 회사와 노동조합은 단체협약을 체결하고 노동자의 채용과 그 해고를 노동조합의 통제에 맡기기로 결의한다. 그러므로 회사는 노동조합 이외에서는 종업원을 채용할 수 없다.

(2) 오픈숍제 open shop system

이는 회사가 노동자를 채용할 때 노동조합의 가입자뿐만 아니라 비가입원도 임의로 채용될 수 있도록 하는 제도이다. 이 제도 하에서는 회사가 노동조합을 약화시킬 가능성이 크다.

(3) 유니온숍제 union shop system

이것은 클로즈드숍제와 오픈숍제의 중간 형태로서, 회사가 노동조합의 가입원뿐만 아니라 비가입원도 노동자로서 자유로이 고용할 수 있으나, 일단 고용된 노동자는 일정기간 내에 조합에 가입하지 않으면 안되는 제도이다. 이때 일정기간내란 고용 후 30일 이내인데, 이는 Taft-Hatley Act에서 정한 것이다.

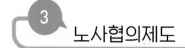

3 노사협의제도

1) 종업원 참가제도

이것은 노사협의제를 실천하기 위해서 채택될 수 있는 가장 이상적인 방법이다. 경영민주화의 한 방안으로서, 종업원들을 경영의 주요 의사결정 과정에 참가시킬 때, 그들의 경영에 대한 참여의식이나 귀속의속 그리고 경영에 대한 일체감도 크게 높아지게 된다.

또한 종업원들의 높은 사기를 통한 생산성향상에의 기여도도 높아지게 된다. 이 제도는 산업민주주의를 실천하기 위한 지름길이며, 이 제도가 보다 철저하게 실천될 때, 산업의 평화와 이를 통한 노사협조체제의 무드조성도 쉽게 이루어지게 된다.

이 제도는 일찍이 독일에서 채택되었는데 1951년의 공동결정법과 1952년의 경영조직법이 그것이다.

2) 경영협의회제도

이것은 1920년 2월 독일에서 제정된 경영협의회법에 의하여 처음 실시되었고, 오늘날 영국에서 발달한 경영자와 노동자의 협의기관으로서 특징을 갖는 제도이다. 이것은 경영참가제도와는 달라서 노동자가 경영에 직접 참가하지는 아니하고 협의에 참가할 뿐이며, 협의 후의 결정권은 경영자에게 있다. 경영협의회의 종류로는 영국의 Whitely 위원회와 미국의 종업원대표제가 있다.

Section

후생복지관리

1 기업복지제도의 의의

　기업의 보상체계는 일반적으로 기본급, 수당 상여금 그리고 복리후생비로 구성된다. 이러한 보상체계의 구성항목들 중에서 기본급, 수당, 상여금은 종업원의 노동에 대한 직접적인 보상인 반면, 복리후생비는 종업원의 노동과 직접적으로 연결되지 않는 간접적인 보상이라고 할 수 있다.

　기업복지제도는 기업이 현재의 종업원이나 그 가족 또는 과거의 종업원을 대상으로 기본적인 노동조건의 개선만으로 충족시키기 어려운 경제생활의 안정, 건강의 유지 그리고 근무시간 이외의 휴식시간이나 사생활의 측면에 대해서 기업의 책임 하에 실시하여 노동력의 확보·유지·사기고양, 기업에 대한 신뢰의 증대 등과 같은 효과를 기대하여 행하는 보상관리의 중요한 부분이라 할 수 있다.

2 기업복지제도의 구조

　기업복지제도는 국가별 경제발전의 단계, 노사관계의 특성, 사회보장제도의 실시정도 등의 제반 여건에 따라 매우 다양한 형태로 나며, 이로 인해 복지 프로그램과 혜택은 각 기업에 따라 다르게 나타난다. 기업복지제도는 법정복지와 법정외 복지로 나눌 수 있으며, 그리고 법정외 복지는 다시 직무 관련 프로그램인 법정외 복지Ⅰ과 시설 관련 프로그램인 법정외 복지Ⅱ로 나눈다. 다음 표는 우리나라에서 제공하는 복지 항목의 리스트이다.

기업복지의 유형별 항목 리스트

법정복지	법정외 복지Ⅰ		법정외 복지Ⅱ
퇴직금제도	유류비	학자금지원	오락, 휴게실
누진퇴직금제도	주차비	재형저축장려금	도서실
유급휴가	중식	주택자금대여	체육시설
연월차휴가	건강검진	주택구입자금지원	운동장
생리휴가	통근버스	전월세자금지원	목욕탕, 샤워장
산전산후휴가	피복비	생활자금대여	탁아시설
병가	사내서클지원	금융공제제도	의료시설
휴업보상	기념품비	사보험지원금	휴양시설(콘도)
육아시간허용	경조금	생명보험	식당(구내/지정)
요양보상	당직비		소비조합
장해보상	전임여비		기숙사
유족보상	지급임차료		사택(임대주택)
최저임금제	휴가포상		
국민연금	포상		
산재보험	자사제품할인		
의료보험			
고용보험			

법정복지는 법에 의하여 종업원과 그 가족을 직장이나 일상생활에서 당면하는 여러 가지 위험으로부터 보호하는 목적에서 실시되는 것이다. 따라서 이는 종업원의 개인적 의사나 기업의 방침에 관계없이 법률에 의해서 강제적으로 실시되는 복지제도로서 일반적으로 기업이 비용의 전액을 부담하거나 기업과 종업원이 공동으로 부담하게 된다. 이와 같은 법정 복지는 의료보험, 연금보험, 재해보험 등이 있다.

법정외 복지는 법정복지와는 달리 법률에 의해 강제적으로 실시되지 않고 기

업이 자율적으로 또는 노동조합과의 교섭에 의해 실행되는 것이다. 법정외 복지
는 기업의 특성·규모·부담능력·환경조건 등을 고려하여 필요성에 따라 실시
되기 때문에 종류가 매우 다양하지만, 그 내용에 의거하여 살펴보면 생활원조,
경제안정, 보건위생, 여가활용 등과 각종 시설 및 제도를 들 수 있다.

 ## 3 기업복지제도의 한계

1) 기업의 복리비용 부담의 증가

국내 기업 복지는 역사적으로 개발경제시대에 국가의 비용을 최소화하면서
국민에게 최소한의 복지혜택을 제공하는 수단으로 운영되어 왔기 때문에 전체
적인 복지비용에서 공공복지 프로그램의 재원조달을 위한 법정복지 비용이 차
지하는 비중이 상대적으로 컸다. 하지만 1980년대 말 이후 임금인상이 급격하
게 이루어져 온 가운데 기업의 공공복지 비용 부담이 지속적으로 증가하게 되
었다.

그러나 비용부담에도 불구하고 우리나라의 경우 체계적인 계획에 의한
공·사 복지제도간의 연계 및 역할부담, 비용부담 및 급여간의 연계, 장기적인
재정추계 등이 제대로 이루어지지 않는 가운데 도입, 운영되어 복지항목 및 복
지비 부담은 증가하면서도 복지제도운영의 효율성과 혜택의 효과성이 낮은 구
조적 문제점을 낳게 되었다.

2) 운영의 선진화 필요성

현재 우리나라의 기업복지제도는 개발경제시대의 경제사회적 상황 하에서
틀이 잡힌 제도로서 사용주주도의 시혜 차원에서 제공되는 잔여적 복리제도의
틀을 아직 벗어나지 못하고 있으며 내용상 변화하는 근로자의 복지수요와 경쟁
적인 기업경영환경 하에서 요구되는 운영상의 효율성을 결여하고 있어 제도의

효과성에서 크게 미흡한 단점이 있다. 변화하는 환경과 제도간의 이러한 간극은 앞으로 더욱 커질 것이며, 그 결과는 복지제도의 비효율성, 저효과, 수혜자의 만족도 저하를 가져오게 될 것이다.

현행 기업복지제도의 또 다른 문제점은 복지급여와 임금간의 경계가 모호하다는 점이다. 부식비 혹은 중식비보조 등은 대표적으로 임금과 복지급여의 경계가 모호한 항목 중 하나로서 우리나라의 후진적인 임금체계를 반영해 주는 것이다. 이의 개선을 위해서는 임금과 복지를 하나의 체계로 아우르는 Total Compensation 개념의 정립이 필요하며, 기업의 고용계약과 보상계약도 이러한 Total Compensation 개념에 기초하여 이루어져야 할 것이다.

3) 근로자의 복지욕구변화

가족구조의 변화, 산업 및 노동시장의 변화하는 환경은 근로자들의 복지욕구에 있어서의 변화를 가져오고 있으며 공공복지에 의한 보편적이고 일률적인 프로그램을 가지고는 다양화해가 가는 근로자의 복지욕구를 효율적으로 충족시킬 수 없을 것이다. 또한, 노동시장의 유연성이 증가하고 그와 함께 고용관계 및 형태, 보상체계가 유연화, 다양화해가고 있는 현 시점에서는 무엇보다 유연한 사적복지제도를 통하여 공공복지의 사각지대나 급여의 불충분성을 보완할 수 있는 방향으로 발전되어야 할 것이다.

4) 국내 기업복지제도의 개선과제

(1) 공적–사적 복지체계간의 연계 및 균형발전

기업의 복지비용부담의 증가는 역으로 고용안정과 임금에 부정적으로 반영될 수 있을 것이며, 사회복지 및 근로복지제도의 효율화에 대한 압력이 강해질 것이며, 이에 따라서 향후의 복지수요 및 복지비용의 증가분에 대하여 국가-기업-근로자간의 부담분담이 적절하게 이루어져야 할 것으로 본다.

향후 우리나라의 복지체계는 국가에 의한 공적복지 및 기업에 의한 사적복지제도간의 연계 및 균형발전이 필요하다. 복지제도 간의 연계는 비용의 분담 측면에서의 연계, 급여 및 서비스제고의 측면에서 다양하게 이루어질 것이다.

→ 공적-사적 제도 간의 연계 방안

보장의 내용	1차 기초보장	2차 추가보장	연계방법
노후소득보장	국민연금	기업연금	적용제외/추가보장
의료보장 (치료/요양)	국민의료보험	단체 의료보험 (치과 및 안과보험 포함)	추가보장
산업재해시 치료/ 요양 및 소득보장	산재보험	민영보험	추가보장 (사용주민사배상책임의 면제)
사망시 소득보장	국민연금	단체 생명보험	추가보장
상병시 소득보장	국민연금	단체 생명보험	보충보장

(2) 유연한 복지프로그램의 개발

과거에는 개별 근로자들의 경제적 환경이나 생애과정 유형이 유사하여 복지욕구의 내용이 보편성이 있었으나 앞으로는 결혼, 가족형성 등 개인의 생애과정이 더욱 다양화되고 환경도 서로 상이하여 복지욕구 또한 다양해질 것으로 전망되어, 기존의 전통적인 기성복 형태의 복지프로그램은 효율성과 효과성에 한계가 있을 것이다. 따라서 새로운 기업복지제도는 수혜자의 다양한 수요에 기초하여 제도 내용을 설계하고, 운영비용의 한계 내에서 근로자들에게 선택권을 줌으로써 제도의 효율성을 높이는 방향으로 발전되어야 할 것이다.

미국과 같은 복지가 선진화된 나라의 경우 이러한 변화에 대응하여 기업차원의 복지프로그램들이 유연하고 다양하게 설계되고 있으며 개인의 복지욕구에 따른 선택의 폭을 넓게 함으로써 개인과 기업이 동시에 비용효율성이 높은 다양한 복지혜택을 받을 수 있게 하고 있다. 이러한 변화 및 발전의 핵심에는 선택적 복지제도 혹은 유연복지체계Flexible Benefit System가 자리 잡고 있다.

(3) 선택적 근로복지제도

근로자의 개별 라이프사이클에 따른 다양한 복지욕구의 충족을 통한 생산성 향상과 노사관계의 안정을 위해서는 복지항목들 간에 Cost-Benefit 개념에 기초하여 근로자의 자율권과 선택권을 도입하는 방향으로 개선되어야할 것이다.

(4) 조세정책의 정비

　다양한 기업복지 프로그램들은 기업의 자발인 시혜 혹은 일방적인 비용부담을 통해서는 발전이 더딜 수밖에 없다. 따라서 우리나라도 선진국의 경우처럼 공적 복지의 사각지대를 메워주거나, 공적복지의 부족한 부분을 보충해주는 추가적인 기업차원의 복지프로그램들에 대해서는 다양한 세제혜택제도를 통하여 국민의 복지욕구충족을 위한 민간부분의 역할분담이 원활하게 이루어질 수 있도록 해야 할 것이다.

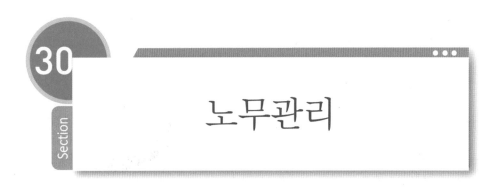

노무관리

1 인적자원관리와 노무

과거에는 인사관리 또는 노무관리라는 용어를 많이 사용하였으나 최근에는 "인적자원관리"라는 용어로 대체되고 있다. 이는 사람도 기업 활동을 위한 자원이라는 의미와 함께 기업에서 단순히 인건비 지출대상만이 아닌 투자해야할 대상으로 봐야한다는 의미가 함축되어 있다고 하겠다.

기업경쟁이 치열해지고 "정보와 경쟁력 그리고 차별화 된 전략"이 성공여부를 결정짓는 열쇠라고 볼 때 인적자원은 다른 자원에 비교할 수 없는 독특성과 창의성을 갖고 있다.

인사노무관리는 경영의 일환으로 사업주의 고유한 사업영역에 속한다 하겠으나 근로기준법 등 노동관계법에 저촉되어서는 아니 된다. 이에 취업규칙의 작성, 임금테이블의 작성, 인사고과 등 평가시스템의 활용 등에 있어서도 노동법과의 상충 내지 저촉여부에 대한 면밀한 검토가 필요하다.

2 인사노무

과거의 장점으로 여겨왔던 제도들의 과감한 탈피와 새로운 관점에서의 인사제도 적용으로 조직 내의 안일한 분위기를 일신하고 새로운 맥락에서 능력향상에 대한 적절한 보상과 능력개발을 지원함으로써 동기부여가 되고 강한 경쟁력을 갖춘 조직이 되도록 한다는 의미에서 새로운 능력주의 인사제도는 반드시 제고되어야 한다.

새로운 인사제도는 크게 직급체계, 승격제도, 임금제도 및 평가제도로 수정되며 사원의 능력개발, 처우·활용 등 인사관리 전반에 걸쳐 유기적으로 결합된 Total 인사시스템으로 전원 정예화, 능력주의 심화, 가점주의 인사로 개선되어야 한다.

한편, 노무관리에 있어서도 바뀌어지는 노동법의 내용과 집단적 노동관계법, 개별적 근로관계법을 위시로 하여 복수노조의 인정, 노동조합 활동에 관한 법률 등. 시대가 바뀌어감에 따라 담당자들이 그 내용에 대하여 알고 있어야 이에 맞게 대응할 수 있다. 안일하게 대처했다가 회사의 존립마저 위태롭게 되는 것을 많이 볼 수 있다. 따라서 인사노무 담당자들을 전문가적인 안목으로 체계적으로 업무처리 할 수 있는 능력을 키워야 한다.

3 노무감사

노무관리의 효과적·효율적인 시행여부를 검토하고, 노무관리의 개선에 이바지하는 제도로 인사감사라고도 한다. 감사의 객관성을 유지하기 위하여 흔히 인사노무담당 이외의 사람, 특히 기업 외부의 전문가가 실시하는 일이 많다. 감사의 대상은 채용·배치·이동·복무·근태·급여·안전위생·복지후생과 종업원의 만족도 등 노무관리 전반에 걸친다. 원래 재무·회계감사의 개념과 방법을 노무관리의 분야에 적용한 것이지만, 재무감사와는 달리 전부를 수량적으로 파악한다고 할 수 없으므로 실시에는 여러 가지 어려움이 따른다.

 산재보험

1) 정의

산재보험이란 산업재해를 당한 근로자에게는 신속한 보상을 하고, 사업주에게는 근로자의 재해에 따른 일시적인 경제적 부담을 덜어 주기 위해 국가에서 관장하는 사회보험을 말한다.

2) 제도의 목적

산재가 발생하면 산재근로자나 그 유족은 사업주를 상대로 안전관리 소홀 등을 사업주의 고의·과실을 이유로 하여 민사소송을 제기하여 손해배상을 받을 수 있다. 그러나 민사소송을 제기할 경우 사업주와 근로자의 과실여부를 가려야 하고 엄청난 소송비용과 많은 시간을 필요로 하게 된다. 또한 사업주의 재정상태에 따라서는 근로자가 소송에서 이기고도 적절한 배상금을 받지 못하는 경우도 있다. 한편, 민사손해배상은 사업주에게도 한꺼번에 엄청난 경제적 부담이 된다.

이와 같이 산재보험은 일하다가 뜻하지 않게 재해를 당한 근로자의 생활안정과 그로 인한 사용자의 손해배상책임의 부담을 덜어줄 목적으로 실시하는 제도로서 법률에 의해 가입이 강제되어 있다.

3) 보험급여 지급 원리

국가(근로복지공단)는 근로자를 사용하는 모든 사업주로부터 보험료를 징수하고 이를 재원으로 하여 산업재해로 인해 부상 또는 사망한 근로자와 그 가족에게 보험급여를 지급한다.

4) 보험급여 종류

요양급여, 휴업급여, 장해급여, 장의비, 유족급여, 간병급여 등이 있다.

5 해 고

사용자가 근로자와의 근로계약을 일방적으로 해약하여 근로관계를 소멸시키는 일이다. 민법상의 고용계약의 해지와 법적 성질은 같다. 민법상으로는 기간의 약정이 없는 고용계약은 당사자가 언제든지 해지 통고할 수 있고, 1개월의 통고기간이 지나면 그 효력이 발생하나, 이와 같이 사용자에게 일방적 해고의 자유를 인정하는 것은 경제적 약자인 근로자에게는 직장상실만을 의미하기 때문에 근로3권의 보장과 노사대등관계를 지향하는 노동법은 시민법상의 원칙을 수정하고 해고의 자유를 폭넓게 제한하고 있다.

근로기준법은 해고의 일반적 제한으로서 사용자는 근로자에 대하여 정당한 이유 없이 해고하지 못한다고 규정하고 있다. 무엇이 '정당한 이유'인가에 관해서는 동법에 구체적 규정이 없으나, 그 일반적 내용은 해당 근로자와의 근로관계의 유지를 사용자에게 기대할 수 없을 정도의 이유를 말한다. 정당한 이유가 없는 해고는 당연 무효이며, 소정의 벌칙이 적용된다.

해고의 정당한 이유와 징계해고시의 징계사유에 관하여는 사용자가 이를 입증하여야 한다. 사용자는 근로자가 업무상 부상 또는 질병의 요양을 위한 휴업기간과 그 후 30일간 및 산전·산후의 휴업기간과 그 후 30일간은 해고할 수 없다. 그러나 일시보상을 하거나 천재지변 등 부득이한 사유로 사업 계속이 불가능하다고 인정되는 경우에는 이 기간중에 해고가 가능하다.

그리고 사용자가 근로자를 해고하고자 할 때에는 적어도 30일 전에 예고를 하거나 30일분 이상의 통상임금을 지급하여야 한다. 그러나 천재지변 등 부득이한 사유로 사업 계속이 가능한 경우 또는 근로자가 고의로 사업에 막대한 지장을 초래하거나 재산상 손해를 끼친 것으로 인정된 경우에는 즉시 해고할 수 있다.

6 임금

　용자와 피고용자와의 계약에 의하여 성립된 노동 용역의 보수를 뜻한다. 노동 용역 보수의 크기를 의미하는 임금수준은 보는 입장에 따라 의미가 달라진다. 노동자의 입장에서는 임금이 소득으로서 생활비의 유일한 원천이기 때문에 보다 많이 받기를 원하며 최소한의 생활을 보장할 수 있는 생활급 임금을 요구한다. 기업가의 입장에서는 임금이 비용으로서 생산에 필요한 지급항목인 노무비가 되기 때문에 보다 적게 지급하기를 바라며, 생산성이나 능률에 견주어 결정해야 한다는 능률급임금이나 생산성임금을 주장한다.

　또한, 국민경제의 입장에서는 임금이 경제순환에 있어서 구매력이나 가격으로서의 중요성을 지니고 있기 때문에 임금수준이 너무 높거나 너무 낮아도 어려운 문제를 야기하게 되므로 적정선을 꾀하게 될 것이다.

　지나친 고임금은 노동자의 생활수준을 높일지 모르나 기업의 노무비 증가에 의한 이윤폭의 감소나 지급능력이 못 따르게 되어 생산축소가 일어날 뿐만 아니라 생산가가 높아져 국제경쟁력을 약화시키며 소득수준 향상에 의한 수입증가로 도리어 노동자의 실업을 초래할 위험성이 있다.

　반대로 지나친 저임금은 기업가에게는 유리할지 모르나 노동의욕을 상실하게 하고 노동력의 재생산을 불가능하게 하여 인적 자원의 유지와 개발에 큰 차질을 가져올 것이 분명하다. 저임금은 특히 과잉생산 상태 하에서는 유효수요부족으로 나타나 불황을 야기시킨다. 따라서 임금이 기업의 지급능력이나 노동생산성을 장기에 걸쳐 상회하거나 하회해도 문제가 일어나므로 소득으로서의 임금, 비용으로서의 임금, 구매력이나 가격으로서의 임금이 국민 경제적 차원에서 균형관계를 유지하도록 하여야 한다.

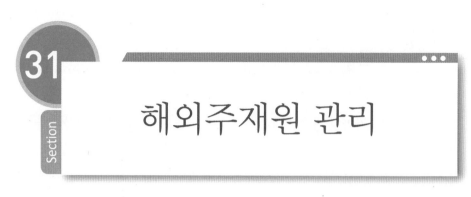

31 Section 해외주재원 관리

1 해외주재원 관리

1) 해외주재원 선발 절차

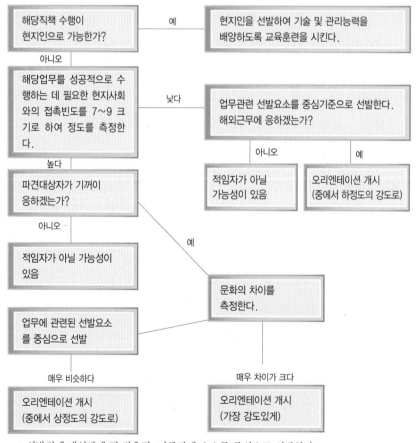

| 해당직책 수행이 현지인으로 가능한가? | 예 → 현지인을 선발하여 기술 및 관리능력을 배양하도록 교육훈련을 시킨다. |

아니오

해당업무를 성공적으로 수행하는 데 필요한 현지사회와의 접촉빈도를 7~9 크기로 하여 정도를 측정한다.

낮다 → 업무관련 선발요소를 중심기준으로 선발한다. 해외근무에 응하겠는가?

아니오 → 적임자가 아닐 가능성이 있음

예 → 오리엔테이션 개시 (중에서 하정도의 강도로)

높다

파견대상자가 기꺼이 응하겠는가?

아니오 → 적임자가 아닐 가능성이 있음

예 → 문화의 차이를 측정한다.

업무에 관련된 선발요소를 중심으로 선발

매우 비슷하다 → 오리엔테이션 개시 (중에서 상정도의 강도로)

매우 차이가 크다 → 오리엔테이션 개시 (가장 강도있게)

＊ 선발전에 대인관계 및 적응력, 가족관계 요소를 중심으로 선발한다.

2) 해외주재원 충원정책

해외주재원을 어떻게 충원할 것인가의 문제는 특정 기업의 특수한 경영환경의 필요와 요구에 따라 달라진다. 그 이론적 접근 방법은 본국중심주의, 현지국중심주의, 지역중심주의, 지구중심주의의 네 가지로 구분한다. 본국중심주의는 자회사의 주요지위를 본국주재원으로 채우는 것이고 현지국중심주의는 자회사의 주요지위를 각 지역의 현지인으로 충당하는 것이다. 지역중심주의는 관리자에 대한 선발, 교육훈련, 임명 등을 지역에 일임하여 지역중심적 체제로 인력관리를 운영하는 것이고, 지구중심주의는 국적에 구애받지 않고 본사와 자회사를 세계적 조직의 일부로 간주하여 모든 직위에 능력 위주로 인원을 선발, 배치하는 것이다.

3) 해외주재원의 교육

다국적기업의 성패를 좌우하는 경영자의 자질은 교육, 훈련을 통하여 향상될 수 있다. 본사 파견직원에 대해서는 이질문화 속에서 현지인과 융화할 수 있고, 현지인의 지도자로서 사업성공에 필요한 전문직을 수행할 수 있도록 국제적 감각을 갖춘 자로 훈련시켜야 한다.

교육 및 훈련의 내용은 기업에 따라, 파견국가에 따라 약간씩 다를 수 있지만 일반적으로는 지역연구 프로그램, 문화적 동화훈련, 현지언어 훈련, 감수성 훈련, 현장실습 등의 다섯 가지 범주로 구성된다.

이상의 프로그램은 결코 상호 배타적으로 이용되어서는 안되며, 상호 보완적인 방향으로 실시되어야 한다. 또한 필요에 따라서는 내용이 추가될 수도 있다.

해외주재직원에 대한 교육훈련 프로그램의 효율성을 제고하기 위해서는 최고경영층의 제도적·전략적인 지원, 선발과 훈련과정에 여유 있는 시간의 제공, 선발과 교육과정에 배우자 및 가족의 포함 그리고 해외파견의 조기선발과 준비 등이 함께 이루어져야 할 것이다.

2 해외주재원의 경력관리 및 보수정책

1) 경력관리

해외에 파견되는 관리자는 대부분의 경우 파견전이나 해외근무 도중 해외파견이 자기의 경력에 도움이 되는 것인가, 귀국 후 본사에서 어떤 직무를 담당할 것인가, 해외에서 근무하는 동안 본사에서 자기를 잊어버리는 것이 아닐까 하는 의구심을 갖게 된다. 이렇듯 해외주재원이 귀국 후의 직책과 승진문제 등에 골몰하고 의구심을 갖게 되면 해외파견을 기피하거나 파견되는 경우라 할지라도 많은 비용을 지출하여 교육시킨 고급인력이 제 기능을 발휘하지 못하게 된다. 따라서 국제기업에 있어서 해외주재원을 효율적으로 관리하는 것은 무엇보다도 중요한 문제이다.

해외주재원에 대해서는 본사에서의 근무와 해외에서의 근무를 계획적으로 실시하고 주재원에 대해서는 향후의 진로를 명확히 해줌으로써 근무의욕을 고취시킬 수 있다. 이를 위해서는 국제기업으로서의 인사방침이 확고히 수립되어야 하고 현지에 대해서는 인사권을 분권화하여 권한을 위임하는 것이 필요하다. 또 해외주재원에 대해서는 경력을 효율적으로 관리함으로써 귀국 후의 재배치에도 큰 도움이 될 수 있다.

경력관리는 또한 본사에서 파견된 직원에게만 해당되는 것이 아니고 현지인의 경우에도 그들의 승진 및 활동기회를 확대해 주기 위해 필요하다. 오늘날 다국적기업은 현지정부의 압력에 의해 모든 분야에서 현지인 고용비율이 높아져가고 있는 것이 사실인 바, 현지인에 대한 효율적 경력관리는 최근 개발도상국에서 일고 있는 현지인화의 요청에 부응하는 한 방법이기도 하다.

2) 보수정책

해외주재원의 보수프로그램은 현재에도 다국적기업별로 다르며, 그 이유는 국제기업들은 제각기 나름대로의 구체적인 필요성, 처해있는 상황 및 전략적 장기계획 등을 고려하여 고유한 보수프로그램을 고안하여 실시하는 것이 바람직하기 때문이다. 그렇더라도 다국적기업들은 다음과 같은 공통적 내용을 담은 보수정책을 책정하여 활용하고 있다.

첫째, 보수프로그램은 유능한 국제 경영자를 유치하고 유지하는 기능을 발휘할 수 있어야 한다.

둘째, 보수프로그램은 해외임무를 맡는 경영자가 해외임무에 수평적으로 이동되는 것으로 인해 금전상 또는 기타 재산상의 이득을 보게 해서도 안되고 손실을 보게 해서도 안된다.

셋째, 보수프로그램은 기업체 내에서 이루어지는 경영자의 수평적 이동, 즉 3국·본사국 경영자가 본사로 이동하는 것을 저해해서는 안된다.

넷째, 본사경영자와 해외자회사 경영자의 보수간에는 납득할 수 있는 일관성 있고 논리적인 관계가 있어야 한다.

다섯째, 모든 주요 경쟁업체들과 비교해서 보수프로그램에 무리가 없어야 한다. 마지막으로 해외자회사 경영자에 대한 보수프로그램은 동기부여의 요소가 있어야 하고 현지국의 세율 생활비 등의 변동을 즉시 반영할 수 있어야 한다.

 3 해외주재원의 귀국관리

1) 주재근무 후 귀국적응

심리적 측면에서 본 본사귀환은 실제 귀국보다 수개월 전부터 진행된다. 실제 귀국시점의 전후 1년 정도를 심리적 귀국상태로 보고 있는데, 결국 귀국 후 6개월은 신체적·심리적 적응과정이 병행하는 셈이다. 이 기간 동안에는 높은 이직률이 특징적이며 직무성과도 시간이 흐르면서 서서히 높아진다.

여기서 조기귀국, 즉 해외주재근무의 실패율과 귀국 후 이직률 역시 높다는 점에 주목할 필요가 있다. 해외주재근무 실패의 공통요인은 바로 문화적 적응의 실패에서 비롯된다. 한편 성공, 실패를 떠나 해외주재원들은 심각한 문화적 충격에 시달린다. 이러한 문화적 이질감에서 비롯되는 문제들은 훈련을 통해 미리 예방하거나 줄일 수 있다는 주장이 지배적이다.

해외근무를 마친 주재원의 귀국 후 이직률이 높다는 보고는 다국적기업들에게 산경험을 제공해 준다. 이직률은 귀국 후 1년에서 몇 년 후까지 연장하면 더 높아진다는 점에서 문제는 더욱 심각하다. 특히 귀국 후의 조직내 또는 조직의 상황변화에 적응을 못하거나 불만스러운 경우로 인한 이직률의 상승으로 간접비용도 막대하다.

2) 귀국적응과정

귀국적응과정은 귀국 전과 귀국 후로 나누어 볼 수 있다. 귀국 전의 철저한 귀국준비는 귀국 후의 적응뿐만 아니라 조직에 기여할 수 있는 해외경험을 제대로 인식하는데 도움이 될 것이다. 이는 귀국후 변화되어 있을 여건, 제도 등에 관한 정보를 미리 얻으려는 노력을 말하며, 기대 또는 예상을 가능하게 해준다.

이러한 예상은 직무, 대인관계, 환경에 대해 각각 다르게 나타날 수 있다. 물론 이러한 예상과 현실이 불일치하더라도 귀국준비는 변화에 대한 인식을 갖게 하는데 도움이 될 것이다. 그리고 귀국을 앞두고 직무상 또는 사적으로 본사와 관계를 갖는 경우, 귀국 후 본사로부터 주재근무경험 및 경력을 인정받는데 도움이 되어 궁극적으로 주재경험을 조직에 기여하는 데에도 도움이 될 것이다.

그리고 해외근무에 대한 본사로부터의 실적 또는 성과평가를 들 수 있다. 이러한 것은 주재원이 귀국 후 본사 또는 근무 부서의 상사나 동료로부터의 주재경험 및 해외경력을 인정받는데 영향을 줄뿐만 아니라 조직에 기여할 수 있는 주재경험을 제대로 인식하여 활용하는데에도 영향을 미치게 된다.

또한 귀국 후 주재근무기간 동안 변화한 주변상황에 대한 인식, 주택해결과 자녀취학 등과 같은 정착과정은 주재경험을 제대로 인식하여 조직에 기여하는데 영향을 미칠 것이다. 주재원들이 귀국 후 받는 스트레스는 엄청나게 바뀐 주변상황을 빨리 인식하지 못하는 데서 비롯된다. 이를테면 과거 동료가 상사가 되었다거나, 조직부서의 변동과 같은 조직적 변화뿐만 아니라 인플레이션과 같은 재정적 부담도 크게 느낀다. 또한 귀국 후 사회적 신분의 격하, 주택문제, 가족적응문제 등이 주된 어려움이다.

3) 해외주재경험

해외주재경험은 크게 개인적 경험, 직무관련 경험, 문화적 경험으로 나누어 볼 수 있다. 여기서 개인적 경험은 해외주재근무의 유경험여부, 주재근무기간, 가족동반여부 등이 포함된다. 즉, 다양하고 풍부한 주재경험은 유경험자일수록, 경험이 많을수록, 예외적 경험을 가질수록 커진다. 취학아동을 동반한 경우 해외경험은 오히려 다양하고 풍부해질 수 있다. 또한 가족의 해외생활의 만족은 오히려 직무만족을 향상시킬뿐만 아니라 보다 성공적인 주재근무를 보장해 준다는 주장도 있다. 물론 가족의 현지 적응이 어려워 조기귀국하는 경우도 있긴 하다.

한편 직무관련경험은 전문성 및 응용성 차원에서 설명될 수 있다. 해외주재근무의 직무와 귀국 후 직무의 유사성, 직무중 국제 경영업무의 비중 등이 기준이 될 것이다. 직무 유사성은 우선 귀국적응을 쉽게 해주거나 심지어 직무몰두, 조직몰입에도 긍정적인 영향을 미친다. 즉, 직무의 유사성 정도가 높을수록, 국제업무의 비중이 클수록 해외주재경험의 조직기여도는 높을 것이라는 예상이다.

문화적 경험이란 범위가 넓으며 개인적, 직무관련 경험과 중복되는 경우도 많을 것이다. 따라서 문화적 경험은 다양성, 풍요성, 전문성, 응용성이 모두 고려될 필요가 있다. 이를테면, 여러 국가의 주재경험을 가질수록 문화적 경험은 다양하고 풍부해진다. 또한 현지채용인들과 공동의사결정에 참여하는 일, 현지국의 관련업계와의 교류가 많은 업무에 참여하는 일 등도 기준이 될 것이며, 현지인 채용비율도 좋은 문화적 경험의 척도가 될 수 있다는 점이다.

4) 해외주재원의 귀국 후 관리

국제기업은 통상 해외주재원의 육성과 교육에는 많은 관심을 보이고 있으나 해외주재원이 귀국한 후의 인사관리문제에 대해서는 크게 관심을 쏟지 않는 경향이 있다. 해외주재원은 국내본사와 해외자회사간의 커뮤니케이션 부족으로 개인적·직업적 고립을 느끼며, 심한 경우에는 다국적기업의 전체적 정책마저 인식하지 못할 뿐 아니라, 본사의 경영이나 정책에 많은 변화가 있는 경우 재적응이 어렵다.

이상과 같은 점에서 해외주재직원에 대한 귀국 후 관리는 그 중요성을 가지며, 이를 해결할 수 있는 체계적 접근방법을 개발하는 것이 요구된다. 본사에 돌아온 관리자는 심층적인 조직적 재교육을 받아야 한다. 이 재교육에서는 정책 및 절차상의 변경, 회사전략의 변화, 새로운 직원 및 현직원의 임무, 귀국자의 새로운 직위에 대한 상세한 설명이 있어야 한다.

그리고 귀국자는 새로운 직위를 맡기 전에 한달 정도 업저버 자격으로 회합에 참여토록 한다. 다국적기업은 가족 전체에게 소득 감소와 생활습관 적응을 위한 자문을 해주고, 이와 함께 인플레이션 및 주택비용 상승을 고려하여 금융을 제공해 주어야 한다. 귀국자에게는 약간의 시간적 여유를 주어야만 새로운 직위에 적응할 수 있다. 그리고 귀국 후 수개월 정도는 가족에 대한 배려가 필요하며, 국내환경에 잘 적응할 수 있도록 도와주어야 한다.

MEMO

Chapter

09

재 무

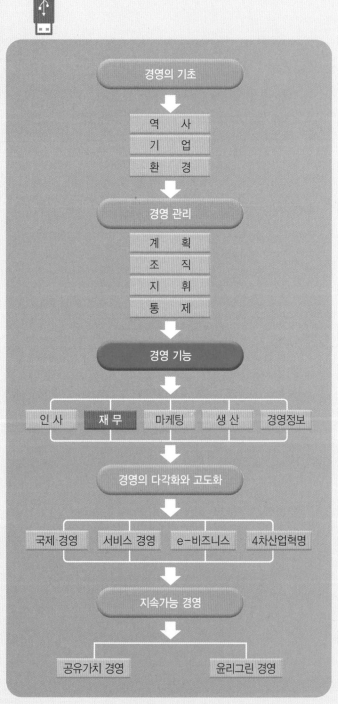

경영의 기초

역 사
기 업
환 경

경영 관리

계 획
조 직
지 휘
통 제

경영 기능

인 사 | 재 무 | 마케팅 | 생 산 | 경영정보

경영의 다각화와 고도화

국제 경영 | 서비스 경영 | e-비즈니스 | 4차산업혁명

지속가능 경영

공유가치 경영 | 윤리그린 경영

32 재무관리의 본질과 목표

Section

1 재무관리의 의의

1) 재무

현재의 경제적 자원과 미래의 경제적 자원을 교환하는 경제적 활동이다. 이런 문제들에 대한 의사 결정을 재무결정이라고 하고, 그런 의미에서 재무는 서로 다른 시간 사이의 자원배분이라고 정의될 수 있다.

2) 재무관리

기업의 설립과 운영에 필요한 자본을 합리적으로 조달해서, 이를 경영활동에 유효하게 운용하기 위해 필요한 관리활동을 말한다. 재무관리는 생산, 인사, 마케팅과 같은 기업경영활동과 분리되는 것이 아니고, 이들 경영활동으로부터 얻어진 자료와 정보 및 외부 경영환경으로부터 얻어진 자료와 정보의 토대 위에서 기업 목표의 효과적 달성을 위하여 투자 결정과 자본조달결정을 내리고 이를 실행하는 활동이다.

2 재무관리의 목적

자본을 조달하고 운용하는 재무관리의 목표는 기본적으로 기업가치를 극대화하는 것이다. 기업가치는 기업의 청구권자들─자본을 제공한 채권자와 주주들─에게 기업이 제공해 줄 수 있는 미래 소득흐름을 현재가치로 평가한 값이다. 기업자산으로부터 얻어지게 될 미래 현금흐름의 기대치가 더 크고 위험이 더 적을수록, 청구권자들에게 제공해 주는 미래 소득흐름의 기대치는 더 클 것이고 위험은 더 적을 것이다. 따라서 기업가치는 기업의 미래 현금흐름의 기대치가 더 크고 위험이 더 적을수록 높게 평가될 것이다. 흔히 기업가치극대화의 목표는 주주의 부의 극대화 또는 주가의 극대화로 표현되기도 한다. 이것은 기업가치의 변동을 주주의 부가 가장 민감하게 나타내 주기 때문이다. 기업가치극대화 또는 주주의 부의 극대화는 금융시장의 기능을 잘 설명해 줄 수 있는 것으로 받아들여지고 있다. 만일 어떤 회사가 좋은 투자결정을 내리게 된다면이 회사의 주가는 상승하고 더 좋은 조건으로 소요자금을 조달할 수 있게 될 것이다.

기업가치의 극대화 목표를 달성하기 위해서는 다음과 같은 구체적인 목표가 실행되어야 한다.

1) 수익성 목표

투자가들의 자금을 유치하기 위한 기본적 동기요인이다. 이러한 목표를 달성하기 위해서 경영자는 이익계획 또는 이익관리를 한다.

2) 유동성 목표

기업부채의 단기적인 채무지급능력을 의미한다. 기업은 적절한 수준의 유동자산을 확보해야만, 단기부채에 대한 지급능력을 가질 수 있는데, 그렇게 하기 위해서는 유동비율이 적정선으로 유지되어야 한다. 그리고 유동비율을 유지하기 위해서는 자금계획의 합리화가 확보되어야 한다.

3) 안정성 목표

기업의 건강상태를 나타내는 척도로서, 기업의 체력을 강화하기 위해서 필요한 재무관리의 목표이다. 이러한 안정성을 유지하기 위해서는 재무구조가 건실해야 하는데, 재무구조의 건실은 자본구조계획의 합리화와 자본배분의 합리화로써 달성될 수 있다.

 ## 3 재무관리의 내용

주로 기업의 자금을 조달하고, 그 자금의 투자에 따른 관리, 운용 및 통제를 담당하여 기업의 가치를 극대화하기 위한 역할을 담당한다.

1) 투자결정

이는 기업이 어느 자산에 투자할 것인가를 결정하는 것으로서, 조달된 자본을 효율적으로 배분하는 자본의 운용기능을 의미한다. 기업이 보유하게 될 총자산의 규모에 관한 의사결정이다. 기업 전체의 자산을 어떤 개별자산들로 구성할 것이며, 어떤 특정자산을 취득하여야 할 것인지 여부에 관한 의사결정이다.

투자결정의 결과로서 기업이 보유하는 자산으로부터 얻어지는 미래의 현금흐름은 현금소득흐름이다. 따라서 투자결정은 미래의 영업이익흐름의 기대치와 그것의 위험도에 관한 의사결정이라고 할 수 있다.

2) 자본조달결정

투자에 소요되는 자본을 어떤 방법으로 효율적으로 조달할 것인가를 결정하는 기능이다. 기업이 자본을 조달할 수 있는 원천은 크게 부채와 자기 자본으로 구분된다. 부채는 미래에 약정된 원금과 이자를 지급하여야 하는 자본조달원천이다. 자기자본은 미래의 소득이 약정되어 있지 않으며 기업에 대한 소유권과 최종적 청구권을 갖는 자본조달원천으로서, 대부분의 주식회사에서 보통주가 자기자본을 나타내는 증권이다.

부채와 자기자본의 구성에 관한 의사결정, 즉 자본구조결정이다.

투자결정의 결과로 얻어진 기업의 현금흐름을 부채와 자기자본에 대하여 어떻게 분배할 것인가에 관한 의사결정이다. 자본조달결정은 주주들이 얻게 될 이익률의 기대치와 위험도에 관한 의사결정이다.

3) 투자결정과 자본조달결정의 관계

기업은 기업가치를 극대화하기 위하여 어떤 종류의 자산을 취득하는 것이 유리하며, 기업의 규모를 어느 정도로 하는 것이 바람직할 것인지를 결정하는 투자 결정을 내린다. 이 투자결정의 결과 기업이 어느 정도의 자금을 조달하여야 하는지가 결정된다. 기업은 필요한 투자자금을 금융시장에서 금융자산을 발행하여 조달한다.

이렇게 조달된 자금은 기업의 여러 가지 자산을 취득하는데 사용된다. 그리고 기업이 보유한 자산의 운용으로부터 생성된 현금흐름은 청구권자–채권자 및 주주–에게 조달된 자본에 대한 대가로서 지급된다. 또 현금흐름의 일부는 법인세로서 정부에게 지출되고 나머지 일부는 내부유보로서 기업 내부에 재투자된다.

 ## 4 재무관리의 기본사고

대부분의 재무 결정은 현재의 어떤 금액과 미래의 어떤 금액 사이의 경제적 교환관계를 다룬다. 따라서 대부분의 재무결정에서는 현재와 미래 사이에 존재하는 시차를 고려하여야 하며, 다른 한편으로 미래 결과를 충분히 예측하지 못하기 때문에 부담하여야 하는 위험risk을 고려하지 않으면 안 된다.

5 재무기능담당 조직

기업에서 재무결정을 내리고 그것을 실행, 통제하는 책임을 지고 있는 사람을 재무관리담당자라고 할 수 있다. 엄격한 의미에서 보면, 재무관리는 기업활동의 통합기능을 갖고 있기 때문에 어떤 특정한 개인이나 조직에 의해서만 담당된다고 할 수 없다. 그러나 재무관리에 관련되는 모든 자료와 정보 및 의견을 종합하고 재무결정의 결과를 실행함에 있어 일차적 책임을 지는 재무관리담당자 및 조직이 있다. 일반적으로 자본의 조달과 그 운용에 관한 집행기능을 담당하는 트레저러treasurer부문과 계획 및 통제기능을 담당하는 컨트롤러controller부문으로 구분된다.

▶▶ 트레저러와 컨트롤러의 비교

Treasurer	Controller
● 재무계획의 작성	● 각종 통계의 작성
● 은행관계	● 회계
● 현금관리	● 재무제표의 작성
● 자금의 조달 및 상환	● 내부감사
● 매출채권 등의 여신관리	● 급여
● 보험	● 자료의 보관 및 검색
● 연금의 관리	● 세금관계 업무

 6 경영분석

1) 경영분석의 의의

경영분석은 재무자료를 분석하여, 기업의 재무상태와 경영성과의 실적을 평가하는 것으로서, 재무제표분석이 중심이 된다. 이러한 경영분석을 통하여 제공되는 정보에 의하여 자금계획을 수립하고, 또한 효과적으로 통제할 수 있으므로, 경영분석은 재무계획과 재무통제의 기초가 된다. 경영분석은 재무에 관한 정보를 주요대상으로 하므로 재무분석이라고도 한다.

2) 경영분석의 목적

경영분석의 목적은 기업재무의 유동성, 재무구조의 안정성 그리고 기업의 수익성을 파악하고자 하는 것이다. 이 목적은 분석주체에 따라 상이한데, 첫째 기업외부의 투자자·채권자·은행을 외부부분 분석주체라 하는데, 은행은 주로 기업에 대한 단기대출을 하므로 기업의 단기채무지급능력이나 유동성에 관심이 많다. 주주나 장기채권자들은 유동성보다는 기업의 수익성과 안정성에 관심이 있다. 둘째, 내부분석 주체인 경영자는 종합적으로 경영분석을 하므로 유동성·수익성·안정성 모두를 분석 목적으로 한다.

자본의 운용과 조달

Section

 자본조달의 원칙

❶ **자금용도에 따른 조달의 원칙**: 고정자산에의 투자를 목적으로 하는 자금은
장기성 자본에 의해서 충당되어야 한다. 이것은 시설자금의 조달은 단기자
본인 유동부채를 활용해서는 안 된다는 원칙이다.

❷ **경영재무구조의 균형화 원칙**: 기업이 유동부채를 많이 사용할 경우, 이는 유
동성을 악화시키게 되고, 안정성도 크게 해치게 된다. 또 유동성을 유지하
기 위하여 현금 등 당좌자산(현금, 예금, 유가증권 등)을 많이 가지고 있으면 수익
성이 떨어지는 상쇄관계가 있으므로 균형을 이루어야 한다.

❸ **경영지배권에 따른 조달원칙**: 투자자가 사업주주 또는 투자·투기주주에 따
라 그 성격이 다르지만, 적어도 경영에 대한 지배권을 행사하기 위해서는
자본조달의 상당 부분을 자기 자본에서 충당해야 한다.

❹ **금융시장의 특성에 따른 자본조달원칙**: 자금의 투자 향방은 이자율과 배당률
또는 자금의 한계 효율의 고저에 의해서 결정된다. 기업의 입장에서는 자
본시장과 금융시장의 특성과 그 변화를 고려해야 한다.

2 자본조달의 방법

자본은 기업을 창업하고 운영하는데 필요한 자금으로서 자체적으로 마련할 수도 있으며, 주식·채권을 발행하여 투자자로부터 제공받을 수도 있다. 또한 은행이나 금융기관으로부터 빌릴 수도 있다.

1) 매입채무

매입채무trade credit란 기업이 구입한 제품, 원료, 장비, 용역 등에 대하여 대금을 지불하지 않음으로써 발생하는 부채를 말한다. 대차대조표상에는 외상매입금과 지급어음의 형태로 나타난다. 산업이 발달하고 신용거래가 확대됨에 따라 매입채무는 널리 이용되는 타인자본의 한 형태이다. 판매자가 외상매출로 인한 비용을 제품가격에 반영시켜 가격을 인상시키기 때문에, 구매자가 이 비용을 부담해야 한다. 매입채무를 이용할 때는 가격, 공급선의 변경 등에 있어서 자율성을 잃지 않도록 유의하여야 한다.

2) 리스

리스lease란 일정한 자산(주로 시설재)을 구입하여 이용자에게 대여하고 사용료를 받는 제도를 말한다. 리스를 이용하면 고가의 장비를 직접 구입하지 아니하고서도 그것을 사용할 수 있게 된다. 사업자금의 측면에서 본다면 리스는 사업자금을 직접 조달하는 방법은 아니지만 사업자금의 수요를 줄임으로서 소요자금을 조달한 것과 같은 효과를 준다는 측면에서 창업자 또는 기업가가 알아두면 좋은 제도이다.

➡️ 리스금융의 특징

1	임차인은 일정한 리스료만 지급하고 자산을 이용할 수 있다.
2	부채로 계상하지 않으므로, 재무구조에 악영향을 미치지 않는다.
3	구입한 자산의 진부화 위험을 피할 수 있다.
4	리스료는 세법상 비용이므로, 법인세 절감효과가 있다.

3) 신용보증

신용보증credit guarantee이란 문자 그대로 신용을 보증해 주는 것이다. 그러므로 신용보증이란 자금을 직접 지원해 주는 것은 아니지만 타인자본의 동원을 보조해 주는 제도이다. 우리나라에는 담보력이 미약한 기업의 채무를 보증하기 위해서 설립된 기관으로 신용보증기금과 기술신용보증기금이 있다. 담보력이 부족한 창업자 또는 중소기업자에게는 큰 도움이 될 수 있는 제도이다. 신용보증의 절차는 다음과 같다. 기업이 금융기관 등에 융자상담을 하고 신용보증기금에 보증상담 및 신청서를 제출한다. 그러면 신용보증기금은 기업의 신용을 조사하고 보증심사 및 승인을 한 다음 기업과 신용보증 약정을 채결한다. 그 다음 금융기관 등에 보증서를 발급하게 된다.

4) 은행의 지급보증

은행의 지급보증제도란 은행이 거래처의 요청에 따라 거래처가 제3자에게 부담하고 있는 채무나 장래 발생하게 될지도 모르는 채무에 대하여 그 지급을 보증하는 제도이다. 은행은 지급보증의 대가로 보증료를 받는다. 지급보증도 자금을 조달하는 직접적인 방법은 아니지만 자금을 조달하는 것과 같은 효과를 주는 보조 방법이다. 지급보증을 받으려면 보증상담을 한 후 보증 신청을 한다. 그 다음 보증물의 감정 및 신용조사를 마친 후 승인 신청서를 작성한 후 보증 결정을 내리게 된다. 보증 승낙 통지를 받은 후 지급 보증 약정 및 채권 보증을 한 다음 지급 보증서를 발급 받고 나면 융자가 실행되게 되는 것이다.

5) 팩토링

팩토링factoring이란 은행 등 금융기관이 기업의 외상매출금, 받을어음 등 매출채권을 매입함으로써 자금을 공급하는 제도이다. 기업은 이 제도를 이용함으로써 고객에 대한 신용조사, 대금회수 및 채권관리 등의 부담이 경감되는 이점이 있다.

6) 보증보험

보증보험이란 담보제공 능력이 부족하여 대출수혜, 입찰참가, 사채발행 등이 곤란한 자에게 보증보험회사에서 보증료를 받고 보증을 해주는 제도이다. 이를 통해 채무자(보험 계약자)는 동 보증에 따른 대출 등의 혜택을 받을 수 있다. 한편, 금융기관 등 채권자(피보험자)는 동 보증보험증권을 담보로 취득하기 때문에 대출 등에 따르는 위험 부담을 해소할 수 있게 된다.

7) 은행융자

은행은 가장 기본적인 자금원이다. 은행으로부터 돈을 빌리는 방법은 담보의 유무에 따라 담보대출과 신용대출로 나눌 수 있다. 은행의 융자제도는 은행에 따라 다르고 그 절차와 구비서류도 다르다. 은행융자의 절차는 거래은행과 융자의 종류, 금액에 따라 다소 차이가 있을 수 있다.

8) 기업어음

기업어음은 기업이 필요한 자금을 조달하기 위하여 약속어음을 발행하여 이를 매출함으로써 단기자금을 조달하는 방법이다. 기업들은 단자회사, 종합금융회사 및 일반상업은행 등의 중개기관을 통하여 기업어음을 매출한다. 이 때 사용되는 어음은 상거래상 발생하는 어음이 아니고 순수한 자금융통을 목적으로 발행하는 어음이다.

9) 은행차입

은행을 비롯한 금융시장은 기업에게 단기자금을 제공하는 기능을 수행한다. 우리나라에서는 단기금융과 장기금융의 역할을 수행한다. 은행차입의 대표적인 유형으로는 일반자금대출, 할인어음, 당좌대월, 수출지원금융 등이 있다.

10) 자기금융

자기금융self-financing 혹은 내부금융이란 외부에서 필요한 자본을 조달하는 것이 아니라, 이익을 사외에 유출시키지 않고 내부에 유보시키는 것을 말하는데, 이익 유보를 증대시키면 배당이 적게 되고, 배당액이 크면 이익 유보가 적게 되므로, 배당정책을 신중하게 결정해야 한다.

11) 주식

주식stock은 주식회사가 자기자본을 조달하기 위하여 발행하는 유가증권이다. 회사는 이 주식을 팔아 자본으로 사용할 수 있다. 이 주식을 산 주주는 기업의 소유자로서 주식을 보유함으로써 투자에 대한 급부로 배당금과 함께 주식가치의 상승으로 인한 자본이득을 기대한다. 주식회사는 자본을 투자 받는 대신 이들 주주에게 배당금을 지급하여야 한다.

12) 사채

사채bond란 회사가 일반대중으로부터 장기부채를 지고, 이에 대한 표시로서 발행되는 유가증권을 말한다. 사채는 회사의 부채이나 주식은 자기자본이다. 따라서 부채의 증가로 인해 자본구조가 악화되어 대외신용도가 저하될 수 있다. 또한, 경영실적이 부진하면 기업의 유동성이 악화된다. 하지만, 주식에 비해 위험이 적고, 법인세 절감 효과가 있다. 또한 영업실적이 양호하다면 주주에게 귀속되는 순이익이 커진다.

3 자본의 운용

자본의 운용이란 곧 투자를 말하는 것으로서 기업이 미래의 불확실한 수익을 위해서 현재의 확실한 자금을 지출하는 행위를 의미한다. 따라서 자본투자결정이란 기업이 조달한 자금을 어느 자산에 어느 정도로 투자할 것인가를 결정하는 것을 가리킨다. 기업은 자본투자결정을 통해서 미래의 현금흐름, 즉 수익을 기대하게 된다.

1) 자본예산

자본예산capital budgeting이란 투자대상으로부터의 현금흐름, 즉 투자로 인해 발생되는 효과가 1년 이상 장기간에 걸쳐 실현될 가능성이 있는 투자결정과 관련된 계획수립을 말한다.

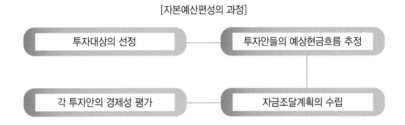

[자본예산편성의 과정]

| 투자대상의 선정 | — | 투자안들의 예상현금흐름 추정 |
| 각 투자안의 경제성 평가 | — | 자금조달계획의 수립 |

➡️ 자본예산이 재무관리에서 중요시되는 이유

1	효과가 장기간에 걸쳐 영향을 미치기 때문에 미래의 투자환경에 대한 정확한 예측을 할 필요가 있다.
2	자본예산에 소요되는 투자액이 상대적으로 크다.
3	현대의 기업환경은 경쟁적이기 때문에 임기응변적인 투자결정만으로는 실패할 가능성이 크다.
4	투자결정은 이에 수반된 자금조달결정과 조화되어야 하며, 무리한 기업확장은 도산을 초래할 수 있다.

2) 투자의 유형

투자는 목적에 따라 4가지로 분류할 수 있다.

❶ **대체투자:** 대체투자replacement investment는 기존의 설비를 새로운 설비로 바꾸는 투자를 뜻한다.

❷ **확장투자:** 확장투자expansion investment는 제품에 대한 총수요의 증가나 자사제품의 시장점유율의 증가로 인한 수요의 증가를 충족시키기 위한 생산설비의 증설을 위해 필요한 투자이다.

❸ **제품투자:** 제품투자product investment는 기존제품의 개량 또는 신제품개발에

필요한 투자이다.

❹ **전략적 투자:** 전략적 투자strategic investment는 위험경감투자와 복리후생투자
로 나눌 수 있는데, 위험경감투자는 기업의 위험을 줄이기 위해 원재료나
부품 등을 확보하고 신제품을 개발하는 것이고, 복리후생투자는 종업원복
지나 지역사회복지를 위한 것이다.

3) 운전자본관리

운전자본working capital은 두 가지 의미로 사용된다.
❶ 유동자산 전체인 총운전자본
❷ 유동자산에서 유동부채를 뺀 순운전자본

(1) 운전자본관리의 중요성

❶ 기업의 재무관리담당자는 대부분의 시간을 운전자본관리에 할애하고 있
는 반면, 고정자산 등에 대한 투자결정은 간헐적으로 이루어진다.
❷ 단기부채에 대한 지급수단이라 할 수 있는 유동성을 파악하는데 있어서
운전자본관리가 대단히 중요하다.
❸ 유동자산은 매출액 증가와 밀접한 관계를 갖고 있다.

(2) 운전자본관리의 목표

❶ 기업의 유동자산을 적정수준으로 유지한다.
❷ 유동자산을 조달하는 원천으로서 유동부채와 장기성자본(고정부채와 자본을 포함
한 것)을 적절히 배합함으로써 위험을 줄이고 수익성을 높여야 한다.

4) 현금관리

현금유입의 촉진, 현금유출의 통제, 현금보유의 적정액 결정 등을 하고, 현금
흐름을 관리하는 것이다. 현금흐름은 매출로부터 창출된 현금에서 현금으로 지
급되는 것들을 뺀 나머지를 의미한다.

5) 유가증권관리

유가증권은 기업이 일시적인 유휴자본으로 투자할 수 있는 시장성 있는 유가 증권을 의미하는데, 이에는 주식, 국공채, 회사채, 기업어음 및 수익증권 등이 포함된다. 유가증권의 특징은 수익성이 보장되면서 환금성이 높다는 것이므로 유가증권을 보유할 때 지급불능위험, 시장성 및 만기 등의 선택기준을 고려해야 한다.

6) 매출채권관리

기업은 신용판매를 통해 매출수익을 증가시킬 수 있으나, 신용판매로 인하여 매출채권의 회수가 지연된다거나, 대손이 발생할 경우, 이는 유동성의 악화를 초래시켜 파산을 자초할 위험도 있다. 따라서 매출채권관리를 위해서는 신용정 책과 수금정책을 적절히 조화시켜야 한다.

7) 재고자산관리

재고자산은 미래의 제품수요에 맞추기 위해 또는 원재료의 공급이 불규칙하게 변동하더라도 기업의 생산과 판매활동을 일정하게 유지하기 위해서 필요하다. 그러나 재고자산을 적정수준 이하 또는 이상으로 보유하면 이로 인해 손실이 발생한다.

즉 재고자산의 부족은 제품판매 기회를 상실케 하거나, 생산계획에 차질이 생기고, 재고자산의 과다는 과다한 보유비용과 진부화 등에 의한 손실이 발생한다. 예상매출액, 생산 공정의 소요시간, 완제품의 내구성, 재고공급의 계절적 변동과 공급업자의 신용, 재고관리의 제비용 등의 요인을 고려해 적절한 재고수준을 결정하여 이들 비용을 최적으로 배합함으로써 소요비용이 최소가 되도록 재고자산을 관리해야 한다.

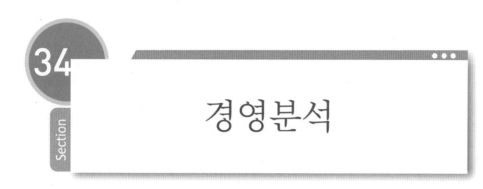

경영분석

 경영분석의 의의

재무관리담당자는 자본의 조달과 운용에 관한 합리적인 의사결정을 해야 하며, 이를 위해서 재무제표를 비롯한 재무정보를 수집하여 분석해야 한다.

경영분석은 재무자료를 분석하여, 기업의 재무상태와 경영성과의 양부를 평가하는 것으로서, 재무제표분석이 중심이 된다.

이러한 경영분석을 통하여 제공되는 정보에 의하여 자금계획을 수립하고, 또한 효과적으로 통제할 수 있으므로, 경영분석은 재무계획과 재무통제의 기초가 된다.

 경영분석의 목적

경영분석의 목적은 기업재무의 유동성, 재무구조의 안정성 그리고 기업의 수익성을 파악하고자 하는 것이다.

이 목적은 분석주체에 따라 상이한데, 첫째, 기업외부의 이해관계자인 투자자·채권자·은행을 외부분석주체라 하는데, 은행은 주로 기업에 대한 단기대출을 하므로, 기업의 단기채무지급능력이나 유동성에 관심이 많다. 주주나 장기채권자들은 유동성보다는 기업의 수익성과 안정성에 관심이 있다. 둘째, 내부분석 주체인 경영자는 종합적으로 경영분석을 하므로 유동성·수익성·안정성 모두를 분석적으로 한다.

3 비율법에 의한 경영분석

비율법이란 재무제표상에 나타난 수치를 비율화하고 이를 이용해 기업의 재무상태와 경영성과의 양부를 판단하는 방법으로서, 경영분석의 목적에 따라 4가지로 분류된다.

1) 유동성비율

유동성비율이란 기업의 단기채무지급능력을 측정하는 비율이다.

> 유동비율 = 유동자산/유동부채 ×100

― 단기채무를 지급할 수 있는 유동자산이 유동부채에 비해 얼마나 되는가를 나타낸다.

> 당좌비율 = 당좌자산/유동부채 ×100

― 현금화가 용이한 당좌자산에 의하여 단기채무의 지급능력을 평가하는 비율이다.

2) Leverage 비율

Leverage 비율이란 기업이 타인자본에 어느 정도 의존하고 있는가를 측정하는 비율이다.

> 부채비율 = 타인자본/자기자본 ×100

― 타인자본과 자기자본과의 관계에 의해서 자본구성의 안정성을 측정한다.

이자보상비율 = 수입이자 및 납세전이익/이자비용

— 이자 및 납세전 이익이 타인자본에 대한 이자비용의 몇 배인가를 측정하여 부채에 대한 이자지급능력을 평가한다.

3) 활동성비율

기업의 자산이 얼마나 효율적으로 활용되고 있는가를 나타내는 비율로, 매출액에 대한 주요 자산의 회전율로 나타낸다.

재고자산회전율 = 매출액/재고자산

— 재고자산이 일정기간 동안 당좌자산으로 얼마나 전환되었는가를 나타내며, 회전율이 높을수록 효율적인 판매활동이 수행되었음을 나타낸다.

매출채권회전율 = 매출액/매출채권잔액

— 매출채권의 현금화속도를 측정하는 비율로 회전율이 높을수록 매출채권관리가 잘 됨을 나타낸다.

4) 수익성비율

이는 기업경영성과의 종합적인 평가비율인데, 두 가지 비율이 있다.

매출액순이익률 = 순이익/매출액 ×100

— 매출액에 대한 순이익을 나타낸다.

총자본이익률 = 순이익/총자본 ×100

— 기업이 투자된 총자본이 얼마나 효율적으로 운용되었는가를 나타낸다.

이 경우 재무비율 그 자체만으로는 기업의 재무상태와 경영성과를 판단하기 어렵기 때문에 비교할 수 있는 기준이 있어야 한다. 이 때에 비교기준이 되는 비율을 표준비율이라 하며, 일반적으로 동종기업의 평균비율이 사용된다.

35 주식시장

1 개 요

주식을 매매하는 시장으로 증권시장이라고도 한다. 넓은 뜻의 주식시장은 추상적 개념으로서의 주식시장을 가리키며, 이는 신규증권이 증권발행자로부터 투자가에게 이전되는 과정을 포괄하는 발행시장과 기존 주식이 매매거래에 의해 증권업자와 투자가 사이에서 이동해 가는 모든 과정의 유통시장으로 나눌 수 있다.

2 주식시장의 종류

1) 장외시장

거래소시장 밖에서 유가증권의 거래가 이루어지는 시장의 총칭으로, 상장유가증권은 물론 비상장유가증권에 대하여 고객과 증권회사, 증권회사 상호간 또는 고객 상호간의 개별적인 접촉에 의해 거래가 이루어지는 비조직적·추상적 시장이다.

거래방법에 따라 '직접거래시장no broker market'과 '점두시장over the counter market'
으로 구분되는데, 직접거래시장은 투자자 상호간의 개별적 접촉과 협상에 의해
주식거래가 이루어지는 시장이고, 점두시장은 중개기관인 증권회사의 창구에서
주식거래가 이루어지는 시장으로 이를 일반적으로 협의의 장외시장이라 한다.

2) 거래소시장

주식을 사고 파는 일을 하는 장소, 증권회사 회원조직 형태로 증권거래법에
따라 설립된 유가증권시장을 말하며 상장된 유가 증권이 거래되는 시장이다. 일
반적으로 증권시장이라고 하면 거래소 시장을 말한다.

3) 코스닥 시장

유망 벤처기업 및 유망중소기업의 직접자금조달을 위해 설립된 시장이다. 코
스닥시장은 기업규모는 작지만 성장 잠재력이 높은 기업들을 등록하는 곳으로
거래소시장보다는 등록 기준이 상당히 완화되어 있으며 투자위험이 높은 반면
그만큼 수익이 높은 것이 특징이다. 외국의 중소 벤처기업 중심 증권시장으로
NASDAQ(미국), JASDAQ(일본), EASDAQ(유럽) 등이 있으며 코스닥 시장은 그 중 미
국의 나스닥 시장을 모델로 하여 개설되었다.

4) 제3시장

공식 명칭은 "장외주식 호가중개시장"으로, 증권거래소 상장이나 코스닥 등
록여건을 충족하지 못해 제도권시장에 진입하기 어려운 기업들이 발행한 주식
또는 등록·상장이 폐지 된 주식들에 대해 유동성을 부여할 목적으로 한자리에
모아 거래할 수 있게 한 시장을 말한다.

1999년 5월, 재정경제부에서 장외주식 호가중개시장 개설을 발표한 뒤 정규
시장에 상장·등록되지 않은 주식 가운데 증권업협회가 지정한 종목을 코스닥
증권시장(주) 호가중개시스템을 통해 거래할 수 있게 함으로써 증권거래소와 코
스닥시장에 이어 2000년 3월 27일 세 번째로 문을 열었다는 뜻에서 제3시장이
라 이름 붙인 것이다.

3 주식시장의 발달과정

1) 대한증권업협회 설립

주식시장개선의 기틀 마련. 1948년 정부수립 후 한국경제는 민족자본의 축적이 거의 안되었고 일제하의 산업구조불균형은 남북분단에 따라 더욱 심화되었으며 일제의 전쟁수행을 위한 통화남발과 해방 후 혼란기의 재정지출확대는 악성 인플레이션을 초래하였다.

더구나 6.25동란은 미국의 원조, 농지개혁 등을 통하나 정부의 경제재건노력을 무산 시켰다. 이러한 경제여건하의 금융산업은 국내자본형성의 마비와 인플레이션으로 만성적인 자금 부족현상을 겪어 주식시장도 그 역할을 수행하지 못하였다. 다만 1949년11월 대한 증권업협회를 설립하여 주식시장개선에 기틀을 마련하였다는데 의의를 찾을 수 있다.

2) 미국의 원조와 증권거래소 설립

남북분단과 6.25동란으로 극도로 기형화된 채 한국경제는 그 복구를 미 원조에 절대적으로 의존하였고 이 원조가 한국의 생산활동뿐만 아니라 국민경제생활을 전반적으로 규정지은 가장 중요한 요인이 되었다. 방위지원적 성격과 산업건설을 동시에 도모하기 위한 AID원조와 PL480호에 의한 잉여농산물의 미 원조는 빈사상태에 놓여 있던 한국경제재건에 크게 기여하였고 그 결과 한국경제는 어느 정도 안정을 찾았다.

한편 증권시장에서는 1956년 2월 증권거래소가 설립되고 물가가 어느 정도 안정세를 유지하여 국채 유통수익률이 물가상승률을 상회, 국채거래량이 증가하게 되었다.

3) 1962년 제 1차 경제 개발 5개년 계획 이후

한국경제는 1962년부터 시작된 경제개발 5개년 계획을 계기로 하여 비약적인 경제발전을 이룩하였는데, 이는 한마디로 수출을 그 원동력으로 하여 수출주도적 공업화를 통한 고도 성장의 실현이라 할 수 있으며 경제계획의 추진과정에서 많은 역기능을 낳기도 하였으나 세계 역사상 유례가 없을 정도의 고도 성장과 질적 변화는 금융산업에도 큰 영향을 미쳤으며, 자본주의 경제의 상징인 증권시장도 크게 발전되었다.

4) 국제수지 흑자시대의 주식시장

1985년 말 이후 한국경제는 대외적으로 세계경제회복을 위한 선진제국의 노력과 미 달러화의 평가절하, 국제원유가격의 하락, 국제금리의 하락 등 3저 효과와 대내적으로 정치. 사회적 안정, 경제안정화정책의 추진 및 경제운용방식의 전환 등 경제체질개선의 노력에 힘입어 1986년부터 국제수지 흑자실현과 함께 정적인 고도성장을 이룩하였다. 경상수지 흑자시대의 도래라는 70년 말 이후 장기간의 침체에서 벗어나지 못하고 있던 주식시장을 대 도약시키는 계기가 되었다.

5) 증권시장의 국제화 진전

지난 10여년 동안 우리나라 증권시장이 경험한 가장 큰 변화는 증권시장 국제화의 급속한 진전이라고 할 수 있다. 1980년대 초반부터 시작되어 단계적. 점진적으로 추진되어 온 국제화는 1990년대에 들어 대·내외적 금융환경의 급속한 변화를 배경으로 더욱 가속화되었다. 특히, 1992년 주식시장을 개방하여 외국인의 국내증시 참여를 허용한 이후에는 외국인 투자한도확대, 채권시장의 부분적 개방, 국내투자자의 외국 증권투자한도 확대, 국내기업의 해외거래소 상장, 국내의 증권회사의 상호 진출확대 등 보다 국제적인 증시 국제화 조치가 지속적으로 취해졌다.

이처럼 우리나라 증권시장의 국제화가 가속화되고 있는 것은 무엇보다도 세계적인 금융규제완화 및 정보통신기술의 비약적인 발전에 따라 금융시장의 범세계적인 통합이 한층 진전되고 있고, 21세기 새로운 세계경제질서의 틀을 마련한 WTO체제가 출범하는 등 세계금융환경 또한 급변하고 있기 때문이라고 할 수 있다.

4 경기순환과 주식시장

1) 경기와의 시간차에 주목

경기순환은「회복기」에서「활황기」로 상승을 계속하지만, 그것이 정점에 도달하면「후퇴기」를 거쳐「침체기」에 들어간다는 4개국 면을 갖고 있는데, 주식장세도 4개 국면으로 나눌 수 있다.

우선 불경기하에 금융완화를 배경으로 전개되는 장세로 시중의 풍부한 자금이 주가를 끌어 올리는 장세라고 볼 수 있는「금융장세」로 상승장세가 스타트한다.

이윽고 금융장세이후 나타나는 장세로 경기회복 조짐을 보이면서 기업 실적이 좋은 기업들의 주가가 상승하는「실적장세」가 전개되는데 경기가 과열되어 인플레이션이 우려되는 전후에 주가가 정점에 가까워지면 금융긴축정책에 의해 주가가 큰 폭으로 하락하는「역금융장세」라 불리는 하락장세가 시작된다. 긴축정책에 의해 경기가 후퇴하고 기업수익 마이너스로 돌아서면 주식장세는 드디어 주가가 바닥 권인「역실적장세」로 돌입한다.

2) 경기침체기에 바닥진입과 반등

주식 평균주가가 바닥을 치고 오름세로 돌아서는 것은 금융긴축이 해제되고 나서이다.

그러나 이 국면에서는 아직 경기는 침체기에 있고, 세상은 온통 불경기에 관한 이야기뿐이다. 기업 도산이 크게 늘어나고 합리화와 감원선풍이 불고 있으며 기업수익은 악화에 있다. 그러나 인플레이션도 진정되고 있기 때문에 정책당국에 의해 공공투자 확대와 아울러 재할인율의 인하 등과 같은 금융완화정책이 실시되고 주가가 이것을 호재로 받아들여 반등하기 시작한다. 따라서 생산활동이 다시 활발해지고 경기가 회복되기까지는 아직 상당한 시간을 요함에도 불구하고 주식시장은 경기회복 기대감으로「금융장세」라 불리는 강세장세를 선행시키게 되는 것이다.

이러한 경기변동과 주식장세의 시간차는 경기의 활황기에도 나타난다. 즉, 기업실적이 큰 폭의 증가를 계속하고, 활발한 최종수요로 인해 제품의 재고가 달리고 왕성한 개인소비와 민간설비투자의 신장에 힘입어 경기는 최고조로 보인다. 그러나 수입이 급증하여 원화도 완만해지면 지속적인 하락세를 보이고 이것을 반영하여 물가는 상승세로 돌아선다.

인플레이션을 우려한 정책당국이 금융긴축정책을 시작할 기미를 보이면 먼저 채권시세가 천장을 치고, 주식시세도 뒤따라 흔들리기 시작한다.

이윽고 재할인율이 연속적으로 인상되고 최 절정기의 주식장세는「역금융장세」라 불리는 약세장세로 전환되어 간다. 주식장세의 큰 흐름 전환을 읽는 데 중요한 것은 경기순환 흐름을 포착하는 것도 중요하지만 주식 평균주가가 바닥권에서 반전하여 강세장세로 돌아서는 것은 불경기의 한가운데 이고 주식장세가 천장을 시현하는 것도 활황기가 최 절정에 달한 때라는 것을 잘 인식해 둘 필요가 있다.

 ## 5 주식시장의 정보

1) 주식시세표

매일매일 주식가격의 변동을 알려주는 표이다. 주식시세표는 각 신문에 따라서 그 형태가 약간씩 차이가 있지만 주식시세표의 기본적 골격은 동일하다.

2) 종합주가지수, KOSPI 200

우리나라 종합주가지수는 증권시장의 전체적인 흐름을 나타내는 지표로서 현재 상장된 주식 전체의 가격을 평균한 것이다.

종합주가지수 하단에는 KOSPI 200 지수가 주어져 있는데 이는 주식시장의 주요 종목 200개의 가격변동을 반영하는 것이다. KOSPI 200지수는 선물거래와 옵션거래의 가격결정지표로 이용되는 것으로 1990년 1월 3일의 주가수준을 100으로 놓고 산출된 것이다.

3) 시가, 고가, 저가, 종가

시가란 거래시작가격을 말하는데 이는 동시호가에 의해서 결정된다. 동시호가란 모든 주문이 같은 시간에 이루어졌다고 가정해서 결정된 가격을 말한다. 그리고 그 이후부터는 경쟁매매로 가격이 형성되는데 하루 중 최고수준으로 거래가 형성된 가격을 고가, 최저수준으로 거래가 형성된 가격을 저가라고 한다. 경쟁매매는 폐장 10분전까지 이루어지며 마지막 10분 동안은 다시 동시호가에 의한 가격체결이 이루어지는데 이때의 체결가격을 마지막 거래의 가격이라고 해서 종가라고 한다.

4) 전일대비 등락

종가는 주식가격의 등락 폭과 상·하한가를 결정하는 기준가격이 되는 것으로서 주식시세표에 주어진 오늘의 가격등락은 전일종가를 기준으로 산출된 것이다. 이때 전일종가에 비해서 오늘종가가 상승한 경우에는 상승금액과 흑색삼각형(▲)으로 표시하며 하락한 경우에는 하락금액과 백색의 역삼각형(▽)으로 나타낸다.

5) 거래량

개별종목마다 시가, 고가, 저가, 종가 및 가격등락이 제시된 다음에는 거래량이 주어져 있는데 이는 당일 거래가 체결된 주식수량을 나타낸 것이다. 거래량은 미래주가변화를 예측하는데 중요한 정보가 될 수 있기 때문에 유의해서 살펴 볼 필요가 있다.

6) 기세, 감리

기세란 폐장할 때까지 주식을 사거나 팔기 위해서 제시한 주문가격으로 거래가 체결되지 않은 경우를 말한다. 매도주문의 경우에는 가장 낮은 호가를 매수 주문의 경우에는 가장높은 호가를 기세가격으로 한다.

감리란 특정 주식의 가격이 일정한 기간 내에서 급변하는 투자자의 주의를 환기시킬 필요가 있다고 판단될 때에 증권거래소가 그 종목을 감리종목으로 지정한 것이다.

7) 권리락·배당락

기업이 증자를 하는 경우에는 새로 발행될 주식을 인수할 권리. 즉 신주인수 권을 부여하기 위해서 기준일을 정한다. 따라서 그 기준일 현재 주식 소유자가 그 권리를 갖게 되고 기준일 이 지난 후의 주식에는 신주인수권이 없어지는데 이를 권리락이라고 한다.

배당락이란 권리락과 같은 원리로 배당기준일이 경과하여 배당금을 받을 권리가 없어지는 것을 말한다.

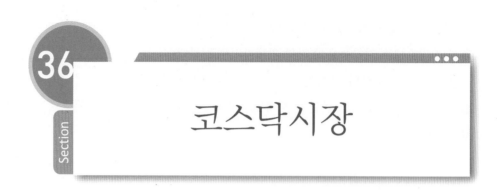

코스닥시장

Section

1 코스닥의 어원 및 개념

1) 코스닥의 어원

코스닥은 코스닥증권시장의 약칭이다. 회사이름이기도 하고 시장을 지칭하기도 한다. 코스닥의 원래 이름은 코스닥증권주식회사였다. 영어로는 KOS-DAQ이나 이를 분해하기가 어렵다. 끝의 두 철자 AQ는 자동호가시스템Auto-mated Quotation이나 KOSD는 해설하면 Korea Securities Dealers가 되며 협회중개시장이 아니라 증권업자중개시장이 된다.

2) 개념

협회중개시장은 광의의 장외시장 중에서 증권거래법 제172조의 2 및 제172조의 3의 규정에 의하여 증권업협회가 운영하는 제2의 증권시장이다. 증권업협회는 비상장기업 중에서 성장성과 기술력 있는 기업들을 등록하도록 하고 이들 기업이 발행한 주식을 일정한 거래질서 하에서 거래하도록 시장을 조직화하여 운영하고 있다.

이러한 중소·벤처기업을 위한 증권시장의 운용방식으로는 증권거래소가 운영하는 3부시장 또는 병행시장(주니어마켓) 형태의 유럽식과 증권업협회가 운영하는 미국·일본방식으로 대별되는 바, 우리나라는 세계적으로 가장 성공한 미국의 NASDAQ시장을 벤치마킹하여 증권업협회가 개설하여 운영토록 하고 있다. 협회중개시장은 일정한 거래 질서 하에서 경쟁매매가 행하여지므로 협의의 장외시장과 차별화되는 새로운 개념의 증권시장이다.

미국의 NASDAQ과 일본의 JASDAQ과 같이 성장성이 우수하고 유망한 고부가가치 산업인 지식기반 중소, 벤처기업에게 장기, 안정적인 자금을 공급하고 투자자에게는 고위험 고수익의 투자기회를 제공하기 위해 1996년 7월 주식장외시장을 조직화하여 탄생된 증권시장을 뜻한다. 코스닥 증권시장은 출범부터 컴퓨터에 의한 자동매매체결 시스템을 갖추고 경쟁매매 방식에 의해 운영되며 기존의 증권거래소에 비해 덜 규제되고, 비교적 진입, 퇴출이 자유로운 시장을 말한다.

우리나라 중소기업의 직접금융 조달수단으로서 주식 장외거래를 활성화시키기 위하여 1996년 5월에 설립된 매매중개회사이다. 증권협회의 자회사 형태로 자동매매 체결 시스템으로 구축하여 1995년 7월부터 영업을 개시하였다. 과거 장외시장은 증권회사의 창구를 이용한 상대매매방식에 의해 거래하였던 점두시장 이었으나 자동매매 시스템이 도입된 이후 경쟁매매방식으로 전환하여 보다 신속하고 정확한 매매호가를 제공할 수 있게 되어 장외시장 활성화에 기여할 것으로 보인다.

더욱이 정부는 중소기업의 직접금융조달을 지원하기 위해서 장외등록 기업의 거래소 상장요건 개선 및 세제지원을 주요내용으로 하는 주식 장외시장 활성화방안을 확정, 실시하였다. 따라서 향후 장외시장은 거래소 시장을 보완하는 역할을 담당하면서 성장유망 중소기업에 대한 투자기회를 마련하게 될 것이다.

3) 코스닥시장의 주요 업무

(1) 시장

유가증권의 매매거래 중개 및 체결, 시세공표, 시장의 개폐 및 휴장, 주가지수

산출 및 통계자료 작성 등 시장운영 전반에 관한 사항을 담당하고 있으며, 즉각적이고 적절한 시장 조치로 투자자를 보호하고 시장 관련 정보를 다양하게 제공하고 있다.

(2) 공시

주요 기업정보가 신속, 정확하게 공개되어 투자자의 합리적인 투자결정이 이루어지도록 하며 또한 유가증권의 원활한 유통, 공정한 거래질서 정착으로 효율적 자본배분이 가능하게 한다. 코스닥시장은 투자자에게 투명한 투자 정보를 제공하기 위해 정기, 수시 및 조회공시를 하고 있으며 동시에 공시매체의 다양화를 추구하고 있다.

(3) 전산

신속하고 공정한 매매체결을 위해 모든 거래를 전산시스템으로 체결하고 있다. 향후 등록기업수와 거래량의 증가에 대비하여 전산용량은 지속적으로 확충할 계획이며 Y2K 문제해결은 Gartner 그룹에 의해 인증을 받았다. 또한 코스닥 종합정보시스템, 업무전산화, 네트워크 등의 개발/관리 및 장외호가중개시장의 인터넷시스템의 개발/운영을 담당하고 있다.

(4) 등록

등록요건의 적절한 개선을 통해 등록기업들의 질적 수준의 향상과 시장의 안정성을 도모하여 우수한 기업들의 자본조달 능력을 보호함과 동시에 장래성 있는 기업에게 성장기회를 제공한다. 반도체, 인터넷, 정보통신 등 첨단 지식기반 기업 위주로 등록 유치한다.

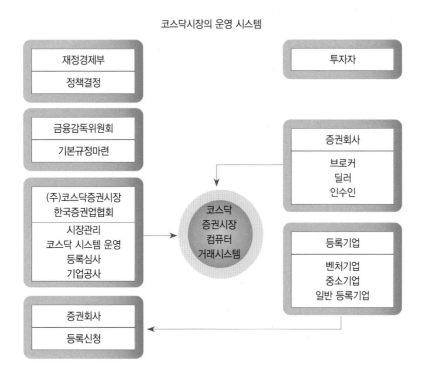

코스닥시장의 운영 시스템

등록법인의 주권변동(증자, 액면분할 등)을 관리하여 시장과 관련한 원활한 경영활동을 지원하고 있다.

(5) 장외시장

장외주식 호가중개시장은 제도권시장에 진입하기 어려운 기업들에 대해 공모에 의한 자금조달의 기회를 부여하는 한편 등록·상장이 폐지된 주식에 대해서도 유통이 될 수 있도록 개설되는 새로운 개념의 주식시장을 말한다. 장외 시장팀은 이러한 장외주식 호가중개시장과 관련된 제반업무를 담당한다.

2 코스닥시장의 특징 및 기능

1) 코스닥시장의 특징

(1) 성장기업 중심의 시장

기업규모는 작지만 성장 잠재력이 높은 벤처기업, 유망중소기업 등이 용이하게 자금을 조달할 수 있는 시장이다.

(2) 거래소시장에 대한 경쟁시장

증권거래소시장의 성장을 지원하기 위한 전 단계적, 보완적 시장이 아닌 독립된 경쟁시장이다.

(3) 증권회사의 역할과 책임이 중시되는 시장

코스닥시장의 참여기준은 거래소 상장기준에 비하여 상당히 완화된 수준이므로 우량종목 발굴에 대한 증권회사의 선별 기능이 중요하다. 소규모회사의 경우 유통물량부족에 따른 시세의 연속성 및 주식의 환금성 보장을 위한 등록 종목 딜러의 시장조성기능을 강조한다.

(4) 투자자의 자기책임 원칙이 강조되는 시장

고위험 고수익High Risk, High Return의 새로운 투자수단을 제공해 주는 시장으로서 투자자의 자기책임 원칙이 중요하다.

2) 코스닥시장의 기능

(1) 자금조달 기능

증권거래소시장에 상장하기 어려운 벤처기업, 유망중소기업 등이 발행한 주식에 대하여 환금성을 부여함으로써 이들 비상장 중소·벤처기업이 신주 공모 등을 통해 장기 안정적인 자금을 조달할 수 있는 기회를 제공한다. 중소·벤처기업이 대량의 장기 안정적인 자금조달을 통해 재무구조를 개선하여 기업의 경쟁력을 제고한다.

(2) 자금운용시장 기능

투자자에게 기존의 증권거래소 상장주식 이외에 성장가능성이 높은 비상장 유망기업 주식을 투자할 수 있는 수단을 제공한다. 투자자의 투자위험 선호도 및 위험부담능력에 맞는 상품을 제공한다.

(3) 벤처산업의 육성

신생 벤처기업에 투자를 전문으로 하는 벤처금융Venture Capital 회사들이 협회중개시장을 통하여 투자한 자금을 회수하는 한편, 새로운 유망벤처기업을 발굴하여 지원할 자금조성의 장으로써 시장을 활용한다. 벤처기업의 발굴과 지원이 협회중개시장이라는 시장기구를 통하여 선 순환될 때 자금의 효율적인 배분이 가능하며, 이러한 기능은 산업사회 기업의 퇴출과 정보화사회 기업의 성장을 원활케 하고 있다.

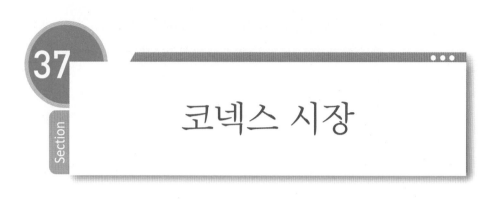

코넥스 시장

1 코넥스 시장의 정의

코넥스KONEX, Korea New Exchange는 자본시장을 통한 초기 중소기업 지원을 강화하여 창조경제 생태계기반을 조성하기 위해 새롭게 개설한 중소기업전용신시장이다. 정부와 거래소는 2011년 하반기부터 이러한신시장의필요성에 대해 공감대를 형성하고, 해외신시장연구·조사, 신시장 TF팀 운영, 신시장 개설방안 마련, 공청회 개최를 통해 2년여의 준비기간을 거쳐 2013년 7월 1일 코넥스시장을 개장하였다.

코넥스시장은 유가·코스닥시장과 마찬가지로 거래소가 개설하는 증권시장이므로 코넥스시장에 상장된 기업은 주권상장법인으로서 유가증권시장상장법인이나 코스닥시장상장법인과 동일한 취급을 받게 된다.

2 코넥스 시장의 개설 배경

현재 중소기업의 자금조달 현황을 살펴보면 대부분 은행대출에 편중되어 있고, 직접금융(주식발행)을 통한 자금 조달은 매우 낮은 수준이다. 이로인해중소기업

등비상장기업의부채비율이높아지고, 이자비용부담도 상장기업에 비해 과중한 실정이며 은행의 대출정책 변화 등에 따라 기업의 존립이 위협받을 수 있는 가능성도 있다.

중소기업 자금조달이 이처럼 은행대출 등에 편중된 데에는 중소기업 지원을 위한 코스닥시장이나 프리보드의 기능이 미흡했다는 점에서도 이유를 찾을 수 있다. 코스닥시장의 경우 투자자 보호를 위한 계속적인 상장요건 강화로 인해 성숙단계의 중소기업 대상 시장으로 변모하여 초기 중소기업은 진입이 곤란한 시장이 되었다. 설립부터 코스닥시장 상장까지 소요되는 기간이 2004년에는 평균 9.3년이었던 것에 비해, 2011년도에는 평균 12.3년으로 크게 늘어났다. 그리고 프리보드의 경우에는 계속된 거래부진으로 인해 시장기능이 크게 위축되었다.

이러한 이유로 초기 중소기업에 최적화된 증권시장의 필요성이 제기되었으며, 초기 중소기업 특성을 반영한 시장제도를 마련하기 위해서는 기존 증권시장을 활용하기 보다는 제로베이스에서 설계하는 것이 용이하다는 판단하에 코넥스시장을 개설하게 되었다.

2023년 현재, 출범당시 43개다가 시작하였으나 126개사로 증가하였다. 상장실익을 제고하는 과제가 남아 있다.

 ## 3 코넥스 시장의 기대효과

첫째, 코넥스시장은 초기중소·벤처기업에 자금조달을 지원하고 성장의 기회를 제공한다. 유상증자 등 다양한 방법으로 직접금융 조달기회를 가지게 되는 것 이외에도 상장법인으로서 기업의 인지도 제고를 통해 상장프리미엄을 향유할 수 있게 된다.

둘째, 코넥스시장은 벤처캐피탈 등의 투자에 대한 중간회수시장으로서의 역할도 하게 됩니다. 코넥스시장의 개설로 기업의 성장단계에 따른 자금의 선순환 체계가 구축되고 코넥스시장을 통한 중간회수가 원활해지면, 창업초기 자금시장 뿐만 아니라 및 코스닥시장까지 활성화되는 전후방효과를 기대할 수 있다.

셋째, 코넥스시장 개설은 우리자본시장이 한 단계 도약을 하는 발판이 될 수 있다. 코넥스시장에 새로 도입 된 지정자문인 제도는 기업평가, IPO, M&A 등을 통한 금융투자회사의 IB역량을 강화할 수 있는 계기가 될 수 있다.

 **4 상장요건**

1) 외형요건

성장 초기 중소·벤처기업이 원활하게 코넥스시장에 상장할 수 있도록 기업의 재무요건을 최소화하고, 또한 기업이 해당기업 실정에 맞는 요건을 선택할 수 있도록 외형요건을 선택요건화(매출액, 자기자본 및 당기 순이익 중 택일)하고 있다. 그 밖에 초기 중소·벤처기업 실정에 부합하지 않는 요건은 폐지하거나 완화하고, 증권의 자유로운 유통과 재무정보의 신뢰성 확보를 위한 최소한의 요건만 적용하도록 하였다.

구분	내용	비고
재무 내용	① 매출액 10억 원 이상 ② 자기자본 5억 원 이상 ③ 순이익 3억 원 이상 중 택일	택일
주권의 양도제한	정관 등에 양도제한의 내용이 없을 것 *다만 他법령에 의해 제한되는 경우로서 그 제한이 코넥스시장에서의 매매거래를 저해하지 않는다고 인정되는 경우에는 예외	
감사의견	최근 사업연도 감사의견이 적정일 것	
합병 등	합병 등(중요한 영업양수도 포함)을 한 경우 그 이후 결산이 확정되었을 것 *다만, 합병 등의 완료일 이후 산업연도 잔여기간이 3월 미만일 경우 다음년도 반기재무제표에 대한 감사보고서 제출	
액면가액	100원, 200원, 500원, 1,000원, 2,500원, 5,000원 중 하나일 것	액면주식에 한함
사외이사	이사총수의 4분의 1 이상을 사외이사로 할 것	2013년 11월부터 면제 예정
상근감사	최근 사업연도말 자산총액 1,000억 원 이상 법인은 상근감사를 둘 것	

2) 질적요건

한국거래소는 지정자문인이 제출한 상장적격성보고서를 토대로 신규상장신 청기업 경영진의 시장건전성 저해행위, 경영투명성, 회계정보투명성, 투자위험 등을종합적으로검토하여공익과투자자보호에 부적합한 사유가 없는 지에 대해 질적심사를 수행한다. 다만, 지정자문인이 신규상장신청기업에 대해 사전에 상 장적격성을 심사하므로 한국거래소에 의한 상장심사는 최소화하고 있다.

항목	점검사항
경영진의 시장건전성 저해행위	● 최대주주, 대표이사 등 경영진의 횡령·배임, 분식회계 등 시 장건전성 저해행위 이력 ● 최고경영자의 법률위반 사항 등의 기재 여부
경영투명성	● 이사회 구성 및 운영 등 기업지배구조의 투명성에 관한 적절 한 기재 여부 ● 내부통제시스템에 관한 사항의 적절한 기재 여부
회계정보 투명성	● 회계정보 투명성 확인을 위하여 실시한 절차에 관한 사항의 적절한 기재 여부
투자위험	● 투자위험(사업, 회사, 기타)에 관한 사항의 적절한 기재 여부
기타	● 기타 상장 부적합 사유 해당 여부

 **5** **상장방법**

유가증권시장 및 코스닥시장에 상장을 하고자 하는 기업은 한국거래소의 상 장예비심사 승인 후 해당 기업의 신규로 발행 된 주식을 일반투자자를 대상으 로 공모하는 절차를 이행해야한다.

그러나 코넥스시장에서는 일반투자자를 대상으로 하는 공모, 50인 미만의 자 (전문투자자 및 이에 준하는 자는 산정에서 제외)를 대상으로 하는 사모 또는 주식을 신규발행하 지 않고 상장하는 직상장 등 다양한 상장방법이 허용되어 있어 기업 이자금 조 달 규모 및 필요성을 고려하여 기업실정에 적합한 상장방법을 선택할 수 있다.

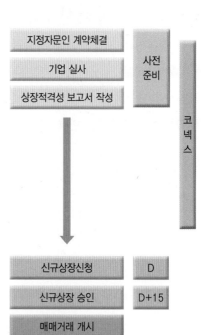

기업결산

Section 38

　기업은 기업이라는 조직체가 구성되면 무한히 그 생명을 존속한다는 가정 하에 모든 거래내역을 기록하게 된다. 그리고 회계에서는 이를 '계속기업의 가정'이라고 한다. 그러나 기업과 이해관계를 가지는 투자자나 주주 등은 비록 시기의 차이는 있으나 유한적 생명을 가지므로 기업이 사라질 때까지 기업과 생명을 같이 한다는 보장은 없는 것이다. 따라서 기업과 이해관계자의 이러한 문제를 해결하기 위하여 회계기간(또는 회계연도)이라고 하여 1년을 주기로 그 기업의 상태를 이해관계자에게 알리게 되는데 이를 '결산'이라는 말로 표현한다.

1 결산절차

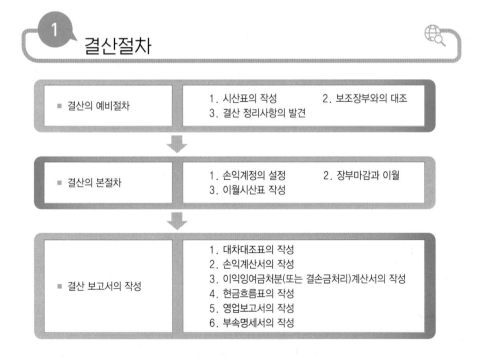

2 결산일정표의 작성

기업의 결산은 연중 가장 힘들면서도 큰 행사로서 일정한 계획을 세워 계획에 따라 진행이 되어야 한다.

➡️📋 결산 일정별 체크 포인트

결산전 예비사항

주요 사항	내　용
결산준비위원회의 구성	결선의 일정과 절차, 업무분담, 회계처리의 기본 방침 등 협의-준비 직원
	감사시 제출서류 리스트, 체크 포인트 등의 방침지시-준비 팀장
결산제출서류 및 업무협조전 발송	각 부분에 대한 결산시 주의점과 작업 순서를 지시하고 공장 및 타부서에 결산업무 협조전을 발송한다.
시산표 마감(수정전 시산표), 각 계정의 보조잔고의 조사	전표, 장부 등을 마감하고 전계정잔액 명세서 작성과 수정정리
부가가치세 확정신고 준비 및 연말정산준비	부가가치세 신고대비, 연말정산 구비서류 수취
전기세무처리사항 검토	미비 항목 회계처리
	평가방법 및 상각방법 등 신고사항 점검
	자본금과 적립금 조정 명세서 잔액 처리
결산정리사항의 계산 준비	감가상각비 계산준비
	고정자산관리대장 정리
	재고자산 수불사항 정리
	건설가계정 계정분류
	퇴직금추계액 개인별 명세
	부도어음명세 및 세무신고서 등 필요서류구비
재고 실사준비	재고조사표 배부 및 실사계획표 체크
	작업분담표 배부
현금, 받을어음, 유가증권실사, 재고조사 체크	현금출납부, 어음명세서, 유가증권대장 확인
	은행조회서, 잔액조정표 작성 각 은행장 확인
	재고조사표 회수
	재고조사표 → 원시카드 → 수불카드의 체크
매출, 매입계상 체크	전표의 매출입관련 사항 체크
채권채무조회서 발송	채권채무조회서 발송
	채권채무차액조정표 작성

결산의 본절차

주요 사항	내 용
손익계정의 정리	손익계정의 결산정리
제충당금 계산완료	대손충당금
	퇴직급여충당금
	감가상각누계액
	위 사항들의 기초자료 계상명세서 작성
장부 1차 마감, 계정 명세서 작성	장부 1차 마감 후 결산정리사항 수정 분개표 작성
	장부 마감 후 시산표 작성
	계정잔액명세표 작성
원부자재·제품, 수불마감, 노무비·경비 확정	제품, 상품 수불마감
	제공품 평가 확정
	원 부자재, 저장품, 기초자재

결산 보고서의 작성

주요사항	내 용
결산 완료	계산서류 작성, 부속명세서 작성, 재무제표작성
재무제표 임원회의 상정 (미감사 재무제표)	재무제표임원회의 상정
회계감사실시	결산서류는 감사를 받고 최종 확정된다(내부감사)
	공인회계사 감사(외부 감사)
감사보고서 수령	회계법인 감사 결산서류 정비 보관
주주총회 소집 통지서 등 주주총회 자료 인쇄발주	표시형식의 재편성이 필요한 경우 소집통지서, 주총 자료의 은행제출용, 세무서제출용, 사내용 작성
주주총회 통지서 발송	
주주총회	회의장 준비 및 의사진행 준비
대차대조표 공고	신문공고
세무조정확정신고 및 법인세 납부완료	세무조정계산서
	생산수율신고서

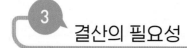

3 결산의 필요성

우리나라 기업회계기준에 의하면 손익을 인식하는 기준으로, 수익은 현금의 입·출입과는 관계없이 거래가 일어난 시점에 모든 거래를 장부에 기록하여야 한다. 즉, 수익은 '실현주의', 비용은 '발생주의'에 의하여 손익을 인식하고 있다.

여기서 실현주의란 거래가 이루어지고 현금이 들어오지 않았다 하더라고 본인이 수익을 기져디주는 시건이 일이난 시점에 수익을 인식하고, 발생주의는 비용의 지출이 일어날 사건이 발생한 시점에 인식하는 것을 말한다.

그러나 실무에서는 통상적으로 수익이나 비용과 관련된 거래가 일어난 시점에 회계처리를 하지 않고, 실제 현금이 들어오고 나가는 시점에 회계처리를 하는 현금주의를 따르고 있으므로 기업회계기준과 실무상의 처리기준이 불일치하게 된다.

따라서 이를 일치시켜주는 역할을 하는 것이 결산 정리이다.

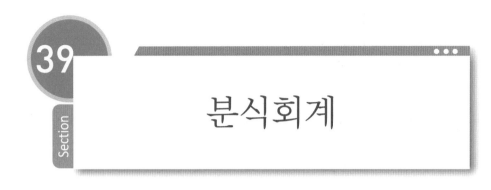

39 Section

분식회계

1 개 요

  분식회계는 뿌려서 꾸몄다는 뜻이다. 쉽게 말해서 화장을 해서 예뻐졌다는 뜻이다. 그러므로 이것은 회계장부에 가루를 뿌려 못생긴 회계장부를 예쁘게 만든것이다. 따라서 분식회계란 기업이 고의로 자산이나 이익 등을 크게 부풀리고 부채를 적게 계상함으로써 재무상태나 경영성과 그리고 재무상태의 변동을 고의로 조작하는 것을 의미한다. 허위 매출을 기록한다든지 비용을 적게 계상하거나 누락시키는 등 기업 경영자가 결산 재무제표상의 수치를 왜곡시키는 것으로 분식결산이라고도 말한다.

  분식회계를 시행할 때 주로 실현하지 않은 매출의 계상, 자산의 과대평가, 비용과 부채의 과소 계상 등의 방법을 쓴다. 분식회계는 불황기에 회사의 신용도를 높여 주가를 유지시키고 자금조달을 용이하게 할 수 있지만 주주나 하도급업체 채권자 등에게 불이익을 줄 수 있다. 분식회계는 회사의 재무상태가 거짓으로 만들어지기 때문에 투자자나 채권자의 판단을 흐리게 할 수 있어 엄격히 금지되고 있다.

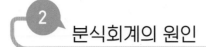

2 분식회계의 원인

1) 자금 차입과 주가관리가 분식회계의 원인

우리나라의 기업과 같이 차입 위주의 경영환경에서는 분식회계를 하지 않을 수 없는 상황이 만들어진다. 즉, 자본시장에서 자금을 차입할 때 매출액이 크고, 순이익이 높으면 우량 기업으로 인정되어 차입자금에 대해 지불해야 하는 금리가 낮아진다. 자금 차입이 쉬워질 뿐만 아니라 금융비용을 절감할 수 있는 것이다. 또한 주식시장에서는 반기, 분기 재무제표를 공시할 때, 순이익이 높으면 주가가 그만큼 높게 형성된다. 따라서 자금 차입 비용을 절감하고 주가를 높이기 위해서는 분식회계가 필요하다는 것이다.

2) 금융기관의 심사기능 미비

우리나라 금융기관은 그동안 정부의 정책에 따라 자금을 공급하는 관치 금융에 익숙해져 왔다. 관치 금융이란 정부가 재량적 정치운용을 통해서 민간 금융기관에 참여함으로써 금융시장의 인사와 자금배분에 직접 개입하는 형태이다. 이러한 관치 금융은 금융기관이 자금을 대출할 때, 실제로 기업이 자금을 변제할 수 있는 능력이 있는가를 심사하는 심사기능을 마비시켰다. 이는 금융기관의 대출 결정이 기업의 재무건전성이나 상환능력의 평가보다 담보나 청탁, 압력에 의해 결정되게 함으로써 기업들로 하여금 분식회계를 초래한 원인의 하나로 작용하였다.

3) 정부의 인위적인 산업정책

정부의 인위적인 산업정책에 기업이 좌우되어 투자한 만큼의 수익률을 올리지 못하면서도 계속적인 투자를 하기 위하여 금융권의 대출을 받는 악순환이 계속되었다. 그리고 금융감독기관이 분식회계에 대한 감시감독을 허술하게 한데도 원인이 있다.

3 분식회계의 유형

1) 가공매출액 계상

가공매출액이란 제품을 제조하여 팔지도 않고 허위로 만들어진 매출을 의미한다. 즉, 제품을 제조하지 않았거나, 제조하였다고 하더라도 판매하지도 않은 상황에서 매출을 한 것처럼 재무제표에 매출액을 계상하는 방법이다. 이 경우 당기순이익은 높아진다.

2) 재고자산 과다계상

기업은 제품을 만들고서 팔리지 않으면 이를 재고자산으로 보유하게 된다. 이러한 재고자산은 자산의 형태로 보유하게 되는 바, 재고자산의 가치를 높게 부풀리거나 그 재고량을 늘리는 방법으로 기업의 보유자산을 늘리는 방법이다.

3) 부채의 과소 계상

부채가 높은 기업은 자본시장에서 낮은 평가를 받게 되므로, 가능한 한 부채는 낮은 수준에서 유지하는 것이 기업의 입장에서는 유리하다. 따라서 부채가 있음에도 재무제표에 기재하지 않는 것도 분식회계의 방법 중 하나이다.

분식회계를 막기 위해 회사는 감사를 둬야하고 외부 감사인인 공인회계사에게서 회계감사를 받도록 되어 있다. 또 회계감사보고서를 금융감독원이 다시 한 번 조사해 분식결산 여부를 밝혀내는 '감리'라는 장치도 두고 있다. 그러나 사실 우리 나라의 회계감사 보고서는 신뢰성이 낮은 것으로 정평이 나 있다. 한국에서 영업을 하는 외국은행 지점장들은 하나같이 "한국기업의 결산 보고서는 믿을 수 없기 때문에 대출 기준을 정하기 어렵다."고 실토하고 있다. 엉터리 감사 보고서가 양산되는 이유는 상당수 회계법인들이 감사 건수를 따내기 위해 대주주들과 자주 타협을 하는 탓이다.

원칙대로 감사를 하면 다음해부터는 대주주들이 "세상물정을 모른다."며 감사를 맡기지 않기 때문에, 분식결산을 눈감아주고 계속 감사를 따내 수익을 올리는 것이다. 한국강관의 경우 93년 이 회사를 감사한 청운회계법인은 '재고자산'을 실제보다 늘려 잡고 '받을어음'의 액수도 실제로 늘려 잡은 사실을 적발하지 못했다. 현장 물품조사 등 확인절차를 거의 생략, 간접적으로 분식결산을 방조한 셈이다. 따라서 이러한 부실감사에 대해 손해배상을 하는 규정은 있었지만, 실제 소송건수는 많지 않았다.

기업의 감사보고서와 공시자료가 모든 투자자들의 평가기준이 되고 있는 선진국의 경우 부실감사에 대한 소송이 편리하게 되어 있다. 소송에 대비한 보험제도나 단체소송제도가 잘 구비되어 있다. 미국의 경우 투자자들이 단체로 손해배상을 청구할 수 있도록 집단소송제도가 발달되어 있다. 지난 92년에는 당시 8대 회계법인 중의 하나가 연속되는 소송으로 도산한 일도 있었다.

분식회계의 방지 대책의 기본적인 방향은 기업들이 분식회계에 대해 투자자들과 금융시장에서 이를 감시하여, 만일 분식회계가 적발되면 주가가 폭락하고, 기업의 자금 조달이 불가능하게 함으로써 결국에는 회사가 문을 닫게 되는 사회적인 인프라를 구축하는 방법이 분식회계를 막는 유일한 방법이다. 이는 시장의 원리에 맡김으로써 자율적인 감시체계를 구성하는 가장 확실한 대안으로 평가된다.

연결재무제표

1 연결재무제표의 의의

오늘날의 기업들은 여러 가지 이유로 한 기업이 다른 기업에 투자하기도 하고 또는 한 기업이 여러 개의 기업에 투자하여 이들이 하나의 기업군을 이루기도 하는데, 이 기업군을 기업집단 또는 기업그룹group companies이라고 한다. 연결재무제표consolidated financial statements란 이와 같이 한 회사가 여러 회사에 투자하여 지배하고 있을 때, 그 지배하고 있는 회사의 재무제표와 지배당하고 있는 회사들의 재무제표를 합쳐서 하나로 만든 재무제표를 말한다.

여기에서 지배회사나 지배를 당하고 있는 종속회사는 각각 별개의 법인격을 갖고 있으므로 그들은 자체의 개별재무제표를 작성하여 공표한다. 그러나 이 회사들이 주식소유를 통하여 하나의 회사군을 이루고 있을 때에는 이들의 개별재무제표를 종합하여 하나의 재무제표를 만든다면 그 회사군 전체의 재무 내용도 알 수 있게 될 것이다. 이 때 종합하는 회계를 연결회계consolidation accounting라고 하며, 그 종합 작성된 재무제표를 연결재무제표라고 한다. 물론 이 때 종합한다고 하는 것은 단순히 금액을 합산한다는 것은 절대 아니며 가산addition, 상계제거elimination, 수정adjustment, 계정재분류reclassification, 기타 연결회계이론에 따라 조정하는 것을 의미한다.

미국공인회계사회American Institute of Certified Public Accountants: AICPA의 회계원칙심의

회Accounting Principle Board: APB가 발표한 의견서Opinion에는 연결재무제표를 다음과 같이 정의하고 있다.

"연결재무제표는 지배회사와 종속회사의 재무상태와 경영성과를 마치 하나의 경제적 조직체인 것처럼 표시한 것이다."

한편, 일본의 기업회계심의회에서는 다음과 같이 정의하고 있다.

"연결재무제표는 지배종속 관계에 있는 둘 이상의 회사로 이루어지는 기업집단을 단일조직체로 보고 모회사가 당해 기업집단의 재무상태와 경영성과를 종합적으로 보고하기 위하여 작성하는 것이다."

또한 국제회계기준International Accounting Standard에서는 다음과 같이 정의하고 있다.

"연결재무제표란 지배회사 및 그의 종속회사들로 구성된 그룹의 재무제표를 단일기업체의 것과 같이 표시한 재무제표이다."

이상을 종합하여 연결재무제표를 정의해 본다면「연결재무제표란 법률상으로는 상이한 지배 및 종속회사가 경제적으로는 단일체 일 때 그들을 하나의 조직체로 전제하여 작성한 재무제표라고 할 수 있다.

2 연결재무제표의 종류

개별기업에 적용되고 있는 회계(이하 연결회계와 구별하기 위하여 개별회계라고 한다)에서는 기본재무제표를 대차대조표, 손익계산서, 이익잉여금처분계산서(또는 결손금처리계산서), 현금흐름표의 4가지로 하고 있다.

그러나 우리「연결재무제표준칙(이하 연결준칙)에서는 연결재무제표 종류를 다음과 같이 하고 있다.

- 연결대차대조표consolidated balance sheet: CB/S
- 연결손익계산서consolidated income statement: CI/S
- 연결자본변동표consolidated statement of changes in stockholders'equity: CS/E
- 연결현금흐름표consolidated statement of cash flows: CC/F

이러한 연결재무제표의 종류는 각 국가별로 동일하지 않다. 일본과 미국에서는 우리나라와 같은 4가지를 각각 작성하고 있다. 환언하면 우리나라의 연결재무제표 종류는 이제 선진국 대열에 서게 된 것이다.

다만, 우리나라의 개별회계와 연결회계에서의 재무제표 종류는 동일하지 않음을 유의하기 바란다. 즉, 개별회계상에서는 "이익잉여금처분계산서(또는 결손금처리계산서)"로 하고 있으나 연결회계상에서는 "연결자본변동표"로 하고 있다. 이는 명칭에서도 알 수 있는 바와 같이 이들 계산서에 포함될 내용이 다르다. 즉, 이익잉여금처분계산서에는 미처분이익잉여금만이 포함되는데 반하여, 연결자본변동표에는 이익잉여금뿐만 아니라 자본금과 자본잉여금까지 포함된다.

 ## 3 연결재무제표의 활용

행정관청, 금융기관, 세무관서, 채권 채무자, 현재 및 미래의 거래자, 기타 기업을 둘러싼 이해관계자들의 기업에 관한 재무정보로서는 지금까지 개별재무제표가 주로 이용되어 왔다.

그러나 지배회사는 종속회사에 대하여 어떠한 거래발생이나 경제적 의사결정도 전횡할 수 있는 위치에 있으므로 개별재무제표는 지배회사에 의하여 얼마든지 영향받을 수 있다는 것은 자명하다. 그러므로 기업집단의 이러한 생리와 연결회계를 이해하고 있는 사람들에게는 개별재무제표만을 기초로 여신이나 거래 등 어떠한 의사결정을 한다는 것은 무척 유치하고 위험스러운 경우가 있을 수 있다.

이제는 재무분석의 기초자료를 개별재무제표가 아니라 연결재무제표로 과감히 이행하여야 한다. 전체를 보지 않고 일부에 대하여 우열을 논해 보았자 아무런 의미가 없기 때문이다.

불행히도 아직까지 우리나라에서는 연결재무제표를 기초로 도출된 각종 통계자료나 상대 또는 절대비교 가능한 기준치도 취약할 뿐만 아니라 연결재무제표를 기초로 하는 각종 재무분석기법도 충분히 개발되어 있지 못한 실정이다. 이는 연결재무제표를 작성하기 시작한 기간 또는 연결회계이론 도입의 역사가 일천한데도 그 원인이 있겠으나 작성책임자 및 재무정보 이용자들의 관심 소홀과 이해 부족에도 그 책임이 크다고 볼 수 있다. 어느 기업집단이 자기의 실상을 완전히 노출시키는 것을 즐거워하겠는가? 이는 오로지 재무정보의 제공실무를 담당하고 있는 정보생산자들의 적극적인 참여와 외부이용자들의 끊임없는 활용의 길밖에 없다고 하겠다.

MEMO

Chapter 10

마케팅

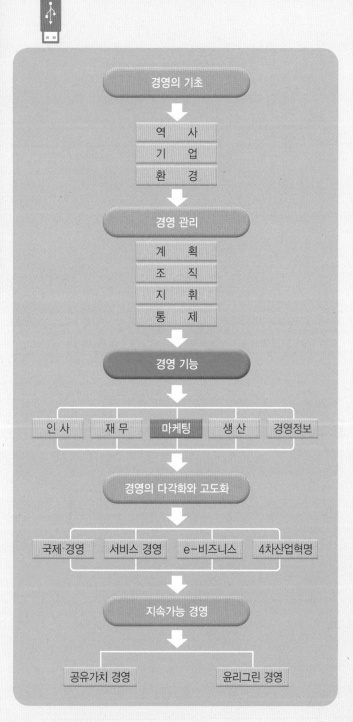

- 경영의 기초
  - 역 사
  - 기 업
  - 환 경
- 경영 관리
  - 계 획
  - 조 직
  - 지 휘
  - 통 제
- 경영 기능
  - 인사 | 재무 | 마케팅 | 생산 | 경영정보
- 경영의 다각화와 고도화
  - 국제·경영 | 서비스 경영 | e-비즈니스 | 4차산업혁명
- 지속가능 경영
  - 공유가치 경영 | 윤리그린 경영

41 마케팅의 개념과 중요성

1 마케팅의 개념

마케팅이란 개인이나 조직의 욕구충족과 목표달성을 위한 교환을 창출하기 위하여 제품, 서비스, 아이디어를 개발하고, 가격을 결정하며, 이들에 관한 정보를 제공(촉진)하고, 유통하는데 관련된 제반 활동을 계획하고 집행하는 과정이다.

마케팅marketing은 시장이란 뜻의 market에 현재 진행형인 ~ing가 붙어서 만들어진 것으로, 미국 마케팅학회AMA, American Marketing Association는 마케팅을 "개인이나 조직체의 목적을 만족시켜 주는 상호교환을 성립시키기 위하여 아이디어, 재화 및 서비스의 개념화, 가격결정, 촉진, 유통을 계획하고 수행하는 과정the process of planning and executing the conception, pricing, promotion, and distribution of ideas, goods, and services to create exchange that satisfy individual and organizational objectives"으로 정의하였다.

이 정의는 첫째, 마케팅의 적용대상을 영리추구를 목적으로 하는 기업의 활동과 비영리조직체와 개인의 활동으로 간주하고 있다. 둘째, 교환대상을 재화와 서비스뿐만 아니라 아이디어까지를 포함시킨다. 셋째, 마케팅믹스의 요소들을 구체적으로 명시하였다. 여기서 마케팅믹스란 마케팅 관리자가 마케팅 활동을 효과적으로 수행하기 위하여 사용할 수 있는 도구를 의미하며, 이것은 제품product, 가격price, 유통경로place, 촉진promotion 등의 네 가지 요소로 구성되어 있어 4P's로 불린다.

2 마케팅의 중요성

생산기술의 발달로 인하여 과잉공급시대로 접어들게 되자 판매자나 생산자가 시장을 지배하던 시대에서 소비자(구매자)가 시장을 지배하는 시대로 반전되었다. 이러한 시장상황의 변화로 인하여 개별기업의 관리적인 측면에서는 자연히 소비자 주권, 소비자 지향적인 기업활동, 즉 소비자의 욕구에 초점을 맞춘 마케팅 활동의 중요성이 강조되게 되었다. 한편, 국민 경제적 차원에서는 대량생산과 대량소비를 연결해 주는 대량유통이 적절히 이루어져야만 경제활동이 원활히 이루어질 수 있기 때문에 유통문제를 다루는 마케팅은 생산과 소비의 경제적 분리 현상을 효율적으로 연결시키고 조정하여 국민경제가 원활하게 순환되어 발전될 수 있도록 하는데 그 중요성이 강조되고 있다.

전자와 같이 기업이 소비자 욕구 충족을 통한 경쟁력 제고와 이익의 달성에 초점을 둔 개별기업활동으로서의 마케팅 연구분야를 미시 마케팅micro-marketing, 생산-유통-소비라는 국민 경제적 차원에서의 마케팅 연구분야를 거시마케팅macro-marketing이라고 한다.

3 마케팅 철학의 변천과정

기업의 마케팅 활동을 지배하는 관리이념은 마케팅 개념이 탄생한 1950년대를 전후하여 다음과 같이 5단계로 변화되어 왔다.

❶ **생산개념**: 소비자들은 가격이 싸고 쉽게 구입할 수 있는 제품을 선호하기 때문에 경영자는 생산과 유통효율 개선에 노력을 집중해야 한다는 것이다.

❷ **제품개념**: 소비자들은 품질, 성능, 특성이 우수한 제품을 선호하기 때문에 기업은 제품개선에 노력을 기울여야 한다는 것이다.

❸ **판매개념:** 소비자는 기업이 제품에 대한 적극적인 판매노력을 기울이지 않으면 구매를 하지 않으므로 기업은 제품에 대한 판매나 판매촉진에 주력하여야 한다는 것이다.

❹ **마케팅 개념:** 소비자 지향적인 사고에서 출발한 개념으로써 기업의 목적은 소비자의 욕구와 요구를 사전에 정확히 파악하고 이를 효과적으로 충족시켜 줄 수 있는 제품이나 서비스를 제공함으로써 달성될 수 있다는 것이다.

❺ **사회지향 개념:** 소비자의 욕구충족이 소비자 복지와 환경의 보전이라는 테두리 안에서 이루어져야 한다는 것이다.

4 마케팅시스템의 목표

사회가 마케팅 시스템으로부터 추구하는 것은 다음과 같은 4가지 대안적 목표로 제시될 수 있다.

❶ **소비의 극대화:** 소비자가 구매, 소비할 수 있는 상품이나 서비스의 양을 극대화하는 것을 마케팅의 목표로 보는 것으로서 소비의 극대화는 다시 생산, 고용 및 부의 극대화로 이어진다는 것이다.

❷ **소비자 만족의 극대화:** 단순한 소비의 양의 극대화보다는 소비가 소비자의 만족으로 이어질 수 있도록 하여야 한다는 것이다.

❸ **선택의 극대화:** 소비자에게 다양한 상품과 상표를 제공하는 것을 마케팅 시스템의 목표로 보아 욕구충족을 시켜줄 수 있는 보다 폭넓은 대체 안을 제공해 주어야 한다는 것이다.

❹ **생활의 질 극대화:** 소비자의 행복이나 복지, 즉 생활의 질적 수준을 향상시키는 것을 궁극적인 마케팅의 목표로 보는 것이다.

5 마케팅과 관련된 주요용어

1) 요구

요구needs란 무엇인가가 결핍되어 있는 상태를 말한다. 갈증이나 배고픔과 같은 생리적 요구, 사회적 요구, 자아실현의 요구 등을 들 수 있는데, 마케팅 활동은 이러한 소비자의 요구를 찾아내고 충족시키는데 초점을 두게 된다. 따라서 요구는 미게팅 활동의 시발점이 되는 것이다.

2) 욕구

욕구wants란 요구가 대상과 관련되어 표출될 때를 말한다. 갈증과 같은 요구가 있을 때 음료수를 보게 되면 욕구가 발생하게 된다. 즉, 욕구충족물 원하게 되는 상태를 말한다.

3) 수요

수요demand는 욕구와 더불어 이를 구매할 수 있는 구매력이 수반될 때 형성된다.

4) 제품

제품product은 소비자의 요구나 욕구를 충족시킬 수 있는 것을 말한다. 마케팅의 정의에서 나타난 바와 같이 욕구충족물은 유형제품, 서비스, 아이디어도 포함된다.

5) 교환

교환exchange은 원하는 욕구충족물을 대가를 제공하고 획득하는 과정으로 대가의 교환 없이 일방적으로 제공되는 증여, 강탈, 절도 등과는 차이가 있다. 교환은 당사자간의 합의, 상호간의 이익증진을 가져오는 가치창조활동이다.

6) 거래

거래transaction는 당사자간의 가치를 주고받는 교환이 일어남을 측정하는 단위이다.

7) 시장

시장market은 제품에 대한 현재 및 잠재고객의 집합을 의미한다. 이와는 달리 경제학에서의 시장은 교환이 일어나는 지리적 또는 추상적 장소를 의미한다.

8) 마케팅 믹스

마케팅 믹스marketing mix는 소비자의 요구와 욕구를 효과적으로 충족시키고 기업의 목표를 달성하기 위하여 기업이 조정·통제할 수 있는 수단을 말하며 제품, 가격, 유통경로, 촉진(커뮤니케이션) 등 네 가지 요소로 구성된다. 또한 이를 4p's product, price, place, promotion라고도 하며 기업이 통제할 수 없는 요소인 환경에 대응하기 위한 수단이 된다.

 ## 6 마케팅의 기능

마케팅의 기능은 크게 교환기능, 물적 유통기능, 조성기능 등으로 이루어진다.

❶ **교환기능**: 거래에 의해 소유권 이전을 통하여 효용을 창조하는 기능이다.

❷ **물적유통기능**: 운송과 같이 장소의 효용을 창출하거나 저장과 같이 시간의 효용을 창출하는 기능으로 제품의 물리적 이동에 관련된 기능이다.

❸ **조성기능**: 이상의 두 기능을 촉진하기 위하여 이루어지는 기능으로 금융, 위험부담, 시장정보, 표준화 기능이 포함된다. 이상의 마케팅 기능 중에서 교환기능이 가장 기본적인 기능이며 이를 상업유통기능이라고도 한다.

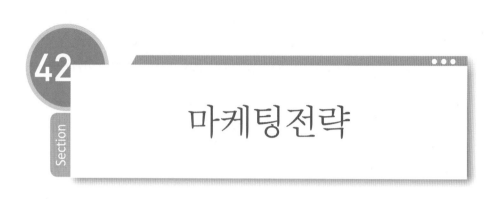

마케팅전략

1 마케팅의 의의

과거 수요가 공급을 초과하던 판매자 위주 시장에서, 현대의 공급이 수요를 초과하는 생산자 중심의 시장이 되면서, 마케팅marketing이라는 용어가 처음 등장한 것은 1910년대 미국으로, 제품 판매를 위한 생존 전략으로써 마케팅이 기업 생존과 성장의 핵심이 되었다.

또한 마케팅이란 개인과 집단이 필요로 하고 원하는 것을 다른 사람들과 함께 제품과 가치를 산출하고 교환함으로써 그들이 획득하도록 하는 사회적 및 관리적인 과정이다.

2 마케팅 전략

1) 사전적인 정의

마케팅 전략은 변화하는 환경 및 경쟁상황에 적응하기 위해서 또는 상황적인 요소와 상관없이 기업의 마케팅관련 노력들, 즉 마케팅 노력의 수준, 마케팅믹스

그리고 자원의 배분과 같은 것들의 결정에 장기적 영향을 미치는 목표나 정책 또는 법칙들이다a set of objectives, politics, and rules that guides over time the firm's marketing effort—its level, mix, and allocation—partly in response to changing environmental and competitive conditions.

2) 현상적인 정의

마케팅 전략은 기업이 특정한 경쟁상황 하에서 장기적인 고객과 이윤목적을 달성하기 위한 일관되고 적절하고 가능한(행동) 원칙들이다a consistent, appropriate, and feasible set of principles through which a particular company hopes to achieve its long-run customer and profit objectives in a particular competitive environments.

3) 실무적인 정의

첫 번째 부분에서는 목표고객의 크기와 구조 및 행동이 설명되며, 또한 시장에서 팔리게 되는 제품의 이미지나 포지셔닝 그리고 앞으로 몇 년 동안에 목표로 삼는 판매액, 시장점유율, 이윤 등이 포함된다. 두 번째 부분에서는 제품의 가격, 유통전략, 광고전략, 마케팅관련 예산 등이 설명된다. 세 번째 부분에서는 장기적인 관점에서 제품의 판매량과 이윤폭의 예측 및 시간흐름에 따른 마케팅 믹스전략의 변화가 설명된다.

 ## 3 마케팅 전략의 구축유형

1) 도입 시기에 따른 구분

❶ **최초 진입자의 전략**: 정교하다기 보다는 생산 및 기술, 아이디어를 시장에 알리는 것에 치중. 최초진입자의 혜택first mover advantage 획득.

❷ **후발주자의 전략**: 효율성과 자사의 보편적인 이미지를 통해 시장을 양분해 가기 시작해 최초진입자의 시장 크기를 줄여가는 것이 중요

2) 기업의 상황이나 목적에 따른 구분

❶ **시장점유율의 확대:** 마케팅의 전략적 도구들–가격, 광고, 유통 등 촉진을 이용하여 공격적 마케팅을 펼침. 많은 기업이 사용하는 일상적 전략.

❷ **현재 고객의 보존:** 방어적 마케팅 전략. 고객을 만족시키기 위해 끊임없는 혁신이 필요

❸ **새로운 시장의 개척:** 전통적 분석을 통하여 체계적으로 전략을 구축하는 관리론적 방법과 경영자의 직관이나 경험에 의존하는 감각석 방법을 함께 사용

3) 현재의 기업순위에 따른 구분

❶ **1위 기업의 전략:** 관리적 방법이나 완성적 방법이 바람직함.

❷ **2위 기업의 전략:** 완성적인 방법이 가장 절실히 필요. 감각적인 면과 체계적인 면도 함께 요구됨

❸ **다수의 소규모 기업의 전략:** 시장의 법칙을 받아들여 그 한도 내에서 최고의 성과를 얻을 수 있는 전략을 개발하고, 경쟁사의 전략도 빠른 시간에 파악해 적절히 적응하도록 한다.

4 마케팅 전략 수립 과정

마케팅 전략 수립의 첫 단계는 사업 기회를 찾아내고 확인하는 것이고, 두 번째로는 표적시장 결정이다.

표적마케팅은 하나의 제품시장을 상이한 세분시장으로 구분하고, 각 세분시장에 맞도록 제품을 포함한 마케팅믹스를 개발하고 제공하는 것이다. 표적마케팅의 수행을 위해서 시장세분화와 표적시장 선정, 포지셔닝 구축이 필요하다.

❶ 시장세분화는 한 제품시장의 전체 소비자들을 니즈^{needs}나 행동, 특성 면에서 유사한 하부집단으로 구분하는 것이다. 이것이 성공적으로 이루어지기 위해서는 측정가능성, 접근가능성, 경제적 시장규모, 안정성, 차별적 반응 등의 요건이 충족되어야 한다. 이것에 사용될 수 있는 기준에는 인구통계, 사회계층, 문화, 지리적 위치, 라이프 스타일 등 사용자관련 변수와 혜택, 사용여부, 가격 민감도, 상표충성도, 구매상황 등의 변수가 있다.

❷ 표적시장 선정을 위해서는 세분시장별 시장잠재력을 추정하고, 판매예측을 실시해야 한다. 판매예측방법에는 구매의도조사, 전문가 의견, 판매원예측 합산법, 추세분석, 시험마케팅, 통계적 수요분석 등이 있다.

표적시장 선정 전략

(a) 일부시장 표적전략에는 단일 세분시장 집중화전략, 선택적 전문화전략, 시장 전문화전력, 제품 전문화전략 등이 있다.

(b) 전체시장 전문화전략에는 비차별화전략과 차별화전략이 있다.

(ㄱ) 비차별화전략: 개별 세분시장간의 차이를 무시하고 단일의 마케팅믹스로 전체시장에 소구함. 성공의 경우 규모의 경제 효과를 얻을 수 있지만 효과성이 의문시된다.

(ㄴ) 차별화전략: 여러 세분시장을 포괄하되, 각 세분시장에 맞추어 별개의 프로그램 제시. 매출액과 비용을 동시에 증가시키므로 효과성을 가지기 위해서는 시장세분화 정도에 주의를 기울여야 한다.

❸ 포지셔닝은 기업이 자사의 경쟁우위가 강화되도록 자사 제품의 위치를 계획하고 계획된 위치가 소비자들의 마음속에 구축되도록 마케팅믹스를 설계하는 것이다. 경쟁제품 파악 → 제품평가 기준 파악 → 경쟁제품별 위치 확인 → 고객 분석 → 자사위치의 선정과 평가의 순서로 이루어진다.

5 마케팅 믹스Marketing Mix

1) 제품기획 및 관리

아이디어 창출 → 아이디어 선별 → 제품개념 개발 및 테스트 → 사업성 분석 → 제품원형 제작 → 시험마케팅 → 출시의 순서로 하나의 제품이 완성된다. 제품출시 이후에는 제품수명주기 관리product life-cycle management를 해주어야 한다. 시장에 도입된 제품은 도입기, 성장기, 성숙기를 지나 쇠퇴기에 이르는 S자 곡선 형태를 취하고 있으나 모든 제품에 해당하지는 않는다. 또한 상표 관리는 제품이나 서비스의 매출, 시장점유율, 수익성에 직접적으로 영향을 미치므로 상표 관리 또한 중요하다.

2) 가격기획 및 관리

가격은 기업의 가치 중 일부를 이익으로 회수하려는 노력이다. 고객은 구매 결정에서 가격을 고려하게 되는데, 가격민감도의 요인에는 대체재에 대한 지각 효과, 차별화 효과, 비교가능성 효과, 가격-품질연상 효과, 상황요인 효과 등이 있다. 고객이 지각하는 가치와 가격간의 관계를 기준으로 하여 고가격전략(skim pricing-특정 제품에 대하여 대다수 잠재구매자들이 지각하는 경제적 가치에 비해 가격을 높게 설정함), 침투가격전략(penetration pricing-경제적 가치에 비하여 가격을 낮게 설정함으로써 시장점유율 또는 판매량 증대를 통해 이익을 얻고자 하는 가격전략), 중립가격전략(neutral pricing-가격을 경제적 가치와 일치하게 하여 마케팅 수단으로서 가격의 역할을 축소시킴)으로 세 가지의 상이한 가격전략을 도출할 수 있다.

3) 유통기획 및 관리

유통경로는 생산자의 제품이 최종소비자 또는 산업사용자들에게 획득 가능하도록 하는 과정에 참여하는 상호의존적인 조직과 개인들의 집합을 말한다. 구성원은 마케팅 커뮤니케이션 관리와 재고관리, 물적유통, 시장정보 피드백 및 재무위험 부담이라는 5가지 주요기능을 수행한다. 유통경로 유형은 경로를 구성하고 있는 단계의 수에 따라 구분된다. 직접경로는 중간상의 개입 없이 제조 업체로부터 최종고객에게 제품이 직접 이전되며, 중간상이 요구되지 않는 전문 서비스, 사업재 중 고가격이고 복잡하며 고기술형인 제품들이 많이 사용된다. 간접경로에는 제조업체와 최종고객 사이에 중간상이 있어서 구매 또는 판매와 관련된 일부 기능을 수행한다. 대다수 소비자와 일부 사업체에서 많이 활용되고 있다.

수직적 마케팅시스템은 유통경로를 구성하는 제조업체와 도매상 및 소매상 이 통합적 시스템 하에서 가능하도록 조직된 경로이다. 수평적 마케팅시스템은 유통경로상 동일 단계의 둘 이상의 기업이 협력체를 구성하여 경쟁력을 강화하고자 하는 시스템이다.

유통기획 관리를 위해서는 최종고객이 유통경로로부터 받고자 하는 서비스 수준을 파악하고, 이러한 서비스의 실현가능성과 원가 및 소비자의 가격 선호를 고려하여 적합한 수준을 결정하는 것이다.

또한 유통경로 목표를 설정하고, 대안을 확인해야 한다. 그리고 유통경로 대안의 평가로 경제성과 통제성 및 신축성을 고려하여 최적대안을 선택하고, 마지막으로 선택된 전략을 실행하고 경제적 성과와 구성원들의 협력관계를 평가할 수 있어야 한다.

4) 촉진기획 및 관리

마케팅 커뮤니케이션의 궁극적 목표는 표적 청중에 도달하여 행동에 영향을 주는 것이다. 이러한 목적달성을 위해 사용할 수 있는 커뮤니케이션 수단으로는 광고, PR, 판매촉진, 인적 판매 및 직접마케팅 커뮤니케이션이 있고, 이러한 수단들의 조합을 마케팅 커뮤니케이션 믹스라고 한다.

마케팅 커뮤니케이션은 목표 수신자와 반응의 결정 → 메시지 내용 결정 → 메시지 구조와 형식 결정 → 커뮤니케이션 경로의 선택 → 커뮤니케이터의 특성 파악의 순서로 이루어진다.

소비자의 광고 정보처리는 메시지 노출 → 흥미 → 이해 → 수용 → 기억의 5단계로 이루어진다. 기업의 광고캠페인 개발에는 표적시장 선정 → 광고목표 결정 → 광고예산 책정 → 표현전략 개발 → 매체 선정과 일정계획 수립 → 광고

효과 평가의 과정을 거친다.

판매촉진에는 소비자용 판매촉진-가격인하 판촉, 쿠폰, 리베이트, 콘테스트와 스위프스테이크, 경품, 무료견본, 광고용 소품-이 있고, 중간상용 판매촉진-중간상 보조금, 중간상 콘테스트, 구매시점 전시물, 박람회 등-이 있다.

직접마케팅 커뮤니케이션은 기존 고객 또는 잠재고객으로부터 직접적, 즉각적 반응을 도출하여 고객과 관계를 수립하고 유지·강화하는 활동으로써 직접우송광고, 직접판매, 인포머셜을 비롯한 방송매체, 인쇄매체, 텔레마케팅 등이 있다.

5) 서비스기획 및 관리

서비스는 제품과 함께 소비자에게 제공되는 제품지원 서비스로서 제품의 확장의 개념이다. 제품의 품질을 보증하는 품질보증제product warranties, 소비자가 구매한 상품을 신속히 배달해 주는 배달서비스delivery service, 배달된 상품이 소비자가 사용하기에 편리하도록 해주는 설치install, 고매대금에 관해 소비자와 중간상에게 제공하는 신용서비스 등이 있다. 또, 신용서비스의 일종으로 환불보장제도money-back guarantee와 할부판매 등을 들 수 있다.

서비스는 상품의 핵심편익이 아니면서 경쟁브랜드와 차별화 하여 소비자의 구매결정에 영향을 미치고, 만족한 소비자는 주위의 이웃, 동료, 친구 등에게 호의적인 구전positive word-of-mouth을 유발할 수 있다.

43 Section

시장세분화

1 시장세분화의 특성

산업 사회에서 마케팅 활동이 계속 복잡해지면서 다종다양한 시장을 규모가 작고 서로 유사한 개인들로 구성된 소집단으로 세분할 필요성이 증대되었다. 이러한 소집단들은 마케팅의 단위 또는 세분화된 시장으로 간주된다.

제품이나 서비스가 독특하거나 모든 사람들의 흥미를 끌지 않는 한, 이러한 제품이나 서비스는 마케팅 단위의 관점에서 고려되어야 한다. 특정 시장 부류를 대상으로 제품을 차별화하고 이 제품을 판촉할 대상들이 흥미를 끌 수 있도록 제품을 포지셔닝 할 필요가 있다.

2 시장세분화의 기준

시장을 세분화하는데는 여러 가지의 기준이 사용될 수 있으나 대표적인 것으로는 지리적 요인, 인구통계학적 요인, 심리적 요인, 편익성 요인 등을 들 수 있다.

❶ **직지리적 세분화**geographic segmentation는 지리적 특성에 따라 제품에 대한 요

구와 시장의 규모 등이 다를 수 있기 때문에 소비자가 실제로 어디에 살고 있는지에 따라 시장을 나누는 것이다. 이를테면 시장을 국가별·권역별로 나눈다든지, 또는 대도시와 중소도시로 구분한다든지, 또는 기후별·인구밀도별로 나눈다든지 하는 것이다. 지리적 세분화의 가장 큰 장점은 세분화 작업이 비교적 쉽고 비용이 적게 든다는 점이다.

❷ **인구통계학적 세분화**demographical segmentation는 시장을 연령·성별·가족규모·소득수준·직업·교육수준·종교 등에 따라 특성별로 나누는 것이다. 인구통계학적 세분화는 인구통계학적 요인들이 소비자의 제품에 대한 욕구·선호도·사용빈도 등과 밀접한 관계가 있고, 또한 이를 통해 시장규모를 쉽게 예측할 수 있다는 가정 하에서 주로 활용된다.

❸ **심리적 세분화**psychographic segmentation는 사람들의 관심·태도·생활유형life style 등과 같은 비교적 추상적인 특성에 기초하여 시장을 세분화하는 것이다. 심리적 세분화는 인구통계학적 요인만으로는 파악하기 어려운 시장을 파악할 수 있다는 장점이 있다. 그러나 이는 소비자의 심리를 객관적으로 측정하기 어렵고, 심리적 변수와 제품에 대한 고객의 욕구나 선호도 사이의 상관관계가 명확하지 않은 경우에는 세분시장에 접근하기가 어렵다는 단점도 있다.

❹ **편익성 세분화** 이는 제품이나 서비스의 편익성benefit sought을 염두에 두고 시장을 나누는 것이다. 예컨대 치약을 구매할 때 충치예방·향기·가격·포장·치아표백 등 소비자에 따라서 추구하는 편익은 각기 다를 것이다. 편익성에 의한 세분화는 편익집단의 규모를 측정하기가 쉽지 않고, 소비자가 추구하는 편익의 이면에는 전혀 다른 의도가 내포되어 있을 수도 있으며, 또한 소비자에 따라서는 여러 개의 편익을 동시에 추구하는 경우도 있기 때문에 세분화의 유용성이 제한되기도 한다.

이는 인과적 요인에 근거하여 시장을 구분하기 때문에 소비자의 욕구와 제품을 곧바로 연결시킬 수가 있고, 편익집단을 인구통계학적·심리적 특성과 연관시킬 수도 있다는 점에서 가장 효과적인 시장세분화기법이라고 할 수 있다.

3 표적시장의 선정과 마케팅전략

시장을 세분화하고 나면 여러 개의 세분시장으로 나누어진다. 이제 기업은 이들 세분시장에 대해 기업의 능력을 고려하여 마케팅활동을 어떻게 수행할 것인지에 관한 전략을 수립하여야 한다. 이때 기업이 구사할 수 있는 마케팅전략은 몇 개의 세분시장을 표적시장target market으로 선정하느냐에 따라 비차별적 마케팅 전략, 차별적 마케팅 전략, 집중적 마케팅 전략 등 세 가지로 분류된다.

❶ **비차별적 마케팅 전략**undifferentiated marketing strategy이란 시장 전체를 하나의 표적시장으로 삼고 동일한 마케팅 전략을 수립하여 구사하는 것을 말한다. 이같은 전략은 대량생산에 의해 제조원가, 재고비용, 운송비용, 마케팅 조사비용 등을 절감할 수 있으며, 한 가지 광고매체를 대량으로 이용함으로써 광고비도 크게 절감할 수 있다. 그러나 이는 극심한 경쟁을 유발시키고 세분시장들의 다양한 욕구를 충족시키지 못한다는 단점이 있다. 비차별적 마케팅 전략은 생필품과 같이 제품이나 시장이 동질적일수록 효과적이다.

❷ **차별적 마케팅 전략**differentiated marketing strategy이란 두 개 이상의 세분시장을 표적시장으로 선정하여 각각에 대하여 서로 다른 마케팅 믹스를 제공함으로써 각 세분시장에서 최대의 매출과 이익 그리고 시장점유율을 실현하는 데 목적을 두는 전략을 말한다. 따라서 이는 비차별적 마케팅 전략에 비해 제조·재고·운송·광고 등에 관련된 비용이 많이 소요된다는 약점을 가지고 있다.

그렇지만 고객 지향적이고 시장 창조적인 적극성을 지님으로써 기업에 대해 소비자들이 갖는 인식·이미지·충성심 등이 개선되어 소비자들이 그 기업의 제품을 반복하여 구매하도록 유도할 수가 있다. 차별적 마케팅 전략은 카메라, 자동차, 주류 등과 같이 제품이나 시장이 이질적일수록 효과적이다.

❸ **집중적 마케팅 전략**concentric marketing strategy은 하나 또는 제한된 수의 세분시

장만을 표적시장으로 선정하여 마케팅 노력을 집중하는 전략이다. 이는 기업의 자원이 한정되어 있는 경우에 특정의 시장에서 유리한 시장 지위를 확보하기 위한 목적에서 구사하는 전략으로서, 특정의 세분시장 내 고객들의 욕구에 대한 전문성을 축적하면서 독보적인 명성을 쌓아 올림으로써 강력한 시장 지위를 획득할 수 있고, 제품의 연구개발·생산·유통·촉진 등에 대한 전문화를 통해 규모의 경제를 실현할 수도 있게 된다.

그러나 협소한 세분시장만을 대상으로 하기 때문에 시장 내 고객들의 욕구가 갑자기 변하는 경우에는 표적시장 전부를 일순간에 상실하는 위험을 감수하지 않으면 안된다. 예를 들어, 국내의 어느 출판사가 경영학이나 경제학 서적만을 출판하는 것이나, 몇몇 회사가 특정 연령층을 주고객대상으로 선정하여 여성의류를 만들어 파는 것은 모두 집중적 마케팅 전략을 구사하는 것으로 볼 수 있다.

모든 기업들은 표적시장과 관련하여 이상의 세 가지 마케팅 전략 중에서 어느 하나를 선택하게 된다. 따라서 기업이 표적시장을 선정하고 그에 따른 마케팅 전략을 선택할 때에는 신중을 기할 필요가 있는데, 이 때 다음과 같은 몇 가지 요소를 고려하면 큰 도움이 될 것이다.

❶ 비차별적·차별적 마케팅 전략은 모두 많은 자원을 필요로 한다. 따라서 기업의 자원이 한정되어 있는 경우에는 제한된 표적시장을 선정하여 집중적 마케팅 전략을 구사하는 것이 유리하다.

❷ 제품과 시장의 동질성이 큰 경우에는 전체 시장을 하나의 표적시장으로 하여 비차별적 마케팅 전략을 적용하는 것이 적합하다. 그리고 제품과 시장이 이질성이 큰 경우에는 차별적·집중적 마케팅 전략이 더욱 적합하게 된다.

❸ 제품수명주기상에서 도입기에 있는 제품은 일차적 수요를 창출하기 위해 비차별적 또는 집중적 마케팅 전략이 적합하며, 성장기에 접어든 제품은 경쟁자의 출현으로 시장이 잠식될 수 있기 때문에 차별적 마케팅 전략을 구사하여 이차적 수요를 창출할 필요가 있다.

④ 경쟁자가 차별적 마케팅 전략이나 집중적 마케팅 전략을 구사할 때에는 비차별적 마케팅 전략을 구사해서는 안되고 적극적으로 같은 전략을 활용하여 상대방을 공략하고 그 전략을 집중화시키는 것이 바람직하다.

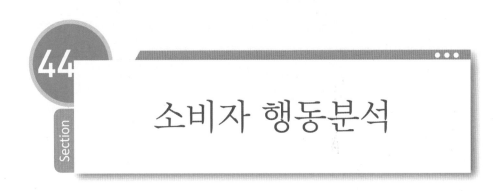

소비자 행동분석

산업혁명에 의해, 인류의 생활은 자기생산방식에서 시장에서의 교환을 전제로 하는 대량생산방식으로 전환되기 시작하였다. 초기 시장의 개념은 "만들면 팔린다"의 판매자중심시장^{Sellers' market}이었다. 그러나 마케터들은 최근 그들이 생산해내는 많은 양의 제품을 소비자들이 모두 구매해 주지 않는다는 사실과, 결국 자신의 제품을 팔기 위해서는 경쟁이 불가피하다는 사실을 알게 되었다.

그에 따라 관심의 초점을 생산활동 그 자체에서 마케팅(소비자의 만족을 창출하고, 교환을 촉진하기 위하여 기업의 활동을 소비자의 욕구에 적응시키는 일)으로 전환하였다. 이제 "팔릴 수 있는 제품을 만들어야 하는 시대"가 된 것이다.

즉, 이 시대의 마케터는 마케팅 활동을 보다 새롭고 효율적으로 수행하기 위하여 소비자 행동의 기본원리에 관심을 가져야 하는데, 이러한 관점은 마케터로 하여금 소비자 행동에 영향을 미치는 요인들을 면밀히 분석하도록 촉구하고 있다.

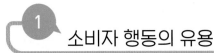

1 소비자 행동의 유용

1) 소비자 행동분석의 정의

소비자를 알기 위해 그들의 심리나 소속집단, 의사결정 요인 등을 조사하는 것을 말한다. 마케팅 활동의 요소인 제품, 가격, 유통, 촉진 등을 효과적으로 집행하는데 기본적인 단서가 된다.

2) 소비자 행동 연구의 유용성

❶ 합리적인 소비활동을 도와준다. 소비자 행동에 대한 검토는 소비자의 입장에서 보다 현명한 소비 활동을 계획하고 욕구를 효과적으로 충족시킬 수 있도록 도울 수 있다.

❷ 마케팅 전략의 수립을 가능하게 한다. 다시 말해 시장기회의 분석과 예측, 시장세분화와 표적시장의 선정, 마케팅믹스의 구성을 할 수 있다.

❸ 마케팅 전략의 성과는 근본적으로 소비자 반응을 측정함으로써 평가될 수 있는데, 적절한 측정방법을 선택하고 적용하기 위해서는 소비자 행동에 관한 지식이 필요하다.

❹ 영리조직 뿐만 아니라 비영리 조직들도 사회 내의 어떤 욕구와 필요를 충족시키거나 문제를 해결함으로써 상대방들의 호응(참여와 지지)을 얻어내야 하므로 소비자 행동에 관한 지식을 활용해야 한다.

 2 소비자 구매의 영향 요인

소비자 행동의 영향 요인은 크게 사회·문화적 요인과 개인적 요인, 심리적 요인 등으로 나눌 수가 있다.

1) 사회·문화적 요인

(1) 사회계층

사회, 문화적으로 신분이나 소득 등이 비슷한 사람들끼리 묶은 것으로서 이런 사회적으로 같은 계층에 속한 사람들은 유사한 소비행동을 한다. 동일 계층 내의 사람들이 신념, 태도, 가치관 등이 유사할 뿐만 아니라 사고방식과 행동도 많은 공통점을 가지기 때문인데, 이는 소비자의 생활 모든 측면에 가장 중요한 영향을 준다.

이처럼 비슷한 사회계층이나 집단이 어떤 특징을 가지고 어떤 행동을 하는지 알고 있는 것은 소비자에게 정확하게 접근하고 필요한 정보를 전달하는데 중요한 관건이 된다. 이 사회계층에 대한 종합지표로 가장 많이 이용되는 지표로는 Warner의 지위특정지표[ISC]를 들 수 있는데, 이는 직업, 소득원천, 주택의 유형, 주거지역을 이용하여 계층을 분류하는 방법이다.

(2) 준거집단

일상생활을 하면서 자주 만나고 사귀는 집단으로 개인행동에 직접, 간접적으로 영향을 미치는 개인이나 집단을 말하며 회원집단, 기대집단, 희구집단, 거부집단, 회피집단 등의 유형을 들 수 있다. 학교동료나 종교집단, 스포츠동우회나 써클 등 여러 형태가 있는데, 소비자들을 준거집단 구성원의 의견을 신뢰성 있는 정보원천으로 받아들이는 경우가 많다. 흔한 예로 중고생의 소비문화를 들 수 있는데 이들 구매의 결정적인 요인은 같은 또래로 이루어진 준거집단인 것이다. 이러한 상황은 어느 제품이 좋고 나쁘다는 것이 아니라 의견 선도자에 의해 정보의 영향을 절대적으로 받는 것이다.

(3) 가족의 요인

가족은 같이 생활하는 혈연집단으로 사회에서 가장 중요한 소비자 구조 조직을 가진다. 이는 개인보다 오히려 가족을 먼저 고려하여 가족 구성원이 구매 결정에 종종 영향력을 미치기 때문이다. 하지만 의사결정과정에서 가족구성원이 행하는 역할이 다르기에 상표를 구매할 때 주로 누구에 의해 이루어지는지 아는 것이 마케팅 전략일 것이다.

문화란 한 집단 내의 구성원들이 공동으로 지니고 있는 태도, 가치관, 신념, 습관 등을 의미하며, 사람들이 여러 시대를 거치는 동안에 남겨 놓은 사회적인 유산이다. 따라서 문화는 사회적으로 학습되고 사회구성원들에 의해 공유되기 때문에 욕구 충족의 기준이 되고 행동의 규범을 제공한다. 이 요인을 사회구성원들이 제품 및 서비스를 선택하는 행동에도 영향을 미친다. 그러나 한 사회의 사람들은 모두 동일한 문화적 가치관을 가지는 것은 아니다. 여러 구성원들의 가치와 조화를 이룬다면 더 쉽게 이해 될 것이다.

2) 개인적 요인

나이를 많아짐에 따라 신체적, 경제적 조건이 변화하고, 그 역할이나 준거 집단이 변화함에 따라 취향도 틀려지는 특징을 가지고 있다. 이도 라이프스타일, 개성, 연령으로 나눌 수 있다.

(1) 라이프스타일

개인이 전반적으로 살아가는 방식을 나타내는 것, 이는 개인적 성향을 보다 집약적으로 나타내 준다. 개인의 활동, 관심, 의견을 바탕으로 나눠지는 라이프 스타일은 보통 20대 남성들은 성공 지향적이라거나 패션 추구형, 레저 영위형 등으로 나누고 각각 이들 유형이 전체에서 차지하는 비율을 보여주는 식으로 기업이 소구할 대상을 선별하는데 도움을 준다. 이런 한 사회의 라이프 스타일life style의 유형을 파악하면 각 유형별로 나타나는 소비나 행동에 있어서의 특징과 이들을 구성하고 있는 인구 통계적 특징을 알아내어 이들을 세분시장으로 나누고 이에 맞는 마케팅을 개발할 수 있다.

(2) 개성

각각의 개인이 다른 사람들과 구별하게 만들도록 개인의 내부에 형성된 특질로서 이는 다양한 주위 환경에 대하여 일관성 있고 지속적인 반응을 가져오는 개인의 심리적 특성이라 정의된다. 개성이 몇 가지의 유형으로 분류될 수 있고, 특정한 개성 유형과 특정 제품이나 상표 간에 강한 상관관계가 있다면 개성은 제품개발이나 광고메시지 등에 반영할 수 있다.

(3) 연령

이것에 따라 관련제품과의 구매력 및 가치관, 생활태도, 소비행동에도 차이가 있다. 예를 들어 인구의 고령화로 노인의 수가 많아져서 노인을 대상으로 한 제품의 요구가 늘고 있는 것을 볼 수 있다.

3) 심리적 요인

(1) 태도

어떤 대상이나 대상들의 집합에 대해 일관성 있게 호의적 또는 비호의석으로 반응하려고 학습된 선유 경향이라고 한다. 태도를 통해 소비자의 구매 행동을 예측할 수 있으며, 상표에 대한 소비자의 평가를 알아낼 수 있다. 또한 태도가 나쁜 경우 마케팅 전략으로 소비자의 태도를 바꿀 수도 있다.

(2) 학습

소비자가 그동안의 경험이나 사고에서 나오는 개인의 행동변화를 말하는데, 기존에 자신이 가지고 있던 신념, 태도 및 행동을 변화시킬 수 있다. 학습의 연구 방법에는 학습이 문제해결의 과정을 통한 사고과정에 의하여 이루어진다는 인지적 접근방법과 자극과 반응의 연결에 의하여 일어난다는 행동주의적 접근 방법이 있다.

(3) 욕구

어떠한 이유로 유용하고, 필요하고, 원하는 것이 부족한 상황이다. 다시 말하면, 욕구는 만족을 필요로 하는 상태를 말한다. 이는 본원적 욕구와 구체화된 욕구로 나누어지는데, 본원적 욕구는 필요를 말하며, 구체화된 욕구란 필요를 만족시켜 주는 수단에 대한 구체적 바람을 의미한다.

(4) 동기

욕구가 내외적인 자극을 받아 필요를 의식하게 하여 동기로 변하고, 이 동기가 유발될 때 비로소 행동의 실마리가 되어 나타난다. 동기는 자신의 욕구에 따라 다르게 행동되는데, 이를 바탕으로 예전부터 프로이드나 매슬로우 같은 심리학자들의 연구가 이루어졌다. 이러한 인간 행동의 동기에 관한 이론들은 현대의 마케팅 담당자에게도 도움을 주고 있다.

(5) 지각

개인의 인지능력의 차이나 집중도의 차이를 말하는데, 소비자들이 동일한 사물을 보고 서로 다르게 지각하는 것은 선택적 지각을 하기 때문이다. 이 선택적 지각을 마케팅에서 중요하게 여기는데 크게는 마케팅 전략의 수립에서부터 작게는 선반 진열 방법에 이르기까지 여러 각도로 적용된다.

3 관여도에 따른 소비자행동과정

관여도란, "소비자의 구매행동에서 관찰되는 관심의 강도"를 말하는 것으로서 Krugman은 관여도를 상황의 세 가지 측면에서 언급하였다.

❶ 관여도가 높은 제품이란 가격이나 제품의 복잡성, 품질차이, 지각된 위험, 자아 이미지에 대한 영향 등으로 인하여 개인적인 관련성이 큰 제품을 말한다.

❷ 관여도가 높은 소비자란 상표들 사이의 차이에 매우 관심이 많은 소비자인데 이러한 관심은 광고에 대한 주의를 증대시킬 뿐 아니라 상당한 양의 능동적인 정보 탐색을 야기한다.

❸ 관여도의 수준은 구매상황 또는 학습상황에 따라서도 달라질 수 있다.

고관여도 반응계층에 있어서 인지는 획득된 정보로부터 소비자가 도출한 상표들에 관한 지식과 신념을 말하는데, 정보의 탐색과 능동적 학습을 통하여 형성된다. 이러한 인지를 통해서 고관여도 소비자는 상표에 대한 태도를 형성하고, 그들의 상대적 가치를 결정한다. 그 후 야기되는 행동(구매)은 이러한 상표에 대한 태도로부터 크게 영향을 받는다.

마지막으로 구매 후 만족·불만족은 소비자 심리로 피드백되어 다음번 의사결정 과정에 영향을 미친다.

한편, 저관여도 반응계층에 있어서 인지는 관여도가 높은 여건에서의 경우와 상당히 다르다. 이 계층의 소비자는, 상표에 대한 태도를 형성하기 위하여 정보를 처리하려는 의도가 거의 없기 때문에 주의의 수준이 대단히 낮고 반복노출과 수동적 학습을 통하여 상표 친숙도가 형성될 뿐이다.

결국 상표에 관한 신념들은 뚜렷하지 않고 상표 태도를 형성할 만큼 강하지도 않다. 따라서 행동(구매)은 강한 상표 태도가 형성되기 이전에 친숙도만을 근거로 하여 일어나며 오히려 제품을 구매하여 사용한 후 그에 관한 평가와 태도를 형성한다.

고관여도 계층	인지(능동적 학습) ⇨ 태도(상표대안들의 평가) ⇨ 행동(태도에 근거)
저관여도 계층	인지(수동적 학습) ⇨ 행동(상표친숙도에 근거) ⇨ 태도(구매 후 평가)

관계마케팅

1 관계마케팅의 개념

관계마케팅이란 고객을 획득하고 유지하는 두 가지 측면을 강조하는 마케팅이다. 전통적으로 마케팅은 고객을 획득하는 것만을 많이 강조했지 고객을 유지하는 것에는 관심이 적었다. 그러나 관계마케팅은 양자를 긴밀히 묶는데 초점을 맞추고 있다. 공급이 수요를 초과하는 정도가 심화되는 상황에서는 새로운 고객을 창조하는 데에는 한계가 있기 때문에 새로운 고객을 확보하는 일면 기존고객의 유지에 중점을 두는 것이 비용면이나 소비자욕구 만족면에서 보다 효과적이다.

이를 위해서는 시장을 고객에 한정하지 않고 공급자, 조직 내부 종업원, 소개자, 영향자로 확대하되 이들과의 충돌이나 갈등을 유발하면서 보다 큰 자사의 이익을 추구하기보다는 이들과 협동적이고 호혜적인 관계를 공고히 함으로써 공동의 이익과 함께 소비자의 욕구를 보다 만족시키는 관계마케팅을 전개하여야 한다.

2 관계마케팅의 발전과정

과거의 마케팅은 거래마케팅에 중점을 둔 마케팅이었다. 그러나 1990년대에 들어서면서 다음과 같은 관심사가 나타나면서 관계마케팅이 주목받기 시작하였다.

❶ 거시적인 관점에서 마케팅은 소비자시장, 종업원시장, 공급자시장, 내부시장 그리고 정부나 금융시장과 같은 영향자시장을 포함하는 광범위한 범위까지 영향을 미치고 있다는 인식.

❷ 미시적으로는 고객과 상호관계의 본질이 변화하고 있다는 인식이다. 그래서 "거래"에 초점을 두는 것에서 "관계"에 초점을 두는 쪽으로 강조점이 변한다는 점이다.

3 관계마케팅의 전개

관계마케팅을 전개하기 위해서는 기존의 마케팅 믹스요소인 4P's product, price, promotion, place외에 3가지 요소를 더 고려해야 한다.

❶ 고객서비스제공이다. 경쟁이 보다 심화되면 제품의 기능적인 특징은 점점 차별화가 곤란해지기 때문에 강력한 차별화 요소는 서비스라고 할 수 있다. 경쟁기업보다도 효율적으로 소비자를 자사의 고객으로 만들기 위하여, 그리고 기존고객을 영원한 파트너로 만들기 위해서는 차별화 요소로 고객서비스가 중요하다고 할 수 있다. 그러므로 기업은 제품으로서 고객이 지각하는 서비스품질을 지속적으로 개선하는 전략이 필요하다.

❷ 내부마케팅으로서 인적자원이 중요하다. 고객을 유지하기 위해서는 서비스 품질리더십이 요구되며 이를 위해서는 서비스를 창출하는 조직구성원이 서로 마케팅 개념으로 상대방을 대하는 내부마케팅이 필요하다. 즉, 조직의 한 구성원은 공급자임과 동시에 고객이 되므로 조직의 구성원들은 조직의 다른 구성원이 만족할 수 있도록 최선을 다해서 서비스해 주어야 한다는 것이다. 이를 통해 조직단위는 다기능을 수행하여 경쟁적 이점이

있는 서비스 품질리더십을 추구할 수 있다.

❸ 경쟁적 이점을 갖기 위해서는 고객서비스를 창출하는 과정이 보다 혁신적이고 효율적이어야 한다. 기업은 환경이 변화하면 이에 적응하기 위하여 자신을 변화시키지 않으면 안되는데 이 과정을 전략적으로 고려하여 경쟁적 이점이 될 수 있도록 효율적으로 과정을 변화시킬 필요가 있다. 이의 방법으로 benchmarking 기법을 도입하여 경쟁기업보다 서비스 품질리더십을 가짐으로써 경쟁적 이점을 가질 수 있다.

이와 같이 관계마케팅에서 관계의 파트너로 삼고 있는 것은 비단 소비자로서의 고객만이 아니다. 고객은 물론 기업의 공급자, 기업내부의 종업원, 정부, 심지어 경쟁자까지도 경우에 따라 지속적 협력관계를 유지할 필요가 있는 대상으로 파악하고 있다. 흔히 내부마케팅이라 불리는 기업내부 종업원과의 관계마케팅은 종업원을 기업의 비용요인이 아니라 중요한 협력의 파트너로 보고 종업원에 의한 고객만족과 기업에 의한 종업원만족을 함께 추구해야 한다고 강조한다.

또한 관계마케팅은 경쟁에서 이기기 위해서는 경쟁자와도 손을 잡을 수 있어야 한다는 주장을 담고 있다. 이른바 기술제휴니, 특허권의 상호 배타적 적용이니, 전략적 제휴니 하는 것은 경쟁자 관계마케팅의 구체적 활동이라고 할 수 있다.

관계마케팅은 이렇듯 기업을 둘러싸고 있는 다양한 대상들과의 관계를 포괄하고 있지만 기존 고객의 유지 관점에서 보면 관계마케팅의 대상은 곧 고객이며, 관계마케팅활동은 지속적 고객만족을 위해 고객과 일정한 관계를 구축하고 그 관계를 유지 강화해 나가려는 노력을 의미한다.

이러한 관점에서 볼 때 관계마케팅은 시장상황이 극도로 경쟁지향적일 때 마케팅이 지향해야 할 목표를 고객창조차원을 넘어서 고객의 유지에 두고 이를 위해서는 기존의 4P's 이외에 고객서비스, 인적자원, 과정을 추가함으로써 품질 및 서비스리더십을 선도하여 장기적인 고객의 만족은 물론 기업의 성장을 꾀할 수 있다는 점을 강조한 마케팅이라고 볼 수 있다.

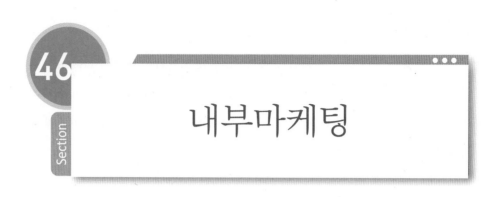

1 내부마케팅Internal Marketing의 정의

　서비스 기업은 종사원에게 전적으로 의존한다고 할 수 있다. 서비스는 수행활동이며 일반적으로 종업원과 분리해서는 생각할 수 없기 때문이다. 만약 종업원들이 고객의 기대를 충족시키지 못하면 진정한 서비스가 이루어졌다고 할 수는 없을 것이며, 그러므로 서비스업체가 종업원의 자질에 투자하는 것은 제조업체가 제품의 품질에 투자하는 것과 같은 의미이다.

　이같은 관점에서 서비스 마케팅을 성공적으로 수행하기 위해서는 내부 종업원에 대한 마케팅을 성공적으로 수행해야 하는데 이를 내부 마케팅internal market-ing이라 한다.

　내부 마케팅이란 종업원의 욕구를 만족시키는 직무job-product를 통해 자격 있는 종업원을 유치하고 개발·동기부여하며 이들을 보유 또는 유지하는 것을 말한다. 그러므로 내부 마케팅은 종업원을 진정한 고객으로 다루는 철학으로서 서비스 기업의 외부 마케팅을 위한 도로포장과 같은 것이라 할 수 있다.

2 내부마케팅의 목적

내부마케팅의 목적은 효과적 마케팅 행동을 고무시키는 것, 즉 마케터들이 일하기 좋은 인원을 조직하여 진실한 고객을 창조하려는 것이다.

궁극적인 목적은 서비스의 질적 수준을 유지하며 높은 생산성으로 비용을 절감하고 동기 부여가 높은 종업원을 통해 고객에게 강한 이미지를 부여하며 또 유능한 종업원을 모집하기 위해서이다.

내부마케팅은 항시 계속해야 하며 특히 조직의 전반적인 분위기가 침체해 무기력하거나, 서비스의 질을 좀 더 엄격히 유지할 필요가 있거나, 새로운 서비스 개념을 도입했을 경우 또는 전략적으로 새 포지셔닝이 요구될 때 이를 강화해야 한다.

3 내부마케팅의 특징

❶ 최고의 서비스를 수행할 수 있는 종업원의 채용

❷ 자질 있는 종업원의 유치·개발·동기부여 및 유지를 위해 추구할 가치가 있는 명확한 비전을 준비할 것.

❸ 서비스 수행의 충분한 자격을 갖추도록 계속적인 교육·훈련으로 종업원들을 준비시킬 것

❹ 종업원들의 서비스 동기를 지속적으로 유지하기 위해 "서비스 팀 동료" 만들기

❺ 종업원의 자유재량권을 확대와 이를 통한 창조성과 솔선수범행동의 고취

❻ 서비스 수행결과의 측정 및 합당한 보상

❼ 종업원의 열망, 태도 및 흥미에 대해 관심을 집중하는 일

4 효과적인 내부마케팅의 수행을 위한 방법(Ⅰ)

내부마케팅 개념은 전략적 측면과 전술적 측면에서 실시가 가능하다.

1) 전략적 측면

종업원간에 고객의식, 판매의식을 불러일으킬 내부 환경을 만드는 것이다.

2) 전술적 측면

❶ 최고경영층이 고객 지향적이어야 한다.

❷ 인사정책에 있어서도 종업원이 비용에만 관련된 생산 요소가 아니라 수익을 창출하는 요소임을 직무기술, 모집, 승진 계획에 반영해야 한다.

❸ 내부적으로 계속적인 종업원 훈련이 있어야 한다.

❹ 새로운 서비스의 미래활동에 대해 이해하고 수용시키기 위해서는 계획과 정에 종업원이 적극 참여하도록 해야 한다.

❺ 내부 정보가 효과적으로 운용되어 고객에게 알리기 전에 종업원에게 알려야 한다.

5 효과적인 내부마케팅의 수행을 위한 방법(Ⅱ)

효과적인 내부마케팅의 수행을 위해서는 직원들이 고객지향성을 가져야한다. 직원들이 고객지향성을 갖도록 내부환경을 조성하기 위한 영역을 결정하는 것으로 크게 4가지 부문으로 나눌 수 있다.

❶ 인력관리방법으로 구성원들이 고객 지향적이 될 수 있도록 관리방법을 개

선하고 재구성하는 것이다.

❷ 인적자원정책으로 직원의 선발 및 유지와 관련된 것이다.

❸ 내부훈련정책으로 직원들의 능력을 유지 향상시키는 것으로, 지금까지 주로 진행되어 온 내부마케팅이 이 부분에 해당된다.

❹ 마지막, 각종 계획수립 및 의사결정에 직원들을 참여시킴으로서 동기부여를 유발하는 것이다.

이들 4가지 영역 중 둘째와 셋째 영역이 주로 내부마케팅의 관심분야가 되는 경우가 많다. 구체적인 방법은 다음과 같다.

1) 직원선발

직원선발은 최적의 내부고객을 확보한다는 점에서 내부마케팅의 출발점이 된다. 특히 선발과정에서 투명성 및 적정기준의 선정은 직원들의 조직에 대한 신뢰를 확보하는 주요한 수단이 된다.

2) 교육

현재의 내부고객을 기업이 원하는 수준으로 향상시킨다는 측면에서 가장 적극적인 내부마케팅의 방법이다. 그동안의 직원교육은 표면적으로 가장 변화를 빨리 가져올 수 있는 서비스 교육에 치중되어 왔으나, 내부고객의 질을 향상 시키고 양질의 서비스를 제공한다는 측면에서 볼 때에는 서비스 교육뿐만 아니라 지속적인 직무교육을 통한 직원능력향상 교육에 초점을 맞추어야 한다.

예를 들어, 병원 특히 의원급 의료기관의 경우에는 소수정예의 직원들로 구성되어 Multi-task를 수행하고 있는 경우가 많아, 수행업무에 대한 정확한 이해와 교육이 없이는 고객만족을 획득하기 어려운 상황이다. 따라서 새로운 장비, 의료기술, 고객의 심리, 병원 내의 다양한 업무들에 대한 지속적인 교육이 필수적이다.

3) 동기부여

내부 고객이 자발적으로 적절한 마케팅 활동을 수행할 수 있도록 자극을 주는 방법이다. 즉, 참여를 유도하기 위한 적절한 조직체계와 보상체계를 통해 동기부여를 시키는 것을 말한다. 정형화된 틀에서 수동적으로 활동을 하기보다는 의사결정에의 참여라든지, 실적에 따른 보상체계 등을 통해 직원의 주인의식을 향상시키는 것이다.

기존 기업에서의 내부마케팅은 주로 직원의 선발과 교육(단순한 서비스 교육)에 치중되어 왔던 것이 사실이며, 이로 인해 인력관리의 안정성이 확보되지 못하는 측면이 많았다. 즉, 직원들의 이직율이 높음에 따라 적정한 질의 인력을 확보하는 데에도 어려움이 많았다. 따라서 동기부여의 측면을 통해 직원들에게 비전을 제시하고 주인의식을 배가시킴으로서 인력관리의 효율성을 가져올 수 있을 것이다.

47 Section

판매수익률관리

 1 Yield management의 개념

일드 매니지먼트는 1980년대 초 미국의 대형 항공사들에 의해 개발된 매출 극대화방안으로서 부하요인(load factor)을 향상시키면서 매출액을 극대화하는 방안으로 개발되었으며, 그들은 이를 이용하여 적절한 유형의 고객right kind of customer에게 적절한 형태의 좌석right type of capacity을 최적의 가격right price으로 판매하려는 것이었다.

즉 일드 매니지먼트의 목적은 수익을 극대화하기 위한 제품재고(비행기에 주어진 좌석 또는 주어진 하룻밤에 대한 객실)를 관리하기 위한 것이다. 호텔은 항공사와 같은 유사한 서비스의 성격으로 인하여 일드 매니지먼트를 통해 객실이라는 한정된 자원을 통해 경영효율을 높여 매출의 극대화를 이루고자 한다.

항공사에서 발전한 YMYield Management은 호텔 렌트카, 식당, 유람선, 열차 등에도 광범위하게 적용되고 있다. 호텔산업에는 1988년 미국의 코넬대학교 대학원의 오킨Eric B. Orkin 교수가 운영하는 오킨컨설팅회사에 의해 호텔업에 적용되도록 연구 개발되었다. 이 프로그램의 기초개념은 수요가 공급을 초과할 때 객실가격을 최대화하고, 공급이 수요를 초과할 때 객실점유율을 최대화한다는 것으로써 조직 내의 모든 구성원이 이 제도를 잘 이해하고 잘 지켜나가는 기업문화가 형성되어야 성공할 수 있는 프로그램이다.

과거의 호텔경영자들은 호텔의 영업실적을 객실점유율과 평균객실요금으로 평가기준의 요인으로 삼았다. 그러나 이 두 가지 평가기준은 서로 상충관계에 있으므로 일드 매니지먼트 정책으로 매출액의 증대를 꾀하고자 호텔은 어떤 가격에 얼마만큼의 객실을 어느 시점에서 판매할 것인가를 결정해야 한다.

 ## Yield management의 실행 과정

1) YM의 인식

일드 매니지먼트를 효과적으로 수행하기 위해서는 몇 가지의 단계가 필요한데 먼저 YM을 전체 구성원이 잘 인식하고 과거 및 현재의 자료를 이용하기 위해 호텔정보시스템을 구축하며, 이를 바탕으로 수요를 분석, 예측하고 YM의 주기능인 객실가격결정과 재고관리를 수행하게 된다.

또한 컨셉트 전체에 대한 이해를 갖지 않고 사소한 것에 치중하려는 경향이 있을 수 있는데, 이렇게 되면 YM프로그램을 개발하는데 그치기 쉽다. 또한 정보테크닉과 소프트웨어의 강조로 YM에서의 인적요소의 중요성 인식이 부족될 수 있어 능력 있는 사람이 경시요소로 등장될 수도 있는데, 호텔의 규모에 따라서는 사람의 판단으로 훌륭하게 YM을 할 수 있다. 아주 숙련된 사람들이 이 과정에 참가하므로 빠르게 효과를 볼 수도 있다.

2) YM을 위한 호텔정보시스템의 구축

필요한 모든 정보를 위하여 호텔은 훌륭한 경영정보시스템을 갖추고 있어야 한다. 컴퓨터를 이용한 경영전반에 걸친 정보를 처리·분석하여 경영의사 결정에 도움을 주는 종합적인 체계를 갖춰야 하며, 이것이 바탕이 될 때 YM이 쉽게 정착될 수 있다. 즉, 예약부문, 객실영업, 객실관리, 판촉 및 홍보, 회계, 식음료,

일반행정 및 구매뿐만 아니라 해외 예약망과도 연계되므로 큰 효과가 기대된다. 최근 체인호텔들은 체인본부에서 개발한 프로그램을 프론트오피스 시스템에 연계시켜 일별, 세분시장별 가격관리를 하고 있다.

3) 수요의 분석 및 예측

최대의 수익을 달성하기 위해 호텔의 능력에 영향을 미치는 많은 내적, 외적 요소들을 추적하고, 이를 수요예측에 사용하고자 하는 수단으로서 경쟁자와 경쟁시장에 초점이 맞춰져야 한다.

4) 가치의 결정

고객이 가격과 관련하여 호텔에 대하여 인지하는 가치가 무엇인가를 시장조사기법을 사용하여 조사하고, 종업원의 의견도 함께 수렴하므로 YM에 적극적으로 참여시킨다.

5) 시장의 세분화

호텔마케팅에서 그 호텔의 시장세분화는 시장의 이질적 요소를 고려하지 않고 무차별 마케팅, 어느 특정지역만을 대상으로 하는 집중화 마케팅, 각 세분화 시장을 대상으로 별도의 마케팅 프로그램을 통용하는 차별화 마케팅 등 3가지 전략이 있을 수 있는데, 시장세분화 전략은 소비자욕구의 차이를 기반으로 하여 몇 개의 세분시장 또는 하위시장으로 분할하여 각각의 세분시장을 하나의 시장으로 보고 전략을 수립하는 것이다.

즉, 소비자의 욕구에 보다 적합한 호텔상품을 개발하는 것으로써, 이러한 전략의 결과로 저절로 시장이 다변화되며, 이는 YM의 기본개념으로 고급화된 시장과 중간급 및 하위 급이 공존할 수 있는 형태를 유지하므로 호텔상품 다변화를 기해 호텔상품의 주기를 성숙기에 오래 머물게 할 수 있게 한다.

6) 예약패턴의 분석

객실예약담당자는 특정일의 90일전부터 그 날의 예약상황 및 제반사항을 면밀히 분석해야 한다. 상용고객과 관광객의 예약패턴도 예측해야 하며 그날이 가까워질수록 객실점유율을 정확히 예측할 수 있게 된다. 이 때 관련자들이 정기적으로 모여 특정일의 예약상황에 대해 토의하고 확인하며 점유율 및 요금을 결정해 나가야 한다.

이때 가장 우선적으로 고려되어야 하는 것은 도착일이 가까워져서 이루어지는 예약은 공표요금을 받을 수 있는 확률이 매우 높다는 것이다. 즉, 예약 없이 또는 당일 급하게 예약하는 단골고객을 위한 미예약자를 위한 객실여분Walk-in Space을 확보하여야 한다. 보편적으로 비즈니스여행객은 갑작스럽게 여행하거나 여정표의 변화가 심하므로 투숙일 가까이에서 예약을 하는 확률이 매우 높다.

7) 수요 예측

YM은 정확한 수요예측에 의존한다. 수요예측에는 단체고객의 과거 예약패턴, 현재 및 향후의 예약추세, 날씨, 지역행사, 항공기 스케줄, 경쟁자의 가격 및 점유율 등을 포함한다. 이 같은 수요예측은 예측위원회에서 보다 깊이 있게 의논될 수 있을 것이다.

8) 초과예약 정책 수립

객실책임자는 현재의 예약상황, 예약된 고객의 유형, 전년도의 기록, 그 지역의 특별행사, 경쟁회사의 가격 및 점유율, 투숙연장 등을 감안하여 정확한 재고관리가 되어야 한다.

9) 객실가격결정 및 재고관리

고객이 예약을 할 때 호텔이 고객에게 제시하는 가격의 결정을 의미하며, 다양한 유형의 고객에게 각기 다른 요금을 제공하게 되는데, 어느 고객에게 어떤 요금을 제공할 것인지 결정하는 것은 장래 영업에 큰 영향을 주게 되므로 신중해야 되고, 세분시장별로 차등요금을 적용하는 방법은 고객의 욕구, 행동패턴, 요금지불능력 등에 따라 가격을 달리하는 방법으로써 YM에 기초한 가격결정이라 할 수 있다.

예약을 접수할 때 고객에게 제안하는 방법 중 가격이 낮은 것부터 제안하는 방법bottom-up approach, 가격이 가장 높은 것부터 제안하는 방법top-down approach, 또는 양자 택일alternative method을 권하는 방법 등이 있는데, 이는 고객의 성향에 따라 접근하는 고도로 숙련된 예약담당자의 능력에 크게 영향을 받게 된다.

 ## 3 Yield management 경영의 특성

YM 프로그램을 유효하게 운영하려면 먼저 호텔고객을 세분화하여야 한다. 방문 목적에 따라 비즈니스business와 단체group여행을 목적으로 한 시장으로 구분할 수 있다. 시장 세분화의 목적은 서로 다른 세분시장에 따라 각기 다른 마케팅계획이 수립된다는 전제하에 각 시장의 욕구에 맞는 호텔객실을 판매하는데 있다.

단체고객은 오래 전에 낮은 가격으로 객실을 예약하기 원할 것이며, 비즈니스고객은 비교적 여행이 확정되었을 시점에 객실을 예약하며 높은 객실요금을 지불하게 된다. 호텔의 객실 예약은 상황에 따라 다르나 꽤 앞서서 이루어지고 있는 실정인데 마케터는 의사결정시 불확실성에 직면하게 된다.

예를 들면 단체가 제시하는 낮은 가격으로 예약을 받을 것인가 아니면 좀더 기다려서 높은 가격을 지불하는 고객에게 받을 것인가 혹은 얼마나 많은 객실을 할인가격으로 판매해야 할 것인가 등이다. 일드 매니지먼트를 통해 호텔수요의 높낮이를 둔화시킬 수 있으며 수요의 높낮이를 예측함으로써 일드를 보다 더 정확하게 예측할 수 있다.

Chapter

11

생 산

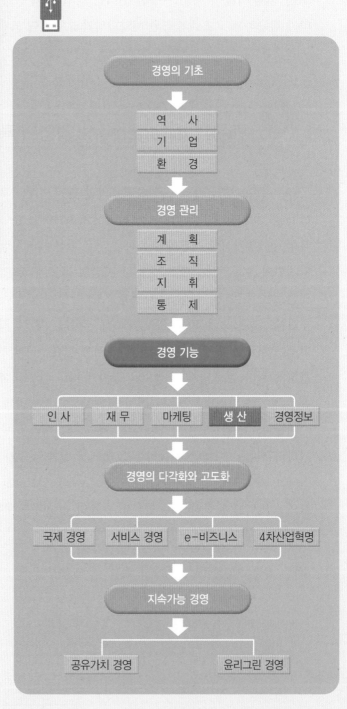

경영의 기초

역 사
기 업
환 경

경영 관리

계 획
조 직
지 휘
통 제

경영 기능

인 사 　 재 무 　 마케팅 　 생 산 　 경영정보

경영의 다각화와 고도화

국제 경영 　 서비스 경영 　 e-비즈니스 　 4차산업혁명

지속가능 경영

공유가치 경영 　 윤리그린 경영

48

Section

생산관리의 의의와 형태

1 생산관리의 의의

생산이란 무엇인가를 만들어 내는 일을 가리킨다. 따라서 생산관리는 그와 같은 만들어 내는 일을 계획하고 조직하고 통제하는 기능을 의미한다. 생산관리는 인사관리, 마케팅관리, 재무관리 등과 더불어 기업의 목표달성을 위해서 수행하는 주요 업무기능 중의 하나이다. 따라서 기업의 생산관리는 단순히 생산기능의 관점에만 치중하여서는 안되고 다른 업무기능들과 서로 유기적인 관계를 유지하지 않으면 안된다.

생산이란 기술적 관점에서 자연의 채취물을 원료로 하여 정제, 가공을 거쳐 특정실물을 만드는 과정이다. 생산은 생산의 3대 요소인 원료, 기계, 노동 등의 투입으로 물질적이며 유형적인 가치의 창출은 물론, 시간적인 효용이나 장소적인 효용과 같은 무형적인 가치의 창출에 이르기까지 모든 제조활동을 가장 효과적이며 경제적으로 수행하기 위해서 계획하고, 조직하며, 통제하는 기술적 행동과정이라고 할 수 있다.

2 생산시스템의 유형

① **연속생산**: 표준화된 제품을 계획적으로 제조하는 생산시스템으로서 기술적으로 생산공정의 흐름이 연속성을 지니게 된다는 특성이 있다. 철강, 시멘트 등 산업이 좋은 예이다.

② **반복생산**: 조립라인의 형태를 취하는 생산시스템이다. 이러한 생산시스템에서는 제품생산을 위한 공정이 순서에 따라 여러 단계로 나뉘어져 각 단계마다 하나의 작업장을 형성하게 된다. 자동차, TV 등이 좋은 예이다.

③ **개별생산**: 우리나라의 소규모 제조기업에서 많이 볼 수 있는 생산시스템으로서 주로 고객의 주문에 따라 생산이 이루어진다. 기계수리업, 조선업 등이 좋은 예이다.

④ **단속생산**: 제품의 생산이 고객의 주문에 따라 이루어진다는 면에서는 개별생산과 비슷하나 단속생산은 개별생산에서처럼 특정 품목의 생산이 1회에 그치지 않고 주기적으로 일정량만큼 혹은 뱃치로 생산한다는 점에 차이가 있다. 구두제조업, 가구제조업 등이 좋은 예이다.

3 제품설계

생산관리에 있어서 가장 먼저 고려되어야 하는 활동으로서 기업의 생산시스템과 고객을 연결해 주는 중요한 역할을 담당한다. 광의로 해석하면 전단계로서 제품을 결정하기 위하여 제품에 대한 아이디어를 탐색·개발하고 제품을 선정하는 일과 후단계인 공정설계까지 포함되나, 통상적으로는 좁은 의미로 제품개념을 개발하고 제품특성을 설계하여 시험용 모형을 제조하고, 이 시험용 모형을 시장시험을 거쳐 재설계하는 과정까지를 일컫는다.

1) 제품의 개발설계

개발설계의 첫 단계에서는 여러 가지 제품 아이디어 가운데 개발대상으로 선정된 제품에 대해 제품개념을 개발하여 제품에 어떠한 특성을 부여할 것인지를 결정한다. 그리고 두 번째 단계에서는 이 제품특성을 제품개념에 부각시키는 제품특성설계를 실시한다. 제품개념은 구체적으로 기업이 어떤 특정의 제품 아이디어에 대해 고객에 초점을 맞추어 부여하고자 하는 주관적인 의미를 말한다. 제품개념이 결정되면 제품특성을 이 제품개념에 부각시키는 설계가 필요해진다. 이 단계에서 중요한 것은 경쟁제품에 대한 상대적 위치를 파악하는 일이다.

2) 제품의 최종설계 및 시험

제품의 개념과 특성을 개발·설계한 다음에는 시험용 모형을 제조하고, 이 시험용 모형의 시장시험을 거쳐 재설계하는 단계로 들어간다. 제품의 최종설계와 시험은 이후 실제의 생산과정에서 사용될 원료의 종류와 양, 작업방법의 결정, 생산규모의 확정, 공정의 선택, 품질, 생산원가의 산정 등에 직접적으로 영향을 미친다.

원형제품의 개발과 제조는 다음과 같은 요건을 충족시켜야 한다.

❶ 고객의 입장에서 분석된 핵심적 제품특성이 제품에 잘 반영되어야 한다.

❷ 정상적인 사용조건 하에서 유지가능성과 신뢰성이 큰 안전한 제품기능을 수행할 수 있어야 한다.

❸ 원형제품은 생산비의 예산범위 내에서 생산될 수 있는 것이라야 한다.

원형제품의 개발이 끝나면 기능시험과 시장시험을 실시하여 기능적 결함이나 고객의 반응 내지 수용성 여부 등을 파악하고 미흡한 점이 발견되면 그것을 보완하는 재설계를 실시하여야 한다.

4 공정설계

생산할 제품이 선정되고, 제품설계를 통해 원형제품이 만들어지고 그에 대한 시장시험이 끝나게 되면, 다음은 제품을 생산할 생산공정을 설계하여야 한다. 이때 공정이란 원료를 투입시켜 제품이 만들어지는데 필요한 모든 작업의 유기적 집합체를 의미한다.

1) 생산공정의 선정

공정설계에 있어 먼저 수행되어야 할 것은 생산공정을 선택하는 일이다. 생산공정을 선정할 때에는 원료의 특성, 기술, 제품의 특성 등과 같은 제조상의 요인뿐만 아니라 시장의 수요량과 품질 등과 같은 마케팅상의 요인도 고려하지 않으면 안된다. 생산공정은 분류하는 기준은 생산의 흐름에 따라 개별생산공정, 단속생산공정, 반복생산공정, 연속생산공정으로 나누어진다.

2) 기계설비의 배치

생산공정이 선정되면 다음 단계는 필요한 기계설비를 효과적으로 배치하는 일이다. 설비배치는 공장 내에 기계설비를 공간적으로 적절히 배열하여 생산활동의 흐름이 원활하게 되도록 하며 공간이용의 효율성을 높이려는 것을 말한다. 설비배치의 유형에는 생산공정의 형태와 관련하여 제품별 배치, 기능별 배치, 고정형 배치가 있다.

❶ **제품별 배치**: 설비를 특정 제품을 생산하는데 필요한 작업순서에 따라 고정적으로 배치하는 형태이다. 직선적 전진형의 작업흐름이 이루어지기 때문에 라인배치라고도 부르며, 소품종대량생산을 위한 반복생산공정 또는 연속생산공정에 적합하다.

❷ **기능별 배치**: 같은 기능을 가지고 있는 기계설비를 한데 모아서 배치하는 형태이다. 이와 같은 배치형태는 다품종소량생산에서 주로 도입되는 단속생산공정에 적합하다. 주문이 들어오면 작업절차에 따라 필요한 설비를 찾아가서 작업할 수 있도록 설계된다. 이 배치형태에서는 왕래가 빈번한 기술부서간의 거리와 위치를 선정하는 것이 주요한 문제가 된다.

❸ **고정형 배치**: 고정형 배치는 제품의 부피, 형태, 무게 및 기타의 특징 때문에 작업의 순서에 따라 이동하면서 제작 또는 조립을 행할 수 없는 경우에

취하는 배치형태이다. 이 배치형태에서는 제품을 특정 장소에 고정시켜 놓고 기계설비를 현장에 옮겨서 작업을 수행하게 된다.

5 생산계획의 의의와 절차

제품 및 공정설계에 의해 생산할 제품이 결정되고 이를 생산할 공정이 확정되고 나면 생산활동에 대한 계획에 착수하게 된다. 생산계획은 생산활동에 필요한 자원을 효율적으로 배분함으로써 생산시스템의 능력을 시장수요에 적응시키는 과정을 말한다. 생산계획은 수요예측과 직접적인 관계를 가지고 있다. 생산계획은 수요예측을 토대로 하여 수립되는 것이 일반적이다. 시장수요에 대한 예측을 토대로 하여 수립되는 생산계획은 총괄계획, 주생산계획, 자재소요계획, 일정계획의 순서로 이루어진다.

1) 총괄계획

통상 1년 단위로 수요예측에 근거하여 무슨 제품을, 언제, 얼마만큼 생산할 것인가를 결정한다. 그런데 개별제품이 아닌 그룹제품을 대상으로 하여 생산계획을 세운다. 총괄계획의 가장 중요한 목표는 수요의 변동을 기업 자체의 생산능력 안으로 흡수하여 수요와 공급을 일치시키는 것이라고 할 수 있다.

2) 주생산계획

총괄계획을 통해 그룹제품별 생산기간과 생산수준 그리고 고용수준 등이 결정되면 이 자료를 토대로 하여 주생산계획을 수립하게 된다. 주생산계획은 개별제품별로 생산기간과 생산수준을 결정하는 것을 말한다. 주생산계획은 보통 1주일 단위로 수립되며, 이것은 개별 제품의 생산에 필요한 부품이나 원자재의 소요량 및 소요시기 등을 결정하는 기반이 된다.

3) 자재소요계획

주생산계획을 토대로 하여 제품생산에 필요한 부품과 원자재의 종류, 수량, 주문시기 등을 결정하는 과정으로 효과적으로 수립하고 원활히 실행하기 위해서는 주생산계획, 자재명세서, 재고기록철, 조달기간과 같은 자료들을 지속적으로 확보하고 검토하여야 한다.

4) 일정계획

생산계획에서 총괄계획, 수생산계획, 자재소요계획이 수립된 다음에는 마지막으로 일정계획을 세워야 한다. 일정계획은 매일매일 수행해야 할 작업들을 선정하고, 이들 작업의 우선순위를 정하여 생산이 정해진 시간에 이루어지도록 하는데 주안점을 둔다.

Section

공정관리

 1 공정관리의 의의

　ASME(미국기계기사협회)에 의하면, 공정관리란 공장에서 원재료로부터 최종제품에 이르기까지 원재료와 부분품의 가공 및 조립의 흐름을 순서 있고 능률적인 방법으로 계획하고 순서를 결정하고, 일정을 세워, 작업을 할당하고, 독촉하는 절차라고 정의한다. 즉, 공정관리는 일정한 품질과 수량의 제품을 일정한 시간 안에 가장 효율적으로 생산할 수 있도록 노동력, 기계설비, 재료 등 생산자원을 합리적으로 활용할 것을 목적으로 공장의 생산활동을 총괄적으로 통제하는 것이다.

　공정관리의 목표는 다음과 같다.

1) 생산

- 동일한 인원이나 기계로서 생산능력을 제고.
- 응급주문을 받을 수 있는 능력 구비.
- 재료비 절감.

2) 판매

- 적시에 신제품을 출시하여 경쟁에서 우선하고 납기를 단축함.
- 납기를 확실히 지킴.

3) 재무

- 생산기간을 단축하여 재고품을 줄여 운전자금을 절감.
- 재고품을 줄여 재고품의 적재현상을 감소시키며, 기계나 설비의 가동률을 높임으로써, 고정자금의 절감을 목표로 함.

2 공정관리의 기능

1) 계획기능

(1) 공정계획

공정계획은 작업의 절차와 각 작업이 이루어지는 장소를 결정하고 배정하는 것으로서, 작업개시 이전에 능률적이고 경제적인 작업절차를 결정하기 위한 것으로서, 이 계획을 수립하기 위해서는 공정분석표가 있어야 한다.

이것에 따라 작업방법과 작업순서, 사용기계, 각 작업의 소요시간 등이 결정되는데, 이에 따라 일정계획이나 진도관리의 성과도 많이 좌우된다.

(2) 일정계획

일정계획은 생산계획 내지 제조명령을 구체화하는 과정으로서, 부분품 가공 또는 제품조립에 필요한 자재가 적기에 조달되고, 이들 생산이 지정된 시간까지 완성될 수 있도록, 기계 내지 작업을 시간적으로 배정하고, 일시를 결정하여 생산안정을 계획하는 것이다.

실행계획으로서 일정계획은 작업진행방법을 상세히 정해야 하지만, 가급적 간결하고 융통성이 있어야 한다.

일정계획의 내용은 (1) 기준일정의 결정과 (2) 생산일정의 결정으로 나누어진다. 첫째, 기준일정의 결정은 각 작업을 개시해서 완료할 때까지 소요되는 표준적인 일정, 즉 각 작업의 생산기간에 대한 기준을 결정하는 것으로서, 일정계획의 기초가 된다. 둘째, 생산일정의 결정에서는 작업의 우선순위와 기계의 부하량 등을 감안해서 작업개시 시기를 결정해야 한다.

2) 통제기능

(1) 작업배분

절차계획에서 결정된 공정절차표와 일정계획에서 수립된 일정표에 따라서 실제로 생산활동을 허가하는 것으로서, 공정관리상 실제로 작업을 착수할 수 있게끔 일체의 준비를 하도록 하는 공정관리의 한 기능이다.

즉 작업배분은 순서에 따르되, 현장의 실정을 감안해서 가장 유리한 작업순서를 정하여 작업을 명령하거나 지시하는 것으로, 계획된 생산활동을 실제로 추진하는 관리적 기능이다.

(2) 진행통제(진도관리)

진행통제란 앞에서 설명한 작업배정에 의해서 현재 진행중인 작업에 대해서 처음의 작업으로부터 시작해서 완성되기까지의 진행상태를 관리하는 것으로서, 작업이 계획대로 진행되도록 조정하는 것, 즉 생산공정의 진행을 통제하는 것이다.

이 때에는 일정계획에 나타나 있는 기준에 따라 작업의 진행상태를 기록하고, 그 실시기록을 일정계획과 비교·검토함으로써 필요한 통제조치를 강구하여야 한다. 이 경우 진행통제표가 진행통제를 위한 수단으로 널리 쓰인다.

(3) 감사기능

계획에 의하여 정해진 표준과 통제하면서 실행한 결과를 비교 검토하는 것을 말하며 이를 위해서는 첫째, 실적자료의 보고체계를 만들고 둘째, 실적자료를 기초로 공정관리기능의 능률을 판정하고 피드백 한다.

3 공정간의 균형

원재료가 투입되어 완제품이 될 때까지 여러 공정을 거치게 되는데, 이 때 선행단계의 공정과 후속단계의 공정간에는 생산처리능력이나 작업주기의 상위 때문에 정체시간과 애로공정이 불가피하게 발생하여 공정간의 균형이 깨어진다. 특히 양산체제하의 조립생산공정에 있어서는 전체 공정의 흐름을 일관된 생산라인이 되도록 조정해야 한다. 즉, 애로공정을 해소하고, 효율적이며 성공적인 공정관리 활동을 전개하기 위해서는 주기적인 공정 소요시간의 평형화가 유지되어야 한다.

그러나 조립생산공정에서 선행공정과 후속공정의 작업처리능력간에 평형을 유지하지 못하여 발생하는 공정상의 유휴현상 또는 대기현상을 균형지체라고 하는데, 이것을 최소화해야 한다. 이렇게 균형지체가 해소되고 공정간 평형이 유지될 때 이것을 공정간의 균형이라고 한다.

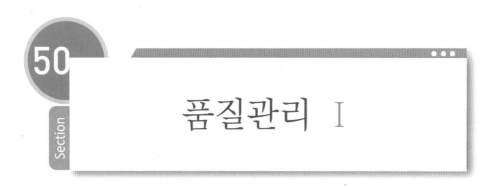

품질관리 Ⅰ

개 요

1) 품질의 개념

사용되는 품질의 개념에는 용도에 대한 적합성, 등급, 제조품질, 품질특성 등이 있다. 용도의 적합성이란 고객이 사용하려는 목적에 적합하게 기여하려는 정도를 말하며, 이는 제품과 서비스가 갖고 있는 특성에 의해서 결정된다.

따라서 품질이란 "제품이 그 사용목적을 수행하기 위하여 갖추고 있어야 할 성질"을 뜻한다. 품질에는 절대 우량만을 구하는 절대적 의미에서의 품질이 아닌, 소비자의 조건에서 알맞은 상대적 품질이다.

소비자의 조건이란 제품의 실제 용도(적합성), 사용시기 및 판매가격을 말한다. 제품의 품질은 구매행위의 주체자인 소비자, 즉 고객을 떠나서 생각할 수 가 없다. 따라서 품질관리에서 다루는 품질이란 제품의 품질 특성과 가격의 양면에서 소비자를 만족시킬 수 있는 최적의 품질을 가리킨다.

2) 품질의 분류

(1) 시장품질

어떠한 품질의 제품이 잘 팔리는가를 조사하여 그 수준을 결정하는 것이다. 즉, 고객이 원하고 있는 것이다.

(2) 설계품질

시장의 품질을 만족시키기 위해서 어떻게 만들 것인가에 대해서는 공장의 기술수준이나 설비를 고려하여 설계하는 것이다. 즉, 공장이 만들고자 하는 품질이다.

(3) 제조 품질

설계품질에 의거하여 제품을 만드는 것이며 공장에서 만들어낸 품질을 말한다. 따라서 시장품질을 겨냥해서 설계품질을 만들고 설계품질대로 제조품질을 유지 하므로써 제조품질이 시장품질을 만족하게 한다.

3) 관리의 사이클

관리란 "기준을 정해서 그 실현을 꾀하는 것"이다. 여기서 기준이란 "좋은 계획을 수립하여 그 계획대로 되도록 하는 것" 이다. 관리에는 적어도 두 가지의 부분이 포함되어 있다. 즉, "결정하는 부분"과 "그것에 맞추어서 실행하는 부분"이다. 결정하는 부분을 계획의 단계라고 하며, 그에 맞추어서 실행하는 부분을 통제의 단계라고 한다.

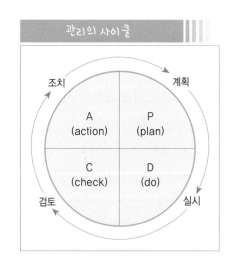

- **계획**Plan: 목표설정과 달성을 위한 계획수립 및 기준을 정한다.
- **실시**Do: 설정된 계획을 실행한다.
- **확인**Check: 실시한 결과를 측정하여 계획과 비교 검토한다.
- **조치**Action: 확인한 결과에 따라 조치를 취한다.

관리라는 활동은 계획, 실시, 확인, 조치라는 4가지의 단계가 순서대로 행해지고, 재차 계획의 단계로 되돌아 간다.

2 품질의 목적

① 문제점을 발견하여 원인을 추구하고 대책을 수립, 개선하며 그 상태가 유지될 수 있도록 작업표준을 확립하고 관리한다.
② 각 공정 에서 발생할 수 있는 품질의 변이를 감소시킨다.
③ 예상되는 결점을 미연에 방지한다.
④ 공사 및 프로젝트 생산 전체에 대한 신뢰성을 증대시킨다.
⑤ 이상의 사항들을 시간의 함수로써 신속히 해결한다.

3 품질관리의 기본사고

① 품질을 가장 중시하는 품질제일주의이다.
② 고객의 입장에서 생각하는 고객지향주의
③ 부문 이기주의를 타파하고 전사적 관점에서 실행
④ 과학적 관리를 위주로 하는 사실제일주의
⑤ 문제의 재발방지 및 예방을 도모하기 위한 과정 및 원인을 중시
⑥ 파레토 개념vital few, trivial many에 입각한 중점지향주의
⑦ 창조성과 자주성을 보장하고자 하는 인간성 존중주의

4 품질관리의 중요성

기업은 이익을 내지 못하면 존립할 수 없다. 이익을 내기위해서는 다음과 같은 방법이 있다.

① 판매가를 올린다.

② 대량 생산으로 양산효과를 얻는다.

③ 원가절감을 한다.

이 세 가지 방법 중 외부환경이나 경제여건 등에 관계없이 기업이 꾸준히 진지하게 노력해야 할 항목은 3가지인데 품질관리의 효과를 정리하면 다음과 같다.

❶ **원가절감**

불량품이 줄어들고 품질이 안정됨으로써 가동률은 향상되며 사용재료도 적게 든다.

❷ **납기 지연의 방지**

품질이 안정되어 생산계획을 세우기 쉬워지고, 불량에 의한 지연이 없어진다.

❸ **표준화에 의한 합리화**

품질수준을 규격화함으로써 표준화가 진전되기 때문에 재료의 재고는 적어진다.

❹ **검사비용의 삭감**

품질이 안정되면 검사능률이 올라가고, 검사나 재검사 비용을 삭감할 수 있게 된다.

❺ **불량처리비의 삭감**

불량을 절감함으로써 생산·검사·클레임 처리 등에 필요했던 인원과 비용을 삭감할 수 있게 된다.

❻ **작업의 합리화**

품질관리를 추진해 가는 과정에서 제조·검사의 작업개선이 진전된다.

❼ **직장의 사기앙양**

품질관리 분임조의 활동을 통하여 작업자의 의식이 높아지고 직장의 모럴이 향상된다.

⑧ 작업자의 기능향상

불량퇴치 등 현실적인 테마를 중심으로 교육·훈련을 해나가기 때문에 작업자의 기능이 향상된다.

⑨ 기회손실의 방지

설비 등의 예방 정비를 철저히 함으로써 설비고장에 의한 손실을 막고 보전비를 삭감 할 수 있다.

⑩ 시장경쟁을 유리하게 전개할 수 있다.

5 품질관리 활동의 기능

품질관리 업무의 올바른 수행과 원활한 추진을 하기 위해서 제품기획, 개발, 생산, 판매. 서비스의 모든 단계에서 품질업무를 명확히 설정하고, 각 부문에 업무를 분담하여 부문이 책임져야 할 품질기능을 과학적으로 실시해야 한다.

그리고 합리적인 품질업무 분담을 도모하려면 업무기능 전개와 품질기능 전개를 통해 품질 관리 항목이 빠짐없는 추출과 업무중복의 조정을 거쳐야 할 것이다. 기능별 중점과제는 별도의 조직(태스크포스 팀, 프로젝트 팀)을 활용하여 부문별 역할과 기능의 활동을 서로 균형 있게 유지하면서 추진하여야 그 기대효과를 높일 수 있다.

1) 각 부문의 품질 기능

소비자가 요구하는 품질의 제품을 가장 경제적으로 만들어 내기 위한 조사·연구·설계·구매·제조·검사·판매 등 회사전반에 걸쳐 품질관리 활동을 전개해야 한다.

2) 품질 관리 부분의 기능과 권한

❶ 기능

품질관리 부분의 기능은 일반적 기능과 부차적 기능이 있다. 일반적 기능으로서는 품질 관리 계획의 입안. 관리. 품질관리 활동의 종합조정. 품질관리에 관한 교육지도, 품질관리에 관한 정보제공이다. 부차적 기능에는 품질관리 기술. 공정관리 기술. 품질정보 기술이 있다.

❷ 권한

품질관리 부문의 기능을 활성화시키려면 역할의 부여보다는 품질관리 부문이 직접적으로 현장에 지시하는 것을 지양하고, 스탭 부서로서 다음의 사항을 수행할 수 있는 권한이 주어져야 할 것이다.

- 필요항목에 대하여 부서장과 직접 연락한다.
- 주요한 데이터를 현장으로부터 수집 연구한다.
- 품질관리의 강화를 위하여 데이터의 수집을 관련부서에 요구한다.
- 필요할 때 현장의 출입과 데이터 수집을 시행한다.

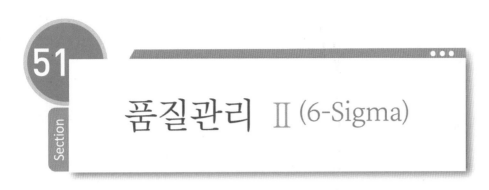

51 품질관리 Ⅱ (6-Sigma)

Section

1 역사

6시그마는 모토롤라사에 근무하던 Mikel J. Harry에 의해 1987년에 창안되었다. 당시 정부용 전자기기 사업부에 근무하던 Harry는 어떻게 하면 품질을 획기적으로 향상시킬 수 있을 것인가를 고민하던 중 통계적 기법과 지식을 품질개선에 활용하자는 생각을 하게 되었다.

이 통계적 기법과 70년대 말부터 모토롤라사의 Galvin 회장이 주도한 품질개선운동이 결합하여 탄생한 것이 바로 6시그마 운동이다.

2 통계적 의미

'시그마'란 "표준편차-표준값과 특정행위의 결과 값과의 차이"를 의미한다. 따라서 '시그마'의 절대값이 작을수록 그 특정한 '행위'는 좋은 품질을 보장할 수 있다.

반면 '시그마값Sigma Level'은 어떤 행위의 결과가 목표한 혹은 정해진 표준값(표준절차, 결과치, 기준값, 기대값의 평균치 등)의 범위 내에 들어올 확률을 의미한다. 즉, 시그마

레벨이 1(1시그마)이라고 하면, 특정 행위를 했을 경우 그 결과가 목표한 범위 내에 들어올 확률이 93%임을 의미한다.

바꿔 말하면, 1백만 번의 같은 행위를 한다면 66,810번은 실수를 한다는 의미이다. 시그마레벨이 6이라고 하면, 즉 6시그마레벨이라고 하면, 어떤 행위를 했을 경우 그 결과가 목표한 범위 내에 들어올 확률이 99.99966%가 된다. 1백만 번의 행위 중에 단지 3번만 실수를 한다는 의미가 된다.

3 6시그마의 핵심

1) 통계적 측정치

객관적인 통계수치로 나타나기 때문에 제품이나 업종, 업무 및 생산 프로세스가 다르더라도 비교할 수 있다는 뜻이다. 따라서 고객만족의 달성 정도와 방향 등을 정확히 알 수 있게 해주는 척도이다. 즉, '제품과 서비스, 공정의 적합성을 가름하는 척도'인 셈이다.

2) 기업전략

경쟁우위를 갖게 해주기 때문에 기업의 전략으로서 가치가 있다. 시그마 수준을 높이는 만큼 제품의 품질이 높아지고 원가는 떨어진다. 그 결과 고객만족 경영을 달성할 수 있다.

3) 철학

6시그마는 기업 내의 사고방식을 바꿔버린다. 무조건 열심히 일하게 하기보다 현명smart하게 일하도록 하는 철학이 바로 6시그마이다. 이 운동은 제품을 생산하는 제조방식에서부터 구매 Order를 작성하는 방식까지 모든 작업에서 실수를 줄이게 하는 것이다.

4 성공사례-GE

GE는 6시그마 운동을 도입한 후 처음 2년간 직원들을 교육시키는데, 5억 달러 이상을 투자하였다. 하지만 그 투자는 금전적 이상의 의미를 가진다. 수년 동안 회사의 가장 유능한 직원들이 전념하여 6시그마 운동을 학습했고, 6시그마에 따른 성과는 이미 기대치를 훨씬 넘어서서 1998년도에 7억 5천만 달러, 1999년에는 10억 5천만 달러 정도의 비용절감효과를 보았으며 이는 투자 금을 훨씬 넘어선 수치이다. 놀랍고도 빠른 효과임에 분명하다.

GE가 6시그마를 다른 기업들보다 늦게 도입했음에도 불구하고 이처럼 빠른 효과를 보인 이유는 80년대부터 잭 웰치에 의해 주도되었던 워크아웃 타운미팅, 베스트프랙티스, 신제품 개발 프로세스인 NPI 그리고 CAP(Change Acceleration Program, 변화가속프로그램) 등의 도입을 통해 관료주의를 타파하고 변화에 대해 신속하게 대응할 수 있는 조직구조를 갖추었기 때문이다.

GE는 6시그마 프로세스와 품질개선을 위해 다음과 같은 DMAIC의 5단계 문제해결 접근방식을 활용한다.

GE는 6시그마 운동을 전 종업원들에게 확산시키기 위해 챔피언, 마스터블랙벨트, 블랙벨트, 그린벨트, 품질리더 등의 직책을 해당 종업원들에게 부여했다.

챔피언은 단위사업부의 책임자로서 사장, 본부장, 이사 등이 맡는데, 강력한 리더십으로 추진방향을 제시하고 목표달성의 책임을 진다. 이들에게는 활동성과에 따라 보너스, 주식옵션, 진급, 해고 등의 권한을 행사할 자격이 주어진다.

마스터블랙벨트는 6시그마의 이론과 실무에 능한 전문가로서 6시그마를 수행할 인원을 조직하고 그 기법을 교육하며, 각 팀의 코치 및 감독의 역할을 수행한다.

블랙벨트는 6시그마 과제수행의 실질적 집행자로서 가장 핵심적인 종업원에게 부여하는 자격인데, 프로젝트의 선정, 팀원의 구성, 관련예산의 집행 등의 권한을 가지고 있는 프로젝트리더이다. 이 자격은 주로 부장, 차장, 과장급의 중간 관리자들에게 주어지며, 4개월간의 집중교육을 받는다. 집중교육 기간에는 개별적인 실제 프로젝트를 가지고 DMAIC의 4단계를 수행하게 된다. 이렇게 연속하여 2개의 프로젝트를 성공적으로 마무리해서 마스터블랙벨트로부터 성과를 검증받으면 블랙벨트로 공인 받게 되는 것이다. 이러한 블랙벨트는 6시그마 운동의 핵심적인 엔진의 역할을 하는 중요한 리더로서, 블랙벨트의 양성교육은 6시그마 교육의 주가 된다.

그린벨트는 평상시 본연의 임무를 수행하다가 블랙벨트의 요청이 들어오면 프로젝트에 참가하게 되는 핵심적인 수행요원이다.

이처럼 GE는 잭 웰치의 리더십에 힘입어 관료주의를 타파한 벽없는 조직을 구축하고, 변화에 능동적이고 빠르게 대처할 수 있는 스피드 경영을 수행하여 세계 제일의 기업으로 그 입지를 더욱 확고히 하였으며 이는 전 세계 기업의 모범으로서 손색이 없음이 분명한 것이다.

 ## 5 성공사례-Honeywell

1) 6시그마플러스의 개념

Honeywell의 6시그마 운동은 다른 다국적 기업보다 비교적 늦게 활성화되었지만, 그 이전부터 다른 기업에서 행해지던 모든 6시그마운동의 기본 개념을 고스란히 물려받아 수준을 한차원 높게 끌어올렸다.

GE 등의 6시그마운동이 주로 공장에서의 상황에 맞게 구성되고 실행되었던 것과 달리, Honeywell은 6시그마를 공장의 작업공정 뿐 아니라, 관리, 행정분야에서의 업무절차 등 모든 기업 분야에 적용할 수 있는 방법론으로 승화시켰다.

Honeywell 특유의 기술적 도구를 가미한 새로운—그러나 전통적 6시그마의 장점을 모두 수용한—개념의 6시그마 운동을 우리는 '식스시그마플러스'라고 한다.

따라서 Honeywell 조직 내에서의 모든 6시그마 용어는 '6시그마플러스'라고 부른다.

2) Honeywell의 6시그마플러스 방법론

Honeywell은 다년간의 개선활동의 결과물을 종합하고 연구 분석하여, 여러 가지 새로운 개선 도구를 만들어 이를 6시그마플러스라는 이름 하에 하나의 기업개선활동 전략으로 수립하였다. 6시그마플러스는 다음과 같은 전략적 도구를 포괄한다.

- 고객의 소리Voice of the Customer
- 린Lean Enterprise
- E.R.PEnterprise Resource Planning
- The Honeywell Quality Value assessment process
- New skills and techniques for total productive maintenance
- Broader applications for activity based management

이러한 6시그마플러스 도구들을 다음과 같은 영역에서의 프로세스 개선활동에 유용하게 활용할 수 있다

- 고객이 원하는 바가 무엇인지를 이해(내부, 외부고객 모두가 대상)
- 고객의 요구에 부응하는 결과를 만들어내기 위한 절차가 보다 좋은 결과를 만들어내게 하기 위한 개선활동
- e-Business의 가치창출 능력을 배가하기 위한 조건으로 활용
- 회사의 사업활동에 개선활동이 미칠 영향을 가늠해보는 수단으로 활용

Chapter

12

경영정보

경영의 기초

역 사
기 업
환 경

경영 관리

계 획
조 직
지 휘
통 제

경영 기능

인 사 　 재 무 　 마케팅 　 생 산 　 경영정보

경영의 다각화와 고도화

국제 경영 　 서비스 경영 　 e-비즈니스 　 4차산업혁명

지속가능 경영

공유가치 경영 　 　 윤리그린 경영

경영정보시스템의 본질

Section 52

1 경영활동과 컴퓨터

현대사회의 특징을 대표적으로 표현할 수 있는 여러 용어 중 하나는 정보화사회라는 용어이다. 정보화사회 속에서 현대기업들은 정보를 중요한 경영자원으로 인식하고, 정보를 효율적으로 수집하고 가공하는 정보시스템 없이는 경영활동을 수행할 수 없을 정도로 이에 대한 의존도가 매우 높다. 기업경영에 있어서 정보의 전략적 가치는 더욱 높아갈 것이고, 정보를 관리하는 정보기술의 역할은 더욱 증대될 것으로 예상된다. 따라서 기업경영활동을 올바르게 이해하고 수행하기 위해서는 정보시스템에 대한 이해가 필수적이다.

기업 경영활동에 정보시스템이 활발히 이용되는데는 크게 2가지 이유 때문이다. 첫 번째는 기업들이 경영활동에 필요한 정보를 체계적으로 관리하고, 경쟁력을 높이기 위하여 정보기술을 필요로 하였고, 두 번째 이유는 정보기술의 놀라운 발전 때문에 정보기술을 경쟁력의 도구로 사용하기가 쉬워졌기 때문이다.

1) 정보관리 및 경쟁력 향상

기업들이 정보기술을 경영활동에 사용하기 시작한 것은 많은 양의 자료를 보다 빠르고 저렴하게 처리하기 위해서이다. 예를 들어, 고객의 주문처리, 종업원의 월급계산, 경리자료처리, 재고량파악 등 기업의 기본적 활동을 수행하는데 많은 양의 자료가 발생한다. 이와 같은 많은 양의 자료가 발생하는 업무를 보다 저렴하고 빠르게 처리하기 위하여 정보기술을 이용하기 시작하였다.

그 이후 정보기술은 경영활동에 필요한 정보를 제공하는 분야로 그 범위가 확장되기 시작하였다. 경영활동을 수행하는데 필수적인 요소 중 하나는 경영정보이다. 예를 들어, 구매부서에서 원자재를 주문하는 일, 마케팅부서에서 신제품을 개발하는 일, 최고경영자가 장기적 전략을 수립하는 일 등의 업무에는 모두 정보가 필요하다. 적절한 정보 없이는 경영활동을 효과적으로 수행할 수 없다. 따라서 경영활동에 필요한 정보를 효과적으로 관리하기 위하여 정보기술의 이용범위가 확장되기 시작하였다.

1990년대 들어서는 세계화, 정보화, 소비자 니즈needs의 다양화 등의 경영환경 변화가 빠르게 진행됨에 따라서 정보와 정보기술이 기업의 자산이며, 동시에 기업의 경쟁력을 높이는 중요한 도구임을 인식하게 되었다. 따라서 기업의 경쟁력을 강화시키는 방안으로서 정보와 정보기술을 전략적으로 활용하기 시작하였다.

특히, 최근에는 인터넷의 발전으로 사이버공간 속에서 거래를 하는 전자상거래의 활동이 매우 활발해지고 있다. 전자상거래의 발전으로 가상공간 속에서 보다 신속하고, 편리하게 고객에게 제품과 서비스를 파는 일이 중요한 일이 되었다. 가상공간의 전자상거래 비중이 커짐에 따라서 기업들의 경쟁 무대가 현실공간에서 가상공간 속으로 넘어가고 있다. 이 과정에서 정보기술을 효과적으로 활용하는 것은 기업생존 및 경쟁력의 근간이 되어가고 있다.

2) 정보기술의 발전

기업들이 정보관리를 하고, 경쟁력을 높이기 위하여 정보기술이 필요하였다면, 이를 가능하게 한 것은 정보기술의 놀라운 발전 때문이다. 1950년대 컴퓨터가 처음 개발된 이후로 정보기술은 놀라운 발전을 해왔다.

뛰어난 성능을 가진 컴퓨터를 저렴한 가격에 구입할 수 있고, 통신기술의 발전으로 많은 양의 자료를 빠르게 전송할 수 있다. 또한 사용하기 편한 다양한 종류의 소프트웨어가 개발되었고, 많은 양의 자료를 수집, 저장, 검색, 관리할 수 있는 데이터베이스 기술이 크게 발전되었다. 뿐만 아니라 컴퓨터 교육과 훈련을 통하여 기업구성원들이 컴퓨터를 이용할 수 있는 능력이 향상되었다. 또한 인터넷의 발전으로 세계 모든 사람들과 접촉할 수 있게 되었다.

이와 같은 하드웨어, 통신, 소프트웨어, 데이터베이스 등의 정보기술의 발전과 기업구성원들의 컴퓨터 사용능력이 높아짐에 따라서 기업들은 정보를 관리하고, 활용할 수 있는 능력을 갖게 되었다.

2 정보시스템의 개념

정보시스템information systems이란 어떤 목적을 수행하는데 필요한 정보를 수집, 저장, 분석, 보고, 전달하기 위한 여러 요소들로 구성된 시스템으로 정의할 수 있다. 따라서 정보시스템은 컴퓨터를 이용하지 않은 수작업으로 수행되는 시스템일 수도 있고, 컴퓨터에 기초를 둔 시스템일 수도 있다. 그러나 대부분의 정보시스템들은 컴퓨터를 이용하여 정보를 수집, 저장, 분석, 보고하는 기능을 가진 다양한 형태의 시스템을 의미하는 포괄적인 용어이다.

1) 컴퓨터정보시스템

컴퓨터정보시스템computer-based information systems은 어떤 업무나 목적을 수행하기 위하여 컴퓨터 기술을 이용하는 정보시스템으로 정의할 수 있다. 위에서 언급한 바와 마찬가지로 정보시스템은 컴퓨터를 이용할 수도 있고, 부분적으로 이용할 수도 있고, 이용하지 않을 수도 있다. 따라서 컴퓨터정보시스템은 정보시스템보다는 좁은 의미의 개념이다. 그러나 대부분의 정보시스템이 컴퓨터 기술에 기초를 두고 있기 때문에 컴퓨터정보시스템이나 정보시스템은 같은 의미로 이해해도 무관하다.

2) 경영정보시스템

경영정보시스템management information systems은 두 가지 의미를 가지고 있다. 넓은 의미의 경영정보시스템은 기업 경영활동에 이용되는 모든 종류의 정보시스템을 의미하기도 하고, 좁은 의미의 경영정보시스템은 경영관리활동에 필요한 적절한 정보를 적절한 구성원에게 적절한 시점에 적절한 형태로 제공하여 주는 정보시스템으로 정의할 수 있다.

경영정보시스템의 두 가지 의미 모두 정보시스템의 기업경영의 응용에 초점을 맞추고 있다. 그러나 기업 내의 정보시스템의 응용분야가 다양해지고 범위가 넓어지면서 경영정보시스템은 경영관리활동에 필요한 정보를 제공하는 시스템인 후자의 개념으로 한정되고 있다. 따라서 경영정보시스템은 정보시스템보다 좁은 의미로 볼 수 있다.

3) 정보기술

정보기술information technology이란 용어는 정보시스템과 혼용되고 있다. 정보기술은 단순히 정보시스템의 기술적 측면을 의미하기도 하며, 혹은 컴퓨터와 통신시스템을 포함하여 정보에 관련된 기술의 포괄적인 개념으로서 사용되고 있다. 최근에는 정보기술은 정보를 수집, 처리, 분석, 전달하는데 관련된 모든 컴퓨터 기술을 총칭하는 포괄적인 후자의 개념으로서 이용되고 있다.

따라서 정보시스템은 경영활동을 수행하는데 필요한 정보를 수집, 저장, 가공, 보고하는 기능을 가진 컴퓨터시스템으로 정보기술은 컴퓨터 관련 기술의 포괄적인 의미로서 이해하면 무난하리라 본다.

53 경영정보시스템 운영

1 MIS의 운영단계

경영정보시스템MIS: management Information system을 운영할 경우 (1) 정보의 필요성을 결정 (2) 적절한 자료를 결정하고 수집 (3) 자료를 요약 (4) 자료의 분석 (5) 정보를 전달 (6) 정보를 이용하는 6개의 단계가 필요하다.

2 MIS의 체계

경영정보시스템을 보다 효과적으로 구축하고 운영하기 위해서는 (1) 필요정보의 파악과 정보기술의 선택 (2) MIS의 설계 (3) MIS의 운용 등의 체계가 유지되어야 한다.

여기에서 MIS를 설계할 경우, MIS의 설계지침을 중시해야 하는데, 그 내용으로서는 (1) MIS 그 자체가 사용자에게 친근해야 하며 (2) MIS에 이용되는 프로그램이나 구성성분이 한 종류 이상의 컴퓨터에서 사용될 수 있도록 호환성을 가지고 있어야 하고 (3) MIS의 효과가 MIS구축에 소요되는 총비용보다 높아야 한다.

따라서 기업은 보다 효과적인 MIS를 구축하기 위해서 다음의 설계과정을 거쳐야 한다.

① 현 정보시스템이 가지고 있는 문제점을 분석한다.

② 기업이 향후 필요로 하는 정보의 내용에 대하여 분석과 예측을 함으로써 필요 정보의 우선순위를 정한다.

③ 새로운 경영정보시스템의 구체적인 설계와 개발을 시도한다.

④ 설계개발된 정보시스템에 관하여 정보이용자와 설계자가 함께 검토해 봄으로써 정보시스템의 활용여부를 결정한다.

경영정보시스템의 발전과정

대부분의 조직은 지금까지 그것이 설령 어떤 공식적인 MIS로 인식되지는 않았다 할지라도 어떤 형태로든 경영정보시스템을 유지해 왔을 것이다. 그러나 과거의 경영정보시스템은 그 설치나 이용에 있어서 극히 비공식적이었다. 그러다가 점차 컴퓨터가 이용되기 시작하면서 다량의 정보가 단시간 내에 처리 요약될 수 있게 되었고, 그에 따라 경영정보시스템이 공식적으로 설계됨은 물론 하나의 연구분야로까지 간주되기에 이르렀다.

뒤이어 컴퓨터를 보다 효과적으로 활용하려 한 나머지 정보시스템에 대한 집중적인 연구를 통해 새로운 시스템의 개발 집행에 관심을 갖게 되었다.

1) TPS Transaction Processing System

컴퓨터가 처음으로 도입되었을 때만 하여도 정보시스템은 주로 경리나 청구서 작성과 같은 몇몇 단순하고 반복적인 활동에 관한 자료를 처리하는데만 이용되었다. 그리하여 처음에는 그것을 활용하는데 요하는 전문적기술 때문에 컴퓨터도 EDPS부에 위치해 있는 경우가 많았으나, 자료처리가 보다 신속하고 용이해지면서 다른 활동의 자료나 정보를 관리하는 업무까지도 컴퓨터화 되기에 이르렀다.

이들 새로운 과업을 수행하기 위해 TPS부서는 경영자들에게 표준화된 보고서를 제공할 필요성이 발생하게 되었으며, 그것이 계기가 되어 마침내 MIS가 등장하게 되었다.

2) MIS^{Management Information System}

TPS의 성장은 곧 경영자들로 하여금 그들 조직의 정보시스템을 보다 합리적으로 계획하도록 촉구하는 결과를 가져왔으며, 그것은 곧 컴퓨터기반의 정보시스템^{CBIS} 혹은 단순히 새로운 MIS 개념을 등장시키는 결과를 가져왔다. 즉, TPS가 단순히 다량의 표준화된 자료를 상규적으로 처리하는 그 이상으로 기능을 확대시키게 되면서 그것은 곧 MIS라는 새로운 명칭을 갖게 되었다는 것이다.

3) DSS^{Decision Support System}

최근 컴퓨터 하드웨어와 소프트웨어가 고도로 발달함에 따라 TPS와 MIS 전문가는 물론이고 경영자들까지도 CBIS의 자료베이스에 'on-line' 혹은 'real-time'으로 접할 수가 있게 되었다. 즉, 마이크로 컴퓨터가 보편화되면서 경영자가 스스로의 자료베이스를 만들어 놓은 다음 필요한 정보를 그때그때 조작해냄으로써 구태여 TPS나 MIS 부서로부터의 보고를 기다리지 않아도 될 수 있게 되었는데, 그러한 정보시스템을 소위 DSS시스템이라고 부른다.

이는 처음에는 항공기의 예약업무와 같은 분야에만 도입되었으나 요즘에는 은행, 증권회사, 호텔에서는 물론이고 제조회사의 각 활동에도 광범위하게 적용되고 있다. 물론 MIS가 아직도 통상적인 업무의 통제에 필요한 것은 사실이지만, DSS는 특히 구조화된 자료베이스의 이용까지도 가능케 한다는 점에서 한 단계 더 발전된 시스템이라 할 수 있다.

4) ES^{Expert System}

ES, 즉 전문가시스템이란 문제를 진단하고, 그러한 문제를 극복, 해결하기 위한 전략을 추천하며, 또 그러한 추천의 타당성을 제시함은 물론 심지어는 갖가지 경험이나 상황을 학습까지 시키는 등 소위 인공지능^{AI}을 이용한 "새로운 시대"의 정보시스템을 일컫는다. 물론 오늘날 제5세대 컴퓨터라고까지 불리고 있는 이러한 시스템이 아직 본격적으로 실용화단계에 와있지는 못하지만 컴퓨터기술의 발전속도에 비추어 멀지 않은 장래에 그와 같은 인공두뇌를 이용한 정보시스템이 등장하리라 믿는다.

PART 04

경영의 다각화와 고도화

New Business Paradigm

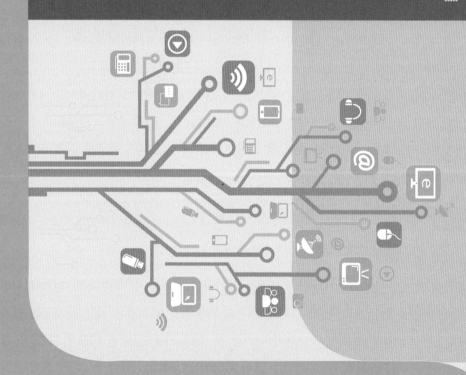

ESSENTIALS OF MANAGEMENT
경영학개론

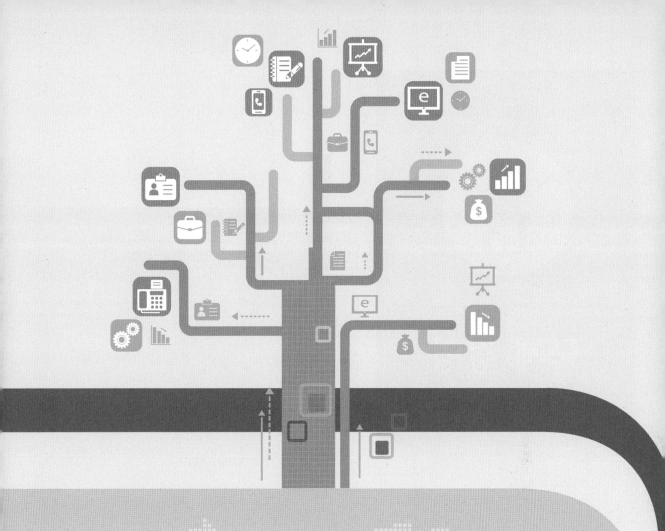

Chapter

13

국제 경영

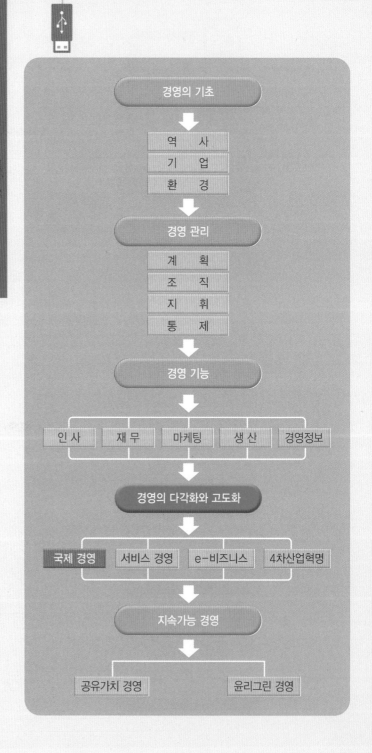

경영의 기초

| 역 사 |
| 기 업 |
| 환 경 |

경영 관리

| 계 획 |
| 조 직 |
| 지 휘 |
| 통 제 |

경영 기능

| 인 사 | 재 무 | 마케팅 | 생 산 | 경영정보 |

경영의 다각화와 고도화

| 국제 경영 | 서비스 경영 | e-비즈니스 | 4차산업혁명 |

지속가능 경영

| 공유가치 경영 | 윤리그린 경영 |

글로벌 스탠더드

1 글로벌 스탠더드의 의의

글로벌 스탠더드는 세계표준, 또는 국제표준international standard이라고 하며, 특히 기업의 활동이나 매니지먼트 시스템에 대하여 지칭하는 경우가 많다. 구체적으로 주주의 주주권, ROE(주주 자본에 대해서 기업이 올려주는 이익률), 회계기준(시가평가, 연결결산 방식 등)이나 의사 결정의 투명성, 사원 개인의 자기 책임 등이 중요시된다. 이와 같은 미래형 기업의 경영의 사고방식이나 이념·시스템을 통틀어 요약한 것이 세계표준이다.

세계표준과 대치되는 것이 로컬스탠더드local standard 또는 자국형 표준이다. 의사 결정의 룰이나 판단 기준이 애매하며, 밀실에서의 사전 담합 등으로 중요 사항이 결정되는 수가 많다.

대부분 국가들은 자국의 기준·규격을 세계표준으로 삼아 비즈니스를 유리하게 전개하려 하며, 특히 미국 및 유럽연합EU 국가들과의 이해관계는 그러한 기준으로 해서 심각하다. 이리하여 모든 분야에서 세계표준화가 진행되고 있으며, 자국의 특징적인 제도나 관행이 급속히 변화하고 있다. 특히 OECD(경제협력개발기구)는 1999년 초 세계표준을 위한 '기업지배구조 기본원칙' 초안을 마련하고 이를 성사시키기 위해 대대적인 홍보활동을 하고 있다.

2 글로벌 스탠더드와 산업경쟁력

향후 산업의 경쟁력은 세계 공통의 표준인 글로벌스탠더드에 얼마나 잘 적응하고 이를 이끌어나가느냐에 달려 있다고 하겠다. 지난 77년 일본 소니사는 베타맥스방식의 우수한 비디오를 독자 개발해 시장을 선점했으나 마쓰시타가 뒤이어 내놓은 VHS방식이 국제표준이 되면서 참패를 당했다.

또 아날로그 휴대폰 시장의 맹주였던 미국의 모토롤라도 디지털로 전화하는 세계적 흐름에 늑장 대응함으로써 유럽 이동전화 표준GSM인 디지털 휴대폰을 내세운 핀란드 노키아사에 밀려났다.

디지털 휴대폰도 유럽의 GSM 규격이 이미 아시아·중동·아프리카 등 110개국에서 채용돼 우리의 CDMA나 일본의 PDC방식을 누르고 사실상 세계표준이 됐다. 즉, 아무리 좋은 기술을 개발, 상품화해도 세계표준을 획득하지 못하면 세계시장에서 패퇴하고 마는 것이다.

산업 활동에 있어서의 글로벌스탠더드는 국제표준과 기업 컨소시엄의 사실상 표준DE FACTO을 의미한다. 종래 기업은 사실상 표준을 주도함으로써 시장의 확대를 피해왔으나 최근에는 프로세스가 투명하고 표준내용이 명확한 국제표준화기구(ISO) 등에서 책정하는 국제표준의 중요성이 더욱 높아가고 있다.

ISO 및 IEO(국제전기표준회의)의 1,000개에 이르는 기술분과위원회의 의장이나 간사는 미국·영국·프랑스·독일 등이 지배해 자국의 이익을 대변하고 있으나 우리는 전무한 실정이다.

특히 첨단 분야의 기업전략에 있어서「표준은 매우 중요하며 가히 국가간 표준전쟁standard war이라고 할 수 있다. 21세기는「표준을 제압하는 자가 세계시장을 제압하는 시대가 될 것이다.

3 글로벌 스탠더드와 로컬스탠더드의 조화

한국적 풍토와의 갈등으로 낭패를 당하는 사례도 드물지 않다. 쌍용 제지를 인수한 미국 P&G의 경우 여성 생리대 등에서 세계적인 주도기업으로서의 위상을 한국에선 제대로 발휘하지 못하고 있다. 이를테면 소매상을 일일이 상대하는 사업특성상 수많은 제품배달 차량들이 도로불법주차로 스티커를 자주 발부 받을 수밖에 없다.

이때 P&G는 '한국식'으로 단속반원과 '타협'하지 않고 '미국식'으로 고집했다. 매일같이 적발을 당하더라도 현장에서 옥신각신하거나 타협하지 말고 꼬박꼬박 과태료를 내라는 식으로 대응을 하였다. 한국적 풍토를 무시한 이런 외곬 글로벌 스탠더드는 결국 시장점유율 하락으로 이어졌다.

4 글로벌 스탠더드와 세계시장

글로벌 스탠더드화의 주역은 팍스 아메리카를 구가하는 미국이다. 그래서 글로벌 스탠더드는 대개 아메리칸 스탠더드 곧 미국 기준으로 통한다. 정치 상품을 만들어내는 워싱턴, 영화의 도시 헐리우드, 금융의 메카 월 스트리트, 첨단정보산업의 요람 실리콘 밸리, 자동차 왕국 디트로이트에서 통하는 로컬스탠더드는 그대로 세계 각국이 따라야 하는 글로벌 스탠더드화 하였다.

최근 유럽연합EU이 세계경제에서 차지하는 중요성이 증대됨에 따라 유럽연합EU이 글로벌경제의 스탠더드(기준)의 주역이 되는 경우가 늘고 있다.

월 스트리스저널은 EU의 법과 규칙이 농산물 인터넷 자동화 등 거의 모든 산업에서 미국규정을 제치고 세계경제의 룰이 되고 있다고 보도했다.

15개 회원국 연합체인 EU가 다른 국가와 지역보다 더 강력한 소비자 및 환경보호 단일기준을 제정, 역내뿐 아니라 EU에 진출하는 역외기업들에도 적용시키고 있기 때문이다.

특히 미국이 EU와의 교역 및 시장진출을 위해 EU기준을 수용하고 있어 EU의 경제·산업규정은 빠른 속도로 글로벌 스탠더드화 되고 있다.

실례로 EU는 얼마 전 지프의 앞뒤 범퍼에 알루미늄 및 쇠막대(불바) 설치 금지령을 내렸다. 사고시 행인에게 위험하다는 이유에서였다. EU의 이 규정은 앞으로 미국 일본 등 다른 자동차업체들에도 적용된다.

EU는 또 유전자변형 농산물이 포함된 식품에 대해서는 유전자변형작물Genetically Modified Object ; GMO의 함유여부와 정도를 표기하도록 규정했다.

세계 각국은 EU와 장사를 하기 위해 EU규정을 따르지 않을 수 없게 됐다.

개인의 온라인 프라이버시 보호에서도 EU기준이 미국기준을 제치고 글로벌 룰이 됐다.

EU가 기업들이 고객정보의 입수내역과 용도를 엄격히 제한하는 법을 제정하자, 유럽인을 주요 고객으로 갖고 있는 미국기업들이 EU규정을 전격 수용, EU의 온라인 프라이버시보호법이 국제표준이 됐다.

이처럼 EU의 룰이 글로벌 스탠더드가 되자 EU본부가 있는 브뤼셀에는 다국적기업 및 비정부기구들의 사무소와 로비스트가 몰려들고 있다. 이처럼 그동안 각국 기업들은 미국법과 규정에만 맞추면 세계 어디에서나 사업할 수 있었지만 지금은 EU법과 규정에 따라야 수출과 사업이 가능해 졌다.

 ### 5 글로벌 스탠더드의 내용

글로벌 스탠더드는 국내기업에게 위협이면서 동시에 기회로도 작용한다. 우리 경제의 수준을 고려할 때 금융, 회계 등 경쟁력이 취약하고 관행이 낙후된 부문에서 큰 타격이 예상되지만 기업제도와 관행의 선진화를 통해 체질을 개선할 수 있는 좋은 기회이기도 하다.

따라서 세계에서 통할 수 있는 글로벌 스탠더드를 파악하고 미진한 제도·관행을 혁신해야 한다. 기업들은 경영의 투명성과 책임성을 강화하는 방향으로 기업지배 방식을 전환하고 일류기업에 걸맞은 투명한 인사, 재무, 회계 시스템을 구축해야 한다. 아울러 글로벌 스탠더드를 수용할 수 있는 경영역량을 배양하고 장기적으로는 새로운 표준 형성을 선도해 나가야 한다. 정부에서도 글로벌 스탠더드와 상충되는 국내 법제도가 있다면 조속히 개편해 외국기업의 국내 진출이나 국내기업의 외국 진출에 대한 장애를 제거해야 한다.

개인도 또한 타문화에 대한 개방적 자세와 수용의식, 글로벌 핵심역량의 차별화 등을 통해 글로벌 경제에 대처하려는 준비를 해야 할 것이다.

1) 기업지배구조

기업지배구조는 그 나라의 경제발전 단계, 소유와 경영의 분리 정도, 주식분포의 상황, 정부정책 등 다양한 요인에 의해 결정되는데 주주를 중시하는 미국식 지배구조가 종업원자본주의나 은행자본주의를 누르고 글로벌 스탠더드화하고 있다. 즉, 주주의 경영에 대한 감시를 강화하기 위해 이사회, 감사회, 주주대표소송을 활성화하고, M&A시장 및 경영자 시장을 통한 외부견제 기능을 강조하는 것이 큰 흐름이다.

국내기업은 일부 대주주와 경영자에의 권한집중, 주주 및 채권자의 감시역할 미흡 등의 문제를 안고 있다. 따라서 경영의 공시 확대, 감사의 객관성 보장, 사외감사제 도입, 주주대표소송의 활성화 등을 통해 주주의 이익을 보호할 수 있는 제도적 장치를 마련해야 한다.

2) 회 계

국가간의 상이한 회계처리 기준이 기업 활동의 국제화나 국가간 자본이동에 장애로 작용함에 따라 이를 통일하려는 움직임이 국제회계기준 위원회 등 국제기구들을 중심으로 일어나 회계정보의 국가간 비교가능성 제고를 목적으로 회계기준의 조화를 추구하고 있다.

국내에서도 자본시장 개방과 기업들의 해외자금 조달이 증가함에 따라 회계기준의 국제화에 대한 인식을 새롭게 하게 되었다. 우리나라 회계기준이나 공시 관련 규정은 부조화, 외국 회계기준과의 불필요한 차이, 분식결산 관행 등으로 인해 국가간 비교가능성이 낮고 대외적인 신뢰를 얻지 못하는 등 큰 문제점이 있다. 또 기업회계를 지원하는 정부기구나 회계법인들의 국제화 수준도 낮은 편이어서 대책이 요구된다.

3) 금 융

금융의 글로벌 스탠더드는 개방화, 자율화, 겸업화, 대형화를 추진하는 추세이다. 우리나라도 열악한 금융환경을 개선하기 위해 금융개혁을 추진 중에 있으나 아직 그 성과가 가시화되지는 않고 있다. 금융기관의 경영도 이제는 주먹구구식에서 벗어나 국제적인 회계기준과 신용기준에 적합하게 운영되지 않는다면 국제금융시장에서 생존할 수 없게 될 것이다.

4) 환 경

OECD, WTO를 중심으로 환경라운드를 통해 환경오염을 유발하는 공정 및 생산방법에 대한 규제 및 금지조치를 논의 중이다. 선진국에 비해 환경의식이 빈약하고 관련 기술도 확보하지 못한 국내업계로서는 환경 기준 강화가 새로운 부담으로 작용할 것이다.

특히 기후협약에 따른 탄소세 도입이 우려된다. 우리나라에는 OECD 가입에 따라 이산화탄소 배출량 감축에 있어 개도국 혜택을 받기가 어려워졌다. 화석연료 의존도가 90%에 가까운 우리 경제에 이산화탄소 배출량 감소 의무는 치명적인 영향을 줄 것이다. 최악의 시나리오에 따르면 2010년 국내총생산이 1980년대 중반 수준으로 후퇴할 수 있다는 분석도 나오고 있다.

5) 부 패

1970년대 이후 국제 계약상의 뇌물수수 및 부패관행을 규제하기 위한 규범을 마련하려는 움직임이 나타났다. OECD는 1976년에 회원국 내에서 영업활동을 하는 다국적 기업에게 뇌물 및 부패행위를 금지하는 규정을 마련하였고, 1996년 12월 싱가포르에서 개최된 WTO 제1차 각료회의에서는 정부조달 결정 과정에서의 뇌물수수 및 부패관행을 근절하기 위한 다자간규범을 마련하기로 합의하였다. 특히 미국은 제3국 기업과의 경쟁에서 미국기업들이 받을 수 있는 불이익을 없애기 위해 매우 적극적이다.

6) 성과평가

이제 제품은 제조원가가 아니라 고객에게 제공하는 가치로 평가받고, 기업 가치는 외형적 매출규모가 아니라 수익으로 평가되게 되어 성과를 거두지 못하는 사업부서는 구조조정의 대상이 될 수밖에 없게 된 것이다. 또한 종업원은 연공서열이 아니라 성과에 의한 연봉제로 평가되며, 평생직장이 아니라 평생직업을 중시하게 된 것이다.

7) 경영자 마인드

경영자는 글로벌 경제시대의 문화적 진취성과 개방성을 적극적으로 수용하고 실천에 옮겨야 할 것이다. 글로벌 경영에서는 인종, 국적을 따지지 않는 자세와 경영 방침을 적극적으로 추진해야 하고, 지적 재산권, 문화예술 등에 대한 관심과 세계수준의 교양인으로서의 기본예절과 인격을 갖추도록 해야 할 것이다.

글로벌 스탠더드의 주요 영역

주요 영역	특 징
기업지배구조	주주이익 우선
회 계	국제 회계 기준
금 융	국제적 신용 제고
환 경	환경기준강화
부 패	반부패 협약
성과 평가	고객가치·수익중시
경영자 마인드	글로벌 지향성

　　글로벌 스탠더드의 경영을 하기 위해 우리나라 경영자들은 앞으로 심각한 문화적 갈등을 겪게 될 것으로 예상된다. 투명경영과 부채라운드에 대비하여 오너와 규제당국자와의 새로운 관행과 관계정립에 많은 노력을 기울이면서 책임경영의 새로운 패러다임을 익혀 나가야 할 것이다. 또한 외형성장에 집착하는 과거의 방식을 버리고 권위주의적 남성주의 문화 등에서 벗어날 필요가 있다.

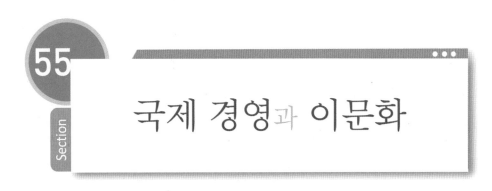

국제 경영과 이문화

1 개 요

　문화적 차이는 비즈니스 수행상 매우 힘든 영역에 속한다. 문제는 이러한 문화적 차이를 결코 간과해서는 안된다는 것이다. 정보와 기술이 발전하고 글로벌 기업이라는 새로운 형태의 기업이 출현하였고 그에 맞는 비즈니스 형태가 요구되었다. 이에 많은 기업들이 다국적 비즈니스 속에서 문화적 차이로 인해 많은 오류를 범하고 또한 이것이 진단되기까지 많은 시간이 요구되고 있다. 이러한 오류를 낳는 원인은 형태, 가치 및 신념이 문화마다 다르다는 점뿐만 아니라 그 문화권에서 이의 중요성이 과소평가 되는데 있다.

　영국 레스터에 있는 구두점의 사례이다. 이 구두점은 이슬람교도들이 밀집해 있는 지역에서 아랍어로 "알라신만이 유일한 신이다"라는 슬로건을 담은 구두 광고를 펼쳤다. 그런데 광고를 시작한지 며칠도 안돼서 항의의 표시로 자동차로 구두점 창문을 들이박고 불까지 지르는 사건이 발생했다. 이 구두점은 광고를 통하여 이슬람교도들의 주목을 끌기 위한 의도는 좋았는데, 알라신을 땅에 딛는 구두와 연관시키는 일은 모욕적이라는 점을 사전에 이해하지 못했던 것이다.

　문화는 우리가 다른 사람을 인지하는 렌즈 역할을 한다. 또한 문화는 우리가 세상을 보는 방식과 사상이 우리를 보는 방식을 왜곡시킨다. 더욱이 우리는 자기 문화를 기준으로 다른 문화를 판단하기도 한다. 그러므로 문화의 차이를 인정하는 것은 매우 중요하며 이는 현재 국제 경영에 필수불가결한 것이다.

2 내 용

1) 이문화Cross Culture

정보와 기술의 발달은 현재 지구촌 시대로 우릴 인도하였다. 비즈니스에서 국경과 언어 문화의 장벽은 점점 낮아지고 있으며 이를 넘지 못하는 것은 곧 시대의 흐름에 도태됨을 의미한다.

문화적 제약을 초월하여 범문화적 인간이 된다는 것을 단적으로 말해 코스모폴리탄이 됨을 말한다. 이 말은 사전적으로 세계에 속하는 사람, 어떤 일에나 구애받지 않는 인재를 말한다.

(1) 코스모폴리탄의 개념

감수성이 예민한 동시에 혁신적이고도 참가적인 지도자가 됨으로서 다원적 환경 속에서 자유롭게 행동할 수 있어야 됨을 말한다.

(2) 이문화간 커뮤니케이션의 개념

같은 상황도 다르게 해석될 수 있는 문화간 차이를 어떻게 극복하고 관계를 성립하는가를 다루는 것을 뜻한다.

(3) 문화에 대한 감수성

문화가 인간에 미치는 영향을 분석. 이를 다른 사람과의 관계 속에서 효과적으로 대처하는데 이용한다.

(4) 문화 변용의 개념

특정 문화에 순응, 적응하는 일을 의미한다.

(5) 경영, 관리에 대한 문화의 영향

물적, 인적 자원의 관리, 운영에 문화적 조건이 어떤 영향을 미치는가를 인식하고 이를 경영에 적용해야 한다.

2) 문화의 유형

(1) 매우 계획적인 집단(선형적 행동)

서부 유럽인, 미국인 등이 이에 속하며 한번에 한 가지 일을 처리하며 그 일에 집중하고 일정대로 수행한다. 또한 시간의 활동도 정확하며 많은 정보를 바탕으로 일을 처리한다.

(2) 인간 지향적 집단(복수 행동적 행동)

융통성 있는 생활 패턴으로 구성. 약속보다 현실 중시. 개인적 정보 네트워크 활용. 시간은 순간적인 것으로 인식.

(3) 청취형 집단(반작용적 행동)

독백과 비언어적 커뮤니케이션의 이용에 능숙. 일본 등 아시아 국가에서 많이 나타남.

3) 커뮤니케이션에서의 문화요인

같은 말과 상황이라도 문화에 따라 받아들여지는 차이는 매우 크다. 이는 여러 오해를 불러일으키며 경영에 있어서 커다란 장애물로 작용된다. 상대방 문화에 대한 이해를 통해 많은 것을 얻을 수 있는 커뮤니케이션을 성립해 나가는 것이 필요하다.

4) 다국적기업의 문화

다국적기업은 자국문화가 아닌 다른 나라 문화 속에서 업무를 추진하게 되는 것이므로 그에 따라 독특한 마이크로 문화, 즉 사풍이 만들어지게 된다. 기구와 환경 또한 경영체로써의 기본적인 특질을 지니게 되는 동시에 다국 문화의 공생 상태를 반영하는 것이 되는 셈이다.

세계에서 기업을 전개할 경우 지사를 어떻게 조직하면 가장 적합한 조직체가 되는 것일까, 우선 국제업무에 다양성을 갖게 하는 점이다. 뿐만 아니라 지리적으로 멀리 떨어진 곳에서 업무를 하게 되는 것이므로 그에 따르는 기구의 개혁이 필요하다. 제품 부분의 다각화나 국적을 불문한 인재 등용, 세계를 겨냥한 홍보 전략 등이 이것이다.

국제 업무에 종사할 때 고려해야 할 요인은 다음과 같다.

(a) 문화적인 안정성의 차이

현지의 문화 안정도를 고려하여야 한다. 불안정한 곳이라면 예측이 불가능하고, 이에 따라 현지 전문가를 두는 체제가 필요하다.

(b) 문화적 복잡성

- 고배경 문화: 책임문제가 발생하는 경우 최고위층에게 주어지며, 이에는 중국, 프랑스, 일본이 속함
- 저배경 문화: 책임문제가 발생하는 경우 책임이 최하위층에게 전가되며, 이에는 독일, 스위스 스칸디나비아, 미국 등이 포함된다.

(c) 문화적 적대감

자사에 목표와 규범, 가치관 등이 현지의 상태와 어느 정도 부합되는지를 알고 두 문화 사이의 괴리를 줄이는 것이 매우 중요하다. 이를 간과한다면 이는 문화적 적대감으로 발전하고 경영에 있어 실패로 이어질 것이다.

(d) 문화적 이질성

이는 자국의 문화와 새로운 문화가 얼마나 다른가를 보여주고 있다. 유사 문화권은 업무를 하는 것이 수월하겠지만 타문화에서의 문화적 충격을 어떻게 극복할 것인가도 커다란 과제이다.

(e) 문화적 상호의존성

각 문화는 서로 의존성을 지니고 있으며, 이를 잘 파악하고 경영에 활용하는 것이 중요하다. 이를 파악하는 것은 여러 부문에서의 조화를 도와주며 업무 진행에도 커다란 시너지가 될 것이다.

56

Section

국제 경영의 개념과 유형

한 기업이 국제 경영을 주도할 때 그 기업은 다른 운영형식이나 경영을 주도하는 수단 가운데 선택해야 한다. 선택을 할 때 그 기업의 목적과 재원뿐만 아니라 경영환경을 고려해야 한다. 다음 논의는 국제 경영에 참여하는 기업의 주요한 수단을 소개한다.

첫 번째 세 가지 범주 - 상품의 수출과 수입, 서비스 수출과 수입, 그리고 투자 - 는 기업들의 총 국제 경영을 보여주는 국제수지계정balance of payment accounts상에 기록되어 있는 범주들과 상응한다. 마지막 두 범주 - 전략적 동맹과 다국적기업- 는 첫 번째 세 범주에 어떤 수단을 사용하는 것과 관련된 국제 경영상의 다른 공통적으로 사용된 용어를 포함 한다.

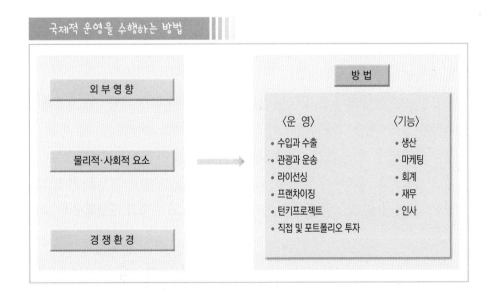

국제적 운영을 수행하는 방법

외부영향		방법
		〈운영〉 〈기능〉
물리적·사회적 요소	→	• 수입과 수출 • 생산
		• 관광과 운송 • 마케팅
		• 라이선싱 • 회계
		• 프랜차이징 • 재무
		• 턴키프로젝트 • 인사
경쟁환경		• 직접 및 포트폴리오 투자

1 상품의 수출과 수입

상품수출은 나라밖으로 보내지는 유형의 상품이고 상품수입은 나라 안으로 들어오게 되는 유형의 상품이다. 이러한 상품들은 나가고 들어올 때 시각적으로 보이는 상품이기 때문에 이들은 시각적으로 볼 수 있는 수출과 수입으로 간주된다. 수출과 수입이라는 용어는 서비스의 수출과 수입이 아니라 상품의 수출과 수입을 지칭하기 위해 종종 사용된다. 디즈니사의 경우에 기념품들이 미국과 프랑스로 보내졌을 때, 그것은 상품수입이다. 대부분의 경우 상품의 수출과 수입은 국제적인 총수입과 지출의 주요한 자원이다.

어떤 형식의 국제 경영에 참여하는 많은 기업들은 다른 형식의 경영거래보다도 수출과 수입에 열중한다. 비록 소규모 기업들이 대규모 기업들보다 수출에 참여할 것 같지 않지만 이러한 현상은 특히 소규모 기업에 해당된다(대규모 기업들은 수출과 수입뿐만 아니라 외국 운영의 다른 형식에 더 한층 참여하기 쉽다). 그럼에도 불구하고 많은 소규모 기업들은 수출 분야를 성장시킬 때 매우 성공적인 수출업자가 되는 것이다.

수입이나 수출은 기업이 취하는 외국운영의 첫 번째 유형이다. 수출과 수입은 국제적인 초기 차원에서 자본, 인사 및 생산시설 등과 같은 기업의 재원에 관하여 어떠한 언급이나 모험을 요구하지 않기 때문이다. 예를 들어, 기업은 많은 상품을 생산하기 위해 초과 생산용량을 사용함으로써 수출에 참여할 수 있다. 이것을 함으로써 기업은 공장과 기계류와 같은 부가적인 생산시설에 더 많은 자본을 투자할 필요성을 제한한다.

기업은 또한 기업의 수입 및 수출기능을 담당하는 무역 중개업자를 사용해서 부가적인 경력사원을 고용하거나 외국판매 또는 구매를 수행할 부서를 만들 필요성을 제거하게 된다. 기업은 전형적으로 다른 국제 경영수단을 채택할 때 수출과 수입활동을 포기하지 않는다. 오히려 그 기업은 무역을 새로운 시장으로 확장함으로써 수출 및 수입활동을 계속하거나 새로운 유형의 경영활동을 보충시킨다.

2 서비스 수출과 수입

서비스 수출과 수입은 유형상품의 수출과 수입에서 파생된 소득과는 다른 국제적 소득이다. 받아들여진 소득은 서비스 수출이고, 지불된 소득은 서비스 수입이다. 서비스는 육안으로 볼 수 있는 상품이 아니기 때문에 서비스는 볼 수 없는 것으로 간주된다.

- 여행, 관광 및 수송
- 서비스의 실행
- 자산의 사용

1) 여행, 관광 및 수송

국제여행, 관광, 그리고 운송은 항공, 선박회사, 여행사와 호텔의 경우 총수입의 중요한 자원들이다. 어떤 나라들의 경제는 또한 이러한 경제 분야로 인한 총수입에 의존한다. 예를 들어 그리스와 노르웨이에서의 고용, 수익과 외환 소득의 막대한 양은 여라 나라의 시민들이 소유한 선박을 토대로 운반되는 외국의 화물에서 비롯된다. 유사하게도 미국은 최근에 농업상품의 수출보다 외국관광으로 인해 보다 더 많은 소득을 올린다.

2) 서비스의 실행

은행, 보험, 임대, 엔지니어링과 관리서비스와 같은 서비스들은 수수료의 형식, 즉 서비스 실행을 위한 지불액으로 이한 기업의 소득을 올린다. 예를 들어, 국제수준에서 수수료는 종종 완성인도방식의 운영인 턴키베이스^{turkey operations}의 대가로 지불된다.

3) 자산의 이용

상표, 특허, 저작권 또는 라이선싱으로 알려진 계약 아래의 전문지식과 같은 자산의 사용은 로열티라고 불리어지는 소득을 야기시킨다. 예를 들어, 국제적인 수준의 디즈니사는 로열티의 대가로 대만의 무역회사인 비거인터내셔널로 하여금 20개의 Mic-kids 소매 아울렛의 체인점에 디즈니사 상표를 사용하도록 허용해 주었다. 또한 로열티가 프랜차이징의 값으로 지불된다. 프랜차이징Franchaising은 총판권을 주는 사람이 총판권을 받는 사람에게 필연적 자산인 상표의 사용을 판매하는 경영방식이다. 총판권을 주는 사람은 구성요건, 운영서비스 및 기술을 제공해 주는 방식으로 경영운영에 있어서 지속적인 기반을 도와준다.

기업들은 종종 해외시장으로의 수출을 성공적으로 이룬 이후에야 해외시장에서의 라이선싱 또는 프랜차이징으로 추진해 간다. 이러한 운영형식은 일반적으로 수출이나 수입보다는 기업의 재원에 더 큰 국제적 몰입을 하는 것이다. 그 이유는 기업이 운영을 확립하거나 현 시설을 토대로 새로운 생산품이나 서비스를 다룰 수 있도록 하는데, 총판권을 받는 사람을 도와주기 위하여 외국에 자격을 갖춘 기술자를 보내야 하기 때문이다.

외국투자에 지불된 배당금이나 이자는 서비스 수출이나 수입으로 취급된다. 왜냐하면 그들은 자산의 사용을 대표하기 때문이다. 그러나 투자는 그 자체로 국가 무역수지 계정에서도 취급된다.

3 투자

외국투자는 재정적 보상을 교환으로 하는 외국재산의 소유권을 포함한다. 유로 디즈니사에 대한 디즈니사의 소유권은 외국투자의 한 예이다. 외국투자는 두가지 형식을 취한다. 즉, 직접투자direct와 간접투자portfolio로 나눈다.

1) 직접투자

직접투자는 투자자에게 지배적 이권을 주는 투자이다. 이러한 직접적 투자는 이 책에서 번번이 사용된 용어인 FDIforeign direct investments로 불리어진다. 지배권은 100% 또는 50%의 이상을 필요로 하지는 않는다. 예를 들어, 디즈니사는 단지 49%의 투자 금으로 Euro Disney사를 지배할 수 있다. 왜냐하면 남아 있는 소유권은 너무 방대하게 분산되어 있어 그 기업과 효과적으로 대응할 수 없다. 둘 내지 그이상의 기업들이 FDI의 소유권을 나눌 때 그 운영은 합작투자joint venture라고 불리어진다. 정부가 FDI의 기업과 합세할 때 그 운영은 결합mixed venture 이라고 불리는 바, 그것을 일종의 합작투자이다.

FDI는 국내기업이 국제 경영에서 취할 수 있는 최고의 참여이다. 왜냐하면 그것은 자본의 투입과 관련되어 있을 뿐만 아니라, 인력과 기술의 이전과 관련이 있다. 그런 투자는 일반적으로 수출과 수입의 경험을 하고 난 뒤에 나타날 수 있다. 예를 들어, 디즈니사가 중국에 직접투자를 함으로써 그 기업은 Mic-kid 아울렛을 위해 옷을 만들 수 있는 값싼 노동에 접할 수 있다. 게다가 디즈니사의 직접적인 투자로 인해서 디즈니사는 다른 방식으로는 두드릴 수 없는 시장, 즉 미국 공원에 방문할 것 같지 않은 유럽의 고객들에게 서비스할 수 있다.

오늘날 37,000 이상의 전 세계적인 기업들이 모든 경영기능의 종류를, 즉 천연자원을 추출하는 것, 곡물재배, 생산품이나 부품제조, 생산품 판매, 여러 가지 서비스 제공 등을 포함하는 FDI를 하고 있다. 1992년 이러한 투자의 가치는 대략 2조 달러에 달한다. 이러한 투자판매는 약 5조5억 달러에 달하고, 그것은 세계상품 및 서비스의 수출로 인한 4조 달러의 가치보다 훨씬 큰 수치다. 미국 기업들의 경우 FDI를 통한 해외 생산품의 판매는 상품 수출로서 해외에 보내진 미국 생산품의 판매보다 훨씬 더 여러 배이다.

2) 간접투자

간접투자 즉 포트폴리오투자는 투자자에게 지배적 이권 및 통제권을 주지 않는 것이 특징이다. 일반적으로 간접투자는 두 형식 가운데 하나를 취한다. 기업에 있어서 주권이나 투자자가 구매하는 증서나 주식의 형식으로 기업이나 국가에 대한 채무 등을 취하고 배당, 이자 및 시세차익을 얻을 목적으로 투자를 하는 것을 말한다.

외국의 간접투자는 광범위한 국제운영을 하는 대부분의 기업에게 중요하다.

그들은 단기간의 재정적 이익을 위해서 주로 사용된다. 즉, 기업이 상대적인 안전성을 가지고 보다 더 많은 돈을 벌어들이는 수단으로 사용된다. 예를 들어, 기업 회계원은 단기간의 투자로 높은 이윤을 얻기 위해 자금을 움직인다.

4 전략적 동맹

전략적 동맹은 경쟁력 있는 실행가능성으로 전략적인 중요성을 갖는 기업들 간의 합의다. 동맹이란 다양한 운영형식, 즉 합작투자, 라이선싱, 경영관리계약, 상호간의 기업에서 소수의 소유권, 장기간의 계약합의 등과 관련이 있다.

5 다국적기업으로 성장

다국적기업MNE은 외국시장과 생산에 세계적으로 접근하는 기업이다. 그래서 세계 어느 곳에서나 시장과 생산 입지를 기꺼이 고려한다. 진정한 MNE는 지금까지 논의된 대부분의 운영 형식을 이용한다. 그러나 이러한 전 세계적인 기업의 접근의 결정 여부는 어려울 수 있다. 그래서 다국적기업이라는 용어에 대한 보다 편협한 정의들이 출현해 왔다.

예를 들어, 어떤 사람들은 MNE로서 자격을 갖춘 기업이 최소한의 국가들에 있어서 생산시설을 갖추거나 어떤 규모를 갖추어야 한다고 말한다. 이러한 정의 아래 MNE는 거대한 기업이어야 할 것이다. 그러나 항상 그런 것은 아니다. 소규모 기업도 재원용량 내에서 전 세계적인 접근을 할 수 있고, 앞에서 논의한 대부분의 운영형식을 이용할 수 있다.

Section 57

다국적기업의 개념과 특징

 1 다국적 기업의 개념

　다국적기업은 오늘날 국제 경영에서 핵심적인 역할을 하고 있으나, 이에 대한 정의는 통일되어 있지 않는 실정이다. 다국적기업이란 용어가 처음 사용되기 시작한 것은 1960년을 전후한 시기이다. 지난 1959년 Clee와 discipio가 그들의 논문에서 세계적 규모의 경영활동을 전개하는 기업이라는 의미로 세계기업World enterprise이란 용어를 사용한 것을 시발로, 1960년에 Lilienthal이 '다국적기업의 경영'이라는 저서에서 처음으로 다국적기업이 이라는 용어를 사용하였다. 그후 1964년에 미국 싱거사의 사장이었던 Kircher는 국제적으로 기업 활동을 하는 기업에 대하여 초국적기업transnational enterprise이라는 용어를 사용하였다. 이처럼 최근에 이르기까지 세계기업, 다국적기업 또는 초국적기업 등 그 외에 이와 유사한 의미의 갖가지 용어가 사용되고 있으나 아직까지 통일된 정의는 내리지 못하고 있다.

　이러한 용어들은 특별한 구분 없이 동일한 의미로 사용되지만, 학자에 따라서는 기업의 국제화 정도에 따라 이러한 용어를 각기 다른 의미로 사용하는 경우도 있다. 예를 들면 앞장에서 소개한 것과 같이 다국적기업, 글로벌기업, 글로컬기업, 등의 순차적인 발전단계를 거치는 것으로도 설명한다. UN에서는 해외에 자회사를 설치하여 국제적인 기업경영을 수행하는 기업을 다국적기업의 용어

대신에 초국적기업이라는 용어를 공식적으로 채택하고 있으며, 우리나라에서는 다국적기업 또는 국제기업이라는 용어를 가장 많이 사용하고 있다.

한편, 다국적기업의 정의에서 사용되는 기준을 보면 경영의 구조적 기준, 성과측정 기준, 경영 행태적 기준 등이 주로 이용된다. 경영구조를 중심으로 다국적기업을 설명하는 주장을 보면 이들은 다국적기업을 여러 국가에서 경영활동을 수행하는 기업, 국적이 서로 다른 사람들에 의하여 소유되는 기업, 최고경영진의 국적이 다양하게 구성된 기업 등으로 정의한다. 기업의 성과를 기준으로 구분하는 학자들은 대체적으로 총자산에 대한 해외자산의 비중, 총매출에 대한 해외매출의 비중, 총수익에 대한 해외수익의 비중 등을 그 지표로서 사용한다. 이들은 이와 같은 지표를 이용하여 일정한 비율 이상을 나타내는 기업을 다국적기업으로 보는 것이다. 또한 기업의 행태적 측면을 기준으로 다국적기업으로 보는 것이다. 또한 기업의 행태적 측면을 기준으로 다국적기업을 설명하는 경우에는 최고경영진들이 국제적인 관점에서 기업을 관리하고 있는가의 기준으로 다국적기업을 정의하고 있는데 다소 추상적인 입장을 취하고 있다. 다국적기업 개념적 구조에 대한 이해를 위해 Aharoni가 제시한 접근방법인 ① 구조적 기준, ② 성과척도, ③ 행동적 특성 등에 따라 살펴보기로 한다.

1) 구조적 기준

❶ 해외운영 대상국가의 수

다국적기업을 해외운영 대상국간의 수를 중심으로 설명한 학자는 릴리엔탈과 페이어웨더이다. 페이어웨더는 릴리엔탈과 같이 다국적기업을 넓은 의미로 해석하여 2개국 또는 그 이상의 여러 국가에서 직접적으로 기업 활동을 수행하는 모든 기업체라고 보았다. 따라서 다국적기업의 기준은 기업의 수출해외 면허·해외관할공장 중영 등이 얼마나 국제적 경영의 범위에 포함되는가에 달려 있다.

❷ 소유권

소유권을 중심으로 다국적기업을 설면할 때에는 기업체를 몇 개국에서 운영하느냐가 아니라 특정기업체가 몇 개 국가의 국민에게 분산 소유되어 있는가를 중심으로 정의된다. 그러나 소유권 기반이 비교적 수개 국에 분산되어 있는 다국적기업은 일부에 한정되어 있고 주식의 수입국별 분산정도에 따라 다국적기업을 정의하는 것은 미비한 점이 많기 때문에 이용되지 않고 있다.

❸ 최고경영자의 국적

최고경영층의 국적에 따라 다국적 기업의 기준을 삼기도 한다. 국적에 관계없이 능력과 자질에 따라 해외자회사의 경영자를 선택하는 것이 이상적이지만, 실제로는 이와 같은 인사정책을 구사하는 경우는 거의 드물다. 대부분 다국적기업은 중간관리층 인력을 현지국에서 조달하며 다국적기업 본 사국에서 파견된 몇 명의 본사요원이 최고의사결정권을 갖는 것이 일반적이다.

2) 성과적도에 의한 기준

구조적 기준에 의한 방법은 복합적이고 모호한 점이 많기 때문에 일부 학자들은 다국적기업을 매출액·이익·자산·종업원 수 등 몇 가지 절대적 또는 상대적 수행특성에 따라 규정해야 한다고 말하고 있다. 절대적 측정이란 어떤 기업체가 얼마만큼의 자본이나 자원을 해외사업을 위해 투입하느냐에 따라 다국적기업의 개념 여부를 결정하려는 방법이다. 한편 상대적 측정이란 어떤 기업체가 재정적·기술적·인적 자원 가운데 얼마만한 부분을 해외사업에 투입하느냐에 따라 다국적기업으로서의 분류 여부가 결정된다.

그러나 상대적 측정과 절대적 측정 간에는 차이가 있다. 즉, 규모가 큰 기업은 적은 자본을 투자하더라도 절대적 해외투자액은 많아지며, 규모가 작은 기업은 많은 자본을 투자하더라도 절대적 해외투자액은 적을 수 있기 때문에 양자간에는 모순이 있다. 이러한 두 가지 측정기준을 비교해보면, 상대적 측정방식이 논리적으로 더 타당하다고 볼 수 있다.

3) 행태적 특성에 의한 기준

행태적 특성에 따라 다국적기업의 개념적 구조를 정의해 보면, 다국적기업이란 국제적 관점에서 사고하고 판단하는 최고경영층을 지닌 기업이다. Drucker는 본사가 특정국에 있더라도 그 조직·운영내용·운영범위 등이 범세계적이며,

또한 본사의 최고경영자의 관심도 국제적 기업인으로 사고하고 행동한다면 그 기업체는 다국적기업으로 볼 수 있다고 하였다.

그러나 다국적기업을 최고경영자의 행태의 따라 개념적 구조를 정의하는 데는 다음과 같은 문제점이 있다. 즉, 최고경영층이 범세계적으로 사고한다는 그 자체만으로 다국적기업 여부를 결정한다는 것은 곤란하며, 현재까지 최고경영층의 행태에 관한 실증적 자료가 별로 없기 때문에 결정기준으로 삼을 수 없고, 최고경영층의 정의와 범세계적 사고범위를 규정하는 것도 모호한 점이 많다.

4) 기타의 기준

이 밖에도 다국적기업의 개념적 구조를 설명할 수 있는 기준으로서 경영 전략적 기준, 발전단계별 기준, 구비요건별 기준 등이 제시되고 있다.

- 경영전략적 기준: 경영 전략적 기준이란 다국적기업의 개념을 경영동제의 유무를 통하여 정하는 것이다. 다국적기업은 근본적으로 해외사업과 국내사업을 같은 시각에서 관리하려고 하며 각 시장의 특성을 인정하면서도 기업 활동에 있어서는 세계시장을 일원적으로 파악하여 기업자원을 국가영역에 구애받지 않고 배분하고 경영의 효율화를 세계적 차원에서 추구하는 기업이다.

- 발전 단계별 기준: 기업발전의 단계를 4단계로 구분하여 기업의 확대 및 발전과정에서 다국적기업의 개념이 생성된다고 보는 것이다. 기업발전 단계는 ① 국내시장 지향적 단계, ② 해외라이선싱과 노하우의 해외이전 단계, ③ 조립·제조를 위한 해외단독 및 합작투자 수행의 단계, 기존해외 업체의 매수단계 ④ 초국적기업 단계 등으로 기업의 발전단계를 구분하여 다국적기업을 정의한다.

- 구비 요건별 기준: 다국적기업의 행동특석에 나타나는 일정한 요건을 정하고 이에 따라 다국적기업의 개념적 정의를 시도하는 방법이다. 그 구비 요건에는 다음과 같은 것들이 포함된다.

    (1) 2개 국가 이상에서 기업경영

    (2) 라이선싱, 관리계약, 해외생산 등 다양한 국제 경영전략 활동

 ## 2 다국적기업의 특징

다국적기업은 국경 내에 뿌리를 내리고 있는 국내기업이나 단순한 해외 상품 판매만을 하는 수출기업과는 많은 차이점을 가지는데, 일반적으로 기업의 규모, 기술력의 수준 등 측면에서 다음과 같은 특징을 지닌다.

❶ 거대한 기업규모

다국적기업의 가장 큰 특징은 거대한 기업규모이다. 다국적기업의 기업규모가 얼마나 큰가는 비슷한 수준에 있는 국가의 경제규모와 비교해 보면 알 수가 있다.

GM의 경제력은 선진국이라 일컬어지는 핀란드의 국민총생산 1,373억 달러에 조금 못 미치고, 뉴질랜드의 1,115억 달러를 웃도는 수준이었다. 3위의 포드의 경제력은 아시아 태국의 국민총생산 793억 달러보다 훨씬 높았다. 아시아의 신흥공업국이자 세계금융센터로 한창 번영을 구가하는 싱가포르의 국민총생산 311억 달라도 스위스의 일개 네슬레사의 경제력에도 못 미치는 수준이었다. 이를 통해서도 세계 다국적기업의 규모를 짐작할 수 있으며, 세계적 다국적기업의 경우 연간 매출액이 소국의 GNP보다 크다는 것을 알 수 있다.

❷ 기술력의 보유

기술력은 현지기업에 대한 다국적기업의 중요한 독점우위 원천이 된다. 기술력에 바탕을 둔 이 독점적 우위는 다국적기업이 현지국에 진출할 때 현지 소비자의 기호, 현지제도, 환위험, 정치적 위험부담 등에 기인하는 소위 '외국비용'의 불리함을 극복해 주는 중요한 역할을 한다. 또한 이 기술은 해외직접투자와 함께 현지 국으로 이전 환산되어 감으로써 기술이 낙후된 제3세계 현지국의 기술력 향상과 산업화에도 기여한다.

다국적기업의 기술개발활동은 그들이 지출하는 R&D투자규모에 의해 파악될 수 있다.

❸ 범세계적 생산 및 판매망 구축

범세계적으로 기업을 운영하고 있는 다국적기업은 경쟁력 강화를 위하여 원료, 기술, 세금, 생산비 등이 유리한 입지를 선정하여 단독투자나 합작투자의 방법으로 진출하고 있다. UN이 1992년 발표한 자료에 의하면 당시 39,000여개의 다국적기업이 전 세계에 73,400개의 자회사를 설립하여 국제적인 생산체제를 구축하고 있는 것으로 나타났다.

스위스의 네슬레는 전 세계 100여개 국가에 300개가 넘는 자회사를 가지고 있으며 전체 매출의 98%를 해외에서 올린다고 한다. 이처럼 세계 여러 국가에 방대한 생산 거점체제를 구축하고 있는 다국적기업은 현지기업과 달리 범세계적 가치사슬을 가지고 있다.

❹ 계층화

전 세계를 상대로 경영활동을 하는 다국적기업은 세계의 여러 지역을 모회사, 자회사, 단순생산거점 등으로 계층화시킨 조직을 가지고 있다. 기업 내부의 계층화와 마찬가지로 기업간에도 모회사와 자회사 사이에 계층이 존재하게 된다.

이 경우 모회사와 자회사는 역할분담을 통해 계층화하게 되며 자회사는 그 밑에 단순생산거점과의 역할분담을 통해 계층화하게 된다. 모회사의 경우 기업의 목표달성을 위한 전략을 기획·수립하는 의사결정을 하게 되며, 자회사의 경우 모회사의 전략에 의해 부여된 임무를 달성하기 위하여 단순생산거점을 통제하는 의사결정을 하고 있으며 이와 함께 현지국 시장의 정보를 모회사에 전달하는 중요한 정보매개체의 역할도 동시에 수행하고 있다.

자회사의 규모가 클 경우는 자체적인 전략적 의사결정을 하는 경우도 있다. 단순생산거점은 생산라인이나 노사관계 등의 일상적 의사결정을 하고 있다. 기업의 계층에 따라 그 입지는 달라져야 하는 것이 다국적기업의 필요충분조건이라 할 수 있다. 거대한 다국적기업의 본사가 후진국이나 개도국에 위치하고 있는 예는 찾아보기 힘들며 단순생산거점이 선진국시장에 위치하고 있는 예 또한 찾아보기 힘들다.

❺ 집권화

집권화란 기업의 주요 의사결정과 이에 바탕을 둔 기업의 전략이 계층 조직의 상층부에서 이루어지는 것을 말한다. 기업의 주요 의사결정과 전략은 범세계적 차원에서 이루어지며 전 세계의 자회사는 이러한 의사결정과 전략을 바탕으로 현지국에서 활동하게 된다. 근래에 들어서 각국의 환경변화가 심해지고 기업의 관점에서는 지역적인 세분화의 필요성이 대두됨에 따라 지역본부를 두고 웬만한 의사결정은 지역본부에 위임하는 체제도 등장하고 있다. 집권화의 유형은 의사결정의 집권화와 R&D의 집권화로 구분된다.

의사결정의 집권화는 모기업이 세계를 대상으로 기업의 경영활동에 대한 방향을 정하고 있다. 이들은 광범위한 자료의 축적·분석과 범세계적 안목을 가진 효율적인 경영전략의 수립 등을 담당하고 있다. 기업간의 경쟁에서 우위를 점하는 첩경은 R&D를 통한 기술개발을 누가 먼저 해서 상품화하느냐에 달려있다. 따라서 다국적기업들은 엄청난 자본은 R&D개발에 투자하고 있으며 개발된 기술을 타국에 이전하지 않고 독점적으로 보유함으로써 세계시장에서 독점이윤을 획득하려고 하고 있다.

이러한 다국적기업의 R&D에 대한 투자와 개발은 현지국에서 이루어지는 것이 아니라 본사국의 모기업 내에서 이루어지고 있으며 여기서 개발된 기술을 배타적으로 활용함으로써 다른 다국적기업과의 경쟁에서 우위를 유지하려고 한다.

58

Section

다국적기업의 세계화 전략

1960년 미국에서 처음 등장한 이후로 사용되고 있다. 그 이전에는 세계기업 World enterprise, 국제international, 지구global, 초국적transnational기업이라는 용어들이 사용되었다.

다국적기업을 직역하면 "여러 개의 국적을 갖는 기업"이다. 이는 여러 국가들에 자회사를 현지법인을 설립하고, 법적으로 여러 국적을 가지고 있는 것이다. 따라서 현재 다국적기업의 본사는 여러 국적의 사람들이 소유하고 있음에도 불구하고 기업활동의 의사결정에 영향을 줄 수 있는 힘을 가지고 있는 지배적 주주의 국적에 따라 기업의 국적이 결정되어지곤 한다.

1 다국적기업의 진화 단계

다국적기업은 국내지향형, 현지지향형, 지역지향형, 세계지향형의 기업으로 구분되고 이에 따라 진화하는데 각 단계에 대해서 알아보자.

1) 국내지향형

본국 지향적 성격을 가진 기업으로서 해외 자회사를 본국에서와 동일한 방식으로 운영한다. 뿐만 아니라 국제 경영에 관한 중요한 의사결정은 모두 본사의 최고경영자에 의해서 진행된다.

2) 현지지향형

진출한 현지에 잘 적응하기 위해 해외지사의 경영을 현지에 맡기는 경영 형태이다. 따라서 지사의 주요 조직은 거의 현지의 인적자원으로 충당하고 일상적 업무에 의한 의사 결정이 대부분 지사에 위임되어진다. 따라서 분권화의 진보된 경영이라고 할 수 있으나, 재무, 연구개발 등의 결정권은 본사가 가지므로 본사의 집권화가 강한 경영 방침이다.

3) 지역지향형

지역시장 수요를 중요시하므로 지역사업본부의 역할을 중요시한다. 지역사업본부가 대다수의 의사결정 권한을 본사에서 위임받는다. 그렇기 때문에 인적자원, 교육, 마케팅, 생산입지 선정 기능 등의 기능들을 지역사업본부가 행한다.

4) 세계지향형

진정한 글로벌 경영을 추구하는 경영자세로서 본사와 지사를 유기적으로 결합하여 글로벌적 관점에서 사업활동을 수행하는 형태이다. 즉, 내셔널리즘의 지역을 탈피하고, 중요한 의사 결정은 본사와 지사의 협의에 의해 결정한다. 하지만 이 이론의 문제점으로서 경영자의 주관에 의해 다국적기업의 진화단계를 설명하기 때문에 객관성 결여가 지적된다.

 ## 2 세계화 개념

세계화를 기업활동 영역과 제품의 무국적화로 정의하여 기업이 세계 전역의 고객을 만족시키는 것을 목표로 하여 기술 자원 등 경영에 필요한 모든 요소들을 세계시장 전역에서 조달하여 제품을 생산 공급하는 것을 말한다.

세계화란 경영활동과 조직의 현대화를 의미하는 것으로 미국이나 일본의 다국적기업들만 아니라 한국 기업들도 해외지사나 현지법인의 인적구성 면에서 본사파견 직원수를 줄이고 현지 채용을 늘리고 있으며 현지 법인의 CEO를 현지인으로 임명하는 사례들도 생기고 있다.

또한 조직문화와 인력개발 차원에서의 범세계화라는 것으로 한 조직이 국제경쟁에서 살아남는데 필요한 경쟁력을 배양하는데 경영자나 조직구성원들의 자질과 자세가 중요한 관건이며, 기업구성원의 능력 제고와 의식의 변화를 중요시한다.

3 세계화의 동기

기업의 세계화 동기는 기업의 업종과 목적에 따라 상이하다고 볼 수 있다.

❶ 시장의 불완전과 위험을 감안한 투자 수익률이 국내보다 해외가 더 높은 경우

❷ 현지국 기업이 가지지 못한 독점력을 뒷받침하는 경쟁 우위를 갖출 때

❸ 국내산업의 동종 확장이 경쟁자나 독점금지법에 의해 차단되는 것을 회피코자 할 때

❹ 기술우위의 해외에서 혁신 신제품을 직접 생산하여 경쟁우위의 잠식을 막고자 할 때

❺ 기업의 위험분산 욕구의 구성

❻ 주주의 이익극대화 이외의 비경제적 동기, 우연한 자극이나 새로운 기회, 경쟁 위협, 매출원가의 증가, 시장점유율 확대, 경영자의 태도

❼ 불완전한 국제경쟁에서 노동, 자본, 노하우들을 국제간에 효율적으로 이동하여 범세계적인 최적 자원배분을 모색할 때

4 세계화 과정 구분

❶ **수출단계:** 해외시장에서의 경쟁력을 유지할 수 있는 생산요소가 국내에 있을 때 나타나는 수출단계

❷ **현지국 또는 지역지향 단계:** 세계시장 수요의 상대적 감퇴와 선진 제국의 보호주의 무역장벽에 대응하여 판매는 물론 생산거점까지 해외에 이전하는 국제단계

❸ **세계지향 단계:** 전세계 시장의 체계가 공고히 확립되고 관세 장벽 등을 무너뜨리고 세계적 수송망 발달로 운송비의 비중이 낮아질 때

이 단계들은 통합화와 현지화라는 방향으로 진행되는데, 통합화는 현지화의 바탕 위에서 세계에 존재하는 생산요소를 전 세계적 관점에서 최적으로 조달, 활용하려는 조직적이고 네트워크화된 전략으로 현지화가 어느 정도 진척되었을 때 비로소 통합화의 움직임이 나타나는 것이 일반적이지만, 양자의 관계는 거의 동시에 추구되어야 할 과제로 인식된다.

기업의 다국적화가 지금까지는 기업 국제화의 중심과제였으나, 최근에는 EU, NAFTA 등 전 세계적으로 지역주의가 확산됨에 따라 일본이나 구미제국의 기업들은 다 지역화를 새로운 과제로 인식하고 있다. 이에 따라 기업체계화의 최종 목표도 과거의 다국적기업에서 다 지역기업으로 바뀌는 양상을 보이고 있다.

다국적기업에서는 세계를 하나로 보며 세계적인 연대조직망을 갖고 생산비용이 가장 낮은 곳에서 생산하여 가장 유리한 지역에 제품을 판매하는 글로벌 로지스틱스가 이루어지도록 본사가 조정하고 통제한다.

그러나 다지역 기업은 세계를 지역들의 집합으로 보고 각 지역 내에 현지화를 행하여 제품개발, 생산, 판매를 개별지역 내에서 완결하고 관리에 있어서도 지역 기업활동이 세계적으로 확대된다는 것은 여러 가지 의미를 내포하고 있다.

❶ 기업활동의 지리적 범위가 한 국가에서 세계 여러 나라로 확장된다.

❷ 세계에서 여러 가지 사업을 동시에 수행할 수 있을 정도로 사업범위가 확대되는 다각화의 의미

❸ 기업이 세계 어느 곳이든지 가장 효율적인 국가에서 경영활동을 수행할 수 있도록 하는 기능범위가 확대

❹ 기업이 새로운 국가, 사업 및 기능 활동에 참여하는 방식의 다양화

59 다국적기업의 현지화 전략

 현지화 개념

기업의 현지화란 어떤 제품이나 서비스를 특정한 언어나, 문화 그리고 현지의 정서에 맞추는 과정을 말한다.

❶ **사람의 현지화:** 본사파견 관리자 및 기술자의 수를 줄이는 대신 현지출신 관리자를 육성하여 등용하는 것.

❷ **부품/원재료의 현지화:** 소재나 부품의 현지조달 비율을 향상시키는 등 현지 생산 공정의 확대 의미.

 다국적기업의 현지화 전략

1) 핵심역량의 해외이전

우선 핵심역량의 의미에 대해서 명확히 해야 할 것 같다. 핵심역량은 특정한 기업이 보유하고 있는 우월적인 내부 역량으로서 경쟁사와 차별화 될 뿐만 아니라 사업성공의 핵심으로 작용하는 힘이다.

차별적 핵심역량은 경쟁자와는 차별적으로 보유하고 있는 독특한 자원과 능력을 의미하며, 이것이 경쟁우위에 핵심적 역할을 담당할 때 핵심역량이 된다. 이러한 핵심역량을 잘 파악하여 그것이 전 세계적인 경쟁자에 비해서 경쟁 우위를 창출할 수 있는가를 검토해야 한다. 기업들이 글로벌 전략을 추구해서 해외로 진출하는 것은 핵심역량을 해외시장에서 활용하는 것이기 때문이다.

또한 자신이 결여하고 있는 경영자원을 잘 파악하고 있다면 해외진출을 통해 보완할 수도 있다. 이와 같이 핵심역량에 입각한 글로벌 전략은 기업으로 하여금 자신이 갖고 있는 핵심역량을 냉철하게 검토해 볼 수 있는 기회를 제공해 준다.

2) 가치사슬의 세계적인 배치

가치사슬: Mckinsey가 개발한 business system을 Porter가 1985년에 발전시킨 틀. 가치사슬은 기업의 전반적인 경영활동을 주활동부분과 보조활동부분으로 나누어서 기업의 구매활동에서부터 생산, 물류, 판매, 재고관리, 애프터서비스 단계에 이르기까지 각각의 부문에서 비용이 얼마나 들고 소비자들에게 얼마나 부가가치를 창출할 수 있는가를 정교하게 분석할 수 있게 해준다.

이에 따라 기업의 생산 활동을 나눠보면 각각의 부문에서 기업의 경쟁우위를 결정하는 요인이 서로 다름을 알 수 있다. 각각의 가치사슬활동들을 세계 각국의 어느 곳에 배치를 할 때 가장 효율적으로 생산할 수 있을 것인가를 분석할 수 있게 해준다. 가장 중요한 판단기준을 제공하는 것은 핵심역량적인 관점이다. 즉, 다국적기업 자신이 핵심역량을 보유하고 있는 활동부분만 본국에 남겨두고 기타 활동부분은 세계 각국 중 그 활동부분을 가장 잘 수행할 수 있는 국가에 효과적으로 배치함으로써 최대한의 효율성을 가질 수 있다.

3) 진입시장의 선택

(1) 글로벌 전략을 추구하는 기업들의 고려사항

일부국가에 집중적인 전략보다는 시장의 중요도에 따라 전세계적으로 골고루 퍼져서 매출액의 균형을 이루는 것이 좋다. 이렇게 균형 있게 시장에 참여하게 되면 전세계시장에서 소비될 수 있는 글로벌제품의 개발이 가능하게 되고 또한 전세계적인 마케팅프로그램의 표준화가 가능하다. 한편 부품조달, 생산, 제품개발, 국제 물류 등 국제생산네트워크의 관리에 있어서도 지리적 시장의 균형은 필요하다. 이러한 고려 하에 해외시장을 진출할 때 두 가지 요소를 생각해야 한다.

❶ **현지시장의 전략적인 중요성 평가:** 기업이 추구하는 글로벌 전략의 성패에 중요한 영향을 미치는 시장을 의미하며 다음과 같은 면에서 평가될 수 있다.
- 시장의 규모가 크고 이익 창출 가능성이 높은가?
- 고객과 가까이에서 서비스를 제공할 수 있는가?
- 경쟁기업의 내수시장은 가장 중요한 전략적 시장이다.
- 시장 내에 발생하는 기술혁신의 빈도.

❷ **현지시장에서의 객관적인 경쟁우위:** 개별시장의 전략적 중요성을 평가하고 이에 입각한 각 시장의 포트폴리오 관리 필요.

이와 같이 각 해당 국가의 중요성과 현지에서의 경쟁우위 여부에 따라 글로벌 기업들은 각 지역별 시장에 적절한 경영자원을 배분해야 한다.

(2) 전략적으로 중요성을 갖고 있는 시장의 평가

❶ 전략적 시장이란 시장규모가 크고 그 시장에서 이익을 얻을 수 있는 가능성이 높은 시장이다. 주요 시장에서 성공하면 그만큼 규모의 경제를 활용할 가능성이 높아지고 또한 신규시장진출을 위한 재원마련에도 크게 도움이 된다.

❷ 전세계적으로 사업 활동을 하는 고객에게 효과적인 서비스를 제공하기 위해서 고객의 모국과 그 고객이 활동하는 주요 국가에 진출하고 있어야 한다.

❸ 경쟁기업의 내수시장은 가장 중요한 전략적 시장이다. 경쟁기업을 가장 효과적으로 견제할 수 있는 방법은 그 경쟁기업의 가장 중요한 시장을 공략하는 방법이다.

❹ 기술혁신이 많이 일어나는 시장은 전략적 시장의 역할을 한다. 기술혁신의 본거지에 위치하는 것은 뛰어난 기술력을 확보함과 동시에 경쟁기업의 움직임을 포착하는데 크게 도움이 된다.

(3) 글로벌 기업의 현지화 전략을 위한 포트폴리오관리

포트폴리오관리란 Boston Consulting Group이 개발한 전략기법^{BCG Matrix}으로서 개별시장의 전략적 중요성과 경쟁우위의 정도에 따라 크게 4가지 범주로 구분하고 그 글로벌기업의 여러 해외자회사를 배치시켜 본 것이다.

❶ **자금젖소**^{cash cow}: 현지에서의 경쟁력이 높으나 전략적 중요성 또는 성장가능성이 낮은 시장을 의미한다. 이런 시장에서는 기존의 제품을 활용하여 매출액을 증대시키고 수익을 증가하는 것이 최선의 방법이다.

❷ **스타**^{star}: 현지에서 경쟁우위도 낮으며 전략적 중요성이 낮은 시장이다. 이곳에선 계속적인 투자로 경쟁력을 유지하여야 한다.

❸ **개**^{dog}: 경쟁우위도 낮으며 전략적 중요성이 낮은 시장으로 철수를 검토해야 한다.

❹ **문제아**^{problem children}: 전략적 중요성이 높은 시장이나 현지에서의 경쟁우위가 없는 경우로써 적극적으로 투자하여 경쟁우위를 높이는 방법을 고려하여야 한다.

성장-점유율 분석: BCG 매트릭스

4) 진입방법의 선택

(1) 기업의 해외진출방식

일반적인 기업의 해외진출방식은 수출, 계약, 직접투자의 유형이 존재한다.

❶ **수출**: 일회성 거래의 형태, 단기적, 위험이 낮은 가장 단순한 해외시장 진출방식

❷ **계약**: 외국 현지기업과의 계약으로 해외사업을 운영(라이센스·프랜차이즈)

❸ **직접투자**: 가장 통제의 강도가 큰 형태, 자금과 인력을 많이 투입해야 하고 그만큼 위험이 높은 진입유형이다. 기업이 특정해외시장에 그만큼 전력하고 있는 경우에 주로 사용된다.

(2) 해외시장진입방식을 결정하는 2가지 요인

해외시장진입 방식에는 크게 두 가지 요인, 즉 기업내부의 경영자원과 해당진출국의 환경을 고려할 필요가 있다.

❶ **기업내부의 경영자원**: 기업이 갖고 있는 기술, 브랜드 그리고 진출대상국과 관련된 국제화 경험은 진입방법의 선택에 큰 영향을 미친다. 예로 기술력이 강한 기업이나 우수한 브랜드를 보유하고 있는 기업은 합작투자나 라이센스보다 100% 소유 자회사를 선호한다.

❷ **투자국의 투자환경**: 외부환경요소로는 해당 산업의 구조적인 특성과 진출하고자 하는 국가의 정치, 경제, 문화적인 환경이 있다. 진출국가의 정치, 문화, 경제적 환경은 진출기업에 큰 영향을 미친다. 많은 경우 기업이 통제할 수 없는 외생변수로 작용하는 경우가 많다.

(3) 해외시장진출방법의 발전

기업의 국제화 과정은 일반적으로 간접수출, 직접수출, 라이센스, 판매법인, 합작투자, 직접투자의 순으로 그 규모와 몰입이 점진적으로 확대된다. 그러나 기업이 갖고 있는 경영자원, 국제화경험, 산업의 특성, 투자국의 환경에 따라 어느 특정단계에서 머무르거나 단계를 건너뛰기도 한다.

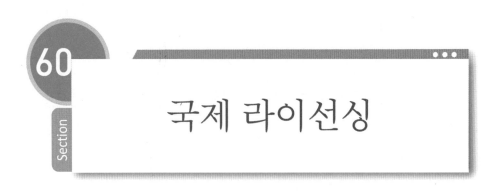

60 Section 국제 라이선싱

 **개 요**

    지식경제시대에서는 유형자산보다 무형자산이 기업가치 결정에 더 많은 영향을 끼치게 되었다. 특히 특허자산의 경우 기업 가치를 증대시킬 수 있는 대표적인 무형자산이기 때문에 적합한 특허운영전략이 화두가 되었다. 라이선싱 licensing은 특허를 공유해 로열티를 상쇄하는 것으로서 여러 가지 장점이 있음에 따라 최근 급격히 성장했다.

 라이선싱의 장점

❶ 기업이 외국시장에 진출하는 것과 관련된 개발비용과 위험을 부담할 필요가 없다.

❷ 라이선싱은 기업이 친숙하지 못하거나 정치적으로 불안정한 외국시장에 실제적인 재정재원을 맡기고 싶지 않을 때 좋다.

❸ 진출 예정국에 수출이나 직접 투자에 대한 무역 장벽이 존재할 경우 라이선싱은 유일한 진출 방법이 된다.

④ 수송비가 비싸거나 국가간에 상품을 이동하는데 많은 비용이 소요되는 경우, 라이선싱은 효율적인 국제사업 운영방법이 된다.

⑤ 기술과 서비스와 같이 이전 방법이 복잡하거나 이전비용이 많이 소요되는 무형자산의 경우 라이선싱은 효과적인 해외사업 운영방법이 될 수 있다.

⑥ 투자국의 정치적 위험이 클 경우, 기업들은 위험부담을 줄이기 위해 직접투자보다 라이선싱을 선호하게 된다.

3 라이선싱의 단점

① 첫째로는 경험 곡선과 지역경제를 자각하는데 요구되는 제조, 마케팅과 전략에 대한 철저한 통제—세계적이고 초국가적 기업들이 흔히 행하고 있는 전략에 대한 통제—를 기업에게 마련해 주지 못한다.

② 둘째로 라이선싱은 경쟁자를 만들 위험이 있다. 라이선싱은 기술이나 무형자원을 일정 기간 공여하는 것이다. 그러나 그러한 기술들은 라이선스 공여 기간이 끝나더라도 계속해서 사용될 수 있다.

③ 세 번째로는 자사의 브랜드나 기술에 대한 보호와 통제가 힘들다는 것을 들 수 있다. 기술적인 노하우는 많은 다국적기업들의 경쟁적 장점의 토대를 구성한다. 대부분의 기업들은 노하우의 사용방법을 통제하고 싶어한다. 그리고 기업은 그것을 라이선싱 해줌으로써 기술에 대한 통제력을 상실할 수 있다.

이러한 단점만 제외하면 라이선싱은 최근 경쟁우위를 유지하기 위한 강력한 경쟁 무기이지만 우리나라 기술연구소는 특허자산을 올바르게 활용하지 못하고 있어 보인다. 우리나라 기술연구소가 간과하고 있는 두 가지 요인을 꼽는다면, 더 많은 수익을 창출할 수 있는 기술이전 기회를 창출하지 못하고 있을 뿐만 아니라, 상품가치가 전혀 없는 불필요한 특허를 유지함으로써 특허비용을 낭비하고 있다는 점이다.

반면에 미국기술연구소는 개발된 기술자산의 이전과 상용화를 R&D 투자비용의 18배를 회수하고 있다. 국내 대다수 기술연구소의 경우 R&D 투자비용의 원금조차도 회수하지 못하고 있는 실정을 감안해 볼 때, 이에 대한 대응전략이 시급한 실정이다. 이와 함께, 특허자산을 많이 보유하고 있는 연구소들은 권리보전을 위한 특허유지비용이 상당히 부담되고 있다.

특허를 소유함으로써 얻을 수 있는 또 다른 장점으로는 기업간 동반자^{Parter-ship} 관계를 구축하여 라이선싱 기회를 창출하는데 있다.

특허기술의 해당되는 산업성장률이 GDP 성장률의 2배이상 되면서 사업화 계획이 있는 특허의 경우 "유지전략"을 쓰지만 장차 활용 계획이 없는 특허의 경우 "라이선스" 전략을 추진한다. 그리고 GDP 성장률보다 2배 이하의 산업 매력도를 가진 특허의 경우 모두 폐기한다.

또한 선진기업은 경영전략 수정과 시장 환경이 변화, 그리고 M&A를 통해 새로운 특허기술을 획득하였을 때 사업추진 계획과 무관한 불필요한 특허를 소유하게 된다. 이때 기업은 이러한 특허를 함부로 폐기하지 말고 IP 실사맵을 작성하여 라이선싱이 가능한 특허를 추출하여 수익을 창출의 원천으로 삼고 있다. 아울러 선진기업은 특허를 침해할 가능성 있는 기업과도 윈-윈^{Win-Win} 협력관계를 형성한다.

기술연구소와 전략수립담당 부서가 가진 고민 가운데 하나는 기술 불확실성으로 인한 R&D 계획수립, 특허 침해분석, 그리고 M&A 대상기업 물색시 지원해 줄 수 있는 도구가 없다는 것이다. 연구소는 신제품 개발을 위한 신기술을 개발하려면 유사제품에 대한 검사 노력과 함께 잠재적 특허 침해 가능성을 분석해야 한다.

또한 어떤 기업이 유사한 기술을 사용하고 있다면 침해 가능성 검토도 필수적이다. 하지만 국내에는 이와 같은 특허분석을 지원할 솔루션이 미약한 실정이다. 최근 미국에서는 오리진 시스템사에 의해 Aureka 시스템이 개발되었다. Aureka 시스템은 미국·유럽·일본의 특허 정보를 DB화하여 제품개발전략 수립, 라이선스 기회 분석, R&D 생산성 향상, M&A 기회창출을 위해 경영자의 의사결정을 지원하는 솔루션이다.

국제프랜차이징

 1 국제프랜차이징의 개념과 의의

프랜차이즈의 해외진출 혹은 국제프랜차이징^{international franchising}은 "진입자(가맹본부)가 개발하고 소유한 사업패키지(혹은 포맷)을 계약에 의해 현지국 주체에게 제공하는 관계를 포함한 해외시장 진입양식"으로 정의된다.

여기서 현지국이 주체란 국내 가맹정, 현지국 가맹점, 프랜차이즈 총판, 합작투자에 의한 현지기업 등이 모두 포함된다.

프랜차이즈의 해외진출이 가지는 의의는 크게 (1) 개별 기업차원에서의 의의와 (2) 국가차원에서의 의의로 나누어 볼 수 있다. 개별 기업차원에서의 프랜차이즈 해외진출의 의의는 기업이 활용가능한 다양한 성장전략의 하나라는 데서 찾을 수 있다.

우선, 개별 기업차원에서 프랜차이즈의 해외진출은 기업이 자신의 성장에 필요한 자원과 정보를 해외시장에서 획득하는 수단이 된다. 이러한 점에서 프랜차이징은 수출, 라이선싱, 직접투자와 같은 해외진출 전략대안의 하나로 볼 수 있다.

국제 프랜차이징은 흔히 기술공여^{licensing}의 한 형태로 여겨져 왔다. 프랜자이징은 기업(가맹본부)가 독립적인 기업 혹은 개인(가맹점)에게 자신의 사업 시스템과 여타 재산권을 기술공여하는 형태로 정의되기도 한다. 여기서 기술공여란 "로열티나 여타 형태의 수입을 대가로 국내기업^{licensor}이 자신의 무형자산(특허권, 거래비밀, 노하우, 등록상표, 상호)을 해외기업이^{licensee} 활용할수 있게끔 하는 다양한 계약 제도"로 정의된다. 그러나 라이선싱과 달리 프랜차이징은 무형자산 이외에도 유형자산도 공급한다. 가맹본부는 가맹점의 제품과 서비스의 생산과정에 필요한 투입물을 제공한다.

또한 미국의 국제가맹본부에 대한 Arthur Andersen[1996]의 연구에 의하면 국제프랜차이징에 가맹본부가 투자하는 금액이 평균 680,000달러에 이르는 것으로 나타나고 있다. 따라서 전통적으로 프랜차이징을 비자본참여non-equity 혹은 간접적인 진입양식으로 가정함으로써 프랜차이징을 라이선싱으로 보고 있는 기존의 접근방법은 잘못된 것이라 할 수 있다. 국제프랜차이징의 100% 소유의 방식을 취할수록 이는 라이선싱보다는 해외 직접투자의 성격이 강해진다.

한편 Ackerman et al[1994]은 국제프랜차이징과 수출exporting이 모두 최소한의 투자와 제한된 위험을 감수하며 세계시장에 진입하는 수단이라는 점에서 국제프랜차이징과 수출을 대동소이한 개념으로 보고 있다. 그러나 해외시장으로의 진입은 가맹본부에게 일정한 수준의 투자를 요구한다. 더구나 수출과 달리 국제프랜차이징은 장비를 점검하고, 현지에서의 원자재공급을 확보하고, 등록상표와 거래비밀을 보호해야한다는 점에서 수출과 크게 다르다. 따라서 국제프랜차이징을 수출과 같은 개념으로 보는 것도 잘못된 것이라 할 수 있다.

그렇다고 국제프랜차이징이 해외직접투자foreign direct investment와 같은 개념은 아니다. 순수한 형태의 프랜차이징은 가맹본부에 의한 지분투자를 포함하지 않는다. 따라서 프랜차이징은 직접투자와 구분된다. 국제프랜차이징은 진입양식에 따라요구되는 투자의 규모가 다르다. Aydin and Kacker[1990]은 몇가지 관점에 의해 국제프랜차이징을 여타 형태의 국제 경영과 구분하고 있다. 이들 관점에서는 (1) 기업특성, (2) 원천국가source country, (3) 수령국가recipient country가 포함된다.

우선 기업특성에서 볼 때, 가맹사업이 적절히 운영되려면 프랜차이징의 표준화 특성으로 인해 가맹본부에 의한 고도의 협력과 통제가 필요하다. 그러나 이러한 협력과 통제는 국제프랜차이징과 같이 문화가 다른 배경에서 는 실천하기가 쉽지 않다. 또한 국제프랜자이징은 대부분의 원자재가 현지에서 조달되므로 환율에 의한 영향을 덜 받는다. 가맹점주가 점포를 소유하므로 실패위험에 의한 영향도 덜 받는다.

　원천국가의 관점에서 볼 때, 해외직접투자와 달리 국제프랜차이징은 대다수가 수출에 적합하지 않은 서비스를 판매하는 것이기 때문에 본국의 고용 감소와 상관이 없다. 마지막으로 현지국의 관점에서 볼 때, 프랜자이징은 직접투자와 달리 국제수지에 영향을 미치지 않는다. 이는 국제프랜차이징에서는 수입이 거의 없고, 자본유출도 적으며, 가맹점이 소유주이기 때문에 이익송금도 미미하기 때문이다.

　결국, 개별기업차원에서 국제프랜차이징은 수출이나 기술공여, 직접투자와 구분되는 독특한 특성을 지니고 있기 때문에 별도의 전략대안으로 다루어져야 한다.

　국제프랜차이징에서는 소유주가 다르더라도 사업특성이 변하지 않고, 사업이 개시된 이후에도 소유주를 쉽게 바꿀 수 있다는 특징이 있다. 국제프랜차이징은 가맹본부가 해외사업을 자신의 완전소유로 가기 위해 거치는 하나의 과도기적인 제도가 아니다. 모든 기업, 특히 서비스기업에게 프랜차이징은 해외진출을 위한 중요한 장기전략대안의 하나로 다루어져야 한다.

 ## 2 국제프랜차이징의 기회

　자난 30년간 프랜차이징은 국제적으로 확대되어 있다. IFA의 서베이에 의하면 미국의 프랜차이즈 본부 중 해외점포를 갖고 있지 않은 프랜차이즈 본부의 절반이 해외로 진출하고자 계획하고 있으며 해외운영 중인 프랜차이즈 시스템의 93%가 해외 운영 규모를 중대시키고자 계획하고 있다. 이와 유사하게 Arthur Andersen[1992]은 미국 프랜차이즈 본부의 1/3이 해외점포를 운영하고 있는 것으로 보고하고 있으며, 아직 해외점포를 가지고있지 않은 본부의 50%가 향후 5년 이내에 해외에 진출할 계획을 가지고 있는 것으로 밝히고 있다.

　프랜차이즈 유형 중에서는 사업형 프랜차이징이 21세기 국제프랜차이징의 주도적 형태로 자리잡을 것으로 전망되고 있다. 미국의 경우 1950년대 이래로 계속 급성장한 사업형 프랜차이징은 1980년대에 이르러 국제적으로 급속하게 확장되었다. 동기간에 미국의 400여 국제프랜차이징 기업은 해외점포의 수를 종전 해외점포 수의 70%이상인 39000개까지 증대시켰다. 이들 점포는 대체로 캐나다, 일본, 유럽, 호주, 영국에 위치하고 있다.

3 국제프랜차이징의 위협

국제적으로 프랜차이징이 보편화되어 있고, 다수의 국가에서 기업의 해외진출이 성공적으로 이루어지고 있지만, 해외로 진출한 기업이 모두 성공하는 것은 아니다.

실제로도 많은 기업이 해외에서 실패하는 경험을 맛보기도 한다. 그 이유를 Konisberg[2001]는 다음과 같이 열거하고 있다.

❶ **잘못된 사유에 의한 의사결정**: 본부가 잘못한 사유를 위해 국제프랜차이징에 진출하는 경우 부정적 결과를 낳기 쉽다.

❷ **잘못된 사업 수단의 선택**: 주어진 상황을 특정한 시기에 가맹본부가 자신의 프랜차이즈 시스템을 해외에 판매하기 위해 선택한 사업수단.(예를 들어 합작투자)이 잘못된 경우 실패한다.

❸ **비용의 과소평가**: 가맹본부의 상당수는 금전적으로 혹은 인적자원의 활용 측면에서 비용이 적게들 것이라고 과소평가하는 성향이 있다.

❹ **적절한 게임플랜(혹은 전략)의 부재**: 가맹본부가 적절한 게임플랜을 세우지 못하거나 해외진출 초기 이를 실행하는데 실패하는 경우를 말한다. 적절한 게임플랜을 세우지 못하는 이유는;

- 가맹본부가 하나의 국가에서 성공하면 다른 국가에서도 성공할 것이라고 잘못된 가정에 의해 확신을 가지고 있거나,
- 시장조사가 잘못되었거나,
- 제품/서비스가 적합하지 않거나,
- 가맹본부가 자신의 시스템을 현지에 적응시킬수 있는 능력이 없거나 적

응을 거부하거나

- 성공적인 완성이 있기까지 시간과 비용이 많이 소요되는 국제화 과정에 대한 최고경영자의 지속적인 몰입부족

⑤ **본국과 현지국간의 차이:** 가맹본부가 본국과 현지국간의 차이를 인식하지 못해도 실패한다. 국가간의 차이는 그 형태와 정도가 국가에 따라 다르다. 언어, 법률, 정치시스템 등은 명백히 다른 것이며, 문화, 기호, 습관, 상업적 용도 등은 덜 명백하다고 할 수 있다. 이들 국가간 차이는 국제프랜차이징에 뛰어든 가맹본부의 성공과 실패에 많은 영향을 미치게 된다.

⑤ **잘못된 파트너의 선택:** 가맹본부가 서브프랜차이저sub-franchior 혹은 프랜차이즈총판master franchisee으로 잘못된 파트너를 선택하는 경우에도 실패한다. 이들은 현지 가맹점의 모집, 관리. 실행에 책임을 지고 있다.

잘못된 파트너가 선정되는 이유는;

- 파트너가 사업통찰력과 지식을 가지고 있지 않거나
- 파트너가 가맹본부로서 어떻게 행동하여야 하는가를 습득할 수 있는 능력이 없거나
- 파트너가 재정자원 혹은 인적자원이 부족하거나
- 파트너가 가맹본부로부터의 지시. 충고, 안내를 수용할 수이 있는 능력이 없거나
- 파트너가 전형적인 가맹점과는 다르다는 점을 인식할 수 있는 가맹본부의 능력이 부족하기 때문이다.

 해외진출의 동기

프랜차이징의 해외진출은 기업성장의 중요한 방안 중 하나이다. 그러나 가맹본부가 왜 해외로 진출하는가 혹은 기업이 왜 프랜차이즈 방식으로 해외에 진출하는 가에 대한 설명은 다양하게 전개되고 있다.

가맹본부를 포함한 여타 기업의 해외진출을 설명하는 초기 이론들은 수출 대 해외직접투자foreign direct investment의 두가지 대안에 대한 선택에 관심을 가지고 있었다. 이들 이론은 기업이 문화적으로 생소한 복잡한 해외시장에서의 경험이 쌓일수록 수출로부터 해외직접투자로 자신의 몰입수준을 높여가는 것으로 보고 있다.

그러나 최근에는 국제 벤처가 성행하면서 자신의 국내 시장에서 특별한 성장 배경을 지니고 있지 않더라도 해외시장에 진출하는 기업이 늘고 있다. 또한 국제적으로 활동하는 기업들이 글로벌화하고자 하는 욕구와 현지국시장에 대한 반응에 있어 다양한 형태를 지니는 것으로 나타나고 있다.

이론적으로도 대리이론에 의해 국제프랜차이징을 설명하는 시도가 다수 발표되고 있으며, 일부학자들은 진화론적 관점evolutionary perspective과 자원기초이론resource-based theory이 가맹본부의 해외진출을 이해하는데 크게 기여하는 것으로 보고 있다.

최근의 국제프랜차이징 연구는 가맹본부가 해외시장에 관심을 가지는 이유, 반대로 해외시장에 관심을 가지지 않은 이유가 무엇인가를 밝히고 있다, 예를 들어 Aydin and Kacker[1990]은 미국 가맹본부의 해외확장에 대한 연구에서 가맹본부가 국내시작에만 머무는 이유를 자국시장이 충분한 성장기회를 제공하고 있는반면 해외시장에 대한 지식이나 능력이 부족하기 때문이라고 밝히고 있다.

많은 연구가 프랜차이징의 국제화성향을 지적하고 있으나, 기업이 해외 확장 전략을 채택하는 이유에 관한 확고한 설명을 제공하고있지 않다. 이제까지의 연구에서 밝혀지고있는 해외진출동기는 크게 1) 외부환경요인 2) 기업요인 3) 경영자요인의 3가지로 분류할 수 있다.

62 Section

국제기업제휴

1 전략적 의의

국제기업제휴Alliance에 관한 연구들은 주로 국제합작투자international joint venture와 라이선싱licensing을 위주로 제휴계약의 법적 형태에 초점을 두어왔다. 그러나 최근의 연구들은 폭넓은 관점을 취하여 국제기업제휴를 기업이 국제사업을 수행하기 위한 하나의 전략적 대안으로 간주하고 있다.

기업들은 지속적인 경쟁우위를 확보하기 위해 기업경영상의 모든 핵심분야에서 절대우위를 차지하려고 노력해왔다. 즉, 기업전략의 중점을 기업 내의 모든 지식과 자원을 총동원하여 형성된 경쟁우위를 통해 타기업에 대해 진입장벽을 구축함으로써 주요 경쟁기업들에 대한 우위를 유지하는데 두어왔다.

그러나 이와 같은 과거의 기업경영전략 논리는 세계화가 촉진되고 있는 현재에 그 의미가 퇴색되고 있다. 경제성장에 의한 정보·통신 및 교통수단의 발달, 교역의 확대에 따라 세계 주요 시장의 특성이 사라지고, 소수 선진기업의 주도 아래 산업의 세계화가 급속히 진전되고 있다. 이러한 추세로 인해 전세계의 소비자들은 국적에 관계없이 점차 가장 저렴한 가격에 가능한 최상의 제품을 원하는 가치위주의 욕구value based needs를 거의 동질적·동시적으로 공유하는 현상이 나타나고 있다.

따라서 아무리 우수한 경쟁우위의 요소를 소유했더라도 과거처럼 단일 기업의 노력만으로는 전세계의 소비자들의 세계화된 가치욕구를 충족시키는데 한계가 있음을 인식하고, 그 전략적인 대안으로서 국제기업제휴를 고려하게 되었다.

또한 현재의 경영환경변화를 초래하는 중요한 요인은 기술의 급속한 발전과 끊임없는 확산이다. 과거에 기술은 기업의 경쟁우위를 지속적으로 유지시키는 기반이 되어왔으나, 전자·통신·화학·자동차 산업을 중심으로 기술혁신이 끊임없이 이루어짐에 따라 개발된 제품수명주기가 빠르게 단축되고 있다.

기술혁신을 통해 독자적으로 개발한 핵심기술이라도 경쟁기업에게 확산을 방지하기가 사실상 불가능하게 되었다. 따라서 기업들은 대규모 투자로 개발한 신제품의 제품수명주기가 끝나기 이전에 투자자금을 신속하게 회수하기 위해서는 해당제품이나 기술의 신속한 시장확산을 추구해야 할 필요성이 증대되었다. 즉, 세계화된 경영환경에서는 기술이 빠른 속도로 확산되기 때문에, 한 기업이 오랫동안 기술을 독점하는 것이 불가능하고 개별 기업으로서는 필요한 모든 기술을 자체적으로 습득할 수 없기 때문에 결국 다른 기업과는 협력이 필요하게 되었다는 것이다.

오늘날 세계시장에서 경쟁적 우위를 유지하기 위해 신제품이나 신기술의 개발에 필요한 연구개발비용과 설비투자비용은 막대하다. 따라서 개별기업의 한정된 기술, 인적자원, 자금력으로서는 이처럼 대규모의 연구개발이나 시설투자가 매우 어렵고, 투자가 이루어졌어도 시장에서 실패할 경우 막대한 고정비용을 분산시킬 수 있는 동반기업이 필요하며, 이 동반기업과 함께 기업의 고정비에 대한 공헌도를 극대화할 수 있는 전략을 모색하게 되었다.

한편 신기술로 생산된 새로운 제품의 신속한 시장 확산을 위해서 기업들은 세계시장으로 진출을 시도해야 하지만 최근 선진국들의 신 보호무역주의에 의한 경제블록화로 인해 시장확산이 어려운 상태이다. 이에 선진국의 무역장벽을 극복하거나 무역규제를 예방하기 위하여 현지국의 주요 기업과 제휴관계를 구축하려는 경향이 확산되고 있다.

국제기업제휴는 기업이 국제적인 사업을 수행하는 다양한 사업형태 중에서 독립된 기업간의 시장거래에서 발생하는 거래비용과 단독투자에서 발생하는 막대한 투자관리비용을 줄일 수 있는 전략이다. 국제기업제휴는 시장거래와 비교하여 거래성립이나 계약과정의 어려움을 경감시켜 주는 보다 효율적인 대안이라 할 수 있다. 시장거래는 계약과정에서 미래에 발생할 수 있는 가능한 상황에 대한 구체적인 명시가 있어야 하지만, 국제기업제휴의 경우 사업이 진행되면서 참가기업들의 협의에 의해 사후 조정이 가능하기 때문이다.

또한 시장거래에서는 거래당사자들이 교환되는 기술이나 제품의 가치를 사전에 정확히 알 수 없으므로 거래가 성립되기 어렵다. 시장거래의 다른 문제점으로는 공헌에 관한 평가가 거래기업들간에 서로 일치하지 않을 가능성이 크다는 점이다. 시장거래와 비교하여 국제기업제휴의 장점은 상대기업이 경쟁자로 등장할 수 있는 기간이 연장되므로 위험을 감소시킬 수 있다. 따라서 국제기업제휴는 미래에 잠재적인 경쟁자의 출현을 예측하기가 곤란한 신기술 개발의 영역에서 추진될 가능성이 높다.

한편 독자적인 개발이나 인수·합병의 거래형태는 해당사업에 필요한 전문성이나 시장점유율을 이미 확보하고 있는 기업과 협력하는 국제기업제휴에 비해 많은 시간과 비용이 필요하다. 개발시기의 단축이라는 국제기업제휴의 이점은 제품수명주기가 더욱 짧아지고 경쟁이 심화되는 국제 경영환경의 변화로 인해 더욱 중요시되고 있다.

또한 비용상으로 국제기업제휴에 참여하는 기업들은 상대기업의 추가적인 공헌에 대한 대가만을 지불하면 되기 때문에 독자적인 개발에 소요되는 비용보다 저렴하다. 국제기업제휴는 필요한 활동을 확보하기 위한 해당기업의 인수 또는 합병에 비해 경영의 독자성을 유지할 수 있다. 현지국의 정부도 현지기업이 외국기업에게 흡수되기보다는 독자적인 경영권을 유지하면서 협력하는 형태를 선호하게 된다. 아울러 국제기업제휴는 상대방의 선정이나 변경이 합병보다 용이하다는 장점도 지니고 있다.

결국 국제기업제휴는 기업의 독자적인 개발 노력에 비해 단기간에 필요한 자원을 확보할 수 있으며, 합병에 비해서는 신축성이 있는 거래 형태라고 할 수 있다. 또한 경쟁기업이나 다른 기업의 보유 자원이 필요하지만 시장거래를 통한 조달이 곤란한 경우에 국제기업제휴를 통해 경영의 독자성을 희생시키지 않으면서도 협력을 성사시킬 수 있다.

2 전략적 목적

　기업들은 다양한 전략적인 목적을 위해 경쟁 상대의 기업들과 국제기업제휴를 모색하게 된다.

　첫째, 국제기업제휴전략은 해외시장의 진입을 촉진시킨다. 예를 들어 모토롤라Motorola는 처음에 일본의 이동전화기 시장에 접근하기가 매우 어려웠다. 그러나 모토롤라의 입장이 전환되는 계기는 1987년 마이크로 프로세서를 생산하기 위해 도시바와 제휴했을 때 이루어졌다. 도시바 측은 제휴거래의 한 조건으로 마케팅에 협조하였으며, 아울러 최고 수준의 마케팅관리자들을 여러 명 파견하였다.

　이 제휴에 의해 모토롤라는 일본시장에 진입할 수 있는 정부 허가의 획득은 물론 이동통신에 필요한 라디오 주파수의 확보에도 도움을 받았다. 이제 모토롤라는 더 이상 일본의 무역장벽에 대해 불평하지 않는다. 아직도 무역장벽의 존재는 인정하지만 도시바와의 국제기업제휴전략으로 이 장벽들을 우회할 수 있는 능력을 갖추게 되었기 때문이다.

　둘째, 국제기업제휴전략을 통해 신제품이나 생산 과정의 개발에 필요한 고정비용을 분담할 수 있다. 이러한 편익이 포드와 마쯔다의 기업제휴를 이룬 요인이 되었다. 앞에서도 모토롤라와 도시바의 제휴도 마이크로 프로세서를 제조하기 위해 소요되는 생산 시설의 막대한 고정비용을 분담하려는 동기에서 비롯되었다. 모토롤라와 도시바는 자본집약적인 마이크로프로세서의 사업 설비를 위해 각각 10억달러를 투자하였다.

　이와 비슷한 사례로서는 767항공기 생산을 위한 보잉Boeing과 일본기업들간의 국제기업제휴를 들 수 있다. 이 경우는 보잉이 항공기의 개발에 소요되는 약 80억 달러의 투자자본을 일본기업들과 분담하려는 동기에서 이루어졌다.

　셋째로 국제기업제휴는 기업이 자체적으로 용이하게 개발할 수 없는 보완적인 기술이나 자산을 결합시켜 준다. 포드의 마케팅 및 디자인, 마쯔다의 엔지니어링 및 제조기술의 상호 결합이 포드-마쯔다 국제기업제휴의 요인이었다. 다른 사례로서 비디오카세트 녹음기를 제조하기 위한 프랑스 톰슨^{Thomson}과 일본의 JVC의 기업제휴가 있다. JVC로서는 세분화된 유럽시장에 대한 성공 전략을 배울 필요가 있었으며, 톰슨은 제품기술과 제조기법을 습득하기 위해 두 기업은 핵심 능력을 교환하고 있다. 두 기업은 서로를 위한 이익기회가 균등하다고 믿고 있다.

넷째로는 제휴기업의 산업기술수준을 달성하는데 이익을 줄 수 있다. 1992년 필립스^{Philips}는 이미 기술개발을 완료한 디지털방식의 콤팩트 카세트^{digital compact cassette: DCC}를 생산·판매하기 위하여 세계적인 경쟁기업인 마쯔시다와 제휴하였다. 필립스의 제휴동기는 새로운 표준기술로 DCC 시스템을 생산할 수 있도록 녹음기술과 가전산업에서 마쯔시다의 도움을 받는데 있었다. 이 문제는 경쟁기업인 소니^{Sony}가 새로운 표준기술에 의해 미니 콤팩트디스크^{mini compact disc}의 개발에 이미 성공하였기 때문에 매우 중요하였다.

3 국제기업제휴의 기회와 비용

1) 전략적 기회

국제기업제휴는 기업 내부의 노력이나 합병 또는 정상적인 시장거래를 통하여 얻을 수 없는 편익을 확보할 때 선택하는 전략이다.

첫째, 제휴기업들에게 필요한 기업 활동을 한 곳에 집중시킴으로써 실현할 수 있는 규모의 경제와 학습효과이다. 예컨대 프랑스의 르노와 이탈리아의 푸조^{Peugeot}가 자동차 부품에 있어서 기업제휴를 통해 생산량을 결합함으로써 개별 기업이 독자적으로 수행할 때보다 생산활동의 규모가 증대하고 학습효과를 제고시킬 수 있다.

둘째, 제휴기업들이 비대칭적으로 보유하고 있는 지식이나 능력을 상호 이용할 수 있다는 점이다. 즉, 한 기업이 소유하지 못한 지식이나 능력을 상대기업과의 협력을 통해 보완할 수 있게 된다.

셋째, 기업제휴의 주요 편익 중의 하나는 위험의 부담이다. 특정한 사업에 소요되는 기초 투자금액이 막대하고 사업의 경쟁력을 갖추기 위해서 세계적인 규모의 사업을 추진해야 할 경우, 기업은 독자적인 전략을 추구하는 것보다 기업제휴에 관심을 갖게 된다. 특히 시장·기술·경쟁자의 반응 등이 불확실하고, 사업의 수익성도 예측하기 어려울수록 위험분담의 편익은 증가하게 된다.

넷째, 경쟁의 조정이 가능하다는 점이다. 기업제휴를 통해 자기 기업에 유리한 방향으로 경쟁조건과 경쟁기업을 조정할 수가 있다. 이익시장을 상호 배분하는 것이 시장 독점을 위한 과당경쟁으로 인해 이익이 소진되는 것보다 유리하다. 이는 협의의 기업간 담합이라고 할 수 있으나 기업제휴를 통해 경쟁을 완화시키고 사업 성공의 가능성을 높일 수 있다.

2) 전략적 비용

국제기업제휴의 비용은 조정, 경쟁적 지위의 상실, 교섭력의 약화라는 3가지의 측면으로 볼 수 있다.

첫째, 제휴기업들은 국제적인 활동을 구성하는 최적방안에 대해 서로 동의하지 않을 수 있으므로, 원활한 국제기업제휴를 위해서는 제휴기업들간에 지속적인 조정 노력이 요구된다. 예를 들어 개발도상국의 합작투자공장에서는 선진국과 현지국의 합작선 간에 생산 절차의 표준화나 기술이전의 정도에 관해 의견의 일치를 이루기가 어렵다. 따라서 국제기업제휴에 있어서 조정비용의 정도는 제휴기업들간에 이해의 유사성과 국제기업제휴가 어느 정도 세계화 또는 현지화 전략에 기초해 이루어졌는가에 달려 있다. 일반적으로 제휴기업들이 모두 세계적인 전략을 추구하여 유사성이 높은 경우에는 제휴기업 중에서 한 기업만이 세계적인 전략을 추구하는 경우보다 조정비용이 감소하므로, 다국적기업들간의 국제기업제휴는 다국적기업과 현지 국내기업과의 국제기업제휴에 비하여 비용이 감소한다.

둘째, 기존의 경쟁적인 우위의 원천을 상실함으로써 발생할 수 있는 비용이다. 제휴기업에게 특정한 기술이나 시장에의 접근을 허용함으로써 새로운 경쟁자를 만들어 내거나 기존의 경쟁자들보다 강력하게 만들 수 있다. 따라서 국제

기업제휴는 산업의 진입장벽을 낮추거나 산업구조를 변화시킬 수 있다. 이러한 경쟁비용은 제휴관계를 관리하기 위한 조정비용의 증가를 초래하게 된다.

셋째, 수익의 분배에 있어서도 추가적인 비용이 발생한다. 국제기업제휴 아래에서 제휴기업들은 교섭력을 상실하는 경우에 대부분의 이익을 상대방 기업에게 빼앗길 가능성을 염려하게 된다. 한 제휴기업이 보다 전문화되고 대규모의 투자를 통해 상대기업이 제휴관계의 기여를 대체하기가 곤란한 경우 상대기업으로서는 기업제휴로 창출된 가치를 공정하게 분배받을 수 없는 상황에 처하게된다. 따라서 교섭력을 유지하면서 제휴 관계를 구축하고 실행하기 위한 추가적인 비용 부담이 발생하게 된다.

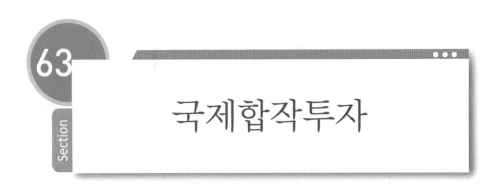

63 Section

국제합작투자

1 정 의

국제합작투자란 해외직접투자의 한 방식으로 이루어지는 투자 활동을 가리키는데, 상이한 국적을 가진 둘 이상의 기업들에 의해 소유된 기업을 운영하는 것을 말한다. 대부분의 다국적 기업들은 단독투자 형태로 진출을 선호하고 있는 반면, 많은 개도국들은 외국기업의 단독투자 형식에 의한 진입을 억제하는 대신 자국기업과의 합작투자를 통한 진입을 장려하고 있다.

선진개발국의 기업이 해외투자를 고려할 때 완전지배 형태에서 현지기업과의 합작투자로 해외 투자전략을 변경하게 되는 이유는, 개발도상국 정부들이 경제발전에 눈을 뜨기 시작하면서 외국기업에 의한 완전소유, 완전통제보다 자국인과의 합작투자가 자국의 이익 및 경제발전에의 기여도가 크다는 것을 인식하고 외국기업에 의한 단독투자 제한을 시작했기 때문이다.

협력관계에 있는 합작선들 중에서 최소한 한 합작선은 해당 현지국에 근거지를 가지고 있어야 한다. 이러한 합작투자에 대한 참여Participation는 자산, 자본에만 한정되는 것이 아니고 특히 상표, 제조공정, 관리적 노하우 등의 무형재화를 통해 이루어진다. 그리고 합작투자는 영구적인 형태로 운영되기 때문에 합작경영의 형태를 취하면서 특정 목적이 이루어지면 해체되는 컨소시엄Consortium과 구별된다.

2 중요성

외국인투자기업이 합작회사의 이익을 위하여 어떤 조치를 취할 때 현지의 합작파트너가 그것을 순수하게 안 받아들일 수도 있다. 합작파트너들간에 의견충동이 일어날 수 있는 분야는 여러 가지이다. 이익배당률을 정하는 문제, 영업할동을 어느 정도까지 대외적으로 공개할 것인가 하는 문제, 이사회구성 문제, 현지 정부기관과의 유대관계를 어느 정도로 할 것인가 하는 문제 등 파트너들간에 의견 차이가 생길 수 있는 분야는 여러 가지이다.

합작투자계약에 있어서 가장 중요한 것은 각 투자자가 참여하게 될 지분을 결정하는 것이다. 소유권을 결정하는 요인으로는 제품의 성질, 기업의 재무 및 관리의 강점, 피투자국의 경제, 사회, 정치적 환경, 최고경영층의 태도 등을 들 수 있다.

단독 투자하여 해외영업에 관한 100%의 지배권을 보유하면 여러 가지 이점이 있음에도 불구하고 최근에 들어와서 합작투자가 늘고 있다. 그 이유는 내부적인 관점에서 보자면 최근에 들어서 해외영업에 현지기업의 참여를 허용할 필요가 증대되었을지도 모른다. 우선 현지기업과 합작하는 기업을 국제진출을 가속화할 수 있을 것이다. 국제진출을 가속화하면 경쟁기업들이 지배적인 세계시장지분을 선점하는 것을 막을 수 있을 뿐만 아니라 판매량 증대를 극대화함으로써 연구개발과 같은 고정비용을 배분할 때에도 유리할 것이다.

외부적으로 보더라도 현지 정부들이 그들의 정치적, 경제적 목적을 달성하기 위하여 합작투자 형태로 해외투자를 유도하는 경우가 있을 수 있다. 현지정부가 해외투자기업에게 가하는 압력에는 여러 가지가 있다. 법으로 규제하는 경우도 있으며, 외국기업이 합작투자의 형태로 투자를 신청하면 보다 수월하게 허가를 내주는 경우도 있으며, 합작기업에게 세금혜택을 부여하는 경우도 있다. 그 밖의 해외투자기업들은 대부분 합작회사를 설립하면 현지기업의 색채가 짙어져 현지정부나 현지사회로부터 비판을 덜 받을 수 있다고 보고 있다.

3 동 기

1) 투자기업의 동기

(1) 신시장개척 및 확보

수요의 발전 상황, 가격 및 경쟁 상황에 관한 정보는 해외시장 개척에 관한 중요한 전제 중의 하나이다. 해외 현지시장에서 확고한 시장 지위를 차지하고 있는 파트너는 이러한 정보와 경험을 투자가에 비하여 정확하고 더 신속하게 획득한다. 따라서 그러한 시장정보에 정통한 파트너와 협력하면 원하는 시장을 보다 손쉽게 개척할 수 있다.

(2) 위험의 분산

합작투자를 한다는 것은 지역적, 정치적 혹은 경제적인 면에서 전 그룹의 기업 경영상의 위험을 분산시키는데 기여한다. 예를 들어서 해외에 있는 판매기업과 합작을 하면 판매위험의 감소를 가져올 수도 있다. 왜냐하면 수요의 등락은 모든 시장에서 동시에 나타나는 현상이 아니기 때문이다.

(3) 비용절감

해외투자를 통한 비용절감은 운송영역, 노동비용 및 세금 면에서 가능하다. 해외로의 생산입지 변경, 예를 들면 합작기업의 설립이나 수출업자에 의한 자회사 설립 등은 운송경로 단축, 운송시간을 줄임으로써 비용을 아낄 수 있게 한다.

또 노동비가 저렴한 나라에서 파트너 기업에 의한 생산이나 조립을 통하여 인건비를 절감할 수 있다. 그리고 자본수입국의 유리한 세제는 직접적인 투자의 매력을 증진시키므로 수입세, 판매세 및 관세 등에서의 혜택을 준다.

(4) 이미지 향상

기존시장이나 신규시장에서의 자회사 창설이나 자본참여의 경우에 있어서 광고 및 홍보의 효과는 무시할 수 없다. 세계적 명성이 있는 제품의 토대를 구축하거나 확고하게 하기 위해서는 경쟁자들 보다 우위성을 유지해야 하며, 세계 도처에서의 존재 확인을 하게 되는 것이다.

(5) 피투자국 정부의 압력

피투자국 정부에서 시행하는 외국인 소유지분에 대한 통제, 현지산 사용요구 등의 법률적 규제에 의해 해외 진출기업이 어쩔 수 없이 합작투자를 이용하게 된다. 이러한 국가들은 자국의 기술수준 향상과 경쟁력 제고를 위해 외국기업과의 합작투자를 필요악으로 간주한다.

2) 피투자기업의 동기

(1) 자본의 확충

합작투자를 받아들이는 기업은 외자를 끌어들임으로써 자본력을 강화할 수 있다. 또 사용국 기업은 외자를 이용함으로써 위험분산이 가능해지고 사업기회 포착이 가능해진다.

(2) 경영기법 습득

공동투자에 의해 투자기업이 기술적 노하우나 제품의 제조 및 관리기법 등을 가지고 들어와 습득이 가능하고 경험을 얻을 수 있으며 상표 및 특허권 이용 가능을 통해 국제마케팅이 도입된다.

(3) 기업 신용 제고

외국의 유망기업과 합작투자 함으로써 국제화 진전이 가능하고 국제적 신용을 제고시킨다. 그 결과 자본 조달력이 강화되고 제품판매 면에서도 좋은 영향을 얻게 된다.

(4) 국내의 혜택 증진

합작투자를 받아들이는 기업은 정부의 각종 정책에 따른 제도적, 행정적 혜택을 받을 수 있다.

4 장·단점

1) 장점

(1) 경제적 장점

❶ 금전적 부담, 시간, 노력 및 인간관계를 새로이 개척함이 없이 수용국의 기업과 합작투자를 함으로써 판매 및 공급망의 획득이 가능하다.

❷ 기술과 경험을 지닌 노동력 등 인적 자원의 획득에 현지 파트너의 힘을 빌린다.

❸ 현지기업인은 현지시장 및 제품에 대한 가치 있는 정보를 제공하고 정부정책 및 노동조합의 활동에 관한 정보원천이 된다.

(2) 정치적 장점

외국기업체에 대한 정부의 차별행위는 세계적으로 보편적인 현상이다. 이러한 상황에서 투자대상국 정부의 기업체에 대한 차별적 장벽을 현지기업과의 합작투자에 의하여 돌파할 수 있다는 것이다.

(3) 사회적 장점

❶ 기업의 사회적 이미지를 개선시키고 종업원의 사기를 높이는 등 공동관계를 향상시킬 수 있다.

❷ 합작투자기업의 현지 채용 종업원의 사기는 단독투자 종업원의 사기
보다 높은 것이 일반적이다.

2) 단 점

❶ 100% 완전소유에 의한 진출의 이익은 독점할 수 있으나 합작투자는
현지투자가와 이익을 공유하여야만 한다.

❷ 주로 선진국보다 개도국 파트너를 대상으로 이루어져 자본조달 능력
이 떨어진다.

❸ 현지 투자기업과의 목표 및 욕구가 상이하여 갈등이 야기된다.

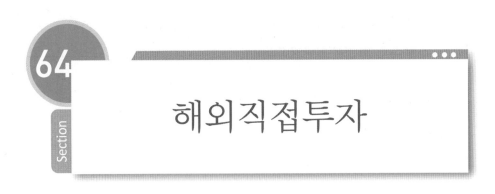

64 Section

해외직접투자

1 개념

해외직접투자Direct investment란 한 나라의 자본, 생산기술, 경영 노하우, 인력관리, 제품기술, 재화, 서비스, 기술 등을 투자하려는 국가에 이전시켜 기업경영에 직접 참가할 것을 목적으로 생산요소를 복합적으로 해외에 이전시키는 하나의 기업 활동을 의미한다.

여기서 우리가 주목해야 할 점은 우리들이 생각하고 있는 단지 자본이나 기술만이 해외직접 투자의 생산요소가 되지 않는다는 것이다. 물론 자본이 대규모이거나 기술이 뛰어나다면 그것이 싼 노동력이나 큰 시장과 결합한다면 그것만으로도 큰 시너지 효과가 날 것이다.

하지만 자본과 기술 모두를 소유하고 있는 기업은 많지 않으며 그것을 소유하려 한다면 엄청난 개발비용과 투자를 가졌을 것이다. 하지만 위에 있는 경영 노하우와 인력관리, 거기에다가 덧붙이자면 물론 경영 노하우에 포함되는 것이겠지만 독자적인 마케팅 등에 우리는 관심을 가져볼 필요가 있는 것이다.

즉, 우리가 가지고 있는 경영 노하우, 인력 관리 등이 빛을 발할 수 있는 피투자국 들이 있을 것이다. 우리는 그것을 조사하고 또한 끊임없는 그런 노하우의 개발 등과 마케팅 방법, 인력관리 등을 발전시켜 나가면서 그것을 적용했을 때의 결과와 상황들을 예측하여 해외현지와 연결하는 해외직접투자를 한다면 엄청난 자본과 기술을 가지고 있지 않아도 큰 성과를 얻을 수 있을 것이다.

2 유형

해외직접 투자의 유형은 기존의 상품을 수입하든 국가가 자국산업을 보호할 목적으로 보호 무역주의 및 관세 장벽을 강화하는 경우 기존의 시장을 빼앗기지 않게 하기 위하여 현지 국가에 합작 또는 단독투자 형태로 진출하는 시장지향형 직접투자와 자원의 안정공급과 가격안정을 하기 위하여 천연자원 보유국에 진출하여 자원을 개발, 채취, 수입 및 수출을 하기 위한 자원조달형 투자 그리고 자국내의 노임 상승과 인력 부족 등으로 인하여 상대적으로 임금이 저렴하고 노동력이 풍부한 개도국에 진출하는 것을 노동력지향형 투자라고 한다. 또한 국내에서 생산하고 있는 제품의 생산라인을 그대로 해외로 이전해서 본국에서 생산한 제품을 생산하기 위하여 해외시장에 진출하는 수평적 투자, 국내제품을 제조하는데 필요한 중간재 생산을 위해 또는 최종 소비자에게 제품을 판매할 목적으로 이루어지는 수직적 투자 등이 있다.

시장지향형 직접 투자는 가장 전형적인 해외 직접 투자이다. 어떠한 기업이 자신들이 독보적인 우위 요소, 즉 기술, 마케팅, 관리기법 등을 가지고 있다면 자신들의 시장 뿐만 아니라 다른 나라의 시장 또한 독점하려고 할 것이다. 예를 들어 어떠한 개발상품이 나온다면 그것을 개발한 기업이나 회사는 자국 내에 그것을 먼저 유통시키고 또한 그 개발상품이 다른 나라에 없다면 그것을 수출할 것이다. 하지만 수출만으로는 수요가 힘들 것이다. 그렇기 때문에 해외에 공장을 직접 설치하고, 그곳에서 생산해 수요를 맞추어 나가는 것이다. 시장지향형 직접투자의 가장 중요한 점은 바로 기술, 마케팅, 관리기법 등의 우위 요소와 또 하나 정보일 것이다.

왜냐하면 우위요소가 많다 하더라도 세계시장은 항상 변수가 도사리고 있는 것이다. 그렇기 때문에 아무리 우위요소가 많다 하더라도 피투자국의 상품 선호, 그들의 경제, 문화 모든 것들을 고려하려 우위요소와 그들의 취향과 구미에 당기는 제품을 생산해나간다면 그것은 단지 몇 년의 이득이 아니라 몇 십년의 이득이 될 수도 있는 것이다. 즉, 정보와 끊임없는 개발을 시장지향형 직접투자는 필요로 하고 있는 것이다.

자원 조달형 직접투자는 자신들이 원하는 자원인지, 품질에 비해 가격은 합당한지 등의 조사와 여러 가지 국제상황 정세 등을 파악해서 안전한 투자를 해야 할 것이다. 노동력지향형 투자는 공장이나 회사를 설립함으로써 드는 비용과 임금 절약으로 인해서 얻는 이익들을 정확하게 분석하고 그 나라의 정책, 정세 등을 정확히 파악해 놓을 필요가 있다. 수평적 투자는 복수공장 운영으로 인한 높은 경제성과 강력한 마케팅 기법을 보유할 수 있다는 점이 장점이다.

3 동기

해외직접투자를 하는 동기는 공급측면과 수요측면으로 분류되어 진다. 공급측면에는 낮은 임금, 저렴한 부동산 등의 낮은 생산비용 시장에 제품을 운송하는 비용인 저렴한 이전비용, 예를 들어 한국에서 아르헨티나로 꾸준히 전달해야 할 물건이 있다면 수출을 하는 방법으로는 매 수출할 때마다 운송료가 많이 들것이다. 하지만 관세 등이 저렴해서 현지에 직접 가서 생산라인을 만드는 것이 유리하다면 해외직접투자를 택하는 것이다. 그리고 자국에는 없지만 꾸준히 필요한 원재료 취득, 자국에서 조립하는 것보다 해외에서 싼 임금 및 생산요소 등을 얻으려고 현지에 투자하는 해외 조립, 다양한 공급원을 가짐으로써 생기는 비교우위를 위한 생산자원의 다양화, 기술 및 기능에 대한 접근 등이 있을 것이다.

수요측면에서는 새로운 시장, 수출제한, 서비스 및 제품 이용에 대한 현지 법인 설립, 좋은 기업시민, 경쟁자 위협에 대한 대응 등이 있다. 즉, 해외직접투자는 한 가지 이유에서가 아니라 여러 가지 복합적인 동기에 의해서 이루어지는 것이다. 대부분이 다 하나의 정의만 보고도 이해를 할 것이지만 깊게 얘기하자면 수출 제한은 예를 들면 자신의 나라의 품목을 보호하기 위하여 무역 장벽을 설치되는 경우가 있다.

서비스 및 제품이용에 대한 현지법인 설립은 우리나라가 공급한 상품을 우리나라가 책임져주겠다는 것이다. 만약에 해외에 공장이나 회사가 설립되어 있지 않다면 그들의 불편이나 에로사항에 아무런 조치도 해줄 수가 없을 것이다. 그러면 당연히 그들은 우리의 물건을 사려하지 않을 것이다. 그렇기 때문에 현지에 설립하면 그들의 요구에 응답할 수도 있고, 애프터서비스를 제공할 수도 있다.

또한 현지에서 얻는 그들이 원하는 것에 대한 정보를 가짐으로써 그것을 생산계획에 반영한다면 우리는 더 많은 생산과 이윤을 얻게 될 것이다. 그리고 그곳에서 현지국 조례를 준수하고 종업원의 고용과 세금납부 등으로 현지국에서 '좋은 기업이다'라고 인정받으면 기업의 이미지 신장이 자연스럽게 제품의 판매 신장으로 이어져 갈 것이기 때문이다.

Chapter

14

서비스 경영

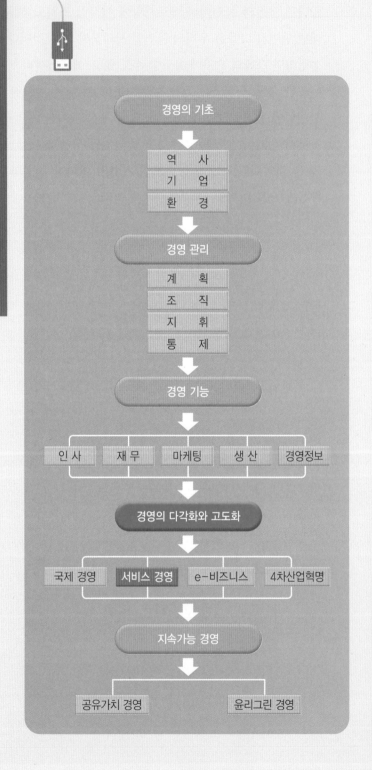

경영의 기초

역 사
기 업
환 경

경영 관리

계 획
조 직
지 휘
통 제

경영 기능

인 사 　 재 무 　 마케팅 　 생 산 　 경영정보

경영의 다각화와 고도화

국제 경영 　 서비스 경영 　 e-비즈니스 　 4차산업혁명

지속가능 경영

공유가치 경영 　 윤리그린 경영

서비스 경영의 개념과 중요성

 1 서비스의 개념

　서비스의 어원은 "Servitium"으로 "봉사"를 의미한다. 대부분의 사람들은 서비스를 무엇이라고 생각하고 있을까? 아마 사람들 대부분 "유형, 무형의 무언가를 공짜로 받는 것 또는 제공하는 것"을 서비스라고 생각하고 있을 것이다. 소비자(서비스의 수혜자) 입장에서 생각하면 서비스에 대한 이러한 개념의 설명은 맞는 말이다. 소비자 입장에서는 공짜로 무엇을 제공받는 것에 서비스의 가장 큰 의미를 두고 있기 때문이다.

　그러나 서비스의 제공자 입장에서는 이러한 개념의 서비스는 맞지 않을 수도 있다. 위와 같은 개념의 서비스는 제공자 입장에서는 가치 없는 비생산 요소일 뿐일 수도 있는 것이다.

　하지만 현 시대에서는 서비스 수혜자의 생각이 어떻든, 제공자의 입장에서는 생각을 달리하여야 한다. 현 시대에서의 서비스는 무한한 가치를 내재하고 있는 상품이다. 그 상품을 돈을 받고 팔건 공짜로 제공하건 그것이 차별화만 된다면, 또한 남이 하지 않을 때 한다면 서비스는 바로 서비스 제공자의 무한 경쟁력이 된다.

▶ 산업사회의 비교

사 회	특 징						
	게 임	지배적인 활동	인간 노동력 사용	사회생활 단위	생활수준의 측정	구 조	기 술
전 기 산 업 사 회	자연	농업 광업	육체적인 힘	확장된 가구	생존	일상적 전통적 권위적	단순 수작업 도구
산 업 사 회	제조	상품생산	기계의존	개인	상품의 양	관료적 계급적	기계
후 기 산 업 사 회	사람	서비스	예술적 창조적 지적	커뮤니티	건강, 교육, 레크리에이션의 양	독립적 국제적	정보

즉, 기업의 신뢰도나 기업의 무형가치를 무한하게 향상시킬 수 있는 것이다. 서비스는 이제 비생산 요소가 아니다. 비록 공짜로 제공될지라도 그것이 되돌려 주는 것은 제공자가 바라던 기대 이상의 가치를 되돌려 주는 무형의 상품이며 기업 내부 역량의 핵심이 되는 것이다.

산업사회에서의 서비스는 제품을 팔기 위한 부수적인 역할로 간주되었지만 오늘날 지식정보사회에서 서비스산업은 제조 산업을 추월하여 '서비스 사회'라는 말이 생겨날 정도로 '서비스 혁명'이 이루어졌다.

위의 표에서 보여지듯이 과거 전기산업사회나 산업사회에 비해 많이 변화한 것을 볼 수 있다. 지금의 사회(후기산업사회)의 지배적인 활동이 서비스로 자리잡은 것은 그만큼 '서비스' 라는 개념 자체가 우리사회의 중요한 요소로 자리잡았다는 말이 된다. 이와 같이 서비스 경제는 90년대 중반이후 전 경제활동에서 중추적인 역할을 담당하게 되었고 일상생활에서도 서비스를 떠나서는 생활을 유지할 수 없게 되었다. 이러한 현상을 '서비스의 경제화 현상'이라고 한다.

 서비스산업의 발전 배경

1) 도시화의 진전

도시화는 생활에 있어서 시간과 공간의 부족을 가져왔다. 그리고 이를 대체할 수 있는 무언가가 필요했고, 이를 계기로 서비스업이 발전하고 새로운 서비스업을 탄생시켰다. 예를 들면 여성의 사회진출이 활발해짐에 따라 가사 대행업, 탁아시설 등이 증대되었고 외식산업의 발전도 가져오게 되었다.

2) 인구 구조의 변화

고학력화, 노령화 등의 인구구조 변화로 실버산업과 건강관련사업이 활기를 띠게 된다.

3) 가처분소득 및 여가시간의 증대

가처분소득이 늘고 주5일제 시행 등으로 여가시간이 대폭 늘어남에 따라 관광, 레저, 오락, 문화 등의 서비스업을 찾고자 하는 욕구가 증대되었다.

4) 사회의 전문화 및 분업화

사회가 점점 복잡해지면서 전문화와 분업화를 위한 신종 서비스업이 등장하기 시작했다. 무인경비업체, 택배업체, 방충업체 등이 그 예이다.

5) 기업경영전략 수단

기업도 자체경영의 한계를 극복하기 위해서 외부기관으로부터 도움을 받는 일이 생겨나기 시작했다. 대표적 예로는 광고업계나 경영컨설팅업체 등을 들 수 있다.

6) 정보화의 진전

정보화는 사회 전반에 영향을 미침으로서 경영에도 변화를 일으킨다. 정보화가 진행되면서 기존업체들은 온라인을 통한 판매 등을 실시함으로서 서비스경영의 중요성을 실감케 하고 있다.

7) 개성과 삶의 질 추구

생활수준이 향상되고 시간적 여유가 생기면서 삶의 질을 따지는 쪽으로 관심이 쏠리고 있다. 이를 수용하기 위해 신종 서비스업이 등장하고 있다.

3 서비스의 특성

서비스에 대해 제대로 알고자 한다면 서비스의 특성이 무엇인지 파악하는 것도 매우 중요하다. 서비스가 기존의 제품과 무엇이 다를까?

서비스는 제조업과는 많은 차이가 있다. 그만큼 독자적이고 앞으로 중요하게 다뤄야 할 부분이다. 제품과 서비스를 표로 만들면 다음과 같다.

제품과 서비스의 차이

요 소	제 품	서 비 스
형체	유형적	무형적
생산과 소비의 분리 여부	분리됨	생산과 소비가 동시에 발생됨
유통과정	유통경로가 있음	소비자가 직접 제공현장에 와야함
상품의 성질	동질성 유지 및 표준화 용이	다양하며 표준화가 어려움
재고저장	가능	불가능
소유권 이전	가능	불가능
고객참여	간접 참여	직접 참여
수요와 공급의 탄력성	수요와 공급이 비탄력적	수요는 탄력적이나 공급은 비탄력적
생산방식	계획, 대량생산이 가능하고 기계의존성이 높음	주문생산이며, 인적의존성이 높음
생산비용	고정비보다 변동비가 높음	변동비보다 인건비 등의 고정비가 높음
판매방식	사전 설명이 가능하고 구체적이며 진열판매 가능	사전 설명이 어렵고 비구체적이며 진열판매 불가능
품질 및 가격평가	객관적	주관적
가격차별화	불가능·동일제품에는 구매시기와 구매자의 구분 없이 동일 적용	가능·구매시기와 구매자에 따라 차별화 가능
연구개발초점	물적품질	인적 서비스

Section **66**

서비스 품질관리

 서비스 품질관리의 의의

1) 품질의 정의

❶ 제품이나 서비스의 사용에서 소비자의 기대에 부응하는 생산, 기술 및 보존, 마케팅에 관한 여러 특성의 전체적인 구성이다.

❷ 소비자의 욕구를 만족시킬 수 있는 제품 또는 서비스의 전체적 특성[ISO]이다.

2) 서비스 품질관리의 정의

서비스 품질이란 서비스 고객의 기대에 부응하는 인적, 물적, 시스템적 서비스의 전체적 특성이며, 이를 표준화하여 제어해 나가는 것이 서비스 품질관리이다.

서비스 품질관리는 서비스에 대한 인식부족과 서비스의 특성으로 인하여 측정 및 관리가 곤란하여 연구가 미진하였으나 서비스 경제가 확산되는 1980년대 이후 본격적으로 연구가 시작되었다.

3) 품질관리의 발전

품질관리는 시대의 변천에 따라 통계적 품질관리, 총체적 품질관리, 총체적 품질경영으로 발전하게 된다.

(1) 통계적 품질관리 SPC: Statistical Process Control

1900년대 중반까지 주류를 이루었는데 제품의 품질을 통계적 기법에 의하여 공정으로부터의 데이터를 계속적으로 수집, 분석해서 그 결과치가 어떤 정해진 범위 안에 있으면 정품이고, 범위를 벗어나면 불량으로 간주하는 것으로 품질관리 요원이 제품 생산 후 표본추출방식으로 관리하는 것이다.

(2) 총체적 품질관리 TQC: Total Quality Control

통계적 품질관리의 제품생산 사후에 관리와는 달리 소비자가 만족할 수 있는 제품 및 서비스를 생산하기 위하여 기업 내의 모든 부서와 조직원들이 수행하는 품질개발, 품질유지, 품질향상에 대한 노력을 통합시키는 효과적인 시스템으로서 품질관리 요원이 지원하고 생산현장 작업자가 1차적 책임을 진다.

(3) 총체적 품질경영 TQM: Total Quality Management

1980년대 이후 시장경제가 생산자 중심에서 고객중심으로 바뀌면서 TQC를 확대시킨 개념으로 최고경영자를 포함한 전 부서의 구성원이 소비자 욕구를 충족시킬 수 있도록 품질의 방침, 계획, 관리, 보증, 개선 등을 전략적인 차원에서 추구하는 활동이다. TQM은 결국 품질의 영역을 확대하고, 품질은 전략 무기화한 것이며, 그 기본 철학은 고객주도의 품질기준, 공업의 모든 구성원들이 고객을 위해 존재, 사전에 불량 예방, 현장에 책임 및 권한부여를 들 수 있다.

2 서비스 품질관리의 특성

❶ 서비스 품질은 유형적인 스타일, 견고성, 색상, 포장 등 유형적 단서가 없다. 단지 지각된 경험으로 평가해야 하는데, 그것이 주관적이어서 측정하기가 곤란하며 정량적으로 계수화하기 어렵다.

② 서비스품질의 평가는 단지 서비스의 산출 결과만으로 이루어지는 것이 아니라 서비스 전달과정에 대한 평가도 연관이 되어 있다.

③ 서비스는 소멸하는 특성이 있으므로 반품과 불량에 대한 기준 및 증거 제시가 어렵다.

④ 고객이 서비스 생산과정에 직접 참여하고 서비스 제공자의 심리적 요소가 다양하게 나타나므로 사전 품질관리가 어렵다. 즉, 서비스의 불량은 사전에 검수될 수 없고 판매 후에 나타난다.

⑤ 서비스 전달자에 대한 관리 감독이 어렵다. 서비스 전달자는 하루에도 셀 수 없이 고객과 접촉하기 때문에 모든 사항을 옆에서 관리 감독하는 것은 불가능하므로 많은 부문을 서비스 전달자에게 일임해야 한다.

3 서비스 품질평가 및 측정

1) 서비스 품질평가 구성요소

❶ **신용성**: 구성요소 중 서비스 품질을 지각하는데 가장 중요한 요소이다. 신뢰성이란 약속한 서비스를 정확히 제공하는 능력인데, 서비스제공 내용, 가격 등, 직·간접적으로 약속한 것을 제대로 이행하는 것이다. 특히 약속을 핵심 서비스로 하는 택배회사에서는 더욱 중요하다.

❷ **반응성**: 고객을 도와주려는 의지와 신속히 서비스를 제공하고자 하는 의지의 표현이다. 고객은 자신의 요구사항, 질문, 불만, 문제의 제기에 신속히 응대해 주기를 원한다. 특히 고객 접점에서 고객화를 위한 서비스에서는 더욱 반응성이 요구된다.

❸ **보장성**: 보장성은 서비스기업과 종업원들이 가지고 있는 노하우와 능력을 통하여 고객이 안심하고 이용할 수 있도록 확신을 심어주기 위한 노력이

다. 특히 은행, 보험, 증권 등의 회사와 법률, 의료, 회계 등의 전문 서비스 직종에서는 보장성이 더욱 요구된다.

❹ **공감성**: 공감성은 서비스기업과 종업원이 고객 개개인에 관심을 가지고 주의를 하여 환대를 보여주는 것이다. 즉, 고객이 서비스 숍과 같은 소규모 서비스업뿐만 아니라 호텔, 백화점, 병원 같은 대규모 서비스 기업을 이용할 때 자신에게 관심을 보여주고, 욕구와 기호를 파악하여 적절하게 응대해 주기를 원한다.

❺ **유형성**: 유형성은 서비스 기업이 가지고 있는 물리적 시설(건물, 인테리어, 비품, 가구), 종업원의 복장, 외모, 태도, 커뮤니케이션을 위한 각종 도구 등이 가시적인 표현이다. 유형성은 신규고객에게는 첫인상을 좌우할 뿐만 아니라 서비스의 수준과 능력을 가늠할 수 있다는 점에서 특히 고급화를 지향하는 서비스업에서는 중요한 요소이다.

2) 서비스 품질의 범위

서비스품질의 측정은 서비스시스템의 종합적인 관점, 즉 서비스의 내용, 과정, 구조, 결과, 영향력 등·5가지로 조망해 볼 수 있다.

❶ **내용**: 표준절차에 의해 서비스가 수행되고 일관성이 있는지에 대한 관점으로 측정할 수 있다.

❷ **과정**: 서비스 과정의 수행 순서가 고객의 입장에서 적절한지에 대한 관점이다. 이러한 것은 서비스 과정에 대한 서비스 전달시스템의 청사진과 체크리스트를 통하여 측정이 가능하다.

❸ **구조**: 물적 시설과 인적 서비스 구조가 고객서비스에 적절한지에 대한 관점이다.

❹ **결과**: 제공된 서비스가 고객이 만족했는지에 대한 관점이다. 고객만족 결과에 대한 측정 방법은 뒤에서 설문지를 통한 'SERVQUAL' 등의 방법과 전문 조사기관을 이용하는 방법이 있다.

⑤ **영향력:** 서비스가 지역 사회나 경제에 미친 영향 등에 대한 측정관점이다.

4 서비스 품질관리의 기법

1) 피시본 차트 분석

서비스 품질관리 기법에 자주 이용되는 기법으로서 미드웨이 항공사가 원인과 결과를 피시본(fishbone: 생선 뼈) 차트로 분석한데서 유래된 기법이다.

이 기법은 서비스 품질에 대하여 문제가 발생하였을 경우 문제의 요인을 주원인과 파생원인으로 세분화하여 근본적인 원인이 나타날 때까지 분석을 계속해야 하는 것이며, 이때 고객접점에서 서비스과정에 참여한 직원들이 브레인스토밍(회의에서 모두가 차례로 아이디어를 내어 그 중에서 최선책을 결정하는 경영기법)하면 좋은 결과를 얻을 수 있다는 것이다.

2) 파레토 분석

19세기 이탈리아 경제학자인 파레토가 국가 부의 80%가 20%의 국민에게 있음을 발견하여 오늘 날 '80대 20의 법칙'으로 명명되어 사용되고 있다. 예를 들면 미드웨이 항공사는 파레토 분석 기법도 사용했는데, 이 법칙을 미드웨이 항공사에 적용하면 80%의 출발지연이 20%의 원인에 있다는 것이다.

3) 격차 분석

이 분석은 러브록이 주장한 것으로 서비스 품질을 높이기 위해서는 서비스 개념의 창출에서 서비스 전달까지 전 과정을 살펴보면서 잘못된 점들을 파악하여 관리하는 품질관리체계가 필요하다는 것이다.

(1) 격차1 : 고객과 경영층

경영층이 고객의 기대와 욕구를 분석하여 경영목표와 서비스 전략을 종업원들에게 제시할 때 고객의 기대와 욕구를 제대로 파악하지 못하면 고객과 경영층에 격차가 발생된다. 즉, 서비스기업이 제공하는 것과 고객이 기대하는 것에는 차이가 있으므로 고객에 대한 전면적인 재조사가 필요하며, 고객계층을 다시 선택해야 된다.

(2) 격차2 : 경영층과 종업원

서비스 경영목표를 당성하기 위해서는 서비스 개념을 디자인하고 바람직한 서비스 전달시스템을 개념화해야 한다. 경영층이 이 개념을 종업원에게 전달할 때 서로의 의사소통이 잘 이루어지지 않으면 경영층과 종업원간의 격차가 발생한다.

이 격차를 극복하기 위해서는 서비스 경영 및 운영전략을 수립할 때 종업원들이 참여해야 하며, 서비스 전략의 결정사항은 종업원들에게 잘 전달되고 교육되어져야 한다.

(3) 격차3 : 종업원과 고객

종업원이 고객에게 직접 서비스할 때 표준화된 서비스 전달시스템에 의하여 수행하지 않으면 이 격차가 발생한다. 이를 극복하기 위해서는 서비스품질의 결정 변수인 유형성(종사원의 용모와 복장), 반응성(환대, 배려), 보장성(안전, 안심), 공감성(환대, 배려)에 대한 구체적인 표준화를 세우고, 이를 실천하기 위한 교육 및 훈련을 실시하고, 'SERVQUAL' 등으로 서비스품질의 평가와 측정을 할 필요가 있다.

(4) 격차4 : 수행된 서비스와 고객의 인지

고객은 수행된 서비스를 경험하게 되는데, 이 때 인지에 의하여 서비스품질을 판단하는 것이 격차4이다. 고객의 인지에 의한 판단은 상대적 판단이 아니라 고객의 주관에 의한 절대적 판단이다. 아무리 표준화에 의한 고품질의 서비스를 제공하더라도 고객의 기준과 만족의 수준이 다를 수 있으므로 고객접점에서 상황에 따라 다양한 고객의 요구에 능동적으로 대처하여 고객화된 서비스를 창출할 수 있도록 현장 종업원에 대한 권한을 강화시켜 주어야 한다.

(5) 격차5: 서비스 전달 시스템 역량과 광고선전

서비스기업의 서비스와 전달시스템 등은 광고와 인적 판매요원의 선전에 의하여 고객에게 정보제공이 된다. 이 때 광고와 선전 내용이 서비스기업이 제공할 수 있는 역량과 다르게 되면 5의 격차가 발생된다. 과장광고나 허위선전은 고객에게 한번은 통할지 모르지만 일단 그 사실을 알게되었거나 피해를 본 고객은 그 서비스기업의 잠재고객으로 있을 때보다 오히려 불만 세력이 되어 장기적으로 큰 손실을 초래한다. 따라서 서비스 가능한 것만 약속하고 판매요원에 대한 교육실시와 서비스 마케팅적 노력이 필요하다.

(6) 격차6: 광고선전과 고객의 기대

서비스기업의 광고선전을 접한 고객은 그 정보에 의하여 기대를 형성한다. 광고선전의 내용과 고객의 기대가 불일치하면 격차6이 발생한다. 광고선전을 통해서 고객의 기대수준을 높인 후, 그 기대수준을 충족시켜 주지 못하면 불만족이 심화되고, 기대수준 이상의 서비스를 하게되면 감동으로 이어지는 것이다.

(7) 격차7: 서비스인지 및 광고선전의 기대와 고객의 최종 평가

고객의 서비스인지 및 광고선전에 의하여 형성된 기대수준에 대비하여 최종적인 고객의 평가가 불만족이 되면 격차7이 발생된다. 이에 대한 극복은 격차1에서 6까지의 종합적인 내용이며, 결국 격차1부터 7까지를 줄이는 것이 서비스 품질관리이다.

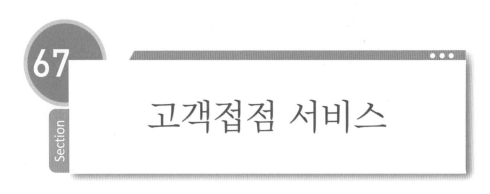

67 Section

고객접점 서비스

1 개요

시장경제의 원리가 생산자 위주에서 소비자 위주로 변함에 따라 서비스는 기업에 있어 가장 중요한 요소가 되었다. 각 기업에서 고객에게 제공하는 것 중에서 서비스 비중이 높아지고 인간의 요구는 상향조정되었으며, 서비스에 대하여 경영층이 중요성을 인식하기 시작하였다. 현대의 고객들은 이제 본원적인 상품구매가 아닌 서비스 구매에 초점을 맞추고 있다.

경쟁의 심화에 따른 서비스의 중요성 증대, 서비스 경제화service economy 등으로 특징지어지는 오늘날 특히 고객접점 마케팅은 매우 중요한 의미를 지닌다. 생산과 소비의 비분리성이라는 서비스 고유의 특징은 생산의 담당자인 종업원과 소비의 주체인 고객의 만남을 유발하며 이 만남을 통해 고객은 기업의 서비스를 경험하게 되고, 그 결과를 토대로 만족 혹은 불만족에 이르게 되기 때문이다.

이는 기업이 아무리 훌륭한 마케팅전략을 수립하였다 하더라도 그것의 성패는 고객과 종업원의 만남을 통해 결정된다는 것이다. 그런 점에 있어 고객 접점 서비스는 현대 기업, 특히 서비스를 제공하는 기업의 경영전략에서 빼놓을 수 없는 중요한 위치를 차지하고 있다.

2 내용

고객접점은 M.O.T.^{Moment of truth}라 불린다. 이것은 스페인의 투우에서 나온 말로서 결정적 순간을 뜻한다. 이는 고객과 접하는 모든 순간을 의미한다. 고객과의 상담뿐만이 아니라 고객으로부터 전화를 받는 순간, 고객을 응대하는 순간, 고객이 원하는 상품을 받아보는 순간, 고객이 대금청구서를 받는 순간 등등 고객과 접촉하는 모든 순간들을 고객접점이라 한다.

전체적으로 고객만족 수준을 개선하고 재구매를 촉발시키기 위해서는 전체 고객가치 패키지에 관한 전반적인 평가가 훌륭해야 하지만, 마케터는 개별고객에게 중요한 각 진실의 순간들에서 최대의 만족을 제공하도록 노력함으로써 전체적으로 고객만족을 개선할 수 있게 된다. 후자의 과업이 바로 M.O.T. 관리이다.

스칸디나비아항공^{SAS: Scandinavian Airlines}의 사장에 취임한 얀 칼슨^{Jan Carlzon}이 1987년「Moments of Truth」란 책을 펴낸 이후, MOT란 단어가 급속히 보급되었다. 스칸디나비아항공에서는 대략 한 해에 천만명의 고객이 각각 5명의 직원들과 접촉했으며, 1회 응대시간은 평균 15초였다. 따라서 고객의 마음 속에 1년에 5천만번 회사의 인상을 새겨 넣는 것이다. 칼슨은 15초 동안의 짧은 순간 순간이 결국 스칸디나비아항공의 전체 이미지, 나아가 사업의 성공을 좌우한다고 강조하였다. 이러한 결정적 순간의 개념을 도입한 칼슨은 스칸디나비아항공을 불과 1년만에 연 800만 달러의 적자로부터 7,100만 달러의 흑자경영으로 전환시켰다.

칼슨은 M.O.T.의 개념을 소개하기 위해 불결한 트레이^(접시 또는 쟁반)를 자주 예로 들었다. 만약 승객들이 자신의 트레이가 지저분하다는 것을 발견하게 된다면, 같은 순간에 그들은 탑승하고 있는 비행기가 불결하다고 느끼게 된다는 것이다. 이처럼 M.O.T.는 서비스 제공자가 고객에게 서비스품질을 보여줄 수 있는 극히 짧은 시간이지만, 자사에 대한 고객의 인상을 좌우하는 극히 중요한 순간인 것이다.

결정적 순간은 고객이 서비스를 제공하는 조직과 어떤 형태로 접촉하든지 간에 발생하며, 이 결정적 순간들이 하나하나 쌓여 서비스 전체의 품질이 결정된다. 따라서 고객을 상대하는 종업원들은 고객을 대하는 짧은 순간에 그들로 하여금 최선의 선택을 하였다는 기분이 들도록 만들어야 한다.

고객과의 접점에서 발생하는 M.O.T.가 특히 중요한 이유 중 하나는 고객이 경험하는 서비스 품질이나 만족도에는 소위 '곱셈의 법칙'이 적용된다는 점이다. 즉, 여러 번의 M.O.T. 중 어느 하나만 나빠도 한 순간에 고객을 잃어버릴 수 있다. 흔히 무시되고 있는 안내원, 경비원, 주차관리원, 전화교환원, 상담접수원 등과 같은 일선 서비스 요원들의 접객태도가 회사의 운명을 좌우할 수 있다. 사실 M.O.T. 하나 하나가 그 자체로서 상품인 것이다.

 ## 3 사 례

호텔에 예약전화를 한다 ▶ 교환원이 프런트에 연결한다 ▶ 예약한다 ▶ 차량으로 호텔에 간다 ▶ 도어맨이 마중나와 짐을 내린다 ▶ 차 키를 도어맨에게 준다 ▶ 프런트에서 체크인 한다 ▶ 벨맨이 방으로 안내한다 ▶ 승강기를 탄다 ▶ 벨맨이 방문을 연다 ▶ 벨맨이 방 안으로 안내한다.

이 중 어느 한 군데에서라도 고객이 만족하지 못하면 그날 받았던 서비스와 나아가 그 호텔 전체의 신뢰도와 만족도를 낮추는 결과를 가져올 수 있다는 것이다.

현재는 고객과의 접촉이 잦은 서비스업에서 M.O.T. 전담부서를 운영, 소비자 불만은 접수, 해결해 주고 각종 이벤트 등을 통해 자사 브랜드와 제품의 이미지 관리업무를 수행하고 있다. 그 한 예로 삼성은 이 부서 신설과 함께 고객 서비스업 경력 7~20년차 직원들을 호텔신라에서 영입, 고객접점 인력에 대한 친절교육을 맡기고 현장은 시공에만 전념, 하자 발생을 최소화할 방침이다.

이렇듯 M.O.T.는 기업경영에 있어 크나큰 역할을 하고 있다. 그렇다면 고객과의 만남에서 만족, 나아가 충성심을 유발하기 위해 경영자로서 종업원에게 요구해야 할 바람직한 행동은 무엇인가? 기업이 속한 산업의 특성, 고객의 특성 등에 따라 다소의 차이는 있겠지만 일반적으로 바람직한 종업원의 행동양식이 존재한다.

- 고객중심적인 customer-centered 태도를 확립시켜야 한다.

  서비스의 중심에 고객이 있다. 종업원의 모든 행동은 고객을 중심으로 설계되어야 한다. 적어도 고객으로 하여금 자신을 중심으로 서비스활동이 수행되고 있다고 지각되게끔 종업원의 태도와 행동을 설계하여야 한다.

- 스스로의 서비스에 자신감을 가질 수 있게 교육하여야 한다.

  서비스를 제공하는 종업원이 스스로의 서비스에 자신감을 갖지 못하면 판매에 부정적이거나 소극적인 태도를 드러내게 되고 고객 만족은 기대할 수 없게 된다.

- 종업원은 다양한 고객을 수용하는 태도를 지녀야 한다.

  사람은 누구나 다소의 편향성을 지닌다. 이런 사람은 좋고 저런 사람을 싫다는 태도를 지닌다. 그러나 고객은 종업원이 선택할 수 있는게 아니다. 서비스 제공 과정에서 만나는 모든 고객을 그리고 그들이 가진 다양성을 즐기려는 긍정적이고 적극적인 자세가 요구된다.

경영자로서는 고객과 기업이 만나는 중요한 곳으로 다양한 고객 접점의 활용으로 다양한 계층의 고객과 만날 수 있는 준비가 되어있어야 하며, 새로운 접촉 채널이 요구하는 기술수준에 대한 투자가 필수적이다. 또한 업무의 효율성을 위해 세분화된 직무로 인해 고객은 양질의 서비스를 받지 못하고, 고객에 대한 서비스가 중요해짐에도 불구하고 업무 위주의 효율을 위하여 고객이 희생되고 있는 현재의 상황을 숙지하여야 한다.

최고의 고객서비스는 고객의 관점에서 이루어져야 하므로 고객서비스의 최우선은 고객과 기업의 접점에 대한 배려라고 할 수 있다. 특히, 고객이 누구하고 대화하여야 하나를 바로 파악할 수 있어야 하며, 고객과 서비스 기업의 종업원과의 대화시에 고객을 기다리게 하거나 고객에게 또 다른 전화를 부탁하여서는 안된다. 이에 따라, 고객서비스에 대한 창구 일원화는 어느 기업에서나 가장 먼저 선행되어야 할 우선순위의 작업일 것이다. 창구 일원화는 어떠한 고객의 욕구에도 대처할 수 있는 접점 담당 종업원들의 권한증대와 능력배양에 의해서 충족되어질 수 있다.

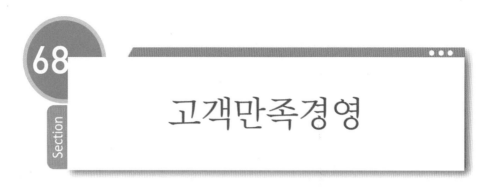

고객만족경영

 고객만족경영의 개념과 필요성

고객만족경영은 고객의 만족뿐만 아니라 일하는 사람의 만족, 제조업의 만족 판매점의 만족을 실현하는 것이다. 상품, 서비스의 끊임없는 개선활동에 의해서 고객이 기뻐하고 그 기쁨을 종업원, 제조업, 판매점 모두가 자신의 기쁨으로 누리도록 상황을 만드는 것을 목표로 하고 있다. 종업원, 제조업, 판매점의 희생 위에 고객만족이 있다는 것이 아니라 모두가 기쁨을 나눌 수 있는 것이야말로 실로 고객만족경영이라고 할 수 있습니다.

풍요로운 시대의 도래와 함께 시장이 성숙되고 포화상태가 되면서 기업간의 생존 경쟁이 더욱 치열해지고 있다. 이와 함께 지금까지 판매자측에 있던 시장의 주도권이 고객에게로 이행하고 고객이 판매자를 선택하는 시대가 되었다.

그렇기 때문에 기업이 제공하는 상품 및 서비스가 고객의 만족을 얻지 못하면 판매되지 못하게 되므로 기업의 최대 관심사는 고객만족이 되고 있다. 고객에게 만족을 줄 수 있는 상품이나 서비스를 제공할 수 있는 기업만이 고객에게 선택되고 살아남을 수가 있다. 즉, 고객에게 만족을 판매하는 것이 기업의 최고 목표가 되고 21세기에 살아남을 수 있는 절대적인 조건이 되고 있는 것이다.

2 고객만족경영의 내용

1) 고객의 정의

고객이란 누구를 말하는 것인가. 고객이란 상품 및 서비스를 제공받는 사람들이다. 대가를 지불하는가 어떤가는 문제가 되지 않는다. 이것은 흔히 돈을 지불하여 물건을 사주는 손님을 연상하지만 기업에서는 상품을 구입하는 사람과 실제로 그 상품을 사용하는 사람은 다른 것이 보통이다. 상품을 사용하는 사람이 고객이다.

소비자도 당연히 고객이다 차이점은 소비자는 그 물건을 가공하거나 부가가치를 붙여서 판매하지 못하고 스스로 사용한다는 점이다. 물론 고객의 개념 가운데 이미 그 상품 및 서비스를 구입, 사용할 가능성이 있는 잠재고객 및 기대고객도 포함된다. 또한 거래처, 하청업자, 주주 그리고 종업원 또한 고객이 된다.

최근 사내고객이라는 용어가 미국 및 일본에서 사용되기 시작하였다. 이는 종업원을 가리킨다. 이는 80년대부터 일부 선진국의 우량기업에서 각광을 받기 시작한 개념이다. 기업 내에는 관리자의 입장에서 보면 내부고객이 많이 있다. 기업에 종사하는 모든 사람이 내부 고객이다. 그들이 우리 회사에 대해서 호감을 갖고 밖에서도 우리 회사에 대하여 칭찬을 하면 할수록 최종고객인 외부고객이 우리 회사의 상품에 관심을 갖거나 구매를 할 것이다.

그렇기 때문이 고객만족의 시작은 인간존중으로부터 시작된다. 인간존중을 통해 내부 고객, 즉 종업원들에게 만족을 이끌어 내는 것에서부터 고객에 대한 서비스는 시작된다.

2) 고객만족경영의 기본

위 고객만족경영의 정의와 고객만족경영이 필요한 이유에서 고객만족경영이란 고객의 만족도를 높이는 경영이라고 간결하게 정의하였다.

고객만족경영이란 자사가 제공하는 상품 및 서비스, 기업이미지에 대하여 고객의 만족을 획득하기 위하여 정기적, 계속적으로 만족도 조사를 실시하여 그 결과를 기초로 불만족한 점을 신속하게 개선하고 보다 높은 만족을 추구하는 경영활동을 말한다.

일본능률협회의 고객만족경영에 대한 5가지 항목은 아래와 같다.

❶ 기업의 최종상품은 고객의 만족이라고 정의할 것.

❷ 고객의 만족을 조직적으로 만들어가는 경영의 실현이 필요하다고 결의할 것.

❸ 우선 고객의 만족을 정기적, 정량적으로 측정하고 경영의 지표로 시스템을 구축할 것.

❹ 만족측정 결과를 경영자 스스로 선두에 서서 검토하고 제품 및 서비스, 사내풍토 및 기업활동을 조직적, 계속적으로 쇄신 개선할 것.

❺ 고객만족의 향상을 오랜 애사심 및 귀속의식에 대신하는 새로운 시대에 걸맞는 경영구심점으로 삼을 것.

3) 고객만족 구성의 3대 요소

고객만족경영을 추진하는데 우선 문제가 되는 것은 고객만족의 구성요소로 이에는 상품, 서비스, 기업이미지 등 3개가 있다. 이러한 요소를 종합한 것이 고객만족도가 된다. 시대적으로 보면 이전에는 상품의 하드적인 가치로서의 품질, 기능, 가격 등의 비중이 컸고 상품의 품질이 좋고 가격이 저렴하면 고객은 그것으로 만족하였다. 그러나 풍요로운 시대가 되고 고객은 그것만으로는 만족하지 않게 되고 상품의 소프트적 가치로서 디자인의 사용용도, 가용의 용이성, 배려 등을 중시하게 되었다.

또한 마음의 시대로 진전됨에 따라 상품 그것만이 아니고 구매시점의 점포의 분위기, 판매원의 접객이 영향을 미치게 되었고 점차로 서비스가 차지하는 비중이 높아지게 되었다. 따라서 기업으로서는 판매방법에도 세심한 주의를 기울이고 쾌적한 판매방법을 택하지 않으면 고객이 만족하지 않게 되었다.

이제 상품의 측면에서는 그다지 차이가 없게 되었기 때문에 판매시점의 서비스의 차이가 기업의 우열을 결정하게 되었다. 고객만족의 비중이 상품에서 서비스로 이행하고 있는 것이다. 이와 같은 경향과 함께 고객만족도조사의 항목에서 이전에는 상품의 비율이 많았지만 최근에는 거의 동일한 비율이 되고 있다.

고객만족의 구성요소는 직접적으로는 상품과 서비스 등 두 개이지만, 간접적으로 앞으로 중요시되는 것은 기업이미지이다. 기업 이미지의 내용으로는 사회공헌활동 및 환경보호활동 등이 있고 이러한 활동을 적극적으로 펼치는 것에 의해 사회 및 환경문제에 진정으로 관계하는 기업으로서의 이미지가 향상되어 고객에게 좋은 인상을 주게 된다.

다시 말하면 아무리 상품 및 서비스가 우수하다 하더라도 사회 및 환경문제에 진심으로 관계하지 않는 기업은 평가가 하락하고 고객의 만족도는 낮아진다. 기업측에는 새로운 활동이 늘어나는 것이지만 사회적으로 그만큼 책임이 증가하고 있는 것이다. 단지 기업측의 이윤추구만이 아니고 더욱 높은 수준의 기업활동이 기대되어진다.

4) 마케팅 전략으로서 고객만족경영

새로운 제품을 개발하고 소비자에게 편리한 것을 제공하는 시대에서는 이른바 생산주도의 형태로 물건이 팔려나갔다. 우리나라의 경우는 60년대를 이러한 생산주도형 시대라고 볼 수 있다. 그런데 70년대 중반부터 고도경제성장기에 들어가서 어느 정도 물건이 시장에 널려지기 시작하였다.

세탁기, 냉장고, 텔레비전이 가정의 필수품으로 자리잡기 시작하였다 이러한 공업제품은 대량으로 생산하면 가격은 하락한다. 그만큼 많이 생산하면 많이 팔아야 한다. 그러기 위해서는 대량유통경로와 한번에 많은 소비자에게 그 제품의 존재를 알리는 선전이 필요하게 되었다. TV, 라디오를 비롯한 매체에 상품광고가 빽빽하게 실리게 되었다.

이와 같이 기업간에 경쟁이 극심하게 되면서 어떻게 물건을 판매하는가가 각사의 관심사가 되었다. 미국에서 개발된 마케팅 개념 및 수법이 일본에 도입된 후 생산주도적 시대에서 판매주도적 시대로, 그리고 마케팅주도로 탈바꿈하였다.

마케팅주도의 경제에서 고객만족경영은 주요한 마케팅 전략이 되었다.

5) 고객만족 달성의 기본적 사고

회사가 고객 및 사회에 약속한 것을 전사적 규모로 완전하게 실행하는 것이 고객만족을 달성하는 기본적인 사고이다.

6) 고객만족경영을 위한 운영주체의 설치

우선 기업 본사기구 가운데 고객만족경영을 전문으로 담당하는 운영주체를 설치하는 것이 필요하다. 이 운영주체는 단순한 프로젝트팀으로는 효과를 올리기 어렵다.

(1) 명확한 운영주체의 목표

고객만족과 기업의 이미지와 상품 또는 브랜드의 가치를 최대한 고조시킬 수 있는 포괄적인 기업전략이다.

(2) 운영주체의 구성

각 기업의 규모 및 업무에 의해 달라지지만 선진국과 같이 한다면 마케팅담당 이사가 적당하다. 사원에게 설득력과 신망이 있는 사람이 적절하다. 구성원은 가능한 폭 넓은 분야의 인재가 필요하다. 인사, 재무, 총무, 제품개발, 영업, 선전, 홍보, 고객서비스 등을 비롯하여 회사이 모든 부문으로부터 지사, 지점, 현장의 의견을 직접 반영할 수 있는 사람들도 어떠한 형태로든 참가하도록 길을 터놓아야 한다.

7) 고객만족경영의 성공전략

고객만족경영으로 성공을 거두기 위해서는 고객에 대한 지속적인 서비스가 필요하다. 고객이 상품이나 서비스를 제공받을 때의 분위기도 중요하지만 고객이 지속적인 만족을 느낌으로서 기업의 평생고객을 만들 수 있는 전략이 필요하다.

한 기업의 상품이나 서비스를 한번이라도 받은 고객에게는 지속적인 feedback을 제공함으로서 기업의 우수고객으로 만들 수 있어야 하고 철저한 고객관리를 통해 보유하고 있는 고객의 성향을 파악하고 세분화하여, 각 고객에 맞는 서비스를 지속적으로 제공하며 고객 세분화에 따른 고객을 등급으로 나누어 처음 상품이나 서비스를 구매한 고객부터 우수고객까지 각기 다른 방법의 전략으로 고객을 감동시켜야만 고객만족경영시대에서 살아남을 수 있다.

Chapter

15

e-비즈니스

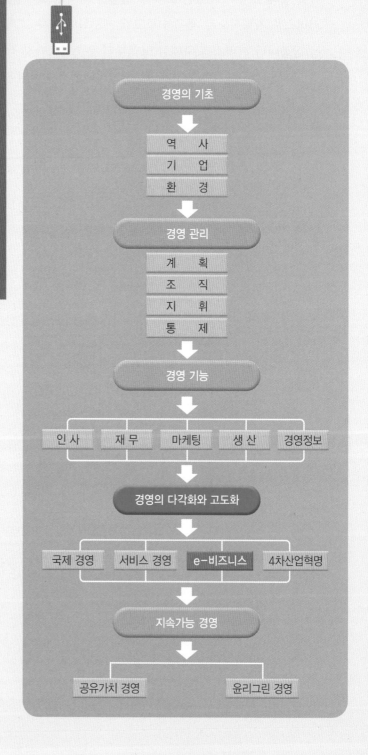

경영의 기초

역　사
기　업
환　경

경영 관리

계　획
조　직
지　휘
통　제

경영 기능

인　사　재　무　마케팅　생　산　경영정보

경영의 다각화와 고도화

국제 경영　서비스 경영　e-비즈니스　4차산업혁명

지속가능 경영

공유가치 경영　윤리그린 경영

Section

e-비즈니스의 중요성

1 e-비즈니스의 개념

e-비즈니스라는 개념의 등장은 학술적이거나 이론적 배경을 안고 제안되었다기 보다는 극히 상업적인 배경 하에 탄생한 개념이다. 1997년 IBM은 이전까지의 메인프레임 중심의 판매 전략에서 탈피해 인터넷을 기반으로 하는 어플리케이션 판매를 새로운 전략으로 설정하고 이에 대한 마케팅 켐페인의 슬로건으로 e-비즈니스라는 개념을 다음과 같이 제안하였다.

"인터넷 기술에 의해 기존의 정보시스템 자원을 통합하여 핵심적인 사업부문을 핵심적인 사업 구성원(고객, 직원 및 공급자 등)과 웹에 의해 연결시킴으로써 차별화된 비즈니스 가치를 창출하는 안전하고, 유연하면서도 통합된 접근 방식"

IBM이 제안하고 있는 e-비즈니스의 개념의 핵심은 사실상 사업구성원들인 고객, 직원, 공급자에 대한 연결에 있다. 경영학적인 관점에서 볼 때 고객은 마케팅 관리의 영역에 속하고 직원은 인사관리 그리고 공급자는 생산관리의 영역에 속한다. 그러고 보면 e-비즈니스의 핵심은 전통적인 경영학의 중요 분야인 마케팅과 인사관리 그리고 생산관리를 인터넷에 의해 통합하는 것으로 해석할 수 있다.

결국 e-비즈니스가 지향하려는 바는 인터넷의 특징을 이용하여 기존 비즈니스를 지원하고 확장하는 것은 물론이고 새로운 비즈니스 또는 새로운 가상 비즈니스를 창출하는 것이다.

2 e-비즈니스와 경영환경

e-비즈니스의 개념이 상업적 배경에서 태어났다고는 하지만 사실 e-비즈니스가 지향하는 목표는 최근의 경영 환경의 요구에 부응하는 것은 분명하다.

1) 고객의 변화

최근 들어 어떤 사업이든 고객들이 가지고 있는 기대와 요구는 다양화되고 있으면서 고객 자신도 모를 정도로 끊임없이 변화하여 고객만족은 매우 복잡해지고 있는 실정이다.

신용카드의 예를 들어보면, 기존 신용카드가 제공하고 있는 기본 혜택을 넘어서 신용금액을 높이거나 연회비 감소 등의 금전적인 추가 혜택은 물론, 비금전적인 고객 서비스나 대우에서도 끊임없이 업그레이드를 요구하고 있다. 선택할 수 있는 대체 상품이 많이 있는 시장에서 구매력을 가지고 있는 고객의 이러한 기대와 요구를 채우지 못할 경우 기업의 생존은 어려워질 것이다.

이와 같은 고객이 생각하는 가치 변화에 있어 뚜렷한 점은 다음 3가지로 요약된다.

❶ 고객들은 신속한 서비스를 요구한다. 특히 모든 산업에 있어 서비스의 중요성이 강조됨으로써 이러한 현상은 더욱 가속화되고 있다. 은행이나 패스트푸드와 같은 일반 소비자들에 대한 산업에서는 물론이고 기업간 거래에서 구매자들에 대한 서비스 역시 신속성을 중요시하고 있다.

❷ 고객들은 셀프서비스를 선호한다. 다시 말해 고객들은 중간상이나 중개인이 때문에 일어날 수 있는 서비스 지연이나 불편성 보다는 24시간 언제라도 중개인의 도움 없이 상품이나 정보를 직접 찾는 일을 선호한다. 이와 같은 현상은 전자상거래를 비롯한 많은 인터넷 서비스가 등장함으로써 더욱 더 일반화되었다. 많은 고객들은 인터넷에서 그 누구의 도움을 받지 않고도 비교적 복잡한 서비스를 잘 수용하고 있다.

가령 주식중개인이 없이도 인터넷을 통해 주식 투자가 가능해졌고, 인터넷

서점에서는 서점 직원의 안내 없이도 자신이 원하는 책을 쉽게 찾을 수 있게 되었으며, 보험 대리인을 거치지 않고도 보험 상품을 인터넷을 통해 구입할 수 있게 되었다.

❸ 고객들은 통합된 서비스를 요구한다. 치열한 경쟁 속에서 범람하는 상품 정보로부터 자신이 원하는 정보를 선택한다는 것은 그리 쉬운 일이 아니며 또한 대부분의 현대인은 상품 선택을 위해 많은 시간을 투자할 만큼 한가하지 못하다. 그렇기 때문에 대부분의 고객들은 편의점이나 대형 할인점 그리고 마이크로소프트의 오피스 같은 제품과 같이 어느 한 장소 또는 하나의 상품으로 자신이 원하는 것을 전부 해결해 줄 수 있는 그런 솔루션을 원하고 있다.

2) 서비스·프로세스의 변화

오늘날의 서비스와 프로세스 변화의 가장 큰 주류는 고객중심의 서비스와 기업간 네트워크화에 대한 필요성이 늘어가고 있다는 점이다.

❶ 고객 관계를 기반으로 하는 서비스가 일반화되고 있다. 이미 많은 기업들은 모든 사람들에게 똑같은 서비스나 똑같은 마케팅을 해서는 다른 기업과 차별화 될 수 없다는 것을 인식하고 있다. 앞에서도 살펴본 바와 같이 고객의 욕구와 기대는 끊임없이 변화하면서 동시에 모든 사람이 생각하는 욕구와 기대가 다르다는 것이다.

❷ 관련 기업간의 유기적 관계 설정이 중요한 이슈로 떠오르고 있다. 오늘날 대부분의 상품은 어느 한 단일기업에 의해 생산되었다기 보다는 관련 기업들이 서로 유기적인 관계를 맺어 생산된 시스템적 상품이라고 할 수 있다. 대부분의 기업은 자신의 핵심역량을 중심으로 한 전문화를 추구하고 자신이 특화되지 않은 분야는 하청을 준다든지 아니면 과감한 아웃소싱을 시도하고 있다. 가령 최근에 각광을 받고 있는 벤처기업의 경우 연구개발은 자신이 맡고 있지만 생산은 대량생산라인을 갖춘 회사에게 위탁하고 마케팅 역시 판매를 전문으로 하는 기업에 아웃소싱을 하는 생산 방식이 일반화되고 있다.

3) 정보통합의 중요성

오늘날 우리는 데이터와 정보의 홍수 속에서 살고 있다. 특히 텔레비전이나 신문 등 기존 미디어는 물론이고 인터넷의 도입으로 인해 과도한 정보를 접하지 않을 수 없게 되었다. 이점은 기업이라고 예외일 수 없다. 많은 기업들은 인터넷을 통해 쏟아지는 고객이나 시장에 관한 정보 또는 거래 파트너에 관한 각종 정보를 접하고 있을 뿐 아니라 기업의 많은 업무 프로세스 속에서 나오는 정보들에 대한 체계적인 관리는 제품을 생산하는 일 보다 더 중요한 일이 되었다.

 ## e-비즈니스의 구성 요소

e-비즈니스의 구성은 크게 기업외부의 네트워크와 이를 내부적인 관리체계로 구분될 수 있다

1) 기업 외부네트워크

우선 기업외부의 네트워크는 고객과 공급자 또는 거래 파트너들간의 관계다. 이들의 관계는 전자시장e-Marketplace에서 일어날 수 있는데, 전자상거래의 거래 유형으로 보았을 때 기업간거래와 기업-고객 거래로 분류될 수 있다.

기업간거래의 경우 공급자와 구매자가 일대 일의 대응관계를 맺는 경우도 있을 수 있지만 하나의 공급자에 여러 구매자가 대응되는 공급자 중심의 e-마켓플레이스 또는 하나의 구매자에 여러 공급자가 대응되는 구매자 중심의 e-마켓플레이스 또는 여러 공급자와 구매자가 제 삼의 기관이 운영하는 사이트에 모여 거래를 하는 e-허브 또는 중개형 e-마켓플레이스를 형성할 수도 있다.

기업-고객의 경우는 소위 말하는 가상쇼핑몰Virtual Shopping Mall에 의해 운영된다. 기존 상거래 유형에서와 같이 상품을 전시하여 놓고 이를 판매하는 일반적인 쇼핑몰이 있을 수도 있지만 공동구매나 경매와 같이 기존 거래에서는 비용과 시간 문제를 구현하기 힘들었던 거래유형도 가능하게 하고 있다

2) 기업 내부관리체계

기업 내부관리체계는 고객중심의 관리체계, 공급자 중심의 관리체계로 구분될 수 있다.

(1) 고객중심 관리체계

고객중심의 관리체계의 핵심은 고객관계관리Customer Relationship Management: CRM이다. CRM은 기업을 경영하기 위해 필요한 모든 필수요소들, 예를 들면 사업전략이나 경영능력, 영업프로세스, 고객과 시장에 관련된 각종 영업정보 등 주로 마케팅에 관련된 많은 요소들을 고객중심으로 정리/통합하여 고객활동을 개선함으로써 고객과의 장기적인 관계를 구축하여 기업의 경영성과를 개선하기 위한 새로운 경영방식이다. 다시 말해 새롭게 고객을 유치하여 여러 가지 마케팅활동을 통해 평생고객으로 발전시키려는 것이 CRM의 목적이다. 그러기 위해서는 모든 고객을 대상으로 하는 것이 아니라 우량고객이라고 판단되는 고객만을 대상으로 할 필요가 있다. 따라서 고객에 대한 정보를 관리하고 성향을 분석하기 위한 데이터웨어하우징Data Warehousing과 데이터마이닝Data Mining이 필수적인 전제조건이 된다.

데이터웨어하우징이란 기업내부 또는 외부에 산재해 있는 데이터를 일관된 방식으로 수집하고 조직화하여 기업의 의사결정을 위해 통합된 뷰를 제공하기 위한 데이터들의 집합을 말하는 것이고, 데이터마이닝은 방대하게 수집된 데이터를 분석하여 이용할 수 있는 정보를 제공함으로써 기업에 일종의 지능을 부여하는 것이다.

가령 은행에서는 많은 고객들의 거래 정보와 인적사항들에 관한 방대한 정보를 가지고 있다. 이럴 경우 방대한 정보를 체계적으로 정리하는 작업을 데이터웨어하우징이라 본다면 여기서부터 나온 정보로부터 누가 우량고객이고 누가 불량고객인지 분석하는 작업을 하는 것이 데이터마이닝이라고 볼 수 있다.

(2) 공급자중심의 관리체계

공급자중심의 관리체계의 중심은 공급망관리Supply Chain Management: SCM이다.

SCM의 핵심은 기업의 내부시스템과 공급자들의 고객시스템을 통합시킴으로써 공급자를 하나의 기업처럼 움직이려는 일종의 가상 조직체를 구축하는 것이다. SCM의 목적은 CRM과 마찬가지로 고객에게 자신의 상품이나 서비스를 공급하기까지의 시간을 최소의 비용으로 단축시킴으로서 고객만족을 유도하려는 것이다.

SCM이 기업과 공급자를 하나의 체인으로 엮으려는 작업이라면 전사적자원관리Enterprise Resource Planning: ERP는 SCM에 의해 엮어진 공급자와의 관계를 기업 내의 생산부서 및 마케팅부서의 업무와 연결시키면서 이를 회계 및 인사관리에 의해 통합시키는 통합정보시스템이다. 다시 말해, 인사, 회계, 구매·조달, 생산, 판매 등 기업의 각종 자원을 통합하고, Planning, Monitoring, Control하여 기업의 통합생산성 향상을 위한 전사적 통합 정보시스템이다.

가상기업

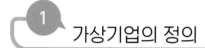

1 가상기업의 정의

가상Virtual이라는 용어는 물리적으로는 존재하지 않지만 소프트웨어에 의해 존재하는 것처럼 보이도록 만들어진 것이라는 의미를 갖는다. 이는 가상 메모리라는 것에 대표적으로 볼 수 있는 용어로서, 실제로는 갖고 있지 않은 더 많은 저장 능력을 가지고 있는 것처럼 움직이는 컴퓨터의 능력에서 비롯되었다. 가상기업에 대해서는 많은 정의들이 내려졌다. 이를 요약해 보면 다음과 같다.

- 가상기업은 물리적인 노동 환경에 의해 항상 연결되어 있지 않고, 고용주와 고용인의 연합이다.

- 가상기업은 공동의 사명(목적)을 이루기 위해 정보통신기술이라는 이익을 통해 일시적으로 모일 수 있는 다양한 기업들이 연합이다.

- 가상기업은 마치 공동의 목적을 가지고 있는 동일한 회사의 한 부분인 것처럼 특정한 업무와 기능을 수행하도록 선택된 개인들로 구성된 팀이다.

- 가상기업이라는 용어는 기업 경계의 내부와 외부 모두에서의 협동을 이용하여 그 자신이 할 수 있는 것보다 더 많은 자원을 정렬할 수 있는 기업을 묘사하는 것이다. 가상 기업이라는 용어는 단순한 원거리 통신에서부터 기업 구조의 전체적인 재구성까지를 모두 망라하는 개념으로 사용되었다.

- 가상기업은 공급자, 고객, 심지어는 경쟁자를 포함한 논리적인 기업들이 기술, 비용의 목적으로 또는 다른 시장에 접근하기 위해 정보 기술을 이용해

연결된 일시적인 네트워크이다.

- 가상기업은 기업에 대한 공도 이해의 기반 위에 서비스나 제품 공급을 달성하기 위해 기관이나 개인의 참여가 가능한 가운데 독립적인 기업들의 수평적이고 수직적인 협동체이다.

2 가상기업의 특성

1) 신속성

가상기업의 특징 중 대표적인 것은 신속성이다. 가상기업은 고객이 무엇을 원하는지를 발견하고, 이러한 고객의 요구에 신속하게 반응하게 된다. 가상기업은 기업들이 오늘날의 변덕스러운 환경에서 신속성을 발휘할 수 있는 한 가지 방법이다. 신속한 생산은 개념 형성에서부터 시장으로까지의 제품 도입 주기에 영향을 미치는 내적이고 외적인 변화에 빨리 반응하는 능력이다. 가상기업의 전략은 보완적인 다른 기술을 가진 기업들을 모아서 제품을 빠르고 효과적으로 창조하기 위해 연결하는 것이다.

신속한 생산은 명확한 미래의 물결이다. 복잡한 제조 기업에서의 성공은 완전한 시스템 개발과 통합을 하기에 필요한 기술을 가진 생생한 팀을 빨리 만들어낼 수 있는 자에게 돌아가게 된다. 이들은 자신의 역량을 배가하고 다르지만 보완적인 핵심 역량을 가진 다른 기업들과 일함으로써 자신의 핵심 역량에 집중하고 사업을 확장할 수 있게 된다.

2) 비자본 집약성

가상기업은 현재의 기업들보다 훨씬 덜 자본 집약적인 형태를 취하게 될 것이다. 기업 운영에 핵심적으로 필요한 것 외의 정보처리, 보안, 회계 등의 기능을 외부업체에게 외부조달을 많이 하기 때문에 고정비 투자가 적게 들어간다. 대량 생산 방식과 비교해 보았을 때 인력, 장소, 설비 투자, 신제품 개발 기간 등이 절반밖에 들지 않는다. 또한 정보시스템의 적절한 활용과 유연한 생산 방식으로 필요 재고량을 반 이하로 줄여주고 결손을 감소시키며 좀더 다양한 제품을 끊임없이 개발, 생산하도록 해준다.

3) 네트워크 형성

가상기업은 고도로 일관된 하나의 기업 형태로 고객에게 제품과 서비스를 제공한다. 가상기업은 고객과 마주 대하는 하나의 기업과 혼자서는 이룰 수 없는 목적 달성을 위해 상호 협동하는 여러 개의 기업으로 구성된 네트워크로 이루어져 있다. 가상기업은 리엔지니어링 된 기업이기 때문에, 신제품의 도입 시간과 주문 이행 시간을 줄이는 것은 물론, 고객에 집중하며 고객에 대한 반응성에 높은 관심을 가진다. 가상기업은 더 낮은 원가 구조를 가지고 있고, 모든 고객에 대해 대량 고객화된 제품을 제공할 수 있다. 다양성, 고객화 그리고 신속한 배달이 가상 제품을 가능하게 하는 것이다.

가상기업은 가상 사무실의 등장을 가져오게 한다. 가상기업이 하나의 실체로 가능한 것으로 보이는 여러 개의 독립적인 조직으로 구성되어 있듯이, 가상 사무실도 물리적인 장소 없이 사무실처럼 보이게 하는 많은 조직적이고 기능적인 요소들로 구성되어 있다. 가상기업과 가상사무실은 상호 보완적이 개념이라고 할 수 있다.

4) 상호의존성

여러 개의 기업이 네트워크로 이루어져 만들어진 가상기업은 상호의존성과 신뢰의 중요성을 증가시켰다. 가상기업은 기업구조나 외모 없이 전통적인 기업의 본질과 영향력을 가지고 있는 조직이다. 구성원들간의 상호 의존성이 전통적인 기업구조를 목적 달성을 이루기 위해 구성된 기업 단위들의 단기적인 구성이 가상기업과의 차이점이다. 전문가들은 가상기업이 시간에 바탕을 둔 경쟁에 자극받아서, 외부적으로 초점을 맞춘 기업 모델의 가장 극단적인 형태라고 말한다.

가상기업을 구성하는 요체는 정보 그리고 회사와 고객 사이의 바람직한 관계라고 하겠다. 가상기업은 공급자와 수요자로 뚜렷이 구분되는 현대기업과는 달리,

무수한 상호 관계들로 구성된 조직이 될 것이며, 그 속에서 훨씬 다양하면서도 공동의 목표를 추구하는 행위들이 일어나게 될 것이다. 무엇보다도 신속한 정보 획득 수단을 확보해야 하며, 각 당사자들간의 관계에도 정통해야 한다. 가상 제품은 연구개발, 제조, 마케팅, 판매, 서비스, 교통, 정보시스템 그리고 금융에 이르기까지 전 분야에 걸친 개혁이 이루어질 때에만 생산될 수 있는 것이기 때문이다. 성공적이고 생산적인 가상기업은 세 가지 특징을 가지고 있다. 첫 번째 특성은 기회를 잡는 것이고, 두 번째는 우수함이다. 그리고 가장 중요한 특성은 '신뢰'이다.

5) 정보기술 활용

가상기업을 가능하게 한 주된 이유 중의 하나는 정보기술의 발전이다. 기업들을 연결하는 정보 네트워크는 멀리 떨어진 기업들과 기업가들을 연결시켜주기 때문에 사업의 시작부터 함께 일할 수 있게 해준다. 기업의 운영에 있어서 정보기술의 활용은 필수적인 요건이 된다. 구성원들간의 파트너십은 연결을 가속화시키기 위해 전자적인 계약에 기초를 두고 이루어진다.

6) 관계 활용

이러한 가상기업의 구성원들이 가지고 있는 관계는 지속적이지 않으며, 비영구적이고, 비공식적이며, 기회를 더 중요시한다. 기업은 특정한 시장 기회를 놓치지 않기 위해 함께 모여 이루어지며, 그런 필요성이 사라지게 되면 구성원들 또한 흩어지게 된다.

7) 환경의 지원

모든 기업은 생존에 필요한 환경적 요인이 있다. 오히려 환경의 변화에 기업의 형태가 변화해 왔다고 할 수 있다. 가상기업은 그것을 지원하는 경제적 환경 속에서 운영되지 않는 한 결코 생산할 수 없다. 양분을 공급할 수 있는 사회적, 정치적, 상업적 환경이 전제되지 않을 때 국제 환경에 대응하기 위해 싹튼 가상기업은 척박한 풍토로 인해 곧 시들어버리고 말 것이다. 가상기업은 기술적 인프라 구축이 잘 되어 있는 곳에서 잘 성장할 수 있을 것이다.

고객관계경영 CRM

Section 71

1 CRM의 개요

　고객관계관리Customer Relationship Management란 선별된 고객으로부터 수익을 창출하고 장기적인 고객관계를 가능하게 하는 솔루션을 말한다. 즉, CRM은 고객과 관련된 기업의 내외부 자료를 분석·통합하여 고객 특성에 맞는 마케팅 활동을 계획·지원·평가하는 과정이다. CRM은 대중마케팅mass marketing, 세분화마케팅 segmentation marketing, 틈새마케팅niche marketing과는 확실히 다르다. CRM은 데이터 베이스 마케팅DB marketing의 1대 1 마케팅one-to-one marketing, 관계마케팅relationship marketing에서 진화한 것으로 이해할 수 있다. CRM은 고객수익성을 위해 콜센터와 캠페인에서 진화한 것으로 이해할 수 있다.

　CRM은 고객수익성을 위해 콜센터와 캠페인 관리도구 등과 결합하여 고객정보를 적극적으로 활용하며, 기업내 사고를 바꾸자는 성격이 강하게 내포되어 있다. CRM은 고객 데이터의 세분화를 실시하여 신규고객획득, 우수고객유치, 고객가치증진, 잠재고객 활성화, 평생고객화와 같은 사이클을 통해 고객을 적극적으로 관리하고 고객의 가치를 극대화시킬 수 있는 전략으로 마케팅을 실시한다.

2 CRM의 등장 배경

여러 연구결과를 보면 회사수익의 65%는 만족을 얻는 고객을 통해 창출되며, 신규고객을 확보하는데 소요되는 비용은 기존고객을 유지하기 위해 지불되는 비용의 약 5배가 든다. 그리고 고객유지율이 몇 %만 증가해도 25~100% 정도의 이윤을 증가시킬 수 있다.

Individual Marketing은 기업간 경쟁이 치열해짐에 따라 고객 개개인에 대한 더 많은 정보를 바탕으로 고객과의 관계를 향상시키고자 하는 바람에서 등장하게 되었다. 이는 누가 우리회사에 중요한 고객이며, 그들이 원하는 바가 무엇인지, 또한 우리회사를 떠나는 고객은 이유가 무엇인지에 대한 답을 얻음으로써 효율적인 마케팅 활동을 가능하게 한다.

3 CRM의 정의

기업이 지속적인 성장을 유지하기 위하여 고객 관련 데이터를 이용하여 가치 고객 파악, 고객 획득 및 유지, 고객의 수익성 증대를 위한 일련의 활동으로 마케팅, 판매, 고객 서비스 등을 포함하는 광범위한 접근 방법으로서 과거의 마케팅은 기업이 만든 상품에 대해 고객 관련정보 분석을 하지 않은 상태에서 홍보 및 광고가 주류를 이루었다.

하지만 현대사회에서는 이러한 마케팅 활동에 의한 기업의 수익향상에 한계를 느끼고, 고객에 대한 이해를 바탕으로 한 마케팅 활동이 등장하게 되었다. 고객에 대한 이해를 바탕으로 영업, 마케팅, 고객 서비스 프로세스를 재구성하는 일련의 활동을 고객 관계 관리, 즉 CRM^{Customer Relationship Management}이라 정의할 수 있다.

메타그룹의 CRM 산업보고서^{The Customer Relationship Management Ecosystem, 1999} 분류기준에 따르면 CRM은 프로세스 관점에 따라 분석CRM, 운영CRM, 협업 CRM으로 나눌 수 있다.

1) 분석^{Analytical} CRM

Analytical CRM은 영업·마케팅·서비스 측면에서 고객정보를 활용하기 위해 고객데이터를 추출, 분석하는 시스템이다. 이를 통해 사업에 필요한 고객·시장 세분화, 고객 프로파일링, 제품컨셉의 발견, 캠페인 관리, 이벤트 계획, 프로모션 계획 등의 기회 및 방법에 대한 아이디어가 도출될 수 있다.

2) 운영^{Operational} CRM

CRM의 구체적인 실행을 지원하는 시스템이다. 기존의 ERP 시스템이 조직 내부의 관리 효율화를 담당하는 시스템^{Back-end}임에 반하여, Operational CRM 은 조직과 고객간의 관계 향상, 즉 조직의 전방위 업무를 지원하는 시스템^{Front-end}이다. 이것은 주로 영업과 서비스를 위한 시스템이다.

3) 협업^{Collaborative} CRM

협업은 분석과 운영시스템의 통합을 의미한다. e-비즈니스 환경에서 각 고객 별로 차별화된 서비스를 제공하는 웹 개인화 서비스시스템이 대표적인 예이다.

4 CRM의 특징

전사적으로 고객 지향적인, 즉 더 나은 고객을 위해서라면 어느 부서원인가에 관계없이 모든 직원이 항상 고객을 위해 노력한다. 고객을 자주 접하는 A/S 요원이 파악한 고객 특성·취향·불만사항 등을 마케팅부서에서 활용한다면 고객의 요구에 맞는 마케팅을 할 수 있다.

CRM은 고객, 정보, 사내 프로세스, 전략, 조직 등 경영전반에 걸친 관리체계이다. 그리고 정보기술은 이를 뒷받침한다. 이처럼 CRM은 바로 고객과의 관계를 바탕으로 평생 고객가치인 LTV^{Life Time Value}를 극대화하는 것으로 귀결된다. 고객의 요구에 초점을 두어 1:1로 차별화 된 마케팅을 실시하는 것이 CRM이라고 할 수 있다. 고객과의 지속적인 관계를 유지하면서 한번 고객은 평생고객이 될 수 있는 기회를 만들고, 평생 고객화를 통해 고객의 가치를 극대화하는 것이다.

5 CRM의 활동

❶ **데이터 수집**: 기업 내외부의 데이터를 수집한다. 내부 데이터는 k시 기초적인 데이터와 접촉 거래 데이터, 조사 데이터 등으로 나눌 수 있으며 외부 데이터는 조사, 직접입수, 제휴활용 데이터로 나눌 수 있다.

❷ **데이터 정제**: 데이터에 존재하는 이상치나 중복성을 제거한다.

❸ **데이터 웨어하우스**: 지속적 고객 관리를 위해서는 데이터 웨어하우스를 구축한다. 이때 자주 분석될 데이터에 대해서는 데이터 마트로 관리하며, 데이터 웨어하우스에 대한 비용 지출이 어려울 때는 데이터 마트로써 운영할 수 있다.

❹ **고객분석·데이터 마이닝**: 고객의 선호도나 요구에 대한 분석을 바탕으로 고객행동을 예측하고, 고객별 수익성, 가치를 측정한다.

❺ **마케팅 채널과의 연계**: 분석결과를 영업부서, 고객 서비스 부서 등에서 마케팅 자료로 활용될 수 있도록 한다.

❻ **Feedback 정보 활용**: 마케팅에 이용된 CRM 정보의 가치를 판단하여 데이터 수집과정의 feedback 정보로 보내진다.

72 전사적자원관리 ERP

 ERP의 정의

ERP^{Enterprise Resource Planning}란 기업 전체를 경영자원의 효과적 이용이라는 관점에서 통합적이고 계획적으로 관리하고 경영의 효율화(생산성의 극대화)를 기하기 위한 수단이다. 쉽게 말해 정보의 통합을 위해 기업의 모든 자원을 최적으로 관리하자는 개념으로 기업자원관리 혹은 업무통합관리라고 볼 수 있다.

좁은 의미에서는 통합적인 컴퓨터 데이터베이스를 구축해 회사의 자재, 회계, 구매, 생산, 판매, 인사 등 모든 업무의 흐름을 효율적으로 자동 조절해주는 통합정보 시스템을 뜻한다. 기업 전반의 업무 프로세스를 통합적으로 관리, 경영상태를 실시간으로 파악하고 정보를 공유하게 함으로써 빠르고 투명한 업무처리 실현을 목적으로 한다.

미국 생산·재고 관리협회^{APICS}는 ERP를 고객 주문을 받고 제품을 생산·출하·회계처리에 필요한 기업 전반의 자원을 규명하고 계획하는 회계지향적 정보시스템이라고 정의하고 있다. Gartner Group은 ERP를 기업 내의 업무기능들이 조화롭게 제대로 발휘할 수 있도록 지원하는 애플리케이션들의 집합으로 차세대업무시스템으로 정의하고 있다.

2 ERP의 필요성

❶ ERP를 도입하게 되면 기업 내의 영업, 생산, 구매, 자재, 회계 등 모든 조직과 업무가 IT로 통합되어 실시간으로 모든 정보를 통합처리 할 수 있게 된다. 기존의 MIS^{Management Information System}는 각 단위 업무별로 개발되어 업무를 수행하다 보니 단위 업무별로는 최적화가 되었는지는 몰라도 전체적인 최적화를 구현시키지는 못했다. 이에 반해 ERP는 첨단 IT기술을 활용하여 회사내 전체업무를 마치 하나의 업무처럼 통합시킬 뿐만 아니라 실시간으로 모든 업무를 거의 동시에 처리 할 수 있게 되도록 설계되어 있다.

❷ ERP를 도입하게 되면 ERP 패키지 내에 포함되어 있는 Best Practice라는 선진 프로세스를 회사 내에 적용시킬 수 있어 BPR^(Business Process Reengineering: 업무흐름재설계)을 자동적으로 수행한 결과를 가져온다.

ERP 도입 초기에는 기업체들의 경영혁신을 위한 수단으로 컨설팅회사에 의뢰하여 BPR을 수행하고, BPR 결과가 도출되면 이를 이용해 전산시스템을 전문적으로 개발하는 대기업 계열의 SI^(System Integration: 시스템통합)업체에 외주용역^{Outsourcing}을 주거나, 자체개발^{In House} 또는 BPR 결과에 적합한 ERP 패키지를 선택하는 식으로 ERP를 도입하였다. 그러나 최근들어 많은 구축경험과 검증을 통해 ERP가 Best Practice라는 선진 프로세스를 자체적으로 갖추게 되면서 별도의 BPR을 수행하지 않고 자사의 실정에 맞는 ERP 패키지를 도입하는 추세이다. 하지만 아직까지는 ERP 내에 구현된 선진프로세스들이 국내 기업의 업무처리방식이나 상거래관행 등에 맞지 않는 부분이 많아 적용상에 적지 않게 혼란을 빚고 있다.

❸ ERP 시스템을 도입하게 되면 복잡 다양해져 가는 시대에 충분한 확장성을 보장받을 수 있어, 중장기적인 관점에서 비용을 절약하는 효과를 가져온다. 90년 들어 급변하는 정보기술^{IT}과 첨단기술에 기업체들이 유연하게 대응해야 하는 상황에서 유지비용이 많이 드는 MIS보다는 유연성과 확장성이

높은 ERP시스템에 대한 선호가 높아지게 되었는데, 이런 결과는 저비용 고효율 구조의 값싼 컴퓨팅 자원 또한 한 몫을 하고 있다.

3 ERP의 패키지

우선 재고관리^{Inventory management}가 가능하다. 재고 정확도를 높이기 위해 순환 재고조사와 실 재고조사방법을 이용해서 관리하는 방법으로 순환 재고조사방법의 경우 품목별로 정의된 재고조사일에 재고조사를 주기적으로 실시하게 되는 형태를 말한다. 두 번째로 수요예측^{Forecasting}이 가능하다. 고객의 수요를 예측하지 못한 채 생산량을 결정한다면 효율적으로 기업이 나아갈 수 없는 것이다.

이런 수요예측을 통하여 제품에 대한 판촉활동은 물론 가격 조정을 통하여 수요를 조절할 수도 있다. 세 번째로 기준생산일정계획^{Master Production Scheduling}을 들 수 있다. 앞서 설명한 수요예측과 재고관리의 상위에 있는 개념으로 볼 수 있으며, 수요와 공급의 균형을 맞추기 위하여 판매나 구매, 재무와 연관이 있다. 그밖에도 생산활동관리^{Production Activity Control} 기능이 있다. 이것은 작업 지시나 공정, 작업 실적 등 생산 현장에서 발생하는 모든 업무를 관리하는 것이다.

ERP의 특징

구 분	세부기능	기대효과
통합업무 시스템	• 전업무를 회계시스템에 직결 • 업무의 통합과 재편성 • 사무변화에 효율적으로 대응	• 업무간에 이중입력 간소화와 간접업무의 효율화 • 업무처리속도의 향상으로 생산 리드타임 단축
통합데이터 베이스	• 데이터의 논리적 통합 • 데이터의 완전성 • 데이터간의 리얼타임 결합	• End User Computing 가능, 수평적·수직적 Communication
Business Process 모델 지원	• 업무 프로세스를 통합화된 패키지에 맞추어 진행	• Business Process 모델 지원에 의한 Reengineering이 가능
파라미터 지정에 의한 개발	• 다양한 업무 기능을 내장하고 있으면서 파라미터 지정에 따라 선택적인 이용(재고계산방법: 선입선출, 이동평균)	• 개발기간 단축가능 • 유지보수 기간 감소
그룹웨어 연동	• 장표를 동시에 다수에게 배포 • 예외사항의 결재요청기능 • 경고발행기능	• ERP 패키지는 정형업무담당, 그룹웨어는 비정형업무를 지원함으로써 기업의 업무를 단절없이 처리
오픈대응 멀티벤더	• 다양한 운영시스템이나 DB에 유연한 적응 • 사용자 인터페이스와 통신 인터페이스	• 아키텍처에 대한 오픈대응으로 확장성 확보 • 독자적인 프로그래밍 언어에 의한 응용
글로벌 대응	• 다국어·다통화에 대한 대응 • 현지의 세제·법제도 대응 • 연결회계관리에 대한 대응	• 세계 각국에 비즈니스를 전개할 때 동일 어플리케이션의 사용이 가능
EDI 대응	• EDI 메시지의 송수신	• EDI의 대응에 의해 기업간의 리엔지니어링가능quick response, concurrent engineering, electronic commerce
EIS	• 계획·동기부여 가능 • 조직화·통제기능	• 최고경영자는 스스로 EIS를 조작해서 의사결정에 필요한 정보를 입수하고 신속한 의사결정

자료: 한국소프트웨어산업협회, S/W산업의 부문별 산업동향 보고서(ERP부문), 1999.

5 ERP의 도입효과

① 시스템 표준화를 통한 데이터의 일관성 유지: 기업내 또는 기업간 업무가 하나의 데이터베이스로 통합되기 때문에 관련 데이터의 일원화와 공유가 가능해진다.

② 개방형 정보시스템의 구성으로 자율성, 유연성 극대화화 된다.

③ 업무의 효율화: 업무간 의사소통이 원활해져 업무효율을 높여준다.

④ 클라이언트서버 컴퓨팅의 구현으로 시스템 성능을 최적화 시킨다.

⑤ ERP는 선진 프로세스를 내장하고 있는 지원도구로 기업의 업무처리 방식을 최적화하고 정보시스템의 비용을 절감시켜준다.

⑥ 계속적으로 변화하는 경영상황에 대한 정보를 신속·정확하게 경영하층부까지 제공하여 신속한 의사결정이 가능하다.

⑦ 회계 등 관련업무의 자동화로 경영의 투명성 제고된다.

⑧ 기업 혁신으로 리엔지니어링의 지원 가능: ERP 설치 과정에서 기업 프로세스를 재설계 할 수 있을 뿐 아니라, 리엔지니어링을 추진하는 동안 기업 환경의 변화로 인하여 도출된 프로세스에 적절히 운용될 수 있도록 유연성을 갖추고 있어 리엔지니어링과 병행하여 도입이 가능하다.

⑨ 계획생산 체제의 구축 및 생산실적 관리가 용이하다.

⑩ 데이터의 중복 및 오류배제: 통합 데이터베이스를 통한 정보의 접근과 공유는 데이터의 중복이나 오류 및 재입력에 따른 비용을 최소화한다.

⑪ 재고관리 능력이 향상된다.

⑫ 수주처리에서 출하 및 회계처리까지 일련의 업무통합으로 고객의 요구에 신속하고 정확하게 대응하여 고객의 만족도를 높여준다.

ERP를 성공적으로 도입한 미국회사를 대상으로 조사한 일반적인 ERP 도입에 따른 기대효과를 보면 평균이익률 29% 증가, 제품적시출하율 95% 이상, 재고감소율 10~40%, 구매비용감소율 5~10%, 조립부문 직원인원 감소율 25~40%, 시간외 근무시간감소율 50%, 업무처리 시간 단축 50% 이상인 것으로 나타나고 있다.

공급체인망관리 SCM

1 SCM의 개념

부품 공급업체의 원자재 공급량과 기업의 제품 생산량, 그리고 소비자의 제품 구입량 등은 기업의 의지대로 일치시키기가 매우 어렵다. 이로 인해 상품 재고는 늘어가는데 판매 활동은 여의치 않거나, 상품은 없어서 못 파는데 부품 조달은 제대로 되지 않아 기회 손실이 발생하게 된다. 부품 공급과 생산, 판매의 흐름을 연결하여 하나의 기업이 움직이는 것처럼 전체 프로세스를 통합 관리할 경우, 기업의 경쟁력 제고에 커다란 도움을 줄 수 있다.

이러한 측면에서 최근 주목받고 있는 시스템이 바로 SCM(Supply Chain Management : 공급망관리)이다.

공급망관리의 개념은 사실 새로운 것이 아니라, 기존 물류관리의 개념이 확장된 것이다. 물류관리가 주로 조직 내부의 물류 흐름을 최적화하는데 초점을 두었던 반면, 공급망관리는 내부 물류 흐름뿐만 아니라 외부 물류 흐름의 통합에도 초점을 두고 있다. 여기서 외부 물류 흐름이란 부품/자재 공급업체와 같은 상류 기능과 도소매업체와 같은 하류 기능을 포괄하는 것이다.

공급망관리가 상류 기능과 하류 기능을 유기적으로 연결시켜 주는 것이기 때문에, 일부에서는 수직 계열화와 혼동되어 사용되기도 한다. 그러나 공급망관리는 분명히 수직 계열화와 다르다. 수직 계열화는 보통 상류의 공급자와 하류의 고객을 해당 기업이 직접 소유하는 것을 의미한다.

이는 과거 기업 성장을 위한 바람직한 전략으로 여겨지기도 했으나, 최근 각 기업들이 차별적 우위를 확보하고 있는 분야만을 집중 육성·관리하고, 그밖의 것은 아웃소싱을 통해 처리함에 따라 그 중요성이 상대적으로 약해지고 있다. 특히 향후 아웃소싱 등을 통한 기업 활동이 활성화될 경우, 공급망관리의 적용 범위 및 대상은 더욱 넓어진다고 할 수 있다.

2 SCM의 배경

SCM 혁명을 가능케 한 배경으로 정보혁명의 진전을 들 수 있다. 특히 인터넷의 폭발적인 성장이 크게 영향을 미쳤다고 볼 수 있다. 인터넷의 탄생은 미국국 방성의 고등 연구계획국ARPA이 1969년에 발족시킨 ARPANET에서 시작되었다. 그 후, 많은 연구자들 사이에서 정보공유의 툴로서 성장하였으며, 1990년대부터는 일반적으로 상용화되고 있다.

1) 인터넷의 성장

1993년에 13만 대였던 호스트 수는 불과 5년만에 무려 90배 이상이나 증가했다. 인터넷의 특징은 네크워크 전체를 관리하는 주체가 없기 때문에 이용이 자유롭고, 이용료가 싸다는 점에 있다. 네트워크는 상용 정보제공자나 정부, 자발적 정보제공 조직의 다양한 네트워크가 상호간에 접속되어 생겨났다.

인터넷은 전세계의 '데이터 프리웨이'라고 말할 수 있다. 데이터 프리웨이는 시간과 공간을 압축시키고, 전세계인과 업계가 아주 간단한 방법으로 서로를 알 수 있으며, 대화할 수 있는 글로벌 세계를 창출해 냈다.

2) e-비즈니스의 본격화

전세계적으로 데이터 프리웨이를 활용한 다양한 비즈니스 전개가 본격화되고 있다. 닐렌 미디어 리서치사에 따르면 인터넷을 이용한 쇼핑이나 온라인 뱅

킹을 이용하고 있는 사람은 약 250만 명에 이른다고 한다. 특히 CD^{Compact Disk}는 날개돋친 듯이 팔리고 있으며 약 350개의 사이트가 있다고 한다. 상위 5개의 사이트에서는 매월 2만 5천장 이상의 CD가 팔리고 있다고 한다.

인터넷을 통한 전자상거래는 소비자와 기업을 직접적으로 연결하는 역할을 한다. 따라서 중간유통단계를 과감히 없애고, 저비용 유통을 가능하게 한다. 또한 소비자와 직접 커뮤니케이션이 이루어지므로 기업은 소비자와의 요구와 취향, 그리고 수요 동향까지 정확히 파악할 수 있다. 더 나아가서는 효과적인 신상품 개발이나 수요에 연동된 생산도 가능하다.

3 SCM의 유형

미국, 일본 등 선진국 기업의 경우, 과거 수년에 걸쳐 여러 산업 부문에서 공급망관리를 위한 선도적인 기법들을 개발해 왔다. 이러한 기법들은 정보시스템을 주요 기반으로 한다는 공통점을 가지고 있다. 해외 선진 기업의 사례를 볼 때, 공급망관리는 다음 몇 가지 유형으로 분류할 수 있다.

1) 첨단 전자기술의 활용 유형

전자문서 교환이나 전자자금 결제, 전자카달로그, 전자게시판 등이 대표적인 예이다. 상품 주문서나 지불확인서 등을 전자 메일을 통해 주고받음으로써 정보 유지 및 보안 문제를 해결해 주고, 업무처리 시간뿐만 아니라 불필요한 업무를 대폭 절감할 수 있다.

2) 공급자 주도의 재고관리 유형

QR^{Quick Response}과 JIT^{Just-in-Time}가 대표적인 예이다. QR은 소매업자와 공급업자가 상품 판매 정보를 공유하여 소비자의 구매 패턴에 맞게 상품 공급 주기를 개선하는 것이다. 반면, JIT는 주로 생산 계획에 따라 생산에 필요한 원재료나 부품을 필요한 시간에, 필요한 공정에, 필요한 수량만큼 공급하여 생산 공정 상의 재고를 최소화하는 방식이다.

3) 중앙집중관리 유형

각종 절차나 방식이 모든 작업 현장에서 동일하게 적용될 때 최대한 효율을 올릴 수 있으며, 거래 물량이 경제적 규모 이상이 되어야 최대한 효과를 발휘할 수 있다. 이를 위해서 중앙물류센터를 설치, 구매와 배송 절차를 단순화하여 구매 단가나 운송 단가를 최소화하고, 각 점포의 상품 배송 주기를 단축하는 방식이다. 이러한 방식이 진일보한 것이 물류센터를 상품 이동의 중개기지로서 활용하는 Cross Docking이다.

Chapter

16

4차산업혁명과 경영

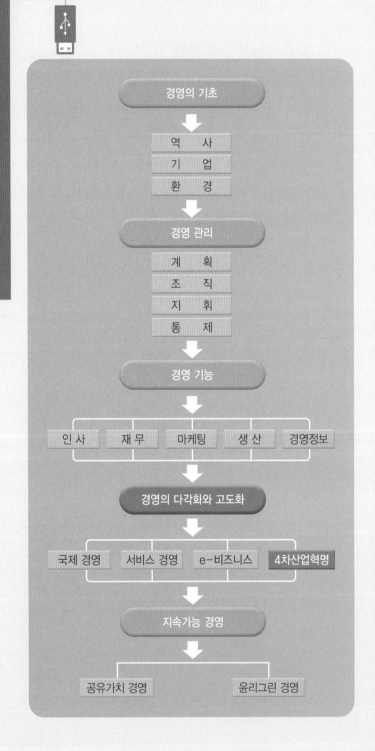

경영의 기초

역　사
기　업
환　경

경영 관리

계　획
조　직
지　휘
통　제

경영 기능

인　사　　재　무　　마케팅　　생　산　　경영정보

경영의 다각화와 고도화

국제 경영　　서비스 경영　　e-비즈니스　　4차산업혁명

지속가능 경영

공유가치 경영　　　　　　윤리그린 경영

유비쿼터스

1 유비쿼터스 시대의 도래 및 특성

1) 유비쿼터스의 의미

유비쿼터스^{ubiquitous}란 "동시에 모든 곳에 존재한다"라는 의미를 지닌 라틴어이다.

즉, "anywhere, anyplace"를 실현하는 신개념의 컴퓨터혁명을 말하는 것으로 '유비쿼터스 컴퓨팅'을 지칭한다. 유비쿼터스 컴퓨팅에 대한 개념은 1988년 미국 제록스사의 마크 와이저^{Mark Weiser}에 의해 제시되었다. 따라서 유비쿼터스 컴퓨팅이란 '칩이나 센서와 같이 아주 작아서 도처의 모든 사물 속에 집어넣거나, 휴대할 수 있고, 이들을 무선으로 연결시켜 주는 것'을 의미한다. 이러한 기본개념 은 'Invisible computer + Calm & Silent technology'가 혼재된 개념에서 출발하며, 향후 차세대 IT 혁명의 핵심 동인으로서 사회적·경제적으로 커다란 변화를 가져올 것으로 예상된다.

2) 유비쿼터스 환경

언제 어디서나 간단하게 사용자와 단말들이 상호작용 할 수 있는 환경이며 이런 환경에서의 비즈니스 모델은 'e-commerce'라고 한다.

유비커터스 환경을 구현하기 위한 요소들은 첫째, 광대역통합망 확산 및 고도화, 무선·모바일 네트워크 고도화 기술이 있어야 하며, 둘째, 단절없는 접속기술로서 네트워킹^{IPv6}기술과 장치접속기술^{Grid}이 전제되어야 하고, 셋째, 초소형 칩·센서기술^{MEMS}이 요구되는데, MEMS는 미세전자기계시스템으로서 전자기술, 기계기술, 광 기술 등을 융합하여 마이크로 단위의 작은 부품 및 시스템을 설계, 제작하고 응용하는 기술을 말한다.

3) 유비쿼터스 특징

유비쿼터스의 특징으로는

첫째, 유비쿼터스 컴퓨터는 네트워크에 접속될 수 있어야 한다.

둘째, 유비쿼터스 컴퓨팅에서는 컴퓨터는 '눈에 보이지않는것'이어야한다. '눈에보이지 않는다'는 의미는 어딘가 컴퓨터가 내장되어 있어 이용자가 음성으로 내린 명령을 듣고 작업을 수행해 주는 상태를 말한다.

셋째, 인간에 친화적인 인터페이스를 이용하여 사용자에게 상황에 적합한 서비스를 제공받는 다는 특성을 갖는다.

넷째, 5C의 5Any 향

    (1) 5C: Computing, Communication, Connectivity, Contents, calm

    (2) 5Any: Any-time, Any-where, Any-network, Any-device, Any-service

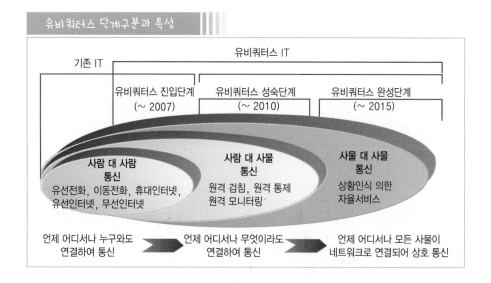

4) 유비쿼터스 사회의 특성

기기조작에 있어서 사람의 노력은 최소화하고 인터페이스 환경이 변화한다. 따라서 현재의 WWW^{World Wide Web}기반의 사회는 HHH^{Hand Held Heaven}기반의 사회로 변화하는데 이는 손에 들고 다니는 모든 것이 바로 정보로 제공되고 그것이 바로 콘텐츠가 되며, 콘텐츠를 포함한 소비생활에 있어서, 환경 및 주변사물이 사용자(소비자)의 욕구 등을 자동으로 인식하여 차별화된 정보 및 편의를 제공하는 사회이다.

따라서 현재의 인터넷 기반의 정보사회는 정보의 과잉으로 인하여 인간성의 상실을 가져왔지만, 앞으로 다가오는 유비쿼터스사회는 개인 맞춤 정보의 제공, 감성 및 감각의 디지털화 등으로 인해 감성과 기술이 결합된 방양으로 나아갈 것이다.

상업사회와 정보사회 그리고 유비쿼터스사회의 특징을 정리하면 다음과 같다.

➡️ 유비쿼터스사회의 특징

시 대	산업사회 (19~20세기)	정보사회 (20세가 말)	유비쿼터스 쇠회 (21세기)
Keywords	생산, 에너지, 기계	20세가 기술15	콘텐츠, 융합
공간	물리공한	전자공간 (Anytime)	전자·물리공간 통합 (Anytime, Anywhere)
특징	물리공간의 축소로 인한 교류와 성장	물리공간의 활동과 기능을 디지털화	초고속 무선 인터넷 사물들의 지능화, 기술, 감성, 문화
소비	물질재화의 소유 (공간, 시장 제약)	네트워크 (일정공간의 제약)	전 국토(공간)의 콘텐츠 시장화 (언제, 어디서나 콘텐츠 향유)
소비의 특징	단순, 획일	신제품, 고기능 선호	차별성, 감성 중시

전자상거래와 유비쿼터스 상거래의 차이점

구 분	전자상거래	유비쿼터스 상거래
주요기술	PC 간의 유/·무선 네트워크를 기반으로 웹기술을 통해 구현	PC, 테블릿 PC, 칩 등의 다양한 기기들을 무선 네트워크를 이용하여 증강현실 및 웹 현실화 기술을 통해 구현
비즈니스 활동	비즈니스 대상의 의식적인 활동	자율 컴퓨팅 기능의 기기와 사물에 대한 비즈니스 활동
거래 채널	비즈니스 처리는 온라인, 실제 비즈니스는 오프라인	온라인과 오프라인이 통합된 비즈니스 활동
마케팅	고객의 정보에 기반을 둔 마케팅	상황인식 마케팅
비즈니스 영역	국한된 사업영역	새로운 비즈니스 창출 및 비즈니스 프로세스 혁신 가능

자료: 신현규(2004), "유비쿼터스비즈니스모델사업타당성평가체계에관한 연구", 연세대 석사학위 논문.

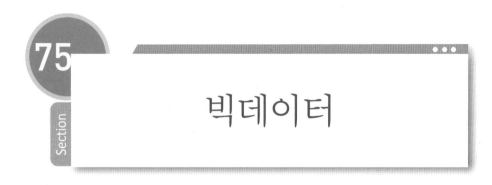

빅데이터

1 빅데이터 Big data 의 개요

아마존 이용고객이라면 해당 인터넷 사이트를 로그인 할 때, 추천도서가 뜬다는 것을 알고 있을 것이다. 이때 추천도서는 일괄적인 것이 아니라 로그인 한 회원마다 달리 나타난다. 아마존은 과거 고객이 구매한 장르, 클릭한 장르 등 방대한 자료를 분석하여 맞춤형 서비스를 제공한다. 한편, 구글은 검색어 추이를 나타내는 'google flu trends'를 통해 어느 지역에서 독감이 유행할 것인지를 예측하며, 월마트는 금요일 밤마다 기저귀 판매대 옆에 맥주를 구비해둔다. 이것이 '빅데이터'의 힘이다.

'빅데이터'란 단지 양이 거대한 데이터만을 의미하는 것이 아니라, 형식이 다양하고 순환속도가 빨라 분석이 어려운 데이터를 통칭한다. 이는 복잡하지만 막대한 잠재가치를 지닌 원석이라 할 수 있다. 빅데이터 분석을 통해 산업부문, 특히 제조업에서 개발·조립 비용의 50%, 운전자본의 7% 절감을 기대할 수 있고, 공공부문으로는 미국 헬스케어 분야에서 연간 3000억 달러, 유럽에서 연간 2,500억 유로의 가치가 창출될 것으로 기대한다. 이러한 빅데이터의 가치에 주목하여 미국에서는 지난해에만 빅데이터 관련 벤처기업에 대한 투자가 36억 달러(3조7800억원)에 달했고, 빅데이터 선도기업인 구글, 애플, 페이스북 등은 빅데이터 분석업체를 인수했다.

413

→표 주요기관별 빅데이터 정의

기관	정의
국가정보화전략위원회	대량으로 수집한 데이터를 활용·분석하여 가치 있는 정보를 추출하고 생성된 지식을 바탕으로 능동적으로 대응하거나 변화를 예측하기 위한 정보화 기술
삼성경제연구소	기존의 관리 및 분석 체계로는 감당할 수 없을 정도의 거대한 데이터의 집합을 지칭하며, 대규모 데이터와 관계된 기술 및 도구(수집·저장·검색·공유·분석·시각화 등)도 빅데이터의 범주에 포함됨
맥긴지	일반적인 데이터베이스 체계가 저장, 관리, 분석할 수 있는 범위를 초과하는 규모의 데이터
IDC(2011)	다양한 종류의 대규모 데이터로부터 저렴한 비용으로 가치를 추출하고 데이터의 초고속 수집, 발굴, 분석을 지원하도록 고안된 차세대 기술

2 빅데이터의 특징

1) 규모 Volume

많은 양의 정보를 처리하는 능력에서 얻는 이익이 빅 데이터 분석의 주요 매력이다. 더 많은 데이터를 갖는 것이 더 나은 모델을 갖는 것보다 낫다. 많은 양의 데이터에 간단한 산수를 적용하는 것이 생각보다 훨씬 효과적일 수 있다. 6가지 요소를 고려하는 것보다 300가지를 고려해 예측한다면 수요를 더 잘 예측할 수 있을까?

규모는 전통적 IT 구조에 가장 직접적 도전이다. 규모는 확장 가능한 저장 공간과 질의에 대한 분산 접근 방식을 요구한다. 많은 회사가 이미 대량의 로그 형태로 보관 데이터를 가지고 있지만, 그것을 처리할 능력은 없다.

데이터 규모가 전통적 관계형 데이터베이스 인프라가 다룰 수 있는 것보다 크다면, 처리 옵션은 크게 Greenplum 같은 데이터웨어하우스 data warehouse 혹은 데이터베이스의 대량 병렬 처리 아키텍처와 아파치 하둡 기반의 솔루션으로 나뉜다. 보통 다른 V요소 중 하나인 가변variety이 작동하는 정도에 의해 선택이 정해진다. 일반적으로, 데이터웨어하우스 접근 방식은 미리 정해진 스키마를 포함하고, 규칙적이고 느리게 변하는 데이터 세트에 적합하다. 반면 아파치 하둡은 처리하는 데이터 구조에 조건이 없다.

하둡의 핵심은 다수 서버에 걸친 분산 컴퓨팅 문제를 위한 플랫폼이라는 점이다. 하둡은 야후가 처음 개발 배포했는데, 이는 검색 인덱스를 컴파일하는 데 구글이 개척한 MapReduce 접근 방식을 구현한다. 하둡의 MapReduce는 여러 서버 간 데이터 세트를 분산하는 것과 데이터에 작업하는 것을 포함한다("map" 단계). 그리고 부분 결과를 다시 결합한다("reduce" 단계).

데이터를 저장하기 위해 하둡은 고유의 분산 파일시스템인 HDFS를 이용하는데, 이것은 다수의 컴퓨팅 노드에서 데이터를 이용할 수 있게 한다. 일반적인 하둡 이용 패턴은 세 단계를 포함한다.

HDFS에 데이터를 로드
MapReduce 작업, 그리고
HDFS에서 결과 추출

Incredible Things That Happen Every 60 Seconds On The Internet
http://www.businessinsider.com

이 과정은 본래 분석적이거나 혹은 인터랙티브하지 않은non-interactive 컴퓨팅 작업에 적합한 배치 작업이다. 이것 때문에, 하둡 자체는 데이터베이스나 데이터웨어하우스 솔루션이 아니지만, 이들의 분석을 도와주는 역할을 할 수 있다.

가장 잘 알려진 하둡 사용자인 페이스북의 모델은 이 패턴을 따른다. MySQL 데이터베이스가 핵심 데이터를 저장한다. 그리고는 친구의 관심에 근거한 사용자 추천을 하는 계산이 이뤄지는 하둡에 반영된다. 페이스북은 결과를 MySQL로 전달하여 페이지에서 사용자에게 이를 제공한다.

2) 다양성Variety

데이터는 좀처럼 완벽히 정렬되고 처리를 위해 준비돼 나타나지 않는다. 빅데이터 시스템의 흔한 주제는 소스 데이터가 다양하고, 관계형 구조에 깔끔히 맞아 들어가지 않는다는 것이다. 이것은 소셜 네트워크의 텍스트, 이미지 데이터, 센서 소스의 직접적 원자료일 수 있다. 이러한 것 중 어떤 것도 애플리케이션에 통합될 준비가 돼 오진 않는다.

어느 정도 보장된 컴퓨터 간 통신인 웹에서도 데이터의 실체는 엉망이다. 다른 브라우저가 서로 다른 데이터를 보내고, 사용자는 정보를 주지 않으며 서로 다른 소프트웨어 버전이나 업체vendor를 사용할지도 모른다. 그리고 처리 과정 일부가 사람을 포함한다면, 분명 에러와 불일치가 있을 것이다.

빅 데이터 처리의 일반적 사용은 사람 혹은 애플리케이션의 구조화된 입력으로 사용하기 위해 구조화되지 않은 데이터를 받아서 정렬된 의미를 추출하는 것이다. 한 예는 어떤 이름이 정확히 무엇을 참조하는지 결정하는 과정인 개체분석entity resolution이다. 이 도시가 영국 런던인가, 텍사스 런던인가? 비즈니스 로직이 이런 문제에 도달했을 때, 단순히 추측하고 싶진 않을 것이다.

소스 데이터에서 처리된 애플리케이션 데이터로 이동 과정은 정보 손실을 포함한다. 당신이 깔끔하게 정리할 때, 결국 어떤 것을 버릴 수밖에 없다. 이것은 빅 데이터 원칙을 강조한다. 가능하면, 모든 것을 유지하라. 버리는 약간의 정보에 유용한 신호가 있을 수 있다. 소스 데이터를 잃는다면, 돌아갈 길은 없다.

대중성과 잘 이해된 특징에도, 데이터가 깔끔히 정리됐을 때라도 그 종점이 반드시 관계형 데이터야 하는 것은 아니다. 어떤 데이터 타입은 어떤 계열의 데이터베이스에 더 잘 맞는다. 예를 들면, XML로 인코딩된 문서는 MarkLogic처럼 XML 전용 저장소에 저장할 때 가장 융통성 있게 사용할 수 있다. 소셜 네트워크 관계는 본래 그래프며, Neo4J 같은 그래프 데이터베이스가 그래프에 더 단순하고 효과적으로 작업한다

▶ 빅데이터 도입 및 활용을 위해 고려해야 할 주요 요소들

전략	• 전략적 일관성 • 핵심 성과지표KPI, 목표 • 가치 정의
데이터 관리	• 경영 관리 프레임워크 • 범위와 영역 • 데이터의 접근 가능성 • 데이터 품질
거버넌스	• 소유권, 통제 • 감시 및 확인
조직 및 노하우	• 사업무서와 IT 부서 간의 조정 • 내부 보고 체계
정보 전달 방법	• 수용 가능한 표준 및 프로세스 • 성과 데이터 분석 • 전략적 일관성 리포팅 • 프로세스 리포팅 • 피드백에 따른 데이터 품질 향상
기술 및 아키텍처와 인프라	• 기법/기술, 애플리케이션, 시스템

자료: deloittr(2011)

극단적 데이터 타입 부조화mismatch가 아닌 곳에서도 관계형 데이터베이스의 단점은 스키마의 정적 특성이다. 시험적 환경인 애자일에서도 계산 결과는 더

417

많은 신호 탐지와 추출과 함께 변화한다. 부분적으로 구조화된 NoSQL 데이터 베이스는 유연성 면에서 이 요구를 만족한다. NoSQL은 데이터 구성에 충분한 구조를 제공하지만, 저장 이전 데이터의 정확한 스키마를 요구하지 않는다.

3) 속도 Velocity

어떤 조직에 들어가는 데이터 증가 비율인 속도의 중요성은 부피의 중요성과 비슷한 패턴을 따랐다. 과거 산업 일부에 제한된 문제가 이제는 훨씬 광범위한 환경에서 드러나고 있다. 금융 트레이더와 같은 전문화된 회사는 빠르게 변하는 데이터를 다루는 시스템이 오랫동안 그들의 장점이 되게 했다. 이제 우리의 차례다.

왜 그럴까? 인터넷과 모바일 시대는 우리가 제품과 서비스를 전달하고 소비하는 방식이 점점 측정되고, 원 제공자에게로 데이터 흐름을 만들어 준다는 것을 의미한다. 온라인 소매업자는 단지 최종 판매만이 아닌 고객의 모든 클릭과 인터랙션에 대한 대량의 기록을 연결할 수 있다. 예를 들면, 부가적 구매를 추천하고 이 정보를 재빨리 이용할 수 있는 자가 경쟁 우위를 얻는다. 고객이 지리정보가 있는 이미지나 오디오 데이터의 스트리밍 소스를 가지고 있기 때문에, 스마트폰 시대에는 다시 데이터 유입률이 증가한다.

문제는 단지 유입되는 데이터 속도만이 아니다. 예를 들면, 나중의 배치 처리를 위해 큰 규모의 저장 공간에 빠르게 변하는 데이터를 스트리밍 하는 것이 가능하다. 입력에서 데이터를 가져와 결정하는 피드백 순환loop 속도가 중요하다. 한 IBM 광고에서 교통 지역의 5분 전 스냅샷snapshot을 갖고 길을 건너지 않는다는 이것의 요점을 지적했다. 당신이 리포트 실행 혹은 하둡 작업 종료를 단지 기다릴 수 없을 때가 있다.

빠르게 변하는 데이터에 대한 업계의 용어는 "스트리밍 데이터" 혹은 "복잡 이벤트 처리" 중 하나로 볼 수 있다. 복잡 이벤트 처리는 스트리밍 데이터가 더 광범위한 관련성이 생기기 전 제품 범주에서 자리 잡은 용어이며, 스트리밍의 인기에 따라 이 용어가 줄어들 것 같다.

스트리밍 처리를 자세히 살펴볼 두 가지 주요한 이유가 있다. 첫째는 입력 데이터가 너무 빨라서 전체를 저장할 수 없을 때다. 저장 요구사항을 현실적으로 유지하려면 데이터 스트림이 들어올 때 어느 정도 분석이 일어나야 한다. 최고 규모인 CERN의 대형 하드론 충돌 가속기^{Large Hardron Collider}는 너무 많은 데이터를 생성해, 과학자가 유용한 데이터를 버리지 않는다는 신념을 갖고 엄청난 대다수 데이터를 버려야만 한다. 스트리밍을 고려할 두 번째 이유는 애플리케이션이 데이터에 즉각적 반응을 요구하는 곳에서다. 모바일 애플리케이션과 온라인 게임 덕분에 이것은 점점 더 일반적 상황이 된다.

스트리밍 데이터를 다루는 생산 범주는 IBM의 InfoSphere 스트림과 같이 확고한 등록 상품과 트위터의 Storm과 야후의 S4와 같이 웹 업계에서 비롯된 덜 세련되고 여전히 신생인 오픈 소스 프레임워크다.

위에서 언급했듯 단지 입력 데이터에 대한 것은 아니다. 시스템 출력 속도 또한 문제 될 수 있다. 피드백 순환이 더 빠듯해질수록 경쟁우위가 더 커진다. 그 결과가 페이스북 추천과 같이 제품으로 이어지거나, 의사 결정하는 데 사용하는 계기판으로 들어갈 수도 있다.

특히 웹에서 이러한 속도에 대한 필요성은 이미 계산된 정보의 빠른 추출에 최적화된 키-값 저장과 컬럼이 있는 데이터베이스 개발을 주도했다. 이 데이터베이스는 NoSQL이라는 큰 범주 일부를 형성해 관계형 모델이 꼭 맞지는 않는 곳에 사용한다.

빅데이터의 세 가지 특성

규모	다양성		속도
MB, GB 단위 규모	정형 데이터	비정형 데이터	유통 활용 주기 몇 시간~몇 주
TB, PB, EB 단위	고객 신상 데이터 매출 데이터 재고 데이터 회계 데이터 등	동영상 음악 메시지 소셜 미디어 위치정보 게시물	분, 초 단위 유통 활용

빅데이터의 산업별 기여

제조업의 경우 공급사슬 분야, 클라우드 소실 주문 생산 등이 빅데이터의 활용이 기대되고 있다. 금융업은 점포에서의 생산성 향상, 맞춤화된 금융 서비스, 예측에 의한 금융상품 등이 전망된다. ICT 산업은 서비스 제공의 자동화가 더욱 촉진되고, 개인화된 콘텐츠 제공을 위한 분석 기법의 활용이 높아지며, 사용자 주도의 플랫폼을 통한 신규 서비스들이 등장할 전망이다. 소매유통업은 오프라인 채널에서 온라인 채널로 판매 통로가 이동하고, 온라인에서 다양한 고객 경험을 유발하고 분석하는 데 빅데이터를 활용하는 일이 많아질 것이다.

빅데이터가 기여할 산업별 분야의 예

	생산성	발견/의사결정	새로운 고객가치
제조업	• 데이터 분석기반 탐색 • 디지털 실시간 공급사슬 및 생산라인	• 클라우드 소싱 및 고객 실험실	• 주문생상 • 디지털 프로토타이핑 및 테스팅 • 온디맨드 클라우드
금융업	• 가상 브랜치/셀프서비스 • 프로세스의 시작부터 끝까지 디지털화	• 맞춤화된 보험 • 맞춤화된 채널 • 전사적 위험관리	• 고속 트레이딩 • 분석기법 기반예측 • 디지털 지갑/수신/대출
ICT 산업	• 자동화된 서비스 제공 • 디지털화된 서비스 생상 • 콘텐츠 관리	• 개인화된 콘텐츠 • 디지털/소셜 마케팅	• 사용자 주도의 플랫폼을 통한 콘텐츠 및 서비스 창출 • 디지털화된 통합 서비스
소매 유통업	• 재고 자동 배치 • 트래킹	• 디지털화된 상품 및 서비스와 관련된 의사결정	• 가상상품 • 가상상점 • 주문판매
공공부문	• 전자정부 • 교통/환경 관리	• 전자민원 수집 및 분석 • 예방적 보건/치안	• 디지털 신원확인 • 스마트 시티 • 센서 신호프로세싱
의료서비스	• 만성질병관리 • 진료 프로세스 효율화	• 게놈 정보 해독 • 맞춤화된 질병관리	• 환자들 스스로에 의한 의료서비스 • 온라인 행복서비스

자료: Booz&Company(2011). "The next wave of digitization setting your direction, building your capabilities."

공공부문과 의료 서비스에서는 일상적으로 반복되는 교통/환경/진료 관리 업무에서의 생산성 향상 및 치안/질병 등 예방적 업무에서의 빅데이터 발견과 의사결정이 예상된다.

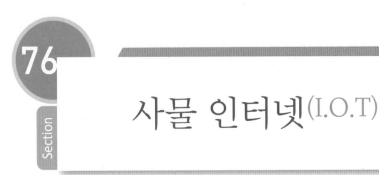

사물 인터넷(I.O.T)

1 사물 인터넷Internet of Things의 정의와 범위

'Internet of Things'IoT란 용어는 1999년 케빈 에쉬튼Kevin Ashton에 의해 처음 사용 되었다.Ref.: That 'Internet of Things' Thing

정보통신용어사전에서는 IoT를 '인간·사물·환경 등 모든 사물이 네트워크에 연결되어 언제 어디서나 다양한 장치로 관련 정보를 쉽게 이용할 수 있는 통신망. 인간, 자연물, 사물이 통신하면서 지능 공간 서비스를 제공하는 통신망'이라고 정의하고 있다.

그러나 여러 연구와 각종 보고서로부터 다양한 IoT에 대한 정의가 존재한다. HP Labs의 닉웨인라이트Nick Wainwright는 Innovate 11 - Internet Of Things Panel에서 IoT를 다음과 같이 정의하기도했다.

Services + Data + Networks + Sensors = Internet of Things

사물 인터넷Internet of Things, IoT이란 유무선 네트워크를 통해 물건끼리 다양한 정보를 주고 받음을 일컫는다. 일상 생활에서 우리가 흔히 접할 수 있는 사물 인터넷은 하이패스, 버스정류장 도착 알림판 등을 꼽을 수 있다.

사물 인터넷은 최근 새롭게 등장한 기술이라기보다는 꾸준히 우리 생활과 밀접한 연관을 가진 기술이다. 1999년 MIT의 Kevin Ashton이 사물 인터넷이란 용어를 처음 사용했으며 2000년대 이후 지속적 발전을 통해 단말기가 경량화, 소형화됐다. 그 결과 지금은 산업 뿐만 아니라 일상 생활에도 널리 활용되고 있다. 2000년대 초 사물 인터넷은 신속한 물류 처리를 위해 RFID와 같은 칩을 이용하는 단계로 출발했다. 2010년대를 전후해 보안, 헬스케어, 운송 및 문서 관리 등 다양한 산업 분야에 응용되면서 발전하고 있다. 사물인터넷의 적용 범위는 시간이 지날수록 확대될 전망이다.

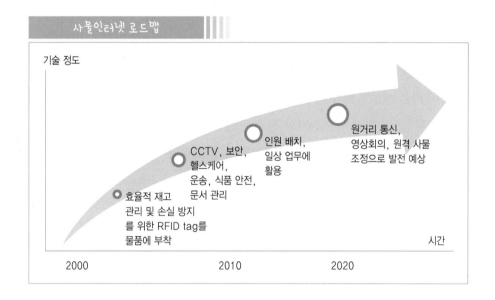

2 사물 인터넷의 3대 요소

1) 센서네트워크 (정보 수집)

앞서 IOT의 개념 및 적용범위에 대해 살펴보았다. 그렇다면 구체적으로 어떻게 이런 시대가 가능하게 되고, 앞으로 어떤 기술이 이런 세상을 가능하게 할 것인가? 당뇨병을 앓고 있는 환자를 통해 어떤 방식으로 24시간 IOT를 접목한 의료서비스가 가능한지 따져보면 쉽게 이해가 될 것이다.

당뇨병을 앓고 있는 환자는 집안의 TV나 컴퓨터 또는 테블릿 PC를 통해 주치의로부터 진료를 받고 자신의 몸 상태를 파악하게 된다. 정해진 시간에 혈당을 체크하고 병원에 가서는 대기시간 없이 바로 처방을 받을 수 있다.

이때 중요한 것이 센서다. 우리주변의 모든 것들에는 센서가 부탁된다. 침대 약통, 혈당체크기 등에 붙은 센서는 24시간 정보를 내보낸다. 센서 네트워크를 통해 정보를 실시간으로 수집하는 것이다.

2) 빅데이터(인사이트 추출)

센서가 보낸 정보는 한 곳에 모이게 된다. 엄청나게 모인 데이터, 바로 빅데이터다. 이 빅데이터는 단순한 정보이지만, 이 정보를 유의미한 인사이트로 만드는 것이 바로 정보분석이다.

수면, 투약, 혈당 등 당뇨환자의 몸과 주변 습관에 대해 24시간 쏟아져 나오는 데이터를 실시간으로 분석해 문제가 있다는 점을 파악하는 것이 바로 인사이트 추출을 하는 것이다.

인사이트를 쉽게 말하면 '지혜'라고 할 수도 있고, '지능형 정보'라고 할 수도 있다.

3) 클라우드(인사이트 활용)

인사이트는 언제 어디서든 쉽게 활용할 수 있어야 한다. 이를 가능하게 하는 것이 바로 '클라우드'다. 주치의 영상을 통해 당뇨환자가 언제 어디서든 인사이트를 접하고 적절한 조치를 추하는 것은 이 클라우드가 있기 때문에 가능한 것이다.

정보를 수집하는 단계에서의 '센서 네트워크', 그리고 데이터가 쌓이는 '빅데이터'와 이를 통한 인사이트 추출, 마지막으로 인사이트 활용을 위한 '클라우드', 이 세가지가 바로 IOT의 기본적인 요소라고 할 수 있다.

3 사물 인터넷의 성장 가능성

가트너, IEEE(Institute of Electrical and Electronics Engineers, 전기 전자 기술자협회), 맥킨지 등 세계 주요 기관에서는 이미 사물 인터넷을 2014년을 선도할 기술트렌드 중 하나로 선정했다. 전일 종료된 MWCMobile World Congress에서도 사물 인터넷은 주목받았다.

사물 인터넷이 차세대 기술로 각광받는 이유는 무한한 성장 가능성 때문이다. PC나 모바일 기기는 한 사람당 1~2대로 사용이 제한되지만, 적용 가능 범위가 넓은 사물인터넷은 사실상 한 사람이 동시에 여러가지 단말기에 노출될 수 있다. IT 전문 조사기관인 가트너는 2013년 0.3조 달러 규모인 사물 인터넷의 경제적 부가가치가 연평균 20%씩 증가해 2020년 1.9조 달러까지 이를 것으로 전망했다. 대표적으로 제조업, 헬스케어 부문, 보안 등에서 사물 인터넷의 활용도가 가장 높을 것으로 예상됐다.

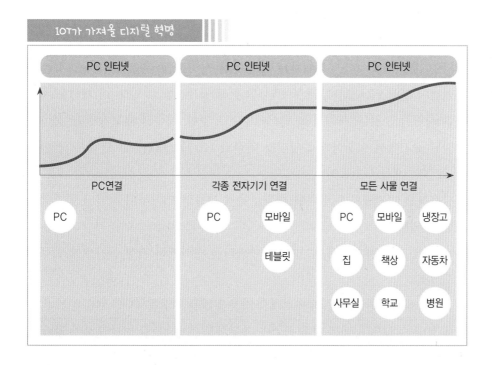

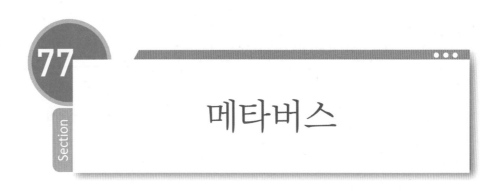

77 Section

메타버스

1 메타버스의 개념

초월을 의미하는 영어 단어인 Meta와 우주를 뜻하는 Universe의 합성어인 Metaverse, 즉 메타버스는 온라인 생활의 모든 측면이 하나의 가상 현실 공간에 통합되는 인터넷의 진화 단계이다. 단어가 가리키는 바에 의하면 현실세계를 확장시킨 모든 것을 두고 메타버스에 속한다고 볼 수 있을 것입니다. 온라인 연결의 미래를 바꿀 메타버스에서는 거의 모든 서비스, 플랫폼, 웹사이트, 애플리케이션이 단일 VR 인터페이스(예 헤드셋)를 통해 액세스할 수 있다. 이 개념을 지지하는 사람들은 업무, 사회생활, 엔터테인먼트 경험, 예술적 추구가 모두 하나의 연결된 공간에서 이루어지고 인터넷 연결과 VR 시스템만 있으면 누구나 이용할 수 있는 세상을 만들어낼 수 있다.

사용자는 디지털로 렌더링된 회의실에서 동료와 대화하며 사이버 공간에서 일할 수 있다.

그 후에는 전 세계에서 온 맞춤형 아바타들 사이에서 가상 콘서트에 참석할 수도 있다.

콘서트가 끝나면 게임을 하거나 예술 작품을 만들거나 친구들과 채팅을 하며 시간을 보낼 수 있으며, 바쁜 하루 중 어느 순간에도 메타버스를 떠날 필요가 없다.

스마트폰의 카메라를 비추면 현실 배경으로 3D요소가 나타나게 해주는 앱들은 물론, 넓은 의미에서는 현재의 인터넷 공간도 메타버스의 언저리에 포함될 수 있습니다.

메타버스 관점은 증강현실, 가상현실, 혼합현실 등을 모두 포괄합니다.

이런 의미에서 기존에 존재하던 서비스들에 대해 버즈워드를 붙였을 뿐이라고 여길 수도 있는데요. 그러한 서비스들이 규모적, 질적 측면으로 발전하면서 현실세계에 미치는 영향이 커짐에 따라 세계관의 틀 자체를 변화시키는 특이점을 향해 가고 있습니다.

이러한 변화의 물결에 대해 원활히 소통하기 위해서는 '메타버스'라는 단어와 개념이 필요하다고 여겨집니다.

그러나 현실세계와의 연동성, 밀접성 측면에서 스마트폰의 증강현실 앱이 메타버스란 것을 떠올릴 때 좀 더 가깝게 느껴집니다.

 ## 2 메타버스 작동원리

메타버스는 현대 인터넷과 매우 유사한 방식으로 작동하지만, 서로 다른 서비스와 웹사이트 간의 시너지 효과가 더 커지고 훨씬 더 많은 VR 통합이 가능합니다.

현재는 하나의 애플리케이션(인터넷 브라우저)을 사용하여 단일 기기(예 노트북)를 통해 대부분의 온라인 플랫폼과 리소스에 액세스할 수 있습니다. 간단히 말해 메타버스는 노트북을 VR 헤드셋으로 교체하고 브라우저를 통해 액세스할 수 있는 모든 페이지를 VR과 호환되도록 재구성하는 현재 시스템의 보다 몰입감 있는 버전입니다.

하지만 많은 사람이 꿈꾸는 메타버스는 단순한 VR 인터넷 그 이상입니다. 어떤 사람들은 물리적 현실과 사이버 공간이 융합되어 사용자가 기기나 물리적 공간을 전환하지 않고도 생활하고, 일하고, 사교하고, 창작할 수 있는 디지털 세계가 되기를 희망합니다.

공상 과학 소설처럼 들릴지 모르지만, 이러한 버전의 메타버스를 구현하기 위한 기술은 이미 개발되는 과정 중에 있습니다.

 ## 3 메타버스 기술

1) 가상현실 및 증강현실

웨어러블 VR 및 AR 기술은 메타버스 경험의 필수 구성 요소입니다. 현재 VR 헤드셋이 널리 보급되어 있으며, 메타 퀘스트 2(Meta Quest 2, Facebook의 전신인 Meta에서 제작)와 같은 기기를 통해 사용자는 다양한 VR 경험을 할 수 있습니다.

디지털 환경에 완전히 몰입하는 대신 주변 환경에 시각적 요소를 추가하는 기술인 증강 현실 기술도 중요합니다. 증강현실은 현실 세계와 메타버스 사이의 간극을 메워줍니다. 구글 글래스와 같은 AR 웨어러블 기기의 초기 시도는 실패했지만, 메타를 비롯한 거대 기술 기업들은 현재 새로운 AR 시스템을 개선하는 과정에 있습니다.

2) 3D 모델링

사용자의 3D 환경을 모델링하는 시스템은 몰입형 메타버스 경험에서 중요한 역할을 할 수 있습니다. 메타의 CEO인 마크 저커버그는 메타버스 사용자 주변의 공간을 스캔하고 매핑하는 기술을 구축할 계획이며, 여기에는 집안의 카메라 네트워크가 포함될 수 있다고 설명했습니다.

이론적으로 3D 모델링은 사용자가 가상 세계에서 보다 실제와 같은 경험을 할 수 있게 해줄 수 있습니다. 디지털 공간에서 시간을 보내면서 펜싱이나 춤과 같은 활동을 하고 싶다면 헤드셋을 통해 벽이나 가구와 같은 물리적 환경 요소를 가상 공간에 통합할 수 있습니다. 이렇게 하면 사고와 충돌의 위험이 줄어듭니다.

3) 블록체인

블록체인이란 대중의 담론에서 메타버스와 자주 연관되는 또 다른 혁신 기술입니다. 블록체인은 어떻게 작동할까요?

간단히 말해 블록체인은 데이터를 지우거나 소급하여 변경하기가 매우 어려운 탈중앙화된 원장 또는 데이터베이스입니다. 이는 암호화폐와 대체 불가능한 토큰을 가능하게 하는 시스템이며, 일부에서는 메타버스에서 재산 소유권을 뒷받침하는 데 사용될 수 있다고 주장합니다.

예를 들어, 메타버스에서 아바타가 입는 옷 아이템을 블록체인에 저장하여 나만이 소유권을 갖는 고유한 자산(본질적으로 NFT)으로 만들 수 있습니다.

이는 블록체인의 실행 가능한 기능이지만, NFT 보안이 취약한 것으로 악명이 높기 때문에 널리 채택되지는 않을 것입니다. 메타버스가 궁극적으로 어떤 형태를 취하든, 블록체인 대신 데이터베이스에 정보를 저장하기를 원하는 메타 같은 거대 기술 기업이 메타버스를 소유하고 촉진할 가능성이 높다는 점을 기억하세요.

4) 메타버스 구현을 위한 기술융합

우리가 페이스북, 트위터, 인스타그램, 블로그 등에 남겨오는 우리의 일상정보나, 넷플릭스를 이용한 시청기록, 애플와치와 같은 웨어러블 디바이스로 발생하는 심박수나, 운동횟수 등 각종 기록들을 통칭하여 '라이프 로깅 Lifelogging'이라고 부릅니다.

이러한 라이프로깅 데이터를 사용하여 필요한 상품이나, 각종 서비스, 정보 등을 제공하거나 의료나 금융, 구인 등에서 사람을 분석하고 파악하는 용도 등으로 쓰일 수 있습니다. 하나의 데이터 처리 생태계가 생기게 된 것입니다.

현실세계에 영향을 미치고 상호작용하는 라이프로깅 데이터로 이루어진 또 하나의 방대한 데이터 세계로 볼 수 있습니다. 그리고 이것을 '라이프로깅 메타버스'라고 부를 수 있습니다.

이러한 라이프 로깅 메타버스는 여러가지 데이터로 구축될 텐데요. 이러한 데이터는 4차산업혁명으로 일컬어지는 다양한 기술들로 인해서 동시다발적으로 발생하고 융합하게 됩니다.

우리가 냉장고에 자주 보관해두고 소비하는 품목을 체크한 로그들은 사물인 터넷IoT기술로 수집될 것이고, 운동할 때 수집되는 데이터들은 웨어러블 디바이스를 통해 수집됩니다.

자율주행차량을 사용하면서 이동경로나 차량내부에서 이용하는 게임이나 영화 등 각종 활동들 등은 자율주행차량에 탑재된 인공지능이나 이용하는 앱 자체의 사용기록 로그 등을 통해 파악이 될 것입니다. 그리고 이러한 데이터의 취합과 가공 처리에는 빅데이터와 인공지능, 클라우드 컴퓨팅, 초연결 통신들이 결합된 '융합기술' 들이 활용됩니다.

이러한 로그들은 우리가 게임을 하거나 소셜 앱을 이용하거나 책을 읽거나 쇼핑을 하는 등 다양한 활동에 영향을 줄 수 있습니다. 게임속에서는 자신이 좋아하는 브랜드나 디자인을 사용한 캐릭터의 스킨이 구매광고를 할 수가 있을 것이며, 소셜 앱에서는 기호에 맞는 음식 전문점에 대한 후기 글이 유독 눈에 많이 띄게 될 수도 있습니다.

어제 저녁에 시청한 드라마에서 나왔던 밀키트 식품의 할인 정보가 냉장고문을 열자 지금 주문하면 내일 도착한다고 알려주고, 스마트카의 AI는 탑승자의 혈압과 체온 데이터를 웨어러블에서 전달받고 의료기관에 방문할 것을 확인하고 도착시간을 예상하여 진료예약을 할 수도 있습니다.

4 메타버스 활용사례

메타버스는 엔터테인먼트부터 업무에 이르기까지 다양한 사용 사례를 가지고 있습니다. 일부는 아직 이론적이지만, 일부는 지금 바로 경험할 수 있습니다.

비즈니스와 업무 – 원격 근무와 Zoom 미팅의 시대에 살고 있는 우리는 이미 인터넷에 의존해 업무를 수행하고 있습니다. 메타버스는 보다 자연스럽고 협업적인 업무 환경을 제공할 수 있습니다. 회의는 몰입형 VR 공간에서 열릴 수 있으며, 팀원들은 디지털 아바타를 통해 만나 실제 회의실에서와 같은 유대감을 느낄 수 있습니다. 메타버스 개념을 지지하는 사람들은 사무실 경험의 장점은 그대로 유지하면서 원격 근무의 이점을 누릴 수 있는 방법이라고 말합니다.

❶ 엔터테인먼트: 메타버스는 이미 음악 콘서트나 해외 여행에서부터 멀티플레이어 게임까지 몰입형 엔터테인먼트 경험의 장으로 활용되고 있습니다. 온라인 배틀로얄 프랜차이즈인 포트나이트는 게이머가 가상 세계에서 공연을 관람할 수 있도록 여러 차례 대규모 음악 이벤트를 개최했습니다. 메타버스 엔터테인먼트의 장점은 지리적 장벽을 없앴다는 점입니다. 콘서트와 스포츠 이벤트에 직접 참석하지 않고도 몰입감 넘치는 가상 경험을 할 수 있습니다.

❷ 교육: 메타버스는 VR 및 AR 시스템에 기반을 두고 있기 때문에 교육 및 훈련 목적에 강력한 도구가 될 수 있습니다. 학생들은 대학이나 대학 캠퍼스에 직접 출석할 수 없더라도 가상현실 환경에서 수업을 들을 수 있습니다. 코로나19 팬데믹의 여파로 메타버스 기술이 교육 시스템에 어떻게 도움이 될 수 있는지 쉽게 알 수 있습니다.

❸ 사교 및 여가: VR 기반 인터넷의 몰입형 특성은 이론적으로 디지털 공간에서의 사회적 연결을 더욱 효과적으로 만들 수 있다는 것입니다. 집을 떠나 친구들이 보고 싶을 때 헤드셋을 착용하고 메타버스의 가상 세계에서 친구들을 만나는 상황을 상상해보세요. 앞서 설명한 엔터테인먼트 이벤트에 참여하든, 게임을 하든, 그냥 어울리든, 메타버스에서의 사회적 상호 작용은 현재의 인터넷보다 더 현실감 있고 설득력 있는 경험이 될 수 있습니다.

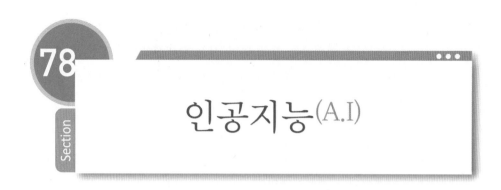

78 Section

인공지능(A.I)

1 인공지능 개념AI, Artificial Intelligence

인공지능은 인강의 학습능력과 추론능력 그리고 언어이해능력을 컴퓨터 프로그램으로 실현하는 학문 또는 기술이다. 사람의 지능과 마찬가지로 '문제해결능력', '학습', '범용성'의 세 가지 특징을 가지고 있다.

1) 문제해결능력

수식을 계산하거나 사신 속 대상을 판단하는 등 문제를 해결하기 위한 지능적인 행동을 의미한다.

2) 학습

과거에는 지능을 구현하기 위해 인간이 직접 모든 과정에 참여하였으며, 복잡한 문제를 설계해야할 경우 인간 스스로의 계산은 불가능했다. 이를 해결하기 위해 입력과 출력의 데이터를 제공하고 수많은 규칙을 파악할 수 있도록 기계적 언어를 설계하였는데, 이것이 바로 '머신러닝', '딥러닝'이다.

3) 범용성

딥러닝 모델을 수정하여 다양한 분야에서 응용이 가능하도록 재설계가 가능하다.

4) 인공지능의 역사

1950-1970 태동기	1970-1990 제1차 AI산업화	1990-2010 과학적 방법론 도입	2010-현재 제2차 AI산업화
• 튜링의 사고기계 제안('50) • 인공지능 탄생('56) • 열정, 과열, 냉강('60~'70)	• IJCAI학회 창립('69) • AAAI학회 창립('8·지식기반 전문가 시스템('75-'85)의 산업화 • PC등장과 AI빙하기("AI Winter") 도래	• 신경망('86)과 머신러닝 연구 • 베이지안넷('88)과 확률적 추론 연구 • 지능형 에이전트('95)와 로보컵 대회('97)	• 인터넷/웹/소셜 데이터와 머신러닝의 산업화 • 자율주행차, 왓슨, 시리('11) • 딥러닝 기술의 산업화('12~현재)

 2 인공지능, 머신러닝, 딥러닝 차이점

대부분 인공지능AI, 머신러닝Machine Learning, 딥러닝Deep Learning을 비슷한 내용으로 이해하고 있다. 하지만 인공지능은 가장 포괄적 개념이며, 인공지능을 구현하는 대표적인 방법 중 하나가 바로 머신러닝이다. 딥러닝은 머신러닝의 여러 방법 중 하나의 방법론으로 인공신경망Arificial Neural Network의 한 종류이다.

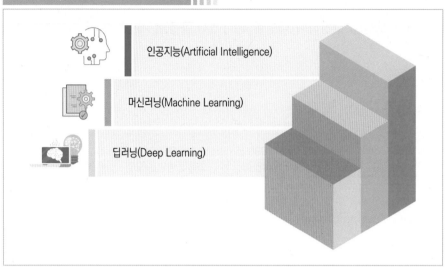

1) 머신러닝Machine Learning

머신러닝은 인간이 할 수 있거나 또는 하기 어려운 작업을 대신 수행할 작업을 기계를 통해 학습을 시키는 일련의 작업을 의미한다. 인간이 직접 프로그래밍할 필요 없이 대량의 데이터를 학습하였을 때 스스로 수정하여 원하는 결과를 얻기 위한 기술이다.

머신러닝은 지도학습, 비지도학습, 강화학습의 세 가지 방법으로 설명할 수 있다.

❶ **지도학습**Supervised Learning은 입력값과 결과값(정답 레이블)을 함께 주고 학습을 시키는 방법으로 분류/회귀 등 여러 가지 방법에 활용된다. 주로 과거 데이터를 기반으로 미래를 예측하기위해 사용된다.

❷ **비지도학습**Unsupervised Learning은 결과값 없이 입력값만 주고 학습시키는 방법으로 데이터를 탐색하여 내부 구조와 유사한 속성을 파악하며, 유사성을 근거로 데이터의 군집화를 도출한다.

❸ **강화학습**Reinforcement Learning은 결과값이 아닌 적합한 행동Action이 발생하였을 때 보상Reward을 주는 방식으로 학습이 진행된다. 로봇, 게임 등에 활용되고 있으며, 일정한 시간 내에 예상되는 보상을 극대화할 수 있는 동작을 수행한다.

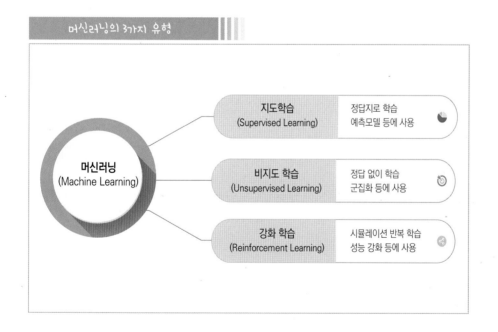

머신러닝의 3가지 유형

2. 딥러닝Deep Learning

딥러닝은 머신러닝과 유사한 개념이다. 머신러닝은 학습에 필요한 데이터를 직접 제공해야 하지만, 딥러닝은 분류에 사용할 데이터를 스스로 학습한다. 딥러닝은 머신러닝에 속하는 대표적인 방법 중 하나로 머신러닝의 3가지 방법론 (지도/비지도/강화 학습)에 적용할 수 있다.

79 Section

CAHT GPT

1 Chat GPT 개념

오픈에이아이^{Open AI}가 2022년 11월 30일 공개한 대화 전문 인공지능 챗봇으로, 오픈에이아이에서 만든 대규모 인공지능 모델인 'GPT-3.5'언어 기술을 기반으로 한다. Chat GPT의 Chat은 채팅의 줄임말이고 GPT는 'Generated Pre-trained Transformer'의 앞 글자를 딴 것이다. 챗GPT는 사용자가 대화창에 텍스트를 입력하면 그에 맞춰 대화를 함께 나누는 서비스로, 공개 5일만에 하루 이용자가 100만 명을 돌파하였다. 질문에 대한 답변은 물론 논문 작성, 번역, 노래 작사 및 작곡, 코딩 작업 등 광범위한 분야의 업무 수행까지 가능하다는 점에서 기존 AI와는 확연히 다른 면모를 보이고 있다.

2 Chat GPT 특징과 역할

Chat GPT는 인간과 비슷한 대화를 생선해 내기 위해 수백만 개의 웹페이지로 구성된 방대한 데이터베이스에서 사전 훈련된 대량 생성 변환기를 사용하고 있다. 이는 사람의 피드백을 활용한 강화학습^{Reinforcement Learning}을 사용해 인간과 자연스러운 대화를 나누고 질문에 대한 답변도 제공한다. 대화의 주제는 지식정보 전달은 물론 창의적 아이디어에 대한 답변 및 기술적 문제의 해결방안 제시 등 매우 광범위하다. 또 대화의 숨은 맥락을 이해하거나 이전의 질문 내용과 대화까지 기억해 답변에 활용하는 등 기존의 챗봇과는 확연한 차이를 보이고 있다.

3 Chat GPT 화재와 논란

1) 교육계 논쟁

Chat GPT는 공개 이후 특히 교육·연구 분야에서 뜨거운 논쟁을 일으키고 있다. 이는 Chat GPT가 기존 챗봇과는 달리 방대한 양의 전문 지식을 담은 에세이와 논문을 순식간에 써 내려가는 능력을 갖춘 것이 확인되었으며, 실제로 미국의 교육현장은 학생들이 Chat GPT가 작성한 글을 과제로 제출하는 일이 발생되고 있다. 이에 뉴욕과 시애틀의 공립학교에서는 교내 와이파이망과 컴퓨터를 통한 Chat GPT 접속을 차단하는 조치를 내리기도 하였다. 미국 일부 대학에서도 Chat GPT로 작성된 에세이를 제출한 사례가 적발되었으며, 이에 일부 대학에서는 AI를 이용할 수 없는 구술시험 및 그룹평가를 늘리고 학내 규정에 'AI를 활용한 표절'을 포함시켰다.

2) MBA, 로스쿨, 의사면허 통과

Chat GPT는 미국의 명문 경영전문대학원MBA인 펜실베이니아대의 와튼스쿨에서 치러진 필수 과목(운영과실) 기말시험에서 평균 이상인 B-에서 B사이의 성적을 받은 것으로 알려졌다.

미국 미네소타주립대 로스쿨 시험에서는 C⁺점수를 받으며 과목을 수료할 수 있는 성적을 거뒀고, 캘리포니아 마운틴뷰의 의료기관인 앤서블헬스 연구진이 Chat GPT가 MBA·로스쿨·의사면허시험까지 통과하였다.

4 Chat GPT 장/단점

Chat GPT장점으로는 자연어 생성, 이해, 대화 처리를 위한 다양한 응용 가능성을 가지고 있으며, 이를 통래 인공지능 챗봇, Q&A 시스템, 자동번역기 등 다양한 응용 사례를 제공할 수 있다는 것이다. 하지만 단점으로는 학습 데이터의 편향된 문제로 인해 정확하지 않은 답변을 얻을 수 있다.

5 Chat GPT 기술

원래 오픈AI는 2018년부터 GPT-1이라는 인공지능을 선보여 왔다. 그리고 지금까지 GPT-3의 여러 오류를 개선해 GPT-3.5를 만들었다.

2018년 처음 공개된 GPT-1은 1억1700만 개의 매개변수를 활용한 것으로 알려졌다. 매개변수가 많을수록 AI의 성능이 좋아진다. 2019년 공개된 GPT-2는 15억개의 매개변수를 썼고, 2020년 공개된 GPT-3는 1750억개로 매개변수를 100배 이상 늘렸다.

GPT-3는 거의 인간에 준하는 수준의 이해력과 문장력을 갖춘 글을 선보여 전 세계에 큰 충격을 안겼다. GPT-3의 강력한 성능과 훨씬 더 많은 매개 변수로 인해 이전 세대 GPT-2보다 분명히 더 나은 더 많은 주제 텍스트가 포함되어 있다. 지금까지 가장 큰 밀도의 신경망인 GPT-3는 웹 페이지 설명을 해당 코드로 번역하고, 인간의 이야기를 모방하고, 맞춤 시를 만들고, 게임 스크립트를 생성하고, 인생의 진정한 의미를 예측하는 후기 철학자를 모방할 수도 있다. 그리고 GPT-3는 미세 조정이 필요하지 않으며, 문법적 어려움을 다루는 측면에서 출력 유형의 일부 샘플(소량의 학습)만 필요하다. GPT-3는 언어 전문가에 대한 우리의 모든 상상을 만족시킨 것 같다고 할 수 있다.

기술적으로 설명하면 챗GPT는 사용자가 텍스트를 치면 다음에 어떤 단어가 올치 예측하는 AI인 GTP-3.5 새 버전으로 사용자 지시에 구체적으로 대응하는 인스트럭트GPT^{InstructGPT}와는 형제격으로 볼 수 있다.

사용자 피드백을 받는 가운데 강화학습^{Reinforcement Learning} AI 기술로 훈련을 받았다. 지도 학습 기반 미세 조정^{supervised fine-tuning}을 사용해 초기 모델을 학습시킨 것이다.

학습 과정은 대충 다음과 같다. 인간 교육자는 사용자와 AI 모두에 대화 데이터를 공급하고 챗GPT가 보이는 대응을 평가하고 랭킹을 매긴다. 이들 평가를 챗봇에 다시 제공해 어떻게 대응해야 하는지 배울 수 있게 한다.

MEMO

PART 05

지속가능 경영

Substantial Management

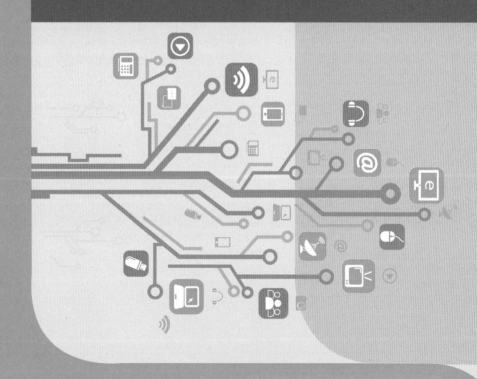

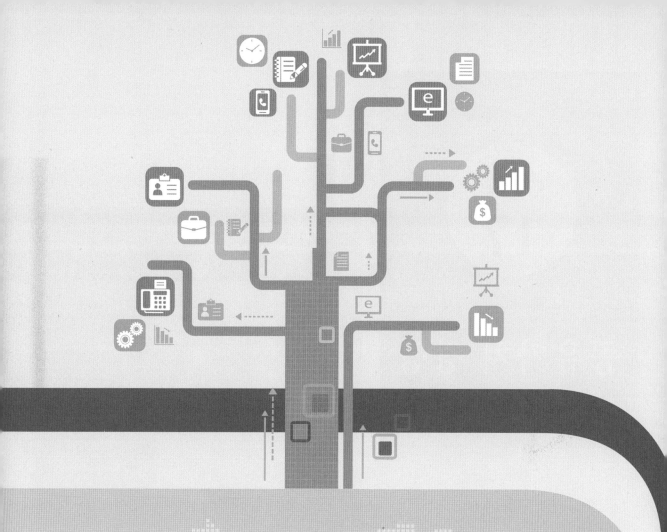

Chapter 17

공유가치 경영

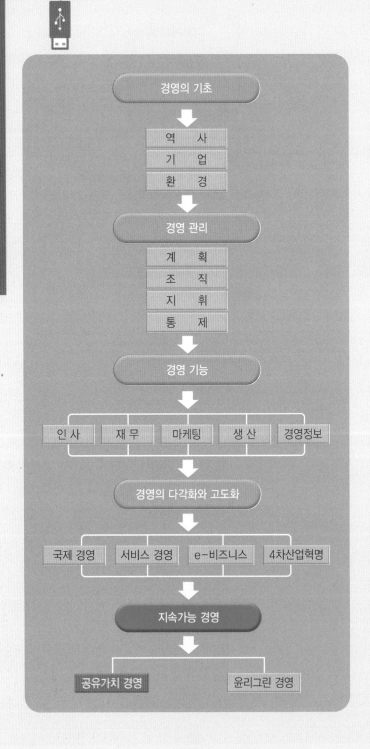

경영의 기초

역　사
기　업
환　경

경영 관리

계　획
조　직
지　휘
통　제

경영 기능

인사　재무　마케팅　생산　경영정보

경영의 다각화와 고도화

국제 경영　서비스 경영　e-비즈니스　4차산업혁명

지속가능 경영

공유가치 경영　윤리그린 경영

80

Section

공유가치
(CSV: Creating Shared Value) 경영

1 개 요

1) 개념

공유가치창출^{CSV: Creating Shared Value}은 마이클 포터 하버드대 교수가 2011년 하버드비즈니스리뷰^{HBR}에 '자본주의를 어떻게 치유할 것인가^{How to Flx Captitalism}'란 논문을 발표하면서 처음으로 제시한 개념이다.

공유가치창출의 개념은 기업이 수익창출 이후에 사회공헌 활동을 하는 것이 아니라 기업활동 자체가 사회적 가치를 창출하면서 동시에 경제적 수익을 추구하는 것으로 경제·사회적 연건을 개선시키면서 동시에 사업의 핵심 경쟁력을 강화하는 일련의 기업정책 및 경영활동으로, 기업의 경쟁력과 주변 공동체의 번영이 상호의존적이라는 인식에 기반하고 있다.

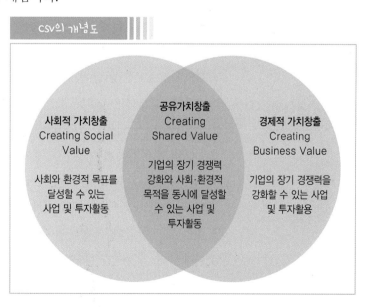

CSV의 개념도

사회적 가치창출 Creating Social Value	공유가치창출 Creating Shared Value	경제적 가치창출 Creating Business Value
사회와 환경적 목표를 달성할 수 있는 사업 및 투자활동	기업의 장기 경쟁력 강화와 사회·환경적 목적을 동시에 달성할 수 있는 사업 및 투자활동	기업의 장기 경쟁력을 강화할 수 있는 사업 및 투자활용

2) 등장배경

CSV의 등장에는 급속하게 글로벌 및 네트워크화 되어 가는 현대사회에 있어 비지니스와 사회와의 관계성의 변화가 자리 잡고 있다. 즉, 기업이 경제적 가치를 창출해내기 위하여 지역의 사회 및 환경의 가치를 희생한다는 이른바 트레이드 오프Trade off의 관계성이 성립할 수밖에 없다고 하는 것이다. 물론 이에 관해서는 경제신흥국과 선진국과의 입장이 다르다. 경제신흥국은 경제적 가치를 우선시하므로 선진국의 환경규제 요구에 난색을 표명하지만 성숙경제의 선진국은 사회·환경가치를 열위에 놓을 수만은 없기 때문이다.

그러나 여기에서의 문제는 경제학에서 말하는 소위 외부불경제가 저해요인이 된다. 즉, 물, 공기, 희소식물 등 사회·환경에 존재하는 공유자원을 공유하는 고로 그 대가를 요구받음이 없이 일개 기업이 오염시킨다든지, 독점적으로 착취할 수도 있는 상황이 생김을 뜻한다. 누구의 것도 아니기 때문에 누구도 비난할 수 없다는 논리이다. 즉, 비즈니스와 사회의 관계성이란 기업이 창출해내는 경제적 가치와 지역의 사회·환경 가치의 트레이드 오프 내지는 사회·환경가치의 외부불경제라는 인식이 전제에 있다. 돈벌이를 위해서는 환경파괴나 사회에 대한 폐해는 당연히 따라오는 부차적인 산물이며 직접적인 피해자는 존재하지 않기 때문에 괜찮다 라고 하는 사고에 대해 직접적으로 그 대가를 청구 받지는 않지만 '기업시민Corporate citizen'으로서의 책임의식에 자율적으로 대응하여 코스트를 부담해야 한다고 주장하는 것이 종래의 기업의 사회책임, 즉 CSR의 근저에 있다고 볼 수 있다.

그러나 코스트란 기업에게 있어 항상 최소화를 요구받는 존재이다. 특히 최근 몇 년간 전 세계적인 심각한 경기침체로 인해 과연 CSR의 실천이 기업가치로 연결되는가에 대한 의문의 목소리가 높아지고, 기업선전에 도움이 되는 분야에 한정된 CSR도 현저해지는 경향이 생기는 등의 악순환도 지적되고 있는 실정인데 마이클 포터 교수 등이 생각하는 CSR의 본질적인 과제는 바로 이런 것들이다.

그들은 CSV나 CSR2.0이란 새로운 개념을 가지고 단순한 코스트로서의 CSR을 졸업하고, 기업의 경제적 가치와 사회·환경가치가 공존할 수 있는 구조야말로 이제부터 기업이 지향해야 할 방향성이라고 주장한다. 마이클 포터 교수는 그의 논문에서 "단순한 공정거래fair trade의 추진(적정가격으로 공급자로부터의 매수=기업의 코스트 증가)이라는 CSR 활동이 아닌 공급자에게 기술혁신 지원을 지원하고 품질 향상을 위한 공동 프로젝트의 추진이라는 공유가치를 창조하는 것이야말로 기업 측에게 경제적 메리트를 확보해준다"라고 서술하고 있다. 그야말로 사회적 책임이라는 코스트를 부담하고 있는 기업에게 있어서는 상당히 매력적인 개념이며 새로운 인센티브로 될 수도 있는 것이다.

3) 주목 이유

최근 CSV가 주목받는 이유는 첫째, 최근 글로벌 경제위기를 계기로 기존 자본주의의 문제를 극복하고 기업의 지속성장을 달성하기 위한 새로운 경영 패러다임이 필요했기 때문이다.

둘째, 환경, 기후변화, 교육, 자연재해 등 다양한 사회적·환경적 도전이 늘언고 있는 가운데, 기업의 보다 적극적인 사회적 역할에 대한 기대가 증가했기 때문이다.

셋째, 기업들은 기부와 후원 등 활발한 사회공헌 활동을 벌여왔으나, 사회·환경·경제적 문제의 발생 원인으로 기업들이 지목되면서 문제 해결을 위해 늘어나는 비용을 감당하는 것이 더욱 어려워졌기 때문이다.

② 특 성

1) 기업의 사회적 책임 활동(CSR: Corporate Social Responsibility)과의 차이

기업의 공유가치창출CSV과 사회적 책임 활동CSR의 가장 큰 차이점은 비즈니스와의 연계 여부에 있다. CSV는 처음부터 경제적 가치와 사회적 가치를 동시에 창출하는 방법을 고민하지만 CSR은 기업이 이미 만들어 낸 이익의 일부를 좋은 일에 쓰는 방식이다.

CSR은 비용으로 인식되는 반면 CSV는 사회·경제적 효용을 증가시킨다는 점에서 기업의 경징력 향상을 위한 기회로 인식된다. CSR을 위한 예산은 한정적이기 때문에 활동이 제한적이나 CSV를 위해서는 기업전략을 재창조해야 하므로 기업 전체의 조직과 예산이 투입된다.

마이클 포터는 공정무역의 사례를 통해 CSR과 CSV의 차이를 설명했는데, 가난한 농부가 재배한 농작물에 제값을 쳐주는 공정무역은 CSR관점에서 빈곤을 해결하는 선행이지만, 이는 현재의 파이를 재분배하는 것에 그친다는 한계를 가진다. 하지만 CSV는 농법을 개선하고 농부를 위한 지역 협력과 지원 체계를 구축하는 방법으로 접근하여, 농부들이 더 효율적이고 지속가능한 방법으로 작물을 재재해 수확량과 품질을 개선하도록 도움을 주는 것이다.

→ CSR과 CSV의 구분

구분	CSR(Corporate Social Responsibility)	CSV(Creating Shared Value)
가치	선행	투입비용대비 높은 사회경제적 가치
인식	평판관리 기업의 수익 추구와는 무관	기업경쟁력 강화를 위한 필수요소 기업의 자원과 전문지식을 이용하여 사회·경제적 가치 모두 추구
활동	시민의식, 자선활동	기업과 공동체 모두를 위한 가치창출
예산	기업의 CSR 예산에 한정	기업 전체 예산에 CSV 개념 반영
한계	CSR 예산 규모에 따라 활동 폭이 제한	CSV 활동에 대한 낮은 인식 수준
사례	공정구매	조달시스템 자체를 혁신해 품질을 개선하고 생산량을 증대

자료: 마이클 포터, The Role of Business in Society: Creating Shared Value, 동아 비즈니스 포럼 2011 재인용.

2) 공유가치창출을 위한 3가지 전략

공유가치전략이란 자사의 경쟁력 강화와 동시에 비즈니스가 이루어지는 지역사회의 사회·경제적 상황 개선을 실현하는 기업의 대응전략이라 할 수 있다. 마이클 포터 교수는 다음의 3가지 접근 방법에 의해 경쟁력 향상과 사회적 과제 해결을 위한 공헌을 동시에 실현하는 비즈니스, 즉 공유가치의 창조가 가능하다고 주장한다.

첫째는 고객 니즈, 상품, 시장의 재구성reconceiving products & market이다. 사회적인 과제를 비즈니스 찬스로 포착하여 제품이나 서비스를 디자인한다. 종래의 비즈니스에서는 고객이 아닌 부문을 블루오션으로 간주한다. 탐스라는 신발 브랜드의 'One for one'은 최초 설립부터 신발을 한 켤레 팔면 한 켤레를 어려운 사람에게 전달하는 활동이다. 사회적 가치를 증진시키는 데 소비자들이 투명하게 참여할 수 있는 기회를 제공하면서 브랜드 가치를 올리는 것이다. 또 일본 미쯔이 화학이 개발 중인 CO_2원료의 메탄올 제조 기술은 지구온난화라는 사회적인 과제를 비즈니스로 해결할 수 있는 가능성을 내포하고 있다.

둘째는 가치사슬의 생산성을 재정의redefining productivity in the value chain하는 것이다. 가치사슬 전체를 통한 에너지 이용의 효율화, 자원의 효율적 이용, 물류의 효율화 및 변혁, 공급자의 육성이나 지원, 종업원의 안전위생 향상 등에 의해 경쟁력 강화를 도모한다. 전술한 네슬레의 사례 외에도 GE는 이러한 사회적 문제들을 회피하지 않고 아예 비즈니스 모델GE의 Eco-imagination 자체를 이에 맞게 바꾸었는데 환경문제를 해결하기 위하여 대규모 투자를 단행했고 큰 성공을 거두었다.

셋째는 기업이 거점을 둔 지역을 지원하는 산업 클러스터의 구축enabling local cluster development이다. 기업 스스로가 지역커뮤니티의 교육 수준의 향상, 공중위생의 개선, 인프라 정비, 오픈되고 투명한 시장을 정비하는 데 공헌 등을 함으로써 자사의 생산성을 높이기 위한 클러스터를 구축한다. 예컨대, 미국에서는 세계 최대의 무기비료 메이커인 야라Yara 인터내셔널사가 작물이나 비료의 수송을 위해 항만이나 도로정비에 적극 투자한 결과, 농업 클러스터가 형성되어 지역고용을 창출하였다.

기업이 경영을 잘하고 못하고를 평가하는 척도로 사용되는 지표는 재무제표이다. 현재 기업의 재무상태가 어떻고, 매출을 많이 발생하였는지 등의 확인은 재무제표를 통해 할 수 있다.

과거 기업의 가치는 재무제표와 같은 단기적이고 정략적인 지표에 의해 주로 평가되었다. 하지만 기업이 매출을 발생시키고 투자활동이 활발하게 이루어지고 있지만 경영활동 외적인 부분에서 계속 문제가 발생되고 주가에 영향을 미치는 사건이 빈번하게 일어나다 보니 투자자의 입장에서는 기업의 투자를 위해 객관적으로 평가할 수 있는 새로는 지표를 찾게 되었다.

이때 기업의 비재무적 가치는 평가할 수 있는 도구가 ESG이다.

최근에는 전 세계적인 기후변화와 맞물려 ESG와 같은 비재무적 가치의 중요성이 더욱 증가하게 되었다. ESG는 환경Enbiroment, 사회Social, 지배구조Govermance의 앞 글자를 조합한 단어로, 기업 경영에서 지속가능성Sustainability을 달성하기 위한 3가지 핵심요소를 의미한다. 전 세계적인 경영의 패러다임이 환경과 사회적 가치를 중시하는 방향으로 전환되고 있고, 단기 재무적 가치(재무제표 등)보다는 ESG와 같은 비재무적 가치에 무게중심이 옮겨가고 있다.

ESG 등장과 경영 패러다임 전환

ESG를 정확히 이해하기 위해서는 보다 근원적인 개념인 지속가능성으로부터 출발해 기업이 지속가능 경영을 달성하기 위한 핵심지표로 ESG가 부상하게 된 과정을 이해해야 한다.

지속가능성이 주요한 의제로 등장한 것은 1987년 UNEP(유엔환경계획)와 WCED(세계환경개발위원회)가 공동으로 채택한 '우리 공동의 미래Our Common Future' 보고서에서 지속가능 발전이 제시되면서부터이다. 지속가능 발전은 미래 세대에게 필요한 자원과 잠재력을 훼손하지 않으면서 현세대의 수요를 충족하기 위해 지속적으로 유지될 수 있는 발전을 의미한다.

1997년에는 기업이나 기관이 발간하는 지속가능 보고서에 대한 가이드라인을 제시하기 위한 비영리단체인 CRIGlobal Reporting Initiative가 미국 보스턴에 설립되었다. GRI는 2000년에 첫 번째 가이드라인을 발표한 데 이어 수차례의 개정을 거쳐 2016년에는 GRI 표준GRI Standards을 정립했다. GRI 표준은 경제, 환경, 사회 부문으로 나누어 기업이나 기관의 지속가능성을 평가하기 위한 지표를 설정하고 있다. 현재 GRI 표준은 전 세계 기업과 기관이 지속가능 보고서나 ESG 보고서를 발간하는 데 기본적인 프레임워크 중 하나로 활용되고 있다.

2006년에는 UN의 주도하에 지속가능성 투자 원칙을 준수하는 국제 투자 기관 연합체인 UN PRI(Principles for Responsible Investment, 책임투자원칙)rk 결성되었다. UN PRI는 환경, 사회, 지배구조와 관련된 이슈를 투자 정책 수립 및 의사결정, 자산 운용 등에 고려한다는 원칙을 발표했다. ESG와 관련된 또 하나의 중요한 정보 공시 중 하나는 기후변화 관련 재무정보공개 태스크포스TCFD에서 2017년 발표한 권고안이다. TCFD는 기후변화와 관련된 리스크와 기회요인을 분석하고, 거버넌스, 전략, 리스크 관리, 지표 및 목표의 4가지 측면에서 재무정보공개 권고안을 제시했다.

UN PRI 준수 본격화와 TCFD 권고안 발표와 발맞춰 국내에서도 2021년 1월 금융위원회, 금융감독원, 한국거래소가 합동으로 '기업공시제도 종합 개선안'을 발표했다. 새로운 공시 제도에 따르면, 현재 자율공시로 지정되어 있는 기업의 지속가능경영 보고서 발간이 2025년부터 일정 규모 이상(⑩ 자산 2조 원 이상) 기업에게 의무화되며, 2030년부터는 모든 코스피 상장사로 확대된다.

3 ESG 경영전략의 개요

기업의 핵심 이해관계자인 투자자와 고객, 정부 등이 기업에게 높은 수준의 ESG 경영 체계를 갖추도록 요구하는 시대가 도래하면서, 기업의 ESG 전략 수립과 정보공시는 선택이 아닌, 생존과 지속성장을 위한 필수 과제로 자리매김하고 있다. 이제는 ESG 경영을 잘하는 기업이 기업의 가치를 높일 수 있게 되었다.

ESG 성과가 우수한 기업의 제품과 서비스에 대한 수요가 증대되고, 기업에 대한 투자가 확대되는 효과를 누릴 수 있다. 이와 함께 기업의 자본조달 비용이 감소되고, 기업의 이미지 등이 개선되어 기업가치가 올라가게 된다.

기업의 가장 중요한 미션인 기업가치 제고를 위해 그동안 기업들은 주로 재무적 관점에서 크게 두 가지 경영 활동을 해왔다. 첫 번째 경영 활동은 경영전략 수립이었다. 제품과 서비스를 개발하여 출시하고, 기술을 혁신하며 다양한 조직 역량 강화와 투자를 통해 매출과 이익을 극대화했다. 두 번째 경영 활동은 이와 같은 경영전략 활동에 따른 경영 성과를 재무제표를 통해 자본시장에 공시하는 부분이었다.

ESG도 이와 마찬가지로 두 가지 경영 활동으로 구분될 수 있다.

첫 번째로 ESG 관점에서 경영전략을 수립하고, 두 번째로는 ESG 성과를 시장에 공시하는 것이다. 결국 기업은 기존 재무적 관점의 경영 활동과 더불어 비재무적 ESG 경영 활동도 함께 전개해야만 기업가치를 높이고 생존을 넘어 지속가능한 성장을 이룰 수 있다.

이와 같은 의미에서 ESG 경영이란 'ESG 경영전략'과 'ESG 정보공시'로 구분이 될 수 있으며, ESG 경영 활동을 통해 기업가치를 높일 수 있다.

 ESG 경영전략 실행 과제

ESG 경영전략의 부상과 중요성에 대해서는 적잖은 경영인이 알고 있지만, ESG 전략이 구체적으로 무엇을 의미하는지는 명확히 이해하지 못한 경우가 있다. ESG 경영전략의 개념은, ESG 관점에서 기업의 비전과 목표를 설정하고 이러한 목표를 달성할 수 있는 전략과 과제, 실행 체계 등을 구축해 일관되게 추진하는 것이다. 예를 들어 신재생에너지 사용 증대와 ESG 채권 발행, 친환경 중심의 제품 포트폴리오 구축, 기업의 지배구조 선진화를 위한 활동 등은 ESG 경영전략에서 수립되는 과제이다. 또한 인공지능^AI, 클라우드 등 디지털 테크를 활용해 기업의 비즈니스 혁신과 사회·환경 문제를 동시에 해결하는 방안도 ESG 경영전략의 주요 과제 중 하나이다. 친환경 소재 기술 확보를 위한 투자 및 M&A 활동도 ESG와 연계하여 전략을 수립하고 실행할 수 있다.

기업의 리더는 기존의 경영체계를 ESG 경영체계로 재설계해야 한다. 기업의 목표와 비전을 ESG 기준에 맞춰 재정립하고, 기업의 재무성과와 비재무성과를 통합한 새로운 목표 달성을 위한 세부 전략 과제 도출을 위한 ESG 경영전략 체계로 재수립해야 한다.

 ESG 경영전략 수립

ESG 경영전략 수립을 위해서는 먼저 기업이 시장에서 어떤 수준의 ESG 평가를 받고 있는지 분석해야 한다. 또한 왜 이와 같은 평가를 받고 있는지, 이를 통해 어디에 중점을 두고 ESG 경영전략을 전개해야 하는지 판단해야 한다.

이를 위해서는 ESG 진단이 선행되어야 한다. ESG 진단을 위해서는 국내외 기업들의 ESG 데이터가 필요하며, 세계적으로 공신력 있는 ESG 평가기관의 ESG 평가지표 및 Rating을 활용하는 방법이 있다. 가령 MSCI^{Morgan Stanley Capital International}는 30여 개 세부ESG 항목을 기반으로 기업의 ESG 성과를 평가하고 있다. 실제로 글로벌 주요 투자기관이나 핵심 이해관계자들은 기업의 ESG 수준을 판단할 때 MSCI ESG 평가와 같은 글로벌 ESG 평가기관의 결과에 대한 활용도가 높다.

현재 국내에는 400여 개 기업들이 MSCI로부터 ESG 평가를 받고 있다. 국내 기업들의 ESG 평가 테이블을 보면 최상위 ESG 등급을 받고 있는 기업 수는 아직 미미하다. 이에 대한 근본 원인으로 국내 기업들은 글로벌 유수 기업 대비 ESG 경영에 대한 준비가 다소 늦었던 측면을 들 수 있다. ESG 평가기관의 평가 요소를 면밀히 분석하여 벤치마킹하면 국내 기업들 또한 충분히 글로벌 스탠더드의 ESG 수준으로 도약할 수 있다.

6 ESG 정보공시 인증 및 평가

기업의 지속가능성 보고와 함께 이에 대한 제3자 인증^{Assurance} 또한 주목받고 있다.

KPMG의 조사 결과 2020년 지속가능성 정보에 대한 독립적인 제3자 인증을 받는 N100^(52개 국가별 매출 상위 100대 기업)의 기업 비중은 KPMG가 지속가능성 보고에 대한 조사를 실시한 이래 처음으로 50%를 넘었다. 이러한 결과는 지속가능성 정보에 대한 인증이 이제 기업들을 위한 표준 관행이 되었음을 의미한다. G250^(포춘 상위 매출 250대 기업)의 지속가능성 정보에 대한 제3자 인증률은 71%에 달했다.

한편 ESG 정보공시에 다양한 가이드라인이 존재하는 것처럼, 기업의 ESG 평가에 대해서도 아직까지 일관된 기준이 마련되지는 않았다. 전 세계적으로 125

개 이상의 ESG 평가기관이 있는 것으로 파악되며, 대표적인 글로벌 ESG 평가기관으로는 MSCI^{Morgan Stanley Capital International}, FTSE, 블룸버그^{Bloomberg}, S&P, 모닝스타^{Morningstar} 등이 있다.

국내의 경우도 한국기업지배구조원, 대신경제연구소, 신용평가사 등이 기업의 ESG 정보를 개별적으로 평가하고 있다. ESG 평가기관들은 정보수집과 분석 등에서 각각 다양한 방법론을 적용하고 있기 때문에 동일한 기업이라 하더라도 상이한 ESG 점수가 나오는 사례가 종종 발생하고 있다. 어떤 ESG 평가가 가장 정확한가에 대해서는 논쟁의 여지가 있지만, 투자자 관점에서 볼 때 MSCI의 ESG 평가가 현재 가장 광범위하게 활용된다고 할 수 있다.

전 세계 ESG ETF의 기초 지수에 MSCI ESG 지수가 가장 많이 활용되기 때문이다.

RE100과 CF100

1 RE100

RE100^{Renewable Electricity 100%} 캠페인은 기업이 필요한 전력량의 100%를 '태양광·풍력' 등 친환경 재생에너지원을 통해 발전된 전력으로 사용하겠다는 기업들의 자발적인 글로벌 재생에너지 이니셔티브이다. RE100 캠페인은 국제 비영리 환경단체인 The Climate Group과 CDP가 연합하여 2014년 뉴욕 기후주간에서 처음 발족되었으며, 2014년 파리협정의 성공을 이끌어 내기 위한 지지 캠페인으로 시작되었다.

RE100 참여 기업은 2050년까지 100% 달성을 목표로 하며, 연도별 목표는 기업이 자율적으로 수립하되, 2030년 60%, 2040년 90% 이상의 실적 달성을 권고하고 있다. RE100 참여 기업은 연간 전력소비량이 100GWh 이상 소비기업이나 Fortune 1,000대 기업과 같이 글로벌 위상을 가진 기업을 대상으로 하며, RE100 이행에 대한 검증방법은 기업의 재생에너지 사용실적을 제3기관을 통해 검증하며, CDP 위원회의 연례보고서를 통해 이행실적을 공개하고 있다.

Google, Apple, MS, BMW, GM 등 전 세계 글로벌 기업을 중심으로 자사에서 사용하고 있는 전력에 대해서 점차 재생에너지 사용 비중을 확대하고 있는 추세이다. 최근에는 글로벌 기업들로부터 국내 대기업들도 재생에너지 사용의 확대를 요구 받는 사례가 증가하고 있다.

글로벌 기업은 RE100 이니셔티브에 참여하여 자사 협력사나 부품·서비스 제공사에 재생에너지 이용을 요구하고 있다. 특히, 최근에는 계약서, 협략서 등을 통한 명시적인 납품요건으로서 재생에너지 사용을 요구하는 사례도 증가하는 추세이며, 이로 인해서 국내 기업에 대한 글로벌 RE100 참여 요구 수준도 높아지고 있는 상황이다.

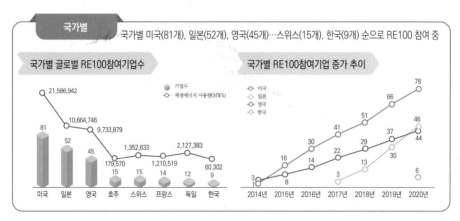

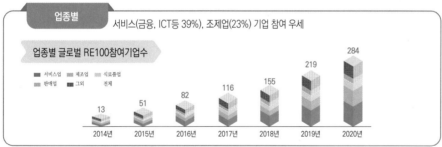

출처: 한국에너지공단 발표자료

국내 기업 중에는 SK지주와 SK하이닉스를 포함한 6개 계열사, LG에너지솔루션, 기아, 현대자동차, 고려아연, KB금융그룹 등 19개사가 참여하고 있다. 최근에는 삼성전자도 참여를 선언한 바 있다. 국내 RE100 이행의 문제점은 첫째 RE100 가입 기업이 증가하면서 재생에너지 수요는 늘겠지만 공급이 따라가지 못하면 재생에너지 수급에 차질이 초래될 가능성이 높다. 이로 인한 가격 안정성에 빨간 불이 켜 질수 있다는 것도 부담이다. 둘째 세계 주요국들이 기후변화

대응을 위해 풍력, 태양광 등 친환경 재생에너지로의 전환을 추진하고 있지만, 전환비용이 많이 들고 친환경적이지 만은 않다는 연구결과도 심심찮게 나오고 있어 기업들을 긴장시키고 있다. 셋째 정부가 탈원전에서 원전 복귀로 전환한 것도 주목해야 한다. 태양광 발전사업에서 발생한 위법사례와 RPS 등 재생에너지 사업 전반의 재검토 목소리가 높아짐에 따라 신재생에너지 지원정책이 축소되지는 않을까 하는 우려감도 있기 때문이다. 넷째 글로벌 기업의 경우 수출을 통해 매출 신장을 꾀하여야 하는데 RE100 이행목표가 지켜지지 않으면 그동안 투자해 왔던 모든 것이 수포로 돌아가지 않을까 하는 긴장감도 감돌고 있다.

 K-RE100 주요 내용 및 추진방안

구 분	내 용
참여대상	산업용, 일반용 전기 소비자 자 연간 전력소비 제한 없이 중소, 중견기업, 공공기관, 지자체 등 참여 가능
이행수단	REC구매, 녹색프리미엄, 제3자 PPA, 지분참여, 자가설비
이행목표	2050년까지 100% 이행 목표 설정 권고, 중간 목표는 자발적 설정
이행범위	국내 보유 사업장
이행보고	K-RE100 관리시스템 실적 등록 후 재생에너지 사용확인서 발급 후 실적 인정
활용	국내 RE100 선언·대외홍보, 온실가스 감축 실적 활용, 글로벌 RE100 실적활용

2 CF100

이러한 RE100 캠페인의 진행을 두고 한편에서는 해외 바이어 요구에 따른 불가피한 선택이라고 하지만 재생에너지 여건이 열악한 우리나라 현실엔 맞지 않다는 비판여론이 있는 것은 부정할 수 없다. 기업들이 이렇게 RE100을 부담스러워 하는 가운데 다른 한편에서는 이보다 더 확장된 기준인 'CF100'이 요구되고 있음에도 주목해야 한다. CF100은 탄소배출제로Carbon Free 100%의 줄임

말로, 정식 영문 표기는 '24/7 Carbon-Free Energy'로서 24시간 일주일 내내 사용 전력의 전부를 무탄소 에너지로 공급한다는 의미다. RE100으로는 실질적인 탄소중립을 달성하기 어렵다는 지적에 따라 국제사회에 새롭게 등장한 개념이기도 하다. 다행스러운 점은 '무탄소 에너지원'에는 풍력, 태양광, 수력 외에 원자력도 포함된다는 것이다.

CF100은 전력부문에서 탄소를 완전히 제거한다는 점에서 기업이 사용하는 전력 100%를 재생에너지로 충당하는 RE100과는 차이가 있다. 탄소 배출을 줄인다는 목적은 동일하지만 RE100은 재생에너지로 수단을 한정한 반면 CF100은 풍력, 태양광, 수력, 지열 등 재생에너지뿐만 아니라 탄소를 배출하지 않는 원자력발전, 연료전지 등을 수단에 포함시키고 있다.

RE100은 석탄화력발전소를 통해 나온 전기를 사용해도 이행 주체가 연간 사용량에 맞는 재생에너지를 구매해 기존 전기 사용분을 상쇄할 수 있어 재생에너지 사용을 인정받을 수 있다.

반면 CF100은 24시간 무탄소 전원으로 전기를 공급받아 탄소를 발생시키는 전력원으로부터 공급받는 전기를 0으로 만들겠다는 것이다.

▶️ RE100과 CF100 비교

구분	의미	주요 에너지원	발족처	목표
RE100	재생가능한 전기 100%(Renewable Electricity 100)	태양광, 풍력, 수력 등 재생에너지	기후그룹(The Climate Group) 탄소정보 공개 프로젝트	기업(또는 기관)이 전기 사용량 100%를 재생에너지로 조달
CF100	무탄소 에너지 100% (carbon Free 100%)	풍력, 태양광, 수력 등 재생에너지 +원자력, 연료전지 등	구글, 유엔에너지(UN Energy) 지속가능 에너지기구 등	전력 시스템의 탈탄소화(전력 부문에서 탄소 완전 제거)

Chapter

18

윤리그린 경영

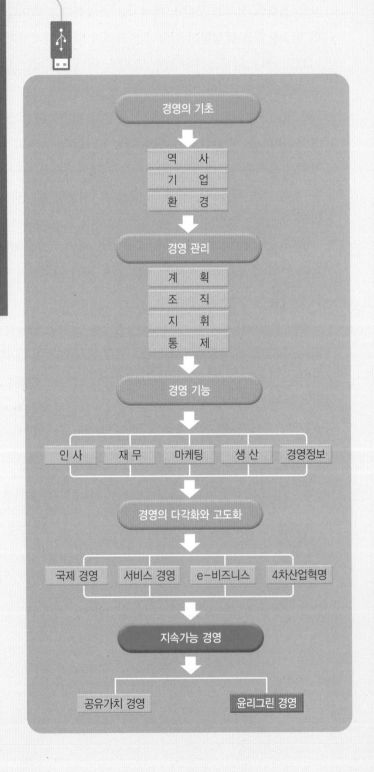

경영의 기초

역　사
기　업
환　경

경영 관리

계　획
조　직
지　휘
통　제

경영 기능

인 사　　재 무　　마케팅　　생 산　　경영정보

경영의 다각화와 고도화

국제 경영　　서비스 경영　　e-비즈니스　　4차산업혁명

지속가능 경영

공유가치 경영　　윤리그린 경영

Section

기업문화와 기업윤리

1 기업문화의 개념

1980년대 초반 세계적 경영컨설팅회사인 미국 맥킨지사의 컨설턴트인 톰 피터스와 워터만은 당시 세계를 풍미하던 초일류기업들의 성공비결을 추적해 책으로 발간한 바 있다. 그들이 'In search Excellence'라는 그들의 저서에서 밝힌 초일류기업들은 한 가지 공통적인 특징이 있다.

즉 역사가 어떻든, 업종이 무엇이건 이들 기업은 다음과 같이 분명한 목표와 철학을 공통적으로 가지고 있고, 이것이 임직원들에게 광범위하게 공유되어 있다는 것이다. 그리고 회사의 모든 의사결정이나 경영전략은 이러한 것을 바탕으로 이루어지고 평가되는 하나의 시스템을 구성하고 있다는 것이다.

이와 같이 초일류기업의 공통점인 분명한 비전과 이념을 중심으로 생성된 공유가치, 그리고 이것이 원활하게 작동되는 시스템을 바로 기업문화Corporate Culture라 부르게 되었으며, 기업문화는 초일류기업의 조건이자 후발기업들의 목표로 인식된 것이다. 이에 따라 오늘날 기업문화는 사람Man, 물자Material, 자본Money, 정보Information에 이어 경영에 없어서는 안될 현대경영의 5가지 자원으로 인식되고 있다.

2 기업문화의 중요성

　정보화로 집약되고 있다. 어느 기업이건 세계 각국을 대상으로 활발한 경영활동을 수행하고 있으며, 정보화에 의해 기업활동의 영역과 질을 끊임없이 높여가고 있다. 이 가운데 인간의 역할은 더욱 중요해지고 있다. 현대경영은 글로벌화와 현지화로 고도의 전문화와 다각화가 이루어지고 있다.

　과거는 '기계'의 유사 개념에서 노동의 제공 주체로만 인식되던 인간이 이제는 더욱 큰 위치에서 역할을 발휘하지 않으면 안되는 시대에 와 있다. 따라서 현대경영은 수많은 복합 인종으로 이루어진 글로벌 종업원들이 보다 일사분란한 협조와 훌륭한 성과를 도출하도록 고도의 시스템을 요구하게 되었다. 이 때문에 다국적 기업인 세계 초일류기업들은 자신들의 공유가치 개발에 엄청난 노력을 들이고 있다.

　지금 우리 기업들은 심각한 기업문화 위기를 겪고 있다. 각 기업들은 어디로 가야 하는지 모르는 채 급격히 '비전'을 상실했으며, 회사와 직원간에는 엄청난 불신이 도사리고 있어 동상이몽을 하는 상황에 처해있다. 목표도 다르고 생각마저 다른 이러한 상황에서 우리의 미래를 기약할 수 있겠는가? 바로 이런 점 때문에 지금 우리 기업은 다른 어느 일에 앞서 목표와 철학을 재정립함으로써 공유가치를 형성하는 것이 제일 중요하며, 이것이 가능해질 때 미래를 향한 분투와 역량의 결집도 가능해질 수 있다. 기업문화는 더 이상 '있으면 좋은' 선택사항이 아니며, 조직을 추스리고 미래를 제시하는 방향타이자 나침반인 것이다.

3 기업윤리

　기업을 경영하면서 기업도 하나의 법인으로서 인격체로 보면서 사회에서 말하는 윤리적인 면을 기업에 적용시킨 것이다. 즉, 기업이 존재하는 것과 사회에 기여하는 점 등을 고려하여 기업이 지켜야 하는 윤리를 뜻하는 것으로 기업윤리가 지켜지지 않을 경우 부정부패 등이 일어나며 재정상의 문제점이 나타나게 되어있다. 따라서 기업윤리는 기업경영에 있어서 중요한 요소이다.

기업윤리란 기업, 혹은 기업 속의 개인이 수행한 의사결정이나 활동의 합법성right or wrong, 정당성fair or unfair 및 정직성justice or unjustice 여부가 사회적 규범과 기준에 적합한가의 여부이다.

➡️🖋 기업윤리의 스타일

Ethics Norms (윤리규범)	MORAL(윤리적)	AMORAL(비윤리적)	IMMORAL(반윤리적)
	right, fair, just	무규범, 소극적	적극적, 윤리파괴적
동기	목적적	의도적	이기적
목표	과정을 준수하면서 기업이익 추구	이익극대화 "손해를 보지 않으려는 심정"	이익극대화 "너죽고 나살자"는 심정
법률 지향성	법을 준수할 뿐만 아니라 법정신을 존중하고 윤리적으로 실천	법은 어디까지나 법 합법 가정 → 이윤추구	법은 모두 규제와 제약으로 인식한다. 어떻게 하면 법망을 피할 수 있을까?

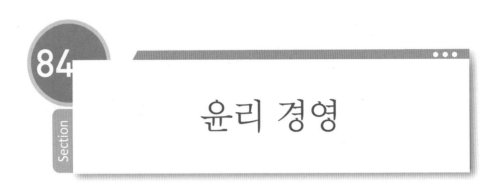

윤리 경영

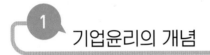

1 기업윤리의 개념

1) 윤리의 기초적 개념

윤리Ethics란 '성격이나 습관을 의미'하는 희랍어의 'ethos'에서 유래되어 오늘날 특정인물이나 문화 및 집단의 성향이나 성격 또는 태도를 식별하는 개념으로 쓰이고 있다. 라틴어로는 영어의 도덕Moral에 해당하는 'Mos'나 'Moris'로 번역하여 사용해왔다.

윤리에서 중요하게 대두되는 문제는 그것이 적용되는 대상이나 시간에 따른 가변성이다. 고대, 중세, 근대의 윤리가 현대의 윤리와 다르고 국가윤리와 개인윤리, 사회윤리가 그 대상에 따라 조금씩 차이가 있듯이 윤리도 다르게 적용되는 것이다. 즉, 윤리는 보편타당한 성격이나 습관을 나타내는 의미일 뿐만 아니라 시대적 상황이나 대상에 따라 달리 적용되고 선택될 수 있는 인간행위에 관한 규범인 것이다.

따라서 윤리의 문제를 다룰 때 주의해야 할 점은 서로 다른 두 영역이 존재할 때 어느 한 영역의 윤리를 다른 영역에 일방적으로 적용할 수 없으며, 이러한 일방적 잣대의 윤리로 다양한 윤리의 모습을 부인한다면 이는 아이러니 하게도 비윤리적인 행위로 귀결되는 행위를 낳는다는 것을 인식하는 것이 될 것이다.

2) 윤리의 영역

편의상 윤리를 국가경영의 윤리, 개인의 윤리, 시민사회의 윤리, 기업의 윤리로 나누어 볼 수 있다. 국가경영의 윤리는 국가 최고지도부 혹은 관료조직이 어떻게 국가라는 광범위한 영역을 이끌어 갈 것인가에 대한 윤리이다. 국가윤리는 국가 내에 존재하는 모든 구성원에 적용된다. 현대 자유민주주의사회의 국가윤리 중 최고의 덕목으로 꼽히는 것은 '다원주의'에 대한 제도적 보장과 동시에 '시장경제'의 확고한 추진이라고 볼 수 있을 것이다.

그러나 현대국가 이전의 고대, 중세, 근대국가가 추진했던 윤리는 현대국가의 윤리와는 큰 차이를 보였고, 표현되는 방식도 많이 변화되어 왔다.

개인의 윤리 역시 시대에 따라 많은 변화를 거쳤다. 우리나라만 보더라도 불교적 인간관, 유교적 인간관, 기독교적 인간관, 단군신화 적 인간관 등 사회 환경에 따라 추구해온 윤리적 인간관이 저마다 달랐다. 즉, 개인과 개인, 개인과 사회, 개인과 국가 등 개인을 둘러싸고 있는 환경에 따라 개인이 지향해야 할 윤리적 인간관이 달랐던 것이다.

한편 기업의 윤리에는 시대나 개별기업, 지역에 상관없이 확고부동한 것이 한 가지 존재한다. 부단한 수익 창출과 이를 통한 국가 경쟁에 기여하는 것이 그것이다. 이러한 기업의 경제적 책임 환수에 대한 이해를 바탕으로 기업윤리에 대한 접근이 이루어져야 할 것이다. 국가의 윤리나 개인의 윤리, 기업의 윤리는 다른 것이고 그 차이를 인정하면서 개별실체에 대한 정확한 이해가 우선 되어야만 해당영역의 윤리에 보다 가깝게 접근할 수 있을 것이다.

3) 윤리 경영의 조건

기업윤리 실무자들은 윤리 경영을 도입하는 것보다 이를 실천하고 정착시키는 데 오히려 더 큰 비용과 노력이 필요하다고 입을 모으고 있다. 이는 윤리 경영의 성공여부가 도입하는 데 있는 것이 아니라 실천과 정착에 있다는 것을 의미한다.

윤리 경영의 성공적인 정착과 지속적인 실천을 위해서는 윤리 경영에 대한 열정Passion이 필수불가결하다. 윤리 경영에 대한 열정이란, 크게 CEO의 의지,

기업 구성원들의 실천노력, 이해관계자들의 협력과 시민사회와 정부의 뒷받침이다. 즉, 고객, 주주, 내부 임직원, 협력업체, 경쟁업체, 시민사회, 정부 등이 기업의 윤리 경영을 위한 토양이 성숙될 수 있도록 각자 노력해야 한다.

　미국식 성과주의 경영이 분식회계라는 한계에 부닥치게 된 것도 주주들의 주가와 배당에 대한 지나친 집착이 CEO에게 과도한 부담으로 이어진 것에 기인한다. 결국 윤리 경영이 널리 확산되기 위해서는 기업의 이해관계자 모두가 'Win-Win'할 수 있는 경영 패러다임이 어떻게 구축되느냐에 달려 있다. 윤리 경영의 조건은 한 마디로 기업 측의 열정과 이업을 둘러싼 이해관계자들의 적극적인 협력으로 요약될 수 있다.

2 윤리 경영의 필요성

1) 부패기업의 종말

　2002년 봄, 미국 뉴욕증권거래소의 다우존스지수 1만 포인트가 무너지더니 나스닥지수 1,600포인트도 붕괴되고 말았다. 이는 엔론을 비롯한 기업들의 분식회계가 그 원인이었던 것이다.

➡ 분식회계 기업들의 혐의내용

회사	분식회계 혐의내용
엔론	이중장부, 부채 은폐, 수익 15억 달러의 과다계상
월드컴	지출을 설비투자로 처리, 순익 38억 달러 과다계상
제록스	미래매출을 앞당겨 처리, 매출 19억 달러 과다계상
듀크 에너지	에너지 사업자끼리 가공매매, 매출 10억 달러 과다계상
루슨트 테크놀로지	회계처리 시점 조작, 매출 6억 달러 이상을 과다계상

자료: 삼성연구소, 「분식회계와 미국식 경영의 동요」, 2002. 7. 31(제359호)

　엔론이 분식회계로 인해 2001년 12월 파산보호 신청을 했고 글로벌 크로싱,

월드컴 등도 정상적인 경영활동이 불가능 해졌으며 몇몇 기업들은 시장에서 영원히 퇴출되는 큰 변화를 겪었다.

파산보호 신청기업의 사례

기업명	업종	총자산규모(억 달러)	신청일자
엔론	에너지	634	2001. 12. 2
글로벌크로싱	통신	255	2002. 1. 28
아델피아	방송,미디어	240	2002. 6. 25
월드컴	통신	1,038	2002. 7. 21

자료: 삼성경제연구소,「분식회계와 미국식 경영의 동요」, 2002. 7. 31[제359호]

특히 엔른의 경우엔, Fortune지가 매년 성정하는 '미국에서 가장 존경받는 500대 기업'에서 항상 10위권을 유지했다는 점에서 시장과 세계경제가 받아들이는 충격의 강도는 훨씬컸다.

또한, 일본 최대의 식품회사인 유끼지루시는 2001년 10월 호주산 소고기 약 12톤을 구입했으나, 국내산 소고기로 속여 판 것으로 밝혀져 끝내 파산하고 말았다. 당시 호주산 소고기는 광우병 발생지역에서 도축된 것이다

이처럼 비리를 저지른 기업이 그 규모의 대소를 막론하고 시장에서 퇴출하게 되는 것은 CEO나 임직원 그리고 경제계가 윤리 경영을 해야 할 필요성을 느끼기에 충분하다.

2) 윤리 경영과 기업성과간의 관계

윤리 경영 기업, 기업가치와 성과도 높이 나와 윤리 경영을 적극적으로 실시하는 기업과 명목상 윤리헌장만 제정한 기업, 윤리헌장조차 제정하지 않은 기업들을 대상으로 실시한 기업윤리와 기업가치 및 성과간의 관계분석 조사결과를 한 마디로 요약하면 윤리헌장 제정은 물론이고 전담부서를 설치해 윤리 경영을 적극적으로 실천하고 있는 기업의 시장에서의 내성은 여타의 기업에 비해 훨씬 강했다. 즉, 주가수익률 면에서 시장 상승기에는 여타의 기업에 비해 2배에서 3배를 초과하는 높은 수익률을 올린반면, 대세 하락기에는 그 하락률이 여타기업 절반 정도의 수준이었다.

미국의 경우도 Fortune지가 선정하는 '미국에서 가장 존경받는 10대기업'들의 주가수익률은 2001년의 경우 평균 9.7%로 나타났다. 이는 S&P 500의 평균치인 마이너스 11.9%를 훨씬 능가하는 것이다. 또한 1996부터 2001년까지의 주가수익률의 경우에는 'Top 10'의 주가수익률이 25.6%로 나타나 S&P 500 기업의 평균치인 10.7%를 두 배 이상 상회하는 것으로 나타나 상기 조사 결과를 뒷받침했다.

그러나 이러한 긍정적 사례는 오랫동안 전사적인 노력을 기울인 결과지 단순히 윤리 경영만 도입한다고 해서 나타난 성과는 아니다. 앞서 언급한 바처럼 기업의 사회적 책임 중 첫 번째 항목인 경제적 책임을 적극 수행함과 동시에 그것이 법의 테두리에서 영위되어야 하며, 이와 더불어 기업의 윤리적, 자선적 노력까지 합쳐진다면 윤리 경영의 기업의 가치나 성과에 분명 기여할 수 있을 것이다.

MEMO

참고문헌

• 국내문헌

강길환 외,『현대경영학의 이해』대왕사, 2001.

강병서,『생산경영론』무역경영사, 1996.

고동희 외,『경영학원론』명경사, 2002.

김기영,『생산관리: 경영전략과 시스템관리접근』법문사, 1994.

김남현 역,『경영조직론: 조직이론과 구조의 설계』경문사, 1985.

김성수,『신경영정책과 전략』법경사, 1994.

김수주,『국제 경영과 이문화관리』록원출판사, 1991.

김시경,『국제기업경영론』삼영사, 1995.

김신,『국제 경영학』박영사, 1997.

김원수,『신경영학원론』경문사, 1994.

김위찬, 르네마보안, 블루오션전략, 교보문고, 2005.

김종재,『중소기업경영론: 이론과 사례』박영사, 1991.

김태웅,『생산 · 운영관리』태성출판사, 1991.

뉴스위크 한국어판, 2014. 11.

매일경제, 사물인터넷, 2014.

박기안,『국제 경영학』법경사, 1995.

박내회,『경영관리론』세영사, 1991.

박우동,『경영학원론』법문사, 1989.

박정식,『현대재무관리』다산출판사, 1993.

박주홍,『국제 경영학』형설출판사, 1994.

박준성,『인터랙티브 인사평가 시스템』명경사, 2001.

반병길,『국제마케팅』박영사, 1996.

_____,『국제 경영』박영사, 1998.

_____,『마케팅관리』박영사, 1995.

방호열,『국제 경영학』법문사, 1994.

삼성경제연구소, 빅데이터, 2012.

신수식,『보험경영론』무역경영사, 1983.

신유근,『조직론』다산출판사, 1983.

_____,『조직행위론』다산출판사, 1985.

_____,『인사관리: 현대인적자원관리』경문사, 1988.

_____,『조직행위론(개정판)』다산출판사, 1989.

_____,『현대경영학: 원론적 접근』다산출판사, 1996.

어윤대,『국제 경영』박영사, 2002.

오상락,『마아케팅관리론: 현대마아케팅』박영사, 1990.

원종근, "해외직접투자 이론의 문헌적 고찰",『국제 경영논고』형설출판사, 1988.

_____,『국제 경영』박영사, 1999.

유동근 역,『최신마케팅론』도서출판 석정, 1987.

윤훈현 · 김범석,『21세기 경영학』청목출판사, 2002.

이광철, "글로벌화 진전과 한국기업의 국제전략방향: 글로벌화 vs 현지화",『경영학연
    구』제24편 제 1호, 한국경영학회, 1995. 2.

이기을,『경영학원론』법문사, 1990.

이성순,『경영학원론』진성사, 1991.

이윤선,『글로벌경영』청목출판사, 1999.

이장호,『국제 경영전략』박영사, 1996.

이정학,『서비스경영』기문사, 2002.

이학종,『인적자원관리: 현대인사관리 이론과 사례연구』세경사, 1990.

임종원,『현대마아케팅관리론』무역경영사, 1993.

임종원 외,『소비자행동론』경문사, 1999.

장세진,『글로벌경영』박영사, 1999.

전경련,『우리나라 해외투자법인의 현지화 실태와 개선과제』1993.

_____, 윤리 경영, 2004.

정구현,『국제 경영학』법문사, 1999.

조동성,『국제 경영학』경문사, 1994.

지청 · 장하성,『재무관리』법경사, 1995.

최병룡,『신마케팅론』박영사, 1995.

최윤희,『글로벌 비즈니스맨과 이문화관리』영풍문고, 1997.

최종태,『현대인사관리론: 시스템 어프로우치』박영사, 1991.

_____,『현태노사관계론』경문사, 1996.

- 외국문헌

Aharoni, Yair., *The Foreign Investment Decision Process, Boston*, Harvard University Press, 1996.

Anita, M., Benvignati, "International Technology Transfer Patterns in a Traditional Industry", *Journal of International Business Studies*, Winter 1983.

Bateman, T.S. and Zeithaml, C.P., Management: *Function and Strategy*, Homewood: Irwin, 1991.

Bennett, M., "A Developmental Approach to Training for Intercultural Sensitivity", *International Journal of Intercultural Relations*, 10(2), 1986.

Charlisle, H.M., *Management: Concepts, Methods, and Application* 2nd ed., Chicago, Ill.: Science Research Associates, 1982.

Czinkota, Ronkainen, and Moffett, *International Business*, dryden, 1996.

Dakada, *International Business*, Joongang Business Daily, 1994.

Daniel, B., Suite, Agriculture, in Adams Walter, ed., The *Structure of American Industry*, 7th ed, 1987.

Daniels and Radebaugh, *International Business*, 7th ed. addison Wesley, 1995.

Dunning and McQueen, "The Eclectic Theory of International Production: A Case Study of the International Hotel Industry", *Managerial and Decision Economics*, 2(1981).

Dunning, J.H., *International Production and the Multinational Enterprise*, George Allen and Unwin, 1981.

Eiteman and Stonehill, *Multinational Business Finance*, 5th Edition, Addison-Wesley Publishing Company, 1989.

Giles, M., "Coping with the New Protectionism", *International Management*, 1986.

Gold, Bela., "Changing Perspectives on Size, Scale, and Returns: An Interpretive Survey", *Journal of Economic Literature*, 19, March 1981.

Grilli, E, *The European Community and the Developing Countries*, Cambridge University Press, 1993.

Grosse and Kujawa, *International Business*, IRWIN, 1988.

Hagen, Everett E., The Economics of Development. 3rd ed, Irwin, 1980, Chap 6.

Hill, Hwang and Kim, "An Eclectic Theory of the Choice of International Entry Mode", *Strategic Management Journal*, 1990.

Hill, *International Business: Competing in the Global Marketplace*, IRWIN, 1995.

Kelly, Wicks and George C. Philippator, "Comparative Analysis of the Foreign Investment Evaluation Practice by U.S.-based Manufacturing Multinational Companies", *Journal Of International Business Studies*, Winter, 1982.

Kohls, S.R., *Intercultural Training*, SIETAR, 1984.

Kojima, K., Direct Foreign Investment: *A Japanese Model of Multinational Operations*, London, Croom Helm, 1978.

Kolde, E.J., *International Business Enterprise*, 2nd ed. Englewood Cliffs: Prentice-Hall Inc., Englewood, 1973.

Michael Duckworth, "Disney Plans to Re-enter China Market As Beijing Promise Copyright Reforms", *Wall Street Journal*, March 24, 1992, p.C19.

Nash, G.N., Muczyk, J.P. and Vettori, F.L., "The Role and Practical Effectiveness of Programmed Instruction," *Personnel Psychology*, Vol. 24, pp. 397-418, 1971.

Newbould, Buckley, and Thurwell, *Going International-the Experience of Smaller Companies Overseas*, Wiley, 1978.

OECD, *International Investment and Multinational Enterprise*, OECD, 1983, 41.

Ohmae, K., *The Global Logic of Strategic Alliances*, HBR, 1989.

Ozawa, T., *International Investment and Industrial Structure*, New Theoretical.

Reich, R.B., and Mankin, E.D., *Joint Ventures with Japan Give Away Our Future*, HBR, 1986.

Roer, T. W. and Truitt, *Stormy Open Marriage are Better*, CJWB, 1987.

Roger Benett, *International Business*, M&E, Pitman Publishing, 1996.

Root, F., *International Trade and Investment*, Southwestern Publishing Co.

Root, Franklin R., *Entry Strategies for International Markets*, Lexington, 1987.

Rugman, A., "Internalization as a General Theory of Foreign Direct Investment: A Re-Appraisal of the Literature", *Weltwirtschaftliches Archiv Review of World Economics*, Vol. 116, 1980.

Stephen J. Kobrin, *Managing Political Risk Assessment*, University of California Press, 1982.

"The Role of Ciciencing in International Strategy", *Columbia Journal of World Business*, Winter 1982.

Thomas F. O'Boyle, "Rise and Fall", *Wall Street Journal*, Jan. 1984.

Wysocki, "Cross-Border Alliances become Favorite Way to crack New Market", *Wall Street Journal*, March 4, 1990.

Wysocki, Nobody Asked Me, But, *The Exporter*, April 1993.

Wysocki, "The Stateless World of Manufacturing", *Business Week*, May 1, 1990.

Wysocki, "United Nations Conference on Trade and Development Program on Transnational Corporations", World *Investment Report*, 1993: an Executive Summary(New York: United Nations, 1993).

저자

변승혁 / peter0948@dgu.ac.kr

동국대학교 경영학석사(MBA) 이후 동 대학 대학원에서 경제학박사 학위를 받았다.
주요 연구분야는 서비스마케팅·국제경영이며, 백석예술대·대림대·평택대·동국대에서
국제경영·글로벌마켓리서치·창업론·재무관리·공학설계·무역실무·전자무역연구·무
역마케팅·무역리스크관리 등을 강의(2016-2023)하고 있다.
제조·언론·HR·의료·IT 등 다양한 기업현장에서 중장기 경영전략을 수립하였고, 제조
성과 혁신을 위한 TIM(Total Innovation for Manufacturing)과 서비스산업의 경영혁신
을 위한 PPI(People & Process Innovation) 업무를 18년 이상 진행하고 있다.
국제지식서비스학회 사무간사(2012), 한국통상정보학회 학술처장(2014)·사무국장
(2023), 한국무역학회 사무간사(2015), 국제e비즈니스학회 학술처장(2016-2017)·사무차
장(2021-2022)·사무국장(2023), 한국4차산업혁명학회 사무국장(2017), 한국중재학회 사
무차장(2018-2020), 한국전문경영인학회 편집간사(2021-2022)로 활동하고 있으며, 한국
통상정보학회 동계학술대회 신진학자우수상(2014) 및 국제-e비즈니스학회 동계학술대회
(2021) 최우수논문상을 수상하였다.
서울시 건강전문가 자문위원(DB분석 및 건강관리 지표 체계 부문, 2019-2023)으로 활동
하고 있으며, IoT기반 Smart-Home & Security 전문기업 ㈜코맥스 경영기획실(2005-
2009)과 언론사 사회부 기자 및 HR전문기업 경영기획실(2010-2011)을 거쳐 의료관
광·헬스케어 의료기관인 한신메디피아(2011-2019)에서 재무/경영기획 및 신규사업팀
차장으로 근무하였다. 현재 의료빅데이터 기반 디지털헬스케어 기업인 ㈜인피니티케어
(2019-2023)에서 R&D연구소 연구소장으로 재직하고 있다.

감수자_ 김기홍 교수 /경영학박사

대한상사중재원 상사중재인, 서울중앙지방법원 KCAB조정위원 수원지검, 시민위원이며,
다국적기업에서, 무역·인사·기획·신규사업(TF) 팀장으로 한국, 미국, 일본에서 근무하였
고, 롯데그룹 인재개발원 초빙교수, 벤처기업의 이사, 코스닥기업의 경영고문을 역임.
현재. 평택대학교 교수, 물류정보대학원장, 취창업지원단장, 평생교육원장, 일반대학원장,
중앙도서관장을 역임하고, 글로벌비즈니스대학원장, 국제물류대학 학장으로 재직중

경영학개론

초판 1쇄 발행 2003년 8월 30일
8판 1쇄 발행 2024년 1월 10일

저 자   변승혁
감수자   김기홍
펴낸이   임순재
펴낸곳   (주)한올출판사
등 록   제11-403호
주 소   서울시 마포구 모래내로 83(성산동 한올빌딩 3층)
전 화   (02) 376-4298(대표)
팩 스   (02) 302-8073
홈페이지 www.hanol.co.kr
e-메일   hanol@hanol.co.kr
ISBN   **979-11-6647-412-5**